DIANZHONG CHENGSHIQUN JINGJI FAZHAN YANJIU

滇中城市群

经济发展研究

主 编／徐光远　朱　旗

副主编／林　洁　王学海　杨宝璋

企业管理出版社

ENTERPRISE MANAGEMENT PUBLISHING HOUSE

图书在版编目（CIP）数据

滇中城市群经济发展研究／徐光远，朱旗主编. —北京：企业管理出版社，
2017.6

ISBN 978 – 7 – 5164 – 1420 – 0

Ⅰ. ①滇… Ⅱ. ①徐… ②朱… Ⅲ. ①城市群—区域经济发展研究—云南
Ⅳ. ①F299. 277. 4

中国版本图书馆 CIP 数据核字（2016）第 294555 号

书　　　名：滇中城市群经济发展研究

作　　　者：徐光远　朱旗等

责任编辑：刘一玲　崔立凯

书　　　号：ISBN 978 – 7 – 5164 – 1420 – 0

出版发行：企业管理出版社

地　　　址：北京市海淀区紫竹院南路 17 号　　邮　　编：100048

网　　　址：http：//www. emph. cn

电　　　话：总编室 68701719　发行部 68414644　编辑部 68701322

电子信箱：80147@ sina. com　zbs@ emph. cn

印　　　刷：北京市青云兴业印刷有限公司

经　　　销：新华书店

规　　　格：710 毫米×1000 毫米　　16 开本　　24. 75 印张　　380 千字

版　　　次：2017 年 6 月第 1 版　　　　2017 年 6 月第 1 次印刷

定　　　价：68. 00 元

本书顾问

云南省建设厅原厅长　冯志成
昆明滇池国家旅游度假区主任、党工委书记　罗建宾

序　言

　　徐光远教授请我为《滇中城市群经济发展研究》一书作序，我一个退下来多年的老同志，觉得有些唐突，考虑再三，毕竟与我曾经的工作有关，便欣然地同意了。

　　我十分欣慰地看到，"滇中城市群""滇南城市群"（个开蒙城市群）的概念一提出，就得到了学界、省政府领导和职能部门的认同、重视。20 世纪 90 年代，在中国轰轰烈烈的城镇化大潮中，云南省建设厅作为职能部门，顺应改革开放的需求，借鉴发达地区的先进经验，提出了以城市群的建设推动云南的城镇化，从而带动整个云南的经济发展的战略思考和发展理念，这一理念很快得到了时任云南省副省长秦光荣同志的认同和大力支持。

　　2003 年秦光荣同志对"滇中城市群""滇南城市群"等城市群规划建设提出了非常具体的指导意见和产业发展方向。由此，省政府各相关职能部门，省政府经济研究中心、省交通厅、省水利厅、省国土资源厅等均从不同的角度进行了研究和论证，提出了宝贵的意见。于是，"滇中城市群""滇南城市群""滇东北城市群""大理城市群"等的规划，建设任务就成为了当时云南省建设厅的重要工作。为此，我们有多少位同志为这一繁浩的工程付出了多少的心血和多少个日日夜夜；地州政府的领导和职能部门的同志们付出了多少艰辛的劳动和努力。由于各种各样的原因，"滇东北城市群""大理城市群"未能取得预期的成效，但"滇中城市群""滇南城市群"的规划、建设均获得了极大的成功。由于同属一行政区，易于统一规划，调配资源，统筹建设，"滇南城市群"（个开蒙）的发育更为成熟，城市群建设的效果更为突出，云南省唯一的国家级的综合保税区就设在蒙自。而"滇中城市群"的规划、建设实属不易，突破了各种行政区划的限制，才取得今日的成就，实为难得可贵。2011 年 5 月 27 日省政府正式批准了滇中城市群规划。如今，滇中城市群已基本上解决了产业同构的矛盾，初步形成了各自的优势产业和产业优势，形成了城际间的产业分工，正在形成城际间的优势互补。按照城市群的理论，正在发挥各自的优势，加快各自的建设和发展，互相呼应，相得益彰的共同推动着云南经济的进步。更重要的是滇中城市群从开始规划建设就具有总量上的优势，在云南经济经过二十多年的快速发展后的今日，云南各地州的经济总量都有了大幅的提升，然而，滇中城市群的经济总量和人口总量仍牢牢地占据着云南的半壁河山，在云南经济发展中担任着极为重要的的角色，起到举足轻重的作用，以至于人们在关注云南经济发展时不得不研究滇中城市群的经济发展。

实践是检验真理的唯一尺度，二十多年云南经济建设发展的实践证明，当年云南省委、省政府以城市群的建设推动云南的城镇化，以建设城市群为增长极，带动云南整体经济发展的战略和发展理念是非常正确的。用集约化的方式建设城镇，可取得事半功倍的效果。"滇南城市群（个开蒙城市群)""滇中城市群"已在云南的经济发展中崭露头角，还将在云南经济发展中发挥更重要的作用。"滇南城市群""滇中城市群"的规划、建设是云南人民在中国城镇化大潮中的壮举，是云南城镇化进程中各级领导和人民群众智慧的结晶。

本书开创了一个象牙塔中的学者和规划、建设部门领导合作著书立说的先河。我为他们的这种合作、组合点个赞。

希望今后有更多的学者、领导为我们云南的经济发展写出这样既有战略高度，又务实、接地气的好书。我们期待着，在云南的产业转型升级、云南的新兴产业培育、云南的工业化发展、云南民营经济发展、云南农业发展等方面，从云南经济的发展战略、大政方针的层面，有更多的既有规划、建设的战略思考，又务实、接地气，联系云南实际，有操作性的好作品。

本书早在 2011 年就已完稿，因徐光远教授患脑梗，遗憾地使出版拖至今日。毕竟"迟来的爱也是爱"。最后祝贺这本对云南经济发展有价值的书终于与读者见面。

2017 年 3 月 26 日

前　言

　　位于云南省中部的昆明、玉溪、曲靖、楚雄等四城市，以省会城市昆明为中心，呈三方放射状几乎是均匀分布了玉溪、曲靖、楚雄，距昆明的距离均在90~150公里，交通便利，社会、经济联系紧密，故在20世纪90年代始被人们称作"滇中城市群"。

　　众所周知，由于历史和地理的原因，滇中城市群在整个云南的经济、社会中扮演着极为重要的角色：滇中城市群的经济总量占到了云南省经济总量的近60%，滇中城市群的人口占到了云南省总人口的净40%。(1990年，滇中城市群占云南省总人口的30.33%；2000年，滇中城市群占云南省GDP的59.13%，总人口的37.45%；2010年，滇中城市群占云南省GDP的59%，总人口的37.4%；2015年，滇中城市群占云南省GDP的55.47%，总人口的37.25%)从近25年的统计数字分析，由于各地州经济的迅猛发展，滇中城市群的GDP占云南省GDP的份额略有减少，但是人口在总人口中的占比却是不断增加的。可以毫不夸张地说，滇中城市群无论在经济总量还是人口总量都占了云南省的半壁河山，在云南经济、社会发展中具有影响全局的份额，因此，要研究云南的经济发展首先就应该研究滇中城市群的经济发展。

　　20世纪80年代末，在中国迅猛地城市化大潮中，出现了京津塘、长三角、珠三角等的城市群，在中国改革开放的经济建设中发出耀眼的光芒，成为推动中国经济发展的新的增长极，而得到世人的青睐。正是在这样的背景下，"滇中城市群"由概念到现实应运而生。起初，是时任云南省委副书记的令狐安在问及时任昆明市副市长冯志成，昆明的经济应如何发展时，冯副市长提出了"以昆明为中心，以安宁、嵩明、宜良为钢铁和化工、冶炼基地的产业发展和城镇建设规划，以这个经济三角区域的发展带动整个昆明地区的城镇建设和经济发展"。

在令狐书记问及云南经济的发展战略时，冯副市长提出了"以昆明市为中心，依托玉溪、曲靖、楚雄等三大地州的大经济三角区域的产业发展，通过云南城镇的现代合理布局，推动云南的城镇化，带动整个云南的经济发展"的设想，成为"滇中城市群"最初的构想。

尔后，冯副市长到云南省建设厅工作，建设厅作为职能部门，提出了以城市群的建设推动云南的城镇化，带动云南地方经济发展的战略思考和发展理念，这一发展理念得到了时任云南省副省长的秦光荣同志的认同和支持。于是，云南省建设厅把"滇南城市群"（个开蒙城市群），"滇中城市群""滇东北城市群""大理城市群"的规划和建设作为了自己工作的重要内容，一时间紧锣密鼓，轰轰烈烈地开展起来。在冯志成同志任云南省建设厅厅长期间，从务虚讨论概念、规划的研讨会，到滇中各城市建设部门的协作会议，直到建立滇中各城市间定期的轮值会议，滇中各城市的联动工作机制等，在云南的城市群规划、建设战略实施中，云南省建设厅和云南省交通厅、水利厅等职能部门的领导和职工做了大量的工作，付出了无数的心血。

由于历史、地理和经济发展水平的原因，滇中城市群建设初始，昆明、玉溪、曲靖、楚雄等四城市的产业同构十分突出。昆明、玉溪、曲靖、楚雄等城市都是云南重要的烤烟种植基地，都有卷烟厂，卷烟品牌繁多，地方财政对两烟的依赖性大；同时，四城都有钢铁企业，规模产量都不算少；按照"城市经济学"城市群的理论，城市群各城之间应有明确的产业分工，应形成各展优势，优势互补，推动各城经济共同发展的态势。而城市群各城的产业同构必造成各城同业之间的恶性竞争，导致资源浪费的经济损失。在滇中城市群建设的这些年里，由于云南省烟草公司的大力改革，由十家烟厂整合为两大生产集团，在整合品牌、调整产品结构、统一组织生产等方面做了大量的改革，基本消除了滇中城市群烟草行业同业竞争的矛盾；随着这些年国家产业结构的调整，滇中城市群钢铁行业同质竞争的情况也得到了缓解。经省政府大力的调控布局，地方政府的不懈努力，滇中城市群相得益彰的产业培育已初见成效：昆明作为全省的政治、经济、文化、金融中心，已成为教学、科研基地，新产品、新技术的研发基地；曲靖已成为国家有名的煤化工基地，煤化工产品研发基地；玉溪已成为中国著名的花卉生产基地，现代农业示范基地和生物药业的研发生产基地；楚雄已成为现代农业的生产基地，民族文化的旅游基地等。如今，滇中城市群正按照城市群的建设理念，因地制宜，充分发挥各城的资源优势，培育自己的优势产业，优势互补，共同为繁荣云南经济在努力发展努力建设。滇中城市群建设所取得的成就充分证明了通过建设城市群集约化的方式推进城镇化是一条成功的科学的捷径。同时，也证明了"城市经济学"的原理：培育产业，发展工业应依托现有的城市，这样可将已有的基础设施、公共资源的效用发挥到极致，可降低建设成本，提高建设效率，充分发挥城市的聚集效用。

经过二十多年的建设实践，证明云南省委、省政府当年顺应中国城镇化大潮，以城市群的建设推动城镇化，带动地方经济发展的战略思想和发展思路是正确的、英明的。由于地理、交通和经济发展水平等的原因，"滇东北城市群""大理城市群"，虽未能如愿以偿；但"滇南城市群""滇中城市群"在云南经济发展中扮演了越来越重要的角色，起到了越来越重要的作用。特别是"滇中城市群"成了云南经济的半壁河山，占据了云南经济发展一半的份额。成为研究云南经济发展必须优先研究内容。

本书由徐光远教授、云南省城乡规划评估中心的朱旗主任、林洁博士拟定研究主题和写作提纲、写作计划；其间，本书的顾问云南省建设厅原厅长冯志成，昆明滇池国家旅游度假区主任、党工委书记罗建宾，提供了许多重要的指导性意见，对反复推敲写作提纲提了很多宝贵的意见。本书的副主编昆明市规划设计研究院原院长王学海，昆明市建筑设计研究院懂事长杨宝璋对研究框架、研究内容提了许多建设性的意见和大量详尽的研究资料。第一篇第一章至第四章由朱旗主任、蹇瑾洁硕士和王学海院长撰写；第二篇第五章至第七章由林洁博士、杨宝璋院长撰写；第八章至第十章由徐光远教授、邱清遐硕士撰写；第十一章至第十七章由林洁博士、李鹏飞博士、王艳红博士撰写；第三篇第十八章至第二十章由林洁博士、徐光远教授撰写。由林洁博士帮助我完成了全书的总撰。

最后，对支持、帮助我们研究、写作的云南省建设厅、云南省城乡规划评估中心、昆明市规划设计研究院、昆明市建筑设计研究院的领导及同仁致以崇高的敬礼和诚挚的感谢！

感谢刘一玲编审为出版本书付出的辛勤劳动。

教授 博导 徐光远

云南大学经济学院

2016 年国庆节

目　录

第一篇　滇中城市群经济发展理论研究

第二篇　滇中城市群经济发展实证研究

第三篇　滇中城市群经济发展研究

第一篇
滇中城市群经济发展理论研究

　　在过去的城市规划修编中，主要是靠城市规划部门内部研究，这次的城市规划修编中，引入了产业和经济发展的研究，无疑是一创举。实践已证明，城市规划和发展与城市产业和经济发展密不可分，二者相辅相成；城市产业和经济发展对城市规划提出了更多、更细的要求；科学的城市规划又为城市的产业和经济发展奠定了基础，提供了优质的环境和条件。

　　在人类的城市化和经济发展的过程中，由于地理原因和经济因素的作用，一定区域内邻近的几个城市往往会在产业链上形成分化和互补，形成以一个或几个大城市为核心的城市群。城市群以其集聚效应和扩散效应正越来越明显地成为区域经济的发动机。

　　自20世纪七八十年代以来，国外的城市群发展可谓群芳斗艳，为发达国家的经济发展添加了不少亮点和光彩。21世纪初，我国的城市群建设迅猛发展，取得了累累硕果，先后形成了群星灿烂的珠三角城市群，众星捧月的长三角城市群，以及中原城市群、关中城市群等。城市群的打造和建立为我国的产业结构调整和提升创造了广阔而崭新的舞台。

　　经过几年的不懈努力，云南省培育和打造了以昆明为中心的滇中城市群，其在推动云南经济发展的过程中地位与日俱增，正呈现出强大的生命力。2004年，滇中四个城市的GDP已占到了云南省GDP的52%；2005年为48%。滇中城市巨大的经济能量已成为推动云南乃至西南经济发展的发

— 1 —

动机，滇中城市群将在我国对东南亚，南亚的对外开放中扮演越来越重要的角色。

"产业是第一性的，城市发展是第二性的。"在城市群中也不例外，没有良好的产业发展就没有城市群灿烂的未来。产业发展的前提是产业科学规划和合理布局，科学合理的产业规划是滇中城市群进一步辉煌的基础。为此，我们认真研究滇中城市群的产业与经济发展现状，遵照产业发展、演化的规律，遵循比较优势的原则，按照产业链的关联原则，我们规划了滇中城市群的产业与工业布局，对加速云南的经济发展，无疑具有突出的理论和实践价值。

目前，滇中城市群正处于工业化发展的初、中级阶段，这既是机遇也是挑战。由于历史、地理的原因，滇中城市的产业同构十分突出，由产业同构、同质产生的无序竞争无疑是阻碍云南经济发展的重要瓶颈。如何发挥滇中城市的资源优势，培育、发展一批新兴产业；提高、壮大传统优势产业，克服各城市狭隘的本位利益，从滇中城市群的高度统筹规划云南优势产业、支柱产业的培育和发展，借此推动云南的产业结构升级，促进经济快速前进，已成为云南各级政府共同关注的热点问题。

根据产业发展的相关理论和滇中城市的产业规划实践，我们认为，提高对省情、市情的认识和了解，积极发挥各地资源优势，突出产业发展中的规模效应，规避限制条件是做好滇中城市产业布局规划的核心。

为了深入总结研究滇中城市群的产业和经济发展，有必要借鉴国内外关于城市群的理论和产业转型与升级的理论，借助他人成功的经验；有必要梳理我省"九五""十五""十一五"的产业规划，了解各级政府对省情认识的深化和对产业遴选的不断优化、细化。只有深刻理解前人研究的成果，"站在巨人的肩上"，才能把我们的研究推上一个新的层面。

我们希望在认真总结省、各市"九五""十五"规划经验，认真解读领会省、各市"十一五"规划的基础上，通过研究发达国家工业化过程中产业结构的演化规律，对照产业经济学、产业结构调整的内涵、标志，对照滇中城市产业发展的实证分析，提出一些可操作的滇中城市群产业调整理论和政策建议。

第一章　城市化、城市群、新工业化战略与规划理念革新

纵观人类的历史，城市、城市化是人类经济、社会发展的产物，然而城市的发展，城市化又为经济、社会的发展提供了优越的基础设施和生产、生活环境，促进了产业、经济、社会的发展，城市群的出现是产业集聚和高级化的产物，但是它同时也推动了新的产业分工，实现了资源更合理的配置，推动了经济、社会新的发展和进步。无疑，从一定角度上讲，人类的历史就是经济、产业与城市互动发展的历史。

事实上，城市化是一个国家迈向现代化，推动经济、社会发展不可逾越的阶段和过程。随着中国经济的迅猛发展，随着我国新工业化战略的实施，中国的城市发展正呈现出不断加速的态势。截至 2005 年，我国的城市化率已达到 42.99%，我国的城市化已取得了举世瞩目的成就，但较之与发达国家 80%~90% 的城市化率，较之于 50% 的世界平均城市化率，均有巨大的差距，任重而道远，为此，认真地研究西方国家的城市化理论，研究产业、经济发展与城市发展的辩证关系；总结近年来我国、我省产业发展、城市化发展的经验；探索滇中城市群之间的产业分工和产业布局，以滇中城市群的规划和建设推动云南各城市的产业升级，在互动中实现云南经济、社会又好又快的发展，无疑具有突出的理论和现实意义。

一、1998 年以来，中国城市化战略与实践回顾

2001 年，诺贝尔经济学奖获得者美国经济学家斯蒂格利茨曾经断言，21 世纪影响世界进程和改变世界面貌的有两件事：一是美国的高科技；二是中国的城市化进程，他还说：新世纪对中国有三大挑战，第一个挑战就是中国的城市化。[①]

---

① 不言而喻，21 世纪，城市化对中国、中国经济来说既是机遇也是挑战。

根据城市化的纳瑟姆定律，一个国家的城市化率在30%以前，城市化进程较慢；在城市化率达到30%以后，城市化发展就进入了快速发展时期，当城市化水平达到70%以后，城市化则又进入一种高位的缓慢发展时期。以1998年作为一个重要的里程碑，中国的城市化进入了加速发展时期：其一，1998年中国的城市化率达到了30.4%；其二，由于国内外经济形势的变化，1998年，中国政府结束了长达5年的紧缩的货币政策，推出了积极的财政政策，大幅调整了国家城市化战略。近十年来，中国城市规模的快速发展，在互动中推动了中国新工业化战略实施，推动了中国经济持续、稳定的发展。

1998年，中国经济一方面由于5年的紧缩政策，跌到了低谷；另一方面由于20年经济改革开放的加速发展，悄然进入了"过剩"。为解决这一两难的局面，中国政府推出了积极的财政政策，希望通过扩大内需，让中国的经济升温，走出低谷。作为"扩大内需"三部曲之一的"小城镇，大战略"，就是希望通过这一中国特色的城市化道路，推动中国经济的发展。"小城镇，大战略"的城市化模式，核心是为解决中国经济二元结构的矛盾。鉴于我国农业生产水平较低、农业人口众多，城市化进程中财力相对有限，立刻建设大量的大小城市有些力不从心。于是中央希望通过建设小城镇、发展乡镇企业，让农民"离土不离乡"减少工农差别，城乡差别，解决二元结构的矛盾，推动中国经济、社会的发展。"小城镇，大战略"作为中国特色的城市化战略，有过其辉煌的历史功勋；然而，在中国经济的快速发展中，小城镇和乡镇企业的局限性很快就突显出来。"遍地开花的小城镇"占用了太多的耕地；同时，受小城镇有限的公共设施的制约，难以形成预期的集聚效应和规模经济，难以打造在国内外具竞争力的大企业。另一方面，离土不离乡的乡镇企业"工人"，仍旧难以享受现代都市的教育、卫生、信息、技术服务及社会服务等诸多方面的"都市文明"。仅两年多的实践后，在2000年前后，我国必须发展产业，实施大城市战略，这在全国各省的实践中很快就达成了共识。

2002年1月，随着我国新工业化战略的提出和实施，党中央对我国的城市化战略做出了重大的调整，江泽民同志在党的十六大报告中明确提出"大、中、小城市和小城镇协调发展的战略"为适应并推动我国产业和经济的快速发展，我国将城市化战略由原来的着重发展小城镇，逐渐转移到大、中、小城市并重发展的轨道。

按照拉尼斯—费汉景理论，二元结构问题的解决，不仅是农民进城的问题，还必须实现农业发展与工业发展的同步进行。如何能够大幅地提高农业劳动生产率，使之与工业劳动生产率的发展同步呢？中国新工业化战略的实施中，农业生产的产业化和努力发展装备工业等决策的目标正是要解决这个问题。同时，我们更深刻地理解托达罗人口迁移模型的理论和实践意义。托达罗在众所周知的城乡收入差别这一变量后，增加了一个"就业率"变量。没有产业的发展，没有工作岗位的提供，再大的收入差别的诱惑，农民也不敢贸然进城，农民进城绝不是讨饭而是来安居乐业的，正是在这个意义上我们认为：产业发展是第一性的，而城市发展是第二性的。而且，是产业的性质决定城市的性质；是产业的规模决定了城市的规模，产业的特点决定了城市风格。

中国新工业化战略的提出和实施，推动了中国的工业化进程，加速了中国产业的升级换代；同时也推动中国的城市化进入了一个新的发展时期。只有具有较大规模的城市，如省会一级的大城市，才能更好地实现优势资源的配置、组合，例如产学研的结合，例如具有资源优势的企业和生产优势企业的强强合作，扩建、组建各种现代企业，用信息化改造、提升传统产业。由于农业人口在总人口中仍占较大比例，中国的城市化滞后于中国的工业化，新工业化战略的实施，标志着中国的工业化在新的历史条件下，进入了一个加速发展的时期，在工业化加速发展的时期，按照配第 - 拉克定律，霍夫曼定律和马克思的"扩大再生产理论"，列林的"优先发展生产资料部门"的原理，发展重工业和重工业化是世界各国工业化加速发展时期的重要阶段，并且是不能逾越的阶段。重工业的迅猛发展创造的集聚效应和规模经济必将推动城市化的加速发展。这是近年来我国工业化与城市化互动加速发展又一重要特征，这与西方国家所经历的工业化加速、城市化提速的历史过程是完全吻合的。

20 世纪中后期，随着世界经济的区域化、一体化，发达国家出现了城市群、城市圈。这是城市化进程中的新事物，在大都市、超大城市管理中，各种难以医治的弊端被人们冠以"城市病"，要克服这些"城市病"，同时又发挥现代都市的集聚功能、规模效应，让现代科技、现代物流、现代服务业服务于各行各业，出现了以产业链分工为基础，优化资源配置，各具特色相得益彰而形成的城市群。城市群以其非凡的生命力而受到世人的青睐，成为世界城市化进程中的亮点。在这样的国际背景下，随着中国经济的持续增长，进入21世纪以来，中国已出现了"众星捧月"的"长三角"城市群，和"群星灿烂"的"珠三角"城市群等，这是中国新工业化和城市化中耀眼的新星、先锋和生长极，他们标志着中国的城市化水平不论是理论还是实践都在不断向世界的先进水平看齐。

在短短的21年里，中国的城市化理论、政策和实践走过了西方国家近100年的历程，2006年3月16日，国家统计局发布的《2005年全国1%人口抽样调查的主要数据公报》显示，2005年11月，中国居住在城镇的人口已达到56157万人，中国的城市化率已达42.99%，中国的城市化、工业化均进入了一个加速发展的时期。在这样的国际、国内背景下，云南滇中城市群的构想和规划，无疑对于加速云南产业结构的调整，改变以往滇中城市同质竞争的被动局面，推动云南的城市化进程，推动云南经济、社会的又好又快发展，科学和谐地建设新昆明，具突出的理论和实践价值，对西部地区规划，建设城市群具重要的示范意义。

二、关于城市群理论和实践的综述

在经济全球化的主旋律下，一国参与国际竞争的主要方式已不再以单一的城市为主体，而主要表现为城市群之间、区域之间的竞争。城市群作为区域经济发展的主要载体，它的崛起及其带动作用已经成为推动一个国家或地区经济发展的主要动力。

滇中城市群囊括了云南省的四个重要城市，其发展的好坏直接关系到了云南未来经济的走向。对于城市群的经济研究有许多成果，它们对滇中城市群的研究有着重要的指导作用。

（一）城市群的概念和"增长极"理论

城市群在国外经过多年的发展，理论较为成熟。城市群最早产生于国外，所以城市群的基本理论多来自国外学者的著作，许多知名经济学家在这一领域都有所建树。

经过多年的发展，我国的城市化进程不断加剧，由于地理位置的比邻，产业结构的相似，许多城市逐渐联系到一起，形成城市群。城市群在我国的经济进程中占有重要地位。

经过多年的改革开放，我国从"引进来"走到了"走出去"的发展阶段，与国际的接轨给国内企业带来了机遇，也带来了挑战。产业结构的不合理，产业链条的不完善，产业规模小、产品竞争力差等缺陷给国内企业的发展带了巨大的影响。归根到底，国内城市规模较小，产业发展平台不健全是造成这一后果的主要原因。城市群的出现为国内企业带来了宽广的发展平台，丰厚的原材料生产基地，发达的工业生产中心以及完备的生产服务平台，一条条完整的产业链正在形成，它们为"中国制造"在世界的崛起打下了坚实的基础。

在城市化过程中，在一定区域内的不同城市间由于地理和资源禀赋等因素导致了主导产业的分化和城市功能的细化，从而各个城市间的产业链和城市功能自发调整并相互补充，并在经济、政治和文化等方面紧密相连。这样一些不同功能的城市组成一个群体，称为城市群。城市群代表了城市的发展趋势，也体现了城市化发展的必然性。城市群的形成和发展有普遍性的规律：当一个地区的城市化率达到一定水平并且在各个城市之间在经济、社会、文化等方面互补并紧密联系，就出现了城市群。

城市群的发展对区域经济的推动作用可以用"增长极"理论来解释。最早提出增长极概念的是法国经济学家帕鲁（Francois Perroux）。他认为，"增长并非同时出现在所有地方，它以不同的强度首先出现于一些增长点或增长极上，然后通过不同的渠道向外扩散，并对整个经济产生不同的最终影响"。1966 年，布德威尔给增长极下了一个简要定义：增长极是指在城市区域间配置不断扩大的工业综合体，并在其影响范围内引导经济活动进一步发展。增长极包含两个明确的内涵：一是作为经济空间上的某种推动性工业；二是作为地理空间上的产生集聚的城镇，即增长中心。增长极具有"推动力"与"空间集聚"意义上的增长含义。

（二）城市群是推动经济和区域经济发展的新"发动机"

城市群已经成为当今区域经济的热点，成为推动区域经济发展的"生长极"、"发动机"。检索文献，城市群具有如下三个方面的功能。

1. 城市群的辐射带动功能

城市群的发展必然会带动其他地区的共同进步，因而具有辐射和带动作用。增长极对其周围区域的影响有正负两种相反的效应，即"极化效应"和"涓滴效应"。在这两种效应的共同作用下，区域增长极的周边地区还可以形成新的增长极，进而带动更大地区的共同发展（赫希曼）。上述两种效应又被称之为"回流效应"和"扩散效应"（缪尔达尔）。同时，缪尔达尔认为区域增长极一旦形成，便保持其优势继续发展下去。"边缘理论"认为核心与边缘之间存在着极化与扩散的关系，任何一个区域，从一方面看是高层次核心的边缘区，从另一方面看又是较低层次区域的核心区，不同层次区域的上下套接，形成了等级传播扩散网络（R. 弗里德曼）。

2. 城市群的产业配置功能

城市群的整体发展可以克服单个城市在发展过程中的不足，实现资源的优化配置，产业结构的合理布局。过去以城市为单位配置产业结构，会造成城市之间的产业结构雷同、职能相似，而发展城市群不仅可以避免这一格局的发生，还可以实现在一个更大的区域范围内进行产业之间的分工协作。城市群的协调发展还可以使内部各等级城市承担不同的经济功能，实现各产业在不同功能城市间的合理分工（刘翠兰）。另外，城市群的集聚经济效应可以使其内部的产业在宏观上形成一个规模适当、结构合理、联系密切的统一体；微观上，则表现为区域内的主要产业，特别是第二、第三产业在一些生产条件优越的点上集聚的现象。这就使得区域内形成了优化的产业结构（亨德森）。

3. 城市群的空间布局功能

城市群整体功能的发挥离不开合理的空间布局，为了更好发挥城市群对区域经济的带动作用，应根据城市群的地理条件、所处的发展阶段等因素，选择适合其发展的空间布局模式。美国的大部分地区采取的是多核分散型空间布局，即有多个核心共同带动城市群的发展。这种布局模式的特点是城市群内部多个核心城市平衡发展，各司其职，因此多适用于其内部城市发展得较为均衡的城市群（C. D. 哈里斯，E. L. 乌尔曼）。随着城市群的发展，人们逐渐地认识到便捷的交通网络的重要性，进而主张采取

"点—轴"渐进扩散模式发展城市群。即首先在全国范围内,确定若干等级的、具有有利发展条件的线状基础设施轴线,然后重点发展轴线地带的若干个点。随着经济实力的不断增强,经济开发的重点逐渐由高等级点向低等级点延伸(陆大道)。但是,在区域经济发展到较高程度的时候,应采取网络开发模式,以不同级别增长中心和发展轴线组成社会经济的空间网络,使区域经济趋于分散化而形成网络形式。

(三) 发达国家建设城市群的经验

20 世纪中后期的发达国家中,整合度高的大城市群已成为区域经济增长的发动机,其经济总量和经济发展推动作用在国民经济中占据重要的地位。这些城市群往往产业互补性强,集聚效应、规模效应和扩散效应显著,经济总量巨大,作为区域经济的"增长极"直接推动区域经济的发展。据世界银行的统计,美国三大城市群、日本三大城市群对全国的经济贡献率占绝对优势份额。美国三大城市群的 GDP 总量达到了 6.7 万亿美元,约占全美总量的 67%;日本三大城市群的 GDP 总量达到了 2.86 万亿美元,约占全国总量的 69%。

纵观发达国家城市群的形成和发展经验,我们可以看到:

一定发展水平的城市化是城市群形成的前提。当一个国家或地区的城市化率超过 40% 时城市化发展速度往往会有一个很大的飞跃,在这一阶段不同城市会在区域城市化的基础上实现新的资源的合理分配和产业链的互补,逐渐形成城市群,进而继续推动城市化发展,最终形成要素密集、城市化水平高的区域经济发动机。在这个意义上,也可以说城市群是经济发达地区城市化发展的必然产物。

工业化是城市群形成的推动力。在工业化的推动下,人口、资本、产业链向城市集中,加快城市化的发展。当庞大的工业体系按照产业链的分工,在区域内不同城市间合理配置并在其影响范围内引导经济活动进一步发展,产生极化效应和扩散效应,各城市间各具特色,又相得益彰时,城市群就成为推动区域经济发展的"增长极"。

区域经济一体化和信息技术革命推动了城市群的发展。区域经济一体化使得生产要素跳出单个城市,在更大范围的区域内进行分配,信息技术的飞速发展为生产技术提供了保障,导致了城市产业升级和重组,加强了相邻城市间的横向联系，促进现代城市群的深化发展。

城市群内各城市间按产业链互补分工，并实现了各产业的互补。城市群内各城市间产业链互补，分工协作，在产业和经济上形成一个有机的整体。资源在有机城市群内部能够更加有效地实现配置，从而带来更大的经济效益，使城市群成为区域经济的发动机。

城市群的形成和发展中政府承担着重要的协调功能。在城市群发展初期，为了改善单一中心大城市人口过于密集、交通拥挤、环境恶化和失业人口增加等问题，政府制定了相应规划，引导中心城市产业和人口向周围地区扩散，加速区域城市化进程并最终形成有机城市群整体。

（四）我国珠三角、长三角城市群建设简介

改革开放后，我国东部和沿海地区经济的飞速发展使得城市化进程大大加快，先后出现了珠江三角洲城市群和长江三角洲城市群，为中国区域经济的发动机。这两个城市群城市化水平高，产业密集，经济总量巨大，在地理结构和空间经济结构上又各有异同。

1. 珠三角城市群——群星璀璨

"珠三角城市群"，一般指广州、深圳、珠海、佛山、江门、东莞、中山、惠州、肇庆等9个大中城市，这一城市群有县级中心区20个，建制镇420个，人口近3000万人，经济总量达到7000多亿元，占据广东全省GDP的七成多。

珠三角城市群的产业以加工贸易为主。广东是我国改革开放的前沿，是FDI最早进入的地区之一。在最初的来料加工阶段时，大量来自香港和台湾的FDI为现在的加工贸易打下了良好的基础，并使其他城市以广州和深圳为核心分配产业链，形成了珠三角城市群。

珠三角在发展中，走出了由点轴开发到网络扩散的模式。改革开放前，广州是珠三角地区的中心城市，与周边城市的关系属于绝对核心—边缘的格局。改革开放后，深圳崛起，以广州和深圳为双中心的城市群体成为珠三角城市群的结构特征。近年来，珠海、佛山、中山、东莞、江门、惠州、肇庆等相继进入大城市之列，双核模式逐渐向网络化、多中心模式演化。

2. 长三角城市群——众星捧月

长江三角洲城市群由苏南、上海和浙东北的 17 个城市构成，包括上海、南京、苏州、无锡、常州、扬州、南京、南通、泰州、镇江、杭州、嘉兴、宁波、绍兴、舟山、湖州和台州，面积 10.02 万平方公里，人口超过 7560 万人（2002）。长三角地区聚集了江、浙、沪三省市的"精英"城市，其中上海为直辖市，另有南京、杭州、宁波 3 个副省级城市。上海、苏州、杭州和无锡的 GDP 分别以 5408.76 亿元、2080 亿元、1780 亿元和 1601.7 亿元分列全国第 1、5、8、10 位。长三角地区 17 个城市 2002 年平均实现 GDP 突破了 1000 亿元，达到 1276 亿元。

长三角城市群不同于珠三角城市群的一个特点是长三角城市群有一个绝对的核心——上海。城市群内其他城市都以上海为中心进行各自资源的整合和调配，形成了不同的城市定位和分工。

珠三角、长三角两大城市群就其发展路径来看，都是以加工制造为主，是对新、港、澳、台模式的翻版，取得了巨大的成功。云南省地处西南边陲，经济和社会发展都相对落后于东部沿海地区，但云南省拥有自己独特的区位地理优势和自然资源优势。云南应该结合自身特点，探索适合自己的发展模式，发展出有云南模式的特色城市群。

三、城市规划理念的革新

在以往的城市规划、城市规划修编中，主要是突出政府规划设计部门的主导作用，其具有政府主观能动作用的积极方面，但也有"长官"意志脱离实际的情况。在我国改革开放，社会主义市场经济建设的过程中，作为城市规划理念应有重大的革新。

遵照"产业发展是第一性的，而城市发展是第二性"的城市发展原则，是产业的发展推动了城市的发展（当然城市的发展又为产业的发展提供了更好的条件和平台）。因此，在城市的规划设计中应首先研究城市优势产业、主导产业的选择和培育。一般来说，是产业的性质决定了城市的性质，或说主要功能即是重化工业的城市，还是轻工业重镇，或者是以文化产业，第三产业为主的历史文化名城……；再者，就是产业的规模决定了城市的规模，产业的特征决定了城市建设的基本特征……，那么，在市场经济条件下，一座城市的优势产业、主导产业的选择和培育主要是靠行政部门决策呢？还是靠市场的配置和选择呢？

为此，在城市的规划建设中，解决好政府"越位"和"缺位"的矛盾，充分发挥市场的调节作用已成为一个具重要理论意义和实践意义的重要课题。

（一）在城市规划充分发挥市场调节的作用

党的十七大报告中强调指出："实现未来经济发展目标，关键要在加强转变经济发展方式，完善社会主义市场经济体制方面取得重大进展。要深化对社会主义市场经济规律的认识，从制度上更好地发挥市场在资源配置中的基础性作用，形成有利于科学发展的宏观调控体系。"不断地突出和强化市场在资源配置中的基础性作用将是我国社会主义市场经济建设中一项战略性的重大改革。因此，在城市规划中，力求减少以往规划中，特别是计划经济时代在规划中强调行政指令的思维模式和规划方法，强调和突出市场在资源配置中的基础性作用，无疑是城市规划理念和设计的重大改革。

在城市规划的思维和设计中少说需要发展哪些产业，而详细地分析某一地区、某一城市的自然地理条件、交通状况、矿产资源条件、土地的承载力、水资源的情况及承载力，环境的约束等，明确该地区、城市不适合发展的产业等，其他产业则根据国际、国内、省外、省内市场的状况，由市场主体的企业去决定发展、培育什么产业，杜绝政府行政指令要求种什么，要求发展什么所造成的巨大损失。

胡总书记在"七一"讲话中指出：必须牢牢把握立党为公，执政为民，这是真正实践"三个代表"重要思想最重要的标志。深化行政管理体制和政府机构改革，加强政策职能转变，积极推进服务型政府建设，是实践"三个代表"重要思想的本质要求。在计划经济时代，政府的职能、管理乃至规划设计就是控制、审批、监管和处罚，这种理念和管理观念已经与现时经济社会的发展极不适应。政府不应当也不可能成为市场的主体，服务性政府的作用在于为经济社会的发展创造良好的环境，创造公平、竞争的市场秩序，让广大人民群众和所有的企业聚精会神搞建设，一心一意谋发展。30年改革开放的实践证明，只有将经济决策的权力归还给市场主体的企业，营造一个各类市场主体自由竞争、公平交易的市场环境，由市场主体分散决策并独立承担经济后果和社会影响，社会经济才会长足地增长。

在本研究中，我们将遵循上述的市场配置资源的原则，将研究的重点放在滇中城市群四城市的资源、环境承载力等基础研究方面，根据各自的资源环境承载能力和在滇中城市群中扮演的角色，明确指出不适宜发展的产业和应鼓励发展的产业，以改变以往行政指令发展的弊端，最终由市场决定发展某一产业。

1. 突出政府产业选择和培育的社会责任

在目前行政管理体制的改革中，政府的"越位"和"缺位"至今仍是难以解决的一对矛盾，往往一种倾向掩盖另一种倾向。在计划经济下，被称为万能政府什么都管，"越位"甚至扮演了市场主体，又是裁判又是运动员；在市场条件下，又有人认为所有的经济活动都随行就市，"看不见的手"市场机制会使经济自然和谐，造成政府的"缺位"和"无作为"。其实在市场经济条件下，作为经济活动裁判的政府仍肩负着重要的历史责任。政府的历史责任与市场对资源配置的经济性作用不仅不矛盾，相反，正是政府正确地履行裁判员的社会责任或说历史责任，市场才能在资源的配置中发挥基础性作用。

辩证地分析政府在产业选择和培育中的重要责任，也是对现在流行的因噎废食，否定政府作用的规划理念的修正。

由于企业获取信息渠道的单一，必造成信息的不对称，由于投资主体的多元化而造成的不同的利益阶层，不同利益阶层的价值取向，考虑问题出发点和目的的差异；不同投资主体因资金、技术、人才的差异而造成的达到目的的手段上的差异等等，同一地区的不同企业在产业选择上必定会有多元的标准和千差万别的选择。例如，因环保、资源问题已被关闭的小炼铁炉、小炼钢炉就因钢筋价格不断的上涨而立即死灰复燃。

因此，政府有可能获得最充分的信息，对当地经济发展水平有最深刻的认识，对经济发展的规律、路径有最好的理解等，政府就可以通过经济政策、窗口指导引导企业作出合乎当地经济发展需要的理性的选择。在确定限定禁止发展的产业类型和鼓励发展的产业类型这一战略决策时，我们强调政府有不可推卸的社会责任和历史责任，这一战略决策的失误对一地区、一城市经济发展而造成的损失和浪费将是巨大的，难以挽回的。理论上讲，目前仍旧突出的盲目投资，低水平的重复建设均与地方政府的"无作为"密切相关。

例如，在分析禁止发展产业类型时，我们是针对滇中城市群各城市不同的自然资源状况分别论述的。以昆明市为例，在昆明城市规划修编的水环境承载能力分析的专题报告中已指出，昆明虽伴着滇池，但已成为全国几个严重缺水的城市。昆明目前水资源的缺口为 50250 万立方米，到了2015 年，水资源的缺口为 41016 万立方米，到 2025 年会有所改善，仍为39467 万立方米。水资源承载能力差，无疑已成为昆明市产业发展、城市发展的突出瓶颈。仅此一项重要的资源约束，就影响了昆明市一、二、三产业的发展：为节约更多的水资源，昆明市的第一产业就应当调整种植结构，发展新型灌溉技术，减少水资源的消耗量；第二产业中的主导产业的选择和培育就应充分考虑减少或不发展重化工中高耗水的产业，或是高耗水产业的靠科技的综合处理，水的循环利用，这样高标准的环保、水循环利用无疑又增加了投资的成本，影响企业的利润。第三产业的水耗较少，为更好发挥昆明作为省会城市，作为政治、经济中心的作用，昆明市在滇中城市群的产业分工中，应偏重第三产业的发展，统领滇中城市群成为中国国际大通道上重要的节点，成为区域性的国际交通枢纽，成为区域性的国际物流中心，成为区域性的国际贸易中心和国际金融中心。

从世界各国经济发展的经验看，资源的配置仅仅靠市场调节显然不够的，市场的"看不见的手"在资源配置方面有许多突出的优势，但它也有自发性、盲目性、滞后性三个难以弥补的缺陷，我们还需要积极地运用政府的"看得见的手"参与其中，才能实现资源的最佳配置。

2. 从滇中城市群的战略高度统筹城市规划

城市规划理念革新的第三个方面是跳出过去一城一规划的狭窄眼界，使滇中城市群密切关联、统筹兼顾、分工合作、扬长避短、相得益彰、共同发展，统一规划设计滇中城市群的产业布局，产业发展和城市发展。

城市群不是城市简单的组合，是按照产业分工，产业链的要求将一定区域内的城市有机地联系在一起，成为一个区域的经济增长极，带动一个区域经济的整体发展。滇中城市群的四城市，占云南全省面积的 24.4%，占云南总人口的 34.8%（1/3），占经济总量的 50% 以上（1/2）；以往由于自然地理条件相似，造成了四城市产业的趋同、同构，产业的相似、同构加剧了省内同类产品的竞争，阻碍了云南经济的发展，更重要的是低层次的重复建设，不仅没能形成生产规模，反而造成资源、资金的巨大浪费，对环境造成了巨大的破坏。

为此，从滇中城市群的战略高度统筹四城市的产业规划和城市规划，遵照比较优势的原则，突出、展现四城市不同的特色经济和文化底蕴，相辅相成，共同发展。这从城市规划的角度，从单一的城市规划到区域性的城市群规划，从理念到规划方法无疑都是重要的创新。设想，作为云南经济最重要的区域——滇中城市群，得到了长足的发展，必定可以带动云南经济的长足发展。

第二章　关于城市规模与分布的理论

在城市规划中，城市规模和大中小城市分布的问题亦越来越受到人们的关注。一般来说，城市规模要达到一定的水平和程度，才能更好地实现大城市的集聚效应和经济的规模效应，一些市场细分的服务性行业才会应运而生；然而，随着城市规模的扩大，交通拥挤，环境污染，生活成本增加等"城市病"也会突显，这就成了城市规划中突出的两难课题。

一、大城市、中等城市的比较优势分析

在我国的城镇化战略的不断调整中，折射了我国对城市化认识的不断深化。1998 年，为扩大内需，"城镇大战略"成为我国城市化的替代战略，我国最希望通过遍地开花的小城镇建设，推动我国的城市化。由于小城镇的规模限制，不利于现代工业、物流业、服务业的发展，让农民离土不离乡的城镇化凸显了许多历史的局限。2002 年 11 月，在党的十六大上，江泽民同志代表党中央提出"大中小城市与小城镇协调发展"的战略。

比较小城市和小城镇，大城市的聚集效应和扩散效应，规模经济效应都会巨大得多，能够更加全面和充分地发挥城市的各种功能。大城市能够迅速吸收现今的科学技术文化，孕育新的观念，形成新的生产力，提供更多的就业机会，加速第三产业的兴旺。促进劳动者和广大居民的素质提高，提高劳动生产率和投资效率，提升经济效益和社会效益，并对周边地区产生巨大的辐射和影响。马克思、恩格斯曾经高度评价大城市的集聚作用："这样大规模的集中，250 万人这样聚集在一个地方，使 250 万人的力量增加了 100 倍。"（马克思、恩格斯全集［M］. 人民出版社，1957：303）大城市的这些优势，特别是在世界经济国际化的今天，在培育大企业、大公司，乃至跨国公司国际交流等诸方面是中小城市无法相比的。所以，自 2002 年我国的城市化战略调整始，大城市建设，乃至城市群的建设成为我国城市化发展的重要的亮点。

但是，我国13亿人口中有7.23亿农村人口，我国的城市化任重道远。我们仅以大城市来接纳进城的农民，不仅不可能，也是不切实际的。何况，大城市受着土地和其他自然资源的限制，大城市均受着投资高昂，城市营运成本上扬，交通拥堵，生态环境低劣，城市生活成本高等诸多的"城市病"的折磨。

厦门大学经济研究所的吴宜恭教授指出：我国"中等城市数量较多，城市病相对较轻，便于缓解大城市的种种矛盾，且基本同样地发挥聚集效应，取得了客观的规模效益，有效提高建设资金的利用效率"。"据美国系统工程专家吉布森的分析，当人口规模达到25万人左右时，经济效益明显提高，城市所提供的教育、文化、医疗等方面的条件比较完善，就业机会也比较充分。英国、法国、德国、日本等国的许多学者通过定量分析，也倾向于推荐15万~45万人口的城市规模。从中国的实践观察，中等城市的经济效益与社会效益能够得到较好的统一，投资效益又明显地高于大城市。""中等城市在发展上介于大城市和小城市之间，具有双向的吸纳能力，有利于来自大城市的资本，科技力量和来自乡镇的人力资源的结合，能向大城市提供所需的资源，也便于向小城市扩散经济效益，其生活环境好，有利于提高人民的生活质量。"（陈甬军主编．中国城市化：实证分析与对策研究［M］．厦门大学出版社，2002：104）

鉴于此，在滇中城市群的规划中，既要注重和凸显昆明作为省会城市的重要地位，也要注重曲靖、玉溪、楚雄三个地级市的城市功能和细分，产业布局和在云南国际大通道中作为交流，物流枢纽的重要承接、扩散作用。目前，昆明在云南经济中的首位度已十分突出。人口规模的扩容，产业扩容均已受到诸多自然资源的限制，在滇中城市群的产业布局规划中更应突出曲靖、玉溪、楚雄的作用和地位，在昆明则突出第三产业，即贸易、金融、科教卫生、会展、旅游的聚集。

二、关于最佳城市规模的讨论

纵观历史，世界的城市化运动造就了越来越多的城市和越来越大的城市。人类创造了城市，在城市中享受了都市风情，都市经济，都市文化……，然而也饱受了"城市病"的折磨。自然，深刻的反思就成了人们的共识，什么样的城市规模为最好呢？既可以使人类最大限度地受益，而最少地受害。这是一个多少年今来一直困扰人类的问题。因此，可以说，关于最佳城市规模的讨论绝不是今天才提出的命题，其讨论由来已久。

诚然，关于最佳城市规模的讨论争论多年，至今没有什么定论；更要强调指出的是，最佳城市规模或说理想的城市规模这一概念随着人类的发展，特别是现代科学技术的发展，航空、交通、通信、信息等的发展，概念本身也在发展和修正，对于不同的国家、民族，不同的经济发展水平而言人们均对之有不同的认识。似乎，这也还是人们多年来争论无果的重要原因。

但是，如果我们从人们讨论最佳城市规模的方法，工具出发，了解发达国家是如何评价最佳城市规模，无疑对我们的城市规划建设有突出积极的意义。如果，将普遍适用的最佳选择这一概念转换为最佳城市规模系列，将每一城市的最佳规模放到全国同等级别城市的比较中，这一讨论自然更突出自身的价值和意义。

什么是城市最合乎理想的规模？不仅是城市规划工作者关心的问题，也是经济学家、社会学家、环境生态学家等至为关心的问题。古希腊，圣哲柏拉图曾预言：一个城市的人口不应超过广场中心的容量。显然柏拉图不会把奴隶计算在内，但当时城邦国家的广场中心最大限度也只能容纳几千人。作为现代人的我们难以推测2400—2500年前，柏拉图所说的理想的城市人口容量，是出自行政管理的需要呢，还是便利他的传业授道？因为当时城邦国家间战争不断，加之奴隶起义，作战是以军团为建制，绝非几千人之间的搏斗。

鉴于此，不同时代，不同劳动生产率、不同国家对理想城市规模必有不同需求。但我们从①最佳行政管理；②个人选择的最佳城市规模等方面均可得到些一般规律的启示，借此我们即可对城市规划的规模是越大越好还是越小越好，什么叫适度作出一个理性的评价。

（一）最佳行政管理的讨论

行政管理是个十分笼统的概念，为保障一城市的生产、生活的正常运行或说优质运行，从固定投入的公共基础设施，对日常管理的卫生保洁，公交营运，警察治安，直至作为行政管理部门的政府各机构等等都应包括在内。也就是说庞大的行政管理需要庞大的管理费用。换言之，一个必不可少的行政管理机构将服务于多大的人口规模，就成为讨论的核心问题。由此，即可提出一个衡量行政管理水平的重要标准，即平均计算的每个市民市政服务的平均费用。

运用西方经济学的边际分析，可以清楚地看到，在城市行政管理机构既定的情况下，随着城市的扩展，由于规模经济，每个市民市政服务的平均费用是不断下降的，但随着城市规模的扩大，这一平均费用达到某一最低水平之后就开始上升，为一典型的"U 型成本曲线"。由此典型的 U 型成本曲线，其成本的最低点即为经济学意义上的行政管理上的城市最佳规模。

根据这一理论，我们可依据每一个城市的行政管理费用与城市人口（常住人口加流动人口）计算每个市民市政服务的平均费用，运用这一指标探寻各个城市的最佳规模的理论值。一般来说，县级城市的每个市民市政服务平均费用会相对较高，这与人口规模小，行政机构"麻雀虽小，肝胆俱全"有关；大城市虽有规模经济或规模效应，但为交通、治安、清洁卫生等有太多的支出。因此，运用该指标讨论最佳城市规模，中等城市会更受青睐。应该说，正是这一原因，城市空间布局理论中多核心模型在现代社会中更受人们青睐，一个个具有独立功能的小城市组合为一个大城市，既提高了城市行政管理效率，又给人们创造了生活成本低廉的优质的生产、生活环境。应该说滇中城市群的规划，就是一个大的多核心模式城市的尝试。在每一个城市都因适度规模而降低了行政管理的成本，而城市的组合，又构成了一个有足够人口和市场容量的区域性的国际都市。从这一指标出发，城际铁路、轻轨的修建都是必要的，但地铁的修筑必然会数十倍地增加市政基础设施的投入。

（二）个人选择的最佳城市规模

众所周知，有人愿意生活在大城市，有人愿意生活在中等城市，这除了个人偏好之外，应该说亦有深刻的经济、社会的原因。《北京人在纽约》电视剧中有一句著名的台词："我爱你，把你送到纽约；我恨你，也把你送到纽约！"原因是，纽约作为国际大都市，我爱你，把你送到那儿，是那儿就业的机会多；我恨你，把你送到那儿，是那儿竞争非常激烈。

一般说来，在大城市由于聚集效应创造了较高的劳动生产率，不仅就业的机会相对较高，由于较高的劳动生产率，还可以获得相对较高的收入。但人们常常发现，在大城市拿到的高收入并没有使大城市居民获得高的社会福利或生活享受；相反，当城市不断扩大到一定规模之后，聚集效应带来的经济成果会由于城市的拥挤，交通费用，时间成本，生活成本的不断增加而逐渐抵消。有资料表明，在特大城市的生产效率实际上是下降的。由此，巴顿认为，"一个合理的生产效率曲线（当然也是个人收入曲线）具有反 U 型特征，开始时随城市规模的不断扩大而上升，后来曲线变平，最后，在达到最大的城市规模时，实际上趋于下降"。（[英] 巴顿著. 城市经济学 [M]. 商务印书馆，1986：91）

衡量个人城市生活的总效用，总福利并不单单是他们的货币收入，还包括他在该城市各种市政设施，公共交通，文化生活，体育设施，医疗机构等得到的各种福利。"邓肯（1959）在总结美国这些现象时说："在城市人口有 2.5 万人以上时，出现了擦鞋，女子理发，洗帽子，修皮货商店，而在人口超过 5 万人，才会出现婴儿服务。这些特定的福利与城市规模成正比而增加，但增长率是渐减的；当达到一定城市规模极限，虽说不定发生每一个人收益的实际下降，但社会福利曲线很可能只不过是平缓下来。"（注同上，第 9 页）

换言之，合理的生产效率曲线和个人收入曲线，乃至个人城市生活的总效用或说总福利，均是随着城市规模的不断扩大，首先呈增长的态势；而当城市规模增长到一定点后，人们的总效用，总福利就会不变，甚至下降，呈现倒 U 型变化。按照这一原理，在个人的选择中，也不是城市越大越好，在大城市中人们的收入虽高，但生活质量却很低；为保住一个好的工作，人们在生活上失去的太多。这可能就是人们愿意在昆明拿 3000 元的月薪过日子，而不愿意拿 6000 元月薪在上海讨生活的原因。

根据这一原理，我们有理由说，不应该把昆明规划得太大。除了突出的自然资源的约束，滇池污染的制约，就最佳城市规模的个人选择原理，也不宜将昆明的规模再大幅膨胀，我们从滇中城市群的高度做产业布局，将昆明更多的青山绿水留下来发展第三产业。若如现在的昆明，城郊上午 7：30 就开始塞车，因望而生畏，昆明永远也难吸引国内外的客商，建成区域性的国际都市。

三、衡量城市发展的经济指标分析

我们的城市规划是为实现城市的可持续发展。然而衡量城市发展的指标很多，有社会学方面的指标，资源利用、环境保护等各个方面。此处，我们仅就经济指标作一分析。

过去，人们衡量城市发展的最重要的经济指标是经济总量 GDP 的增长，用 GDP 的增长来表现经济总量的提升，城市的壮大。以后，人们又引进了人均 GDP，人均 GDP 反映的又更细一些，让人们看到一座城市中是冗员充斥呢，还是英雄辈出，正蒸蒸日上地发展，从人均 GDP 中可更真实地反映经济总量与人口的紧密联系。然而无论是 GDP，或是人均 GDP 往往忽略了许多重要的因素：资源利用的情况、环保的情况、公共服务、基础设施、社会福利等。正因为这一考核指标的单一，造成有的人片面追求单一指标，看起来城市是发展了，城市居民的福利却大大下降了。

于是，人们又想利用人口增长来表示城市的发展。人口的扩容毫无疑问是城市规模的扩大。但用人口增长表示城市发展的片面性也是显而易见的。用购买一套二手房就可以登记户口的办法吸纳人口，太显急功近利。城市人口还存在质量的问题，按我国目前的教育，考试体制，用购房取得户口的办法，更多的人士将子女安排在昆明读书的捷径，这除了优质教育资源的短缺，竞争之外，对提升昆明的城市竞争力很少帮助。由于昆明得天独厚的气候，"候鸟居民"的增加，可以增加局部的消费，对经济增长的贡献也十分有限。故作为城市发展计量指标的人口数，应由年龄、就业、工作性质、是否常住等专项说明，才能真实地反映人口和人口本质。

也有人提出用"失业率"来计量城市发展。失业率是一相对值，其分母是具劳动能力的人口总数，还是常住人口加流动人口的具劳动能力的人口计算？何况，失业率与经济增长率有关外，还受诸多其他因素的影响，例如结构性失业、失业登记方式等的影响，难有全面、真实地反映城市发展的状况。

无论是 GDP，人均 GDP，平均收入水平或是人口总量这些经济变量的不足均在于仅反映福利总量，没有反映福利在城市人口中的分布和分配情况。我们不难看到这样的情况，在一城市 GDP 快速增长，人均收入水平不断提高的情况下，对增长的社会财富的分配只对社会富裕的阶层有利，穷人则得利很少甚至相对贫困。若只谈经济总量或平均收入的增加，却掩盖了如平安保险的董事长年薪 6600 万人民币，是吴仪副总理的 400 多倍，是国企一般员工的 1600~2000 倍，这可怕可悲的事实，因此，这些经济指标就失去了真实的意义。在衡量城市发展时，应逐步完善一指标体系，从多个层面和角度真实的反映城市的发展，城市的发展给每一个市民带来的福利，城市竞争力的培育，发展等。例如，国际通行的恩格尔系数，基尼系数等指标均应包括在内。

第三章　产业规划的原则

　　昆明、楚雄、玉溪、曲靖等四个城市间通过昆玉高速公路、昆楚高速公路、昆曲高速公路相互连接，昆明还开通了到曲靖的城际高速列车，方便快捷的交通让滇中四城市链接更为紧密，在滇中城市群产业布局中要重视四个城市间的功能性互补，通过四个城市合理的产业分工避免出现同质性竞争，实现滇中城市产业和经济互助，最终达到经济共同发展。

　　在滇中城市群的产业规划布局当中，要以一定的标准和原则指挥城市的产业布局，只有这样才能实现滇中四个城市的产业互补和协调。总的来说，在滇中的产业布局中我们应当注重以下原则：①科学发展的原则；②可持续性发展原则；③因地制宜的原则；④发挥资源优势的原则；⑤环境保护原则；⑥突出功能区划原则；⑦产业空间分布逆序圈层化的原则。

一、科学发展的原则

　　科学发展观是党十七大中提出要深入贯彻和施行的重要内容，党的十七大中提出在新的发展阶段继续全面建设小康社会、发展中国特色社会主义，必须坚持以邓小平理论和"三个代表"重要思想为指导，深入贯彻落实科学发展观。

　　科学发展观，是对党的三代中央领导集体关于发展的重要思想的继承和发展，是马克思主义关于发展的世界观和方法论的集中体现，是同马克思列宁主义、毛泽东思想、邓小平理论和"三个代表"重要思想既一脉相承又与时俱进的科学理论，是我国经济社会发展的重要指导方针，是发展中国特色社会主义必须坚持和贯彻的重大战略思想。

　　科学发展观，是立足社会主义初级阶段基本国情，总结我国发展实践，借鉴国外发展经验，适应新的发展要求提出来的。进入新世纪新阶段，我国发展呈现一系列新的阶段性特征，主要是：经济实力显著增强，同时生产力水平总体上还不高，自主创新能力还不强，长期形成的结构性矛盾和粗放型增长方式尚未根本改变；社会主义市场经济体制初步建立，同时影响发展的体制机制障碍依然存在，改革攻坚面临深层次矛盾和问题；人民生活总体上达到小康水平，同时收入分配差距拉大趋势还未根本扭转，城乡贫困人口和低收入人口还有相当数量，统筹兼顾各方面利益难度加大；协调发展取得显著成绩，同时农业基础薄弱、农村发展滞后的局面尚未改变，缩小城乡、区域发展差距和促进经济社会协调发展任务艰巨；社会主义民主政治不断发展、依法治国基本方略扎实贯彻，同时民主法制建设与扩大人民民主和经济社会发展的要求还不完全适应，政治体制改革需要继续深化；社会主义文化更加繁荣，同时人民精神文化需求日趋旺盛，人们思想活动的独立性、选择性、多变性、差异性明显增强，对发展社会主义先进文化提出了更高要求；社会活力显著增强，同时社会结构、社会组织形式、社会利益格局发生深刻变化，社会建设和管理面临诸多新课题；对外开放日益扩大，同时面临的国际竞争日趋激烈，发达国家在经济科技上占优势的压力长期存在，可以预见和难以预见的风险增多，统筹国内发展和对外开放要求更高。

在现阶段的所有工作中科学发展观是重要的指导原则之一。科学发展观，第一要义是发展，核心是以人为本，基本要求是全面协调可持续，根本方法是统筹兼顾。在滇中城市群的产业规划中，一定要以经济建设和发展作为规划的根本出发点和最终目标，同时在规划中还要以提高人民的生活水平改善生活环境作为主要目标之一，让规划的成果惠及到滇中地区的全体人民百姓。

同时，在规划中还要注意统筹兼顾原则的应用。要正确认识和妥善处理中国特色社会主义事业中的重大关系，统筹城乡发展、区域发展、经济社会发展、人与自然和谐发展、国内发展和对外开放，统筹中央和地方关系，统筹个人利益和集体利益、局部利益和整体利益、当前利益和长远利益，充分调动各方面积极性。这就要求我们在滇中城市群的产业规划中，合理分布产业，顾及滇中四个城市各自的经济和产业利益，实现滇中四个城市的产业协调发展，避免同质竞争和产业分布不当，促进滇中地区经济的整体发展。

二、可持续发展的原则

可持续发展（Sustainable Development）是 20 世纪 80 代提出的一个新概念。1987 年世界环境与发展委员会在《我们共同的未来》报告中第一次阐述了可持续发展的概念，得到了国际社会的广泛共识。

可持续发展是指既满足现代人的需求也不损害后代人满足需求的能力。换句话说，就是指经济、社会、资源和环境保护协调发展，它们是一个密不可分的系统，既要达到发展经济的目的，又要保护好人类赖以生存的大气、淡水、海洋、土地和森林等自然资源和环境，使子孙后代能够永续发展和安居乐业。也就是江泽民同志指出的："决不能吃祖宗饭，断子孙路"。可持续发展与环境保护既有联系，又不等同。环境保护是可持续发展的重要方面。可持续发展的核心是发展，但要求在严格控制人口、提高人口素质和保护环境、资源永续利用的前提下进行经济和社会的发展。

三、因地制宜的原则

地球陆地表面如同自然界和其他物质一样，有其形成和发展的过程，地球表面由于受不同形成因素的影响和处于不同的发展阶段，形成了一系列相互区别且各具特色的土地。由于各地区自然和社会经济条件千差万别，直接影响着规划的方向、方式、深度和广度，使得产业和城市规划具有明显的地域差异性。不同地区的规划状况，不仅反映了当地经济和社会发展中的适宜性和限制性，同样也反映了当地生产力的发展水平，因此产业规划必须和当地的特殊情况相互连接起来，这样才能够将潜在的生产力水平转变为现实的生产力水平。

滇中四个城市，由于所处地理位置的不同，人口、经济、社会发展状况的不同，滇中四个城市的产业发展条件和发展方向也将会有所不同。

以水资源为例，昆明是全国几个严重缺水的城市之一，水资源对于昆明产业发展的限制性作用较强，因此，一些高耗水的企业和产业将不能在昆明布局，这样可以合理地调整昆明市水资源需求量和需求结构，有助于昆明市经济和产业的可持续发展；但是，对于玉溪市来说，玉溪的境内拥有三大高原淡水湖泊，人均水资源拥有量大大的富于昆明，所以，玉溪的产业布局中，对于水资源的考虑将少于昆明市，一些在昆明难以布局或者是根本不能布局的产业，将可以在玉溪市生根发芽，为玉溪的经济发展做出贡献。

除了水资源以外，四个城市在土地资源、产业结构、交通运输资源等方面也各有不同，在产业布局中必须充分地关注和尊重这些不同，才能制定出适宜各个城市发展的产业布局规划，真正对各个城市未来的发展起到帮助作用。

四、充分发挥资源优势的原则

对于资源尚没有一个一致的定义，比较统一的说法是从人类利用的角度提出的。因为在人类社会产生之前，地球环境完全按自己固有的规律演化，只有当人类和人类社会出现以后，地球系统的自然过程，才被赋予社会性和经济性。因此，资源从本质上来说是所有有用物和人类社会相互作用的一种价值判断，是以人类利用为标准的。

资源有广义和狭义之分，狭义的资源指的是自然资源，是自然界中对人类有用的部分；广义的资源除了自然资源以外还包括人力资源、文化资源、智力资源等非自然的部分。

这里笔者使用的是广义的资源定义，对于一个地区的经济发展来说，仅仅拥有丰富的自然资源是远远不够的，充足可靠的人力资源、文化资源、智力资源同样是一个地区经济快速发展必不可少的部分。

对于资源优势的评价主要从以下几个部分入手：

（1）资源的丰度。一个地区的自然资源储备有多大；人力资源后备又是如何，这是对这个地区资源状况最直接的评价。

（2）资源获取难易程度。拥有丰富的资源并只是资源丰厚的一个部分而已，拥有的资源是否易于开采，开采成本有多大，都直接决定了此地资源的利用程度。

（3）利用资源实力。资源开采出来以后必定是要用来创造价值的，但是如何利用资源、是否有能力利用资源都决定了资源优势的发挥程度。

以上三个方面共同决定了一个城市的资源优势水平。在滇中城市群的规划中，还要充分发挥滇中地区的资源优势，只有这样才能够又好又快地发展滇中地区经济，促进滇中地区的长期可持续发展。

五、环境保护的原则

产业规划中还要考虑生态效益和生态经济效益。整个地球的表层是一个巨大的生态圈，由于其各部分的环境条件存在很大的差异，因此形成不同生态系统如海洋、湖泊、陆地、森林、草原、城市等生态系统，同时又是更大系统中的自然环境要素。生态系统在其利用过程中与经济系统之间进行物质和能量的交换，生态系统向经济系统输入产品，通过生产、分配、交换、消费等各个环节转换为经济物质和能量，再输入土地生态系统，在物质能量循环过程中有转变为经济产品输给生态系统。生态系统和经济系统的这种关系叫作反馈关系，使得两个系统在结构上相互交织，在功能上相互促进和相互制约，在效益上统一又相互矛盾，从而使两者耦合成为一个统一的整体，即生态经济系统。我们在产业规划中，必须追求生态经济系统的最大净生产力（实物形态、价值形态、能量形态）。

人类全部活动包括经济生产都是直接或间接地消耗环境质量和自然资源，但这种消耗导致环境污染和生态破坏时，必然直接影响正常的经济生产活动，造成严重的经济损失。因此，在评价产业布局时，不仅要顾及经济生产内部的经济性，同时还要考虑由此造成的社会外部不经济性。一般情况下，内部经济性是以外部不经济性为代价的，所以在滇中城市群的产业布局规划中，应当严格的保护自然环境，将外部不经济性内化到生产过程中，解决对环境的污染问题。

六、突出功能区划的原则

突出功能区划的原则，就是根据各地不同的自然生态条件，把城市发展区域划定为鼓励开发区、控制开发区和禁止开发区。

在鼓励开发区中，生态敏感度较低，基本上以城市亟须的发展空间为主，在这一区域中，建设用地的比例按照通常的规划标准制定，主要分布在地块平整，地基承载能力较强的区域。

控制开发区，这一区域中主要涉及未来的战略空间储备区、航空、电信、高压走廊、自然保护区、文物古迹保护区等，在这一区域中要严格控制建设开发活动，严格用地审批，对于已经开发的地区应严格控制建设量，有计划地修理已被破坏的山体水系和植被。

禁止开发区，在这一区域中生态敏感程度较高，关系区域的生态安全，主要涉及自然保护区、文化保护区、重灾害区和水面等，在这一区域中不安排任何人为的开发活动。

对于功能区在划定过程中同样要遵守一些原则：①功能管制区必须和土地利用规划和城市总体规划相协调，避免出现矛盾；②弹性原则，在规划中采取宏观尺度对规划区空间进行用途划分，为土地使用留有一定的弹性和余地；③必须强化控制，加强对禁止开发区的控制和管理；④生态优先原则，在设定功能区划时必须结合地区的自然和人文基础，按照保护自然生态、保护人文优先的原则，实现地区的可持续发展。

七、产业空间分布逆序圈层化的原则

日本是亚洲城市群最为发达的国家，有东京圈、名古屋圈、阪神圈三大城市群。2001年，这三大城市群虽然国土面积仅占日本国土面积的10.4%，但人口却占全国的48.6%，国民生产总值占全国的66.2%，工业生产占全国的68.9%，成为日本国民经济的主要聚集区域。通过研究日本城市群的发展经验，可为滇中的产业布局提供指导。

相对于一、二、三产业的结构次序，日本城市群产业在城市群中呈现出圈层化的逆序分布形态。即城市群中心努力发展第三产业，最外层努力发展第一产业，次外层着力发展第二产业。

以东京城市群为例，城市群核心主要是第三产业，中间环状地带主要是第二产业，外圈层则主要是第一产业。中心城市东京的第三产业比重达到73.8%，中间三个县的第三产业比重不超过70%，外围四个县的第三产业比重均在60%以下。东京制造业从业人员57.8万人，占都市圈总数四个县的22.2%，紧邻东京的三个县从业人员127.4万人，占48.9%，外围四个县75.2万人，占28.9%。城市群外围的栃木县、茨城县、山梨县等地区农业比重较高，主要面向东京市场。

对于滇中城市群来说，昆明第三产业的发展领先于其余三个城市，昆明又处于滇中城市群的中心，所以昆明应以发展第三产业和第二产业中高附加值的行业为主。具体说就是昆明应发挥气候优势，着力发展光电子行业；发展教育和金融行业，为滇中其余城市提供智力和资金支持；充分发挥昆明"最适合人居"的自然地理和气候优势，发展房地产业，将昆明建设成为区域性的国际贸易中心和国际金融中心。

处于第二层的玉溪应充分发挥第二产业的优势，努力发展烟草、建材和矿电行业。曲靖与昆明的交通较为便捷，处于滇中城市第二层和第三层的中间，曲靖应带头发挥好煤化工业、能源和装备制造业，发挥好第二产业原有优势；同时曲靖还应发挥好第二产业中采掘业的优势，成为滇中城市原材料供应地。

楚雄处于滇中城市的最外层，虽然与昆明有昆楚高速公路相连，但是该公路的连接条件要落后于昆明与玉溪和曲靖间的联系。楚雄应努力发挥好第一产业的优势，发展好绿色农业、绿色药业和采掘业，成为滇中城市原材料供应基地。

第四章　产业升级理论、路径及指导原则

城市未来产业发展方向的选择无法割断未来与现实及历史的联系。滇中城市的产业布局和产业规划要如何改革，改革的途径究竟是什么？要弄清楚这些问题就必须要借鉴国外城市转型的经验和理论，找到与滇中城市资源禀赋最贴切，最能发挥滇中城市比较优势的产业，在此基础上才可以提出滇中城市产业改革的意见。

一、产业升级与转型战略理论研究

产业升级与转型的理论研究已取得不少成就，下面先介绍产业升级与转型的一般规律，再讨论产业集群和比较优势发展战略理论，以资借鉴。

（一）产业升级与转型理论

产业升级主要是指产业结构的改善和产业素质与效率的提高；产业转型是新兴产业的不断出现，夕阳产业的及时淘汰。产业结构作为一个城市经济的基石，是城市经济结构的主体，是城市各种产业的划分和比例。任何一个国家或地区的城市，当它走上工业化的发展道路之后，工业部门及其构成的变化和发展，对城市经济结构的各个方面，都产生着决定性的影响。我们重点研究产业结构的升级，产业结构升级是产业结构知识化、外向化、生态化、整合化有机结合的演变过程。

配第－克拉克定理

产业结构通常划分为第一、第二、第三产业。而早在17世纪英国古典政治经济学家威廉·配第通过对从事农业、工业、商业人员的工资分析发现，工业比农业获利多，而商业比工业获利更多，并得出一条结论：为了获取更多的工资利益劳动人口将从农业转向工业，进而再转向商业和服务业。经济学家L. G. 克拉克（L. G. Clark）继威廉·配第之后，搜集和整理了若干国家经济发展时间系列的劳动力在各产业之间的转移资料，得出了结论：随着经济发展，人均国民收入水平的提高，劳动力首先由第一

产业向第二产业移动，接着便向第三产业转移。劳动力在产业间分布状况是，第一产业逐渐减少，第二产业、第三产业逐步增加。这就是所谓配第－克拉克定理（Petty—Clark'slaw）。这一定理不仅可以从一个国家经济发展时间系列得到论证，而且还可以从处于不同发展水平国家以及同一个国家不同地区之间的比较得到印证。

城市是现代区域社会经济要素及产业的核心空间载体。现代经济学理论认为，城市的经济增长表现为一种经济总量的增长，有赖于产业结构的合理与优化；城市发展的主体动因是新兴产业的不断出现，夕阳产业的及时淘汰，即，产业结构的升级与转型是推动城市发展的核心动力。现代城市发展的过程是产业结构持续升级与转型的动态变化过程。城市产业结构的持续升级不仅促进城市发展能力的增强，而且是现代城市化的重要推动力，产业结构的升级促进城市化模式、城市地域形态的有序变化。城市作为一种经济活动空间地域系统，其三次产业之间的比例以及第三产业的发达程度，直接影响着城市经济总量与增长结构，一个城市新兴产业比重大，城市经济总量显然就大。产业结构的升级和转型是一种必然规律，任何长期的经济增长总是伴随着一定的产业结构的升级和转型。以资源、科技及组织能力优化为基础的城市产业结构升级和转型又影响着城市经济总量的进一步增长。另外，各产业结构的升级变化又离不开城市空间扩展城市新区开发、城市职能体系变化等城市化诸多方面的空间支撑和需求拉动。产业结构升级和转型与城市化之间存在着相互作用的内在关联。

给一个城市产业结构的升级和转型方向进行定位，须遵循两个原则：一个是市场原则。在这个原则下，城市产业发展方向的定位宜粗不宜细。因为在市场经济条件下，一个城市产业发展方向和产业结构的形成是市场选择的结果，不是人为规划出来的。由于市场选择的不确定性，使人们很难预料到未来市场作用的具体结果，但大致的、粗线条的发展方向还是能够有所预测和把握的。另一个是区域系统原则。确定一个城市的产业发展方向，立足于城市本身的基础状况和优势是十分必要的，但更重要的是应站在更高的位置上、更大的区域背景里，只有置身于区域系统的高端，才能够对城市有一个更准确的定位；城市定位准确了，城市的产业发展方向才能够定位正确。因此，首先应将城市放到更大的区域背景中给城市定位，然后再给城市产业发展方向定位，这样才能够正确定位。这就是这个原则告诉我们的，概而言之，就是城市产业发展的区域系统定位。由于市场原则对每一个城市产业发展方向定位要求都是一样的，而每一个城市的城市定位却各不相同，因此城市产业发展的区域系统定位是主要的分析工作。

在完成滇中城市群在全国的系统定位后，产业结构升级的主要工作是选择主导产业和支柱产业，必须紧紧把握以下几项标准：①该产业的关联度高、有比较优势；②该产业有市场潜在需求、独具特色；③该产业有利于城市的定位且易于形成规模经济。

（二）产业集群理论

研究具体的产业发展形态特别是探索产业集群形成的模式，找出产业集群的发生条件与决定因素，对于创造产业集群的区域环境，利用产业集群优势促成产业升级与转型，提升城市经济竞争力具有重要意义。产业集群具有许多不同的形式，要视其纵深程度和复杂性而定。不过，绝大多数产业集群包含最终产品或服务厂商、专业元件、零部件、机器设备以及服务供应商、金融机构及其相关产业的厂商。产业集群也包含下游产业的成员（如销售渠道、顾客）、互补性产品制造商、专业化基础设施的供应商和提供技术支持的其他机构。一般情况下，产业集群的形成有三种模式。

1. 市场创造模式

即区域经济范围内首先出现专业化的市场，为产业集群的形成创造了重要的市场交易条件和信息条件，最后使产业的生产过程也聚集在市场的附近。该模式形成产业集聚的典型地区是浙江省。其首先出现众多颇具规模的专业化市场，最终形成了诸多具有完整产业链的产业集群。如宁波、温州等地的以生产服装、领带、打火机、低压电器等产品的专业化产业聚集区。

2. 外商直接投资形成模式

该产业集聚形成与资本流动有关，主要方法是吸引外资。在特定领域中，吸引几家大型跨国企业进入，会引来更多外商为其配套，"串"起了一批企业，形成跨国公司的客户链，进而带动当地各类产业的发展。最具典型的区域是"珠三角"和"长三角"地区。

3. 内源型品牌企业带动模式

该模式以青岛家电、电子产业集群形成为代表，是以一批具有竞争优势为核心的名牌大企业形成产业制造基地，进而又带动一大批配套项目的"扎堆"。其特点是：上下游相关支持性、功能性企业随产业内居于生产体系和市场主导地位的名牌企业而聚集。青岛的产业集聚正是由海尔、海信、澳柯玛等名牌企业的主导地位而带动的。

其表现形式是：由最初的组装和外围技术的加工，逐渐向核心部件和关键技术提升，如目前生产技术水平较高的高清晰液晶显示终端、数码电视线路板、电脑主板、先进电机和压缩机的加工制造，以及许多高精尖电子元器件等，在家电、电子整机产品中占有相当大比重。这一提升又带动了大量基础性、边缘性材料和零部件制造以及相关研发机构的集聚，一些大学和科研机构不断进入这一领域，形成了产业集群。

（三）比较优势发展战略理论

"比较优势发展战略理论"是林毅夫在研究了20世纪后半叶世界经济，尤其是东亚经济的基础上建立的，已被世界经济学界推崇为发展经济学的一个重要流派，是中国经济学家对世界的贡献，这一理论也很好地解释了一个地区如何发展自己的产业。

1. 产业转移

比较优势发展战略理论认为：地区产业要走向世界，必须发挥比较优势。首先，一个地区经济已经有了产业升级的需要，而且还将加速升级。在这一过程中，我们原本具有一定比较优势的产业将逐渐变成了没有比较优势的产业，如将它转移到海外比我们的产业发展慢半拍、劳动力比我们便宜的地方发展，它将可以获得第二春，从而延续自己的生命力、竞争力和企业的获利能力。

在世贸组织框架下，地区产业不仅可以在国内进行资源配置，而且可能在全球范围内进行资源配置，利用其他地方的比较优势继续发展壮大自己。比较优势发展战略理论认为：一个区域人均收入在1000美元以内，基本上没有资本输出，但是在进入1000美元以后，资本输出基本是有出有进，超过2000～3000美元以后输出就会大于进口。

2. 后发优势

一个地区的经济是否能够成功，在于它是否能够发挥资源禀赋的比较优势。而资源禀赋决定于所拥有的自然资源、资本和劳动力的相对份额。一个共同的规律是：随着经济发展、资本积累和人均资本拥有量的提高，一个国家和地区的资源禀赋结构得以提升，主导产业将从劳动密集型逐步转变到资本密集型和技术密集型，乃至信息密集型上面。中国20多年改革开放，尤其是东部沿海地区经济发展的奇迹，就是成功地利用了中国劳动力相对价格较低的比较优势，逐步占领了纺织服装、轻工产品、家用电器等国际市场，快速积累资金，逐步实现产业升级。

二、产业升级理论与产业结构演进规律

衡量工业化水平的另一个标准是产业的升级和产业结构的顺序演进。产业升级主要是指产业结构的提升和产业素质、效率的提高，新兴产业不断出现，夕阳产业的及时淘汰。产业结构，作为工业经济的基石，通常是指三大产业的划分和比例。任何一个国家或地区的经济发展进入工业化阶段后，三大产业的比例、工业部门内部的构成及其构成比例的变化，都会影响这一国家和地区整体经济的发展和质量。

（一）配第－克拉克定律和库兹涅茨产业结构演进规律

产业结构原被划分为"农业部门""工业部门"和"服务部门"，最早是17世纪英国古典政治经济学家威廉·配第提出的。配第通过对从事农业、工业、商业人员的工作分析发现，工业比农业获利多，而商业比工业获利更多。由此，配第得出一条结论：为获得更多的利益，劳动人口将从农业转向工业，进而再转向商业和服务业。美国经济学家 L. G. 克拉克在配第之后的两百多年，搜集和整理了若干国家经济发展过程中劳动力在各产业之间转移的资料之后得出结论：随着经济发展，人均国民收入水平的提高，劳动力首先由第一产业向第二产业转移，接着向第三产业转移。劳动力在各产业间的分布是：第一产业逐渐减少，第二、第三产业的人数逐渐增加。这就是所谓的配第－克拉克定律，库兹涅茨的产业结构演进规律与之大同小异，这一定律不仅可以从一个国家经济发展的时间序列得到论证，也可以从处于不同发展水平的国家或是同一国家不同地区的比较中得

到印证。

由产业发展和城市发展的辩证关系中可以知道，城市是区域社会经济要素及产业集聚的空间载体，而产业结构的升级和发展是推动城市发展的核心动力。城市承载的经济增长表现为经济总量的增长，经济总量的增长无疑依赖于产业的发展。

（二）霍夫曼定律与霍夫曼比例

德国经济学家霍夫曼在总结了 20 多个国家的工业化进程之后提出了被称作工业结构重工业化的霍夫曼定律。霍夫曼根据自己的统计分析提出：当一国进入工业化后，随工业化的发展，在制造业中生产消费资料的工业所占比重会越来越小，而生产资本资料的工业所占比重会越来越大。在制造业中，重工业与轻工业的比例被称作霍夫曼比例。作为世界各国产业演进的一般规律，霍夫曼认为工业化进程中，工业发展的重工业化是一个重要且不可逾越的阶段。

日本经济学家根据 20 世纪 50 年代日本具体的经济状况和世界产业演化趋势理论，认为突出发展重工业不仅对其他产业有较大的"诱发效果"，还可以发挥产业间的因果继起的诱发机制，带动整个经济的发展，促进产业向高级化方向转化。应该看到，二战后，作为战败国的日本，在完全没有资源优势的情况下，通过发展重化工业而成为世界的工业强国。

（三）马克思扩大再生产的理论和列宁优先发展生产生产资料的观点

经济理论史上，从法国重农学派代表人物魁奈提出了天才的《经济表》开始，经济学家们就认识到社会再生产要顺利地循环往复，不断地进行下去，各社会生产部门间必须满足两个基本的条件或者是原则，即：价值的实现和实物的补偿。马克思在分析资本主义再生产时，首先把社会生产各部门科学的区分为第一部类（生产生产资料的部门）和第二部类（生产生活资料的部门），在此基础上，将上述两个重要的原则，准确地描述为简单再生产条件：$I_{v+m} = II_c$。即以机器设备为实物形态存在的第一部类的工人的工资（V）和资本家的剩余价值（m），要刚好等于以消费品形态存在的第二部类的机器折旧的价值（C）。

根据这一原理，马克思进一步提出，作为现实中资本主义扩大再生产的充分必要条件为 $I_{V+m} > II_C$。即"第一部类的年产品中，除简单再生产所必需的生产资料外，还应有一定的余额。换句话说，第一部类的可变资本加剩余价值应当大于第二部类的不变资本。这就是资本主义扩大再生产下的基本实现条件"[①]。

马克思认为，资本主义条件下，相对于资本需要而过剩的失业后备军总是存在的，第一部类富裕的生产资料加上失业后备军中的劳动力即可以组合成新的社会生产力。资本主义就是在这样一次又一次的扩大再生产中实现不断发展的。

列宁继承并发展了马克思的资本主义扩大再生产理论，面对刚从农耕社会中走出来的苏维埃，要通过工业化来加速社会主义经济的发展，列宁将马克思的原理具体化为"优先发展生产生产资料"的观点。"社会生产的第一部类和第二部类之间的正确比例，是社会主义再生产最重要的比例。同时，生产生产资料的第一部类在全部经济中起着决定的作用。只有生产资料生产快速增长，国民经济才能不断发展，没有生产资料生产的优先增长，扩大再生产根本不能实现。"[②]

"为了扩大生产（绝对意义上的"积累"），必须首先生产生产资料，而要做到这一点，就必须扩大制造生产资料的社会生产部门。"（《列宁全集》第二卷P137）"列宁把扩大再生产中生产资料生产比消费品生产优先增长成为经济规律。"[③]

"生产资料（首先是劳动工具）生产的优先增长，是社会主义生产的一切部门中广泛采用最新技术和逐步提高劳动生产率的必要条件。例如，提高机器制造业和电力生产的比重，就能够实行国民经济一切部门的全盘机械化和电气化，建立共产主义的物质基础。"[④][⑤]

[①][②][③] 苏联《政治经济学教科书》[M]. 北京：人民出版社，1955.

[④] "只有不断发展重工业（它是社会主义经济基础的基础）才能保证轻工业、食品工业和农业的稳步增长。"（《列宁全集》第二卷P586—588）

[⑤] "第一部类的优先增长是扩大再生产的经济规律，但它并不排斥第二部类各部门在个别时期发展较快的可能性和必要性，以便从共产主义建设的根本任务着眼，来消灭人民消费品生产落后的现象，来保证社会生产第一部类和第二部类达到正确的配合。"（《列宁全集》第二卷P586—588）

"苏联重工业的强大和全面的发展，现在不仅给生产生产资料的部门，而且给生产消费品的部门创造了高速度前进的可能性。""共产党和苏联政府提出的保持和加强重工业的主导作用，大力发展轻工业、食品工业和农业各部门，使人民消费品丰富起来的任务，反映了社会主义的基本经济规律的要求。"①

三、国内外城市产业升级与转型案例研究综述

通过对国外瑞士、威尔士、北威州、九州、洛林、休斯敦模式和国内深圳、杭州等产业升级与转型模式的研究（详细内容见附录2），得到以下经验。

（一）选择具有比较优势的产业作为主导产业

瑞士地处欧洲内陆，无一公里的海岸线，不仅不在交通枢纽地区，而且多山。在欧洲平原地区工业经济发展起来后，如果简单模仿欧洲平原地区，显然是将瑞士经济放在了制造业产品运输的成本劣势上。因而瑞士人选择的是钟表等精工制造。精工制造的技术进步路线成功地帮助了瑞士规避了在大工业时代的运输成本劣势。和精密工具制造相关联，瑞士人还在医疗器械、医药分离和提纯、蛋白质三维构造制药、生命科学技术和蛋白质的三维构造制药相结合等方面，找到了自己的发展定位。

瑞士经济作为一种模式，不仅是精密工具制造、蛋白质三维构造制药等成功地规避了运输成本劣势，而且整个主导产业群都和瑞士的地理区位及资源构成所允许的技术进步路线相匹配。比如，瑞士人发展了雀巢类跨国集团，突破自己地理疆界狭小的局限。雀巢类产品的生产可以在世界任何地方设置加工车间，瑞士人提供的是品牌、信用和管理技术。瑞士人还发展了金融产业，保管着世界3/4的私人长期储蓄，瑞士保险业拥有世界排名前三名的大企业。

滇中城市从某种意义上说就是"亚洲大陆的瑞士"，没有海岸线，多山，交通不便。所以，滇中城市应该在城市群中建立完善的产业链，将工业附加值尽可能多的留在城市群中，减少工业初级产品的出售。

---

① 《列宁全集》（第二卷）第586－588页。

（二）政府主导并参与城市的产业升级和转型

产业升级和转型是一个比较漫长的过程，需要政府和企业互动，从整体上进行长期战略规划。无论是北威州政府在引导对鲁尔区的产业升级和转型中发挥的作用，还是美国匹兹堡、休斯敦和洛杉矶等城市的市政府对这些资源枯竭型矿业城市采取的了"再开发"战略，都充分体现了政府的主导作用。如匹兹堡在抵抗衰落过程中，既改造传统产业，又开辟新路，表现出强大的产业转换能力和创新意识。匹兹堡是根据"钟摆运输"布局原理，在大型铁矿、煤矿开发基础上而兴起的城市，美国的钢铁市场曾以它为中心，实行"匹兹堡基点加价制"。但这座实力雄厚的大矿城，在20世纪70年代，因资源枯竭出现了严重的衰退，企业倒闭，工人失业，社会问题丛生，市区人口大量下降，成为美国衰退最严重的大城市之一。到了80年代，市政府开始采用一系列政策性措施，吸引外资投资和建厂，其产业结构逐步由重型转向轻型和服务型，经济才开始复苏。

美国休斯敦是油城走向持续繁荣的典型模式。休斯敦原是"牛仔（牧人）"集聚的农牧区村镇。1901年得克萨斯油田开发后，城市随之兴起和发展。在20世纪20年代末，美国各大石油公司总部迁移至此，形成了美国南部最重要的城市。在60年代以后石油开采业开始整体下滑，休斯敦按产业链的延伸和拓展，加速了石油科研的开发，油气资源产业也逐步形成并日趋完善，同时相应带动了为其服务的机械、水泥、电力、钢铁、造纸、粮食、交通运输和通信等多种产业的发展。美国政府还在休斯敦布点了宇航中心，带动了为它服务的1300多家高新技术企业，从而使休斯敦成为全美人口增长最快的城市，城市性质也发生了根本变化。休斯敦的模式是按照"发展主导产业—带动相关产业—完善基础产业"顺序展开的。

美国另一个油城洛杉矶也是采用这一模式实现转型的。20世纪20—40年代为洛杉矶石油开采高峰期，洛杉矶在相当长时间内保持年产5000万吨以上的生产能力。油田开发直接促进了炼油和石化工业的发展，还带动了农业的开发，使原本靠近沙漠的季节性牧场变成粮、棉、蔬菜、水果生产基地；陆海、空运输发达；此外，飞机制造业、军械工业也迅速兴起，文化事业蓬勃发展，现成为美国西部最大的工业中心、文化中心和太平洋东岸著名的现代化城市，即使石油资源枯竭，该市也能依托替代产业群实现了持续发展。

（三）改造传统产业，初步完善基础设施

1968 年北威州政府制定了第一个产业结构调整方案"鲁尔发展纲要"，对矿区进行重点清理整顿，将采煤集中到赢利多和机械化水平高的大矿井，其调整企业的产品结构、提高产品技术含量等措施类似于我国的"关、停、并、转"。此外，各级政府还通过投入大量资金来改善当地的交通基础设施、兴建和扩建高校和科研机构、集中整治土地等措施，为鲁尔区下一步的发展奠定基础。通过"造地复田""复垦绿地"以及综合利用等方式，鲁尔区许多报废的矿井得到了重新修整，大都成为传统工业展览、教育或培训实习的基地。环保如今已成为鲁尔区的六大支柱产业之一。

（四）产业转型与就业接续相结合

接续产业的选择是城市产业转型中遇到的首要问题，必须形成符合城市特点的产业发展思路。美国休斯敦采取产业链拓展的模式，在原有主导产业——石油开采业发展的基础上，通过科技创新和技术进步，进行产业的纵向拓展和横向扩散，提高了产品的加工深度和产业的广度，从而拓展原有产业链。德国鲁尔的做法是利用原有资源产业形成的产业基础，形成多元产业结构，虽然鲁尔在城市发展过程中对其优势资源的开发具有较强的经济依赖，但由于该地区产业综合化发展趋势较为明显，吸引和形成了一定数量的其他次级产业，从而有可能在其现有的多种产业中，找到具有发展潜力及区域带动能力的新主导产业。法国洛林则选择了植入新产业的模式，摒弃传统产业，坚持高起点进行转型，接续产业大都瞄准高新技术和复合技术产业，根据国际市场需求，发展了计算机、激光、电子、生物制药、环保等高新技术产业。劳动力平稳转移是产业结构调整得以顺利进行的关键所在，发达的服务业和众多中小企业不仅是区域经济增长的重要来源，而且为吸纳传统产业转移出来的劳动力提供了巨大的空间。休斯敦在第三产业中就业人员高达 80%，鲁尔区 63% 的人口在服务业工作，第三产业和中小企业的繁荣确保了上述城市转型期间社会的稳定。

（五）产业升级和转型要与改善投资环境相结合

一个城市若只具有硬环境优势，如廉价的资源，充足的动力供应，大

量的空闲土地和劳动力，虽然这些都是吸引外部投资的重要因素。但仅有这些条件是不够的。国外城市在产业升级和转型中都十分注重把发展经济同改善投资环境结合起来，把城市环境建设纳入经济发展战略之中，从而吸引了大量的外部资金，促进了城市对外开放的步伐。当前，软环境的优劣越来越成为吸引投资的决定性因素，良好的投资环境可以提升城市价值，增加技术、资金、人才的吸引力。应该说，自然环境是典型的公共物品，道路、交通等基础设施也有公共物品的属性，这要求政府在改善投资环境方面扮演越来越重要的角色；同时，资源开发企业也应按照人与自然和谐的目标去规划生产和经营活动，彻底摒弃以牺牲环境质量去换取一时经济增长的短期行为。

四、产业结构协调化和高级化的路径模式

发达国家城市化的经验告诉我们，工业化时期，产业的发展是推动城市化发展的主要动力。滇中城市正处在工业化加速发展的时期，产业的重工业化是工业化的必由之路和重要阶段，在此滇中城市产业进步的重要、关键阶段，如何克服滇中城市地区制约工业化发展的资源和环境瓶颈，实现滇中城市产业的升级，是摆在各级政府面前亟待解决的问题。

在现实产业结构协调化和高级化的演进中，各国根据自己的国情探索出不同的路径和指导性理论。

（一）动态比较费用论

日本经济学家兼收了李嘉图的比较成本说和李斯特的"扶持幼小产业说"的合理内核，提出了该路径。日本经济学家强调对有潜力，特别是对国民经济有重要意义的产业，通过政府的扶持和保护，将这些产业培育为有竞争能力的出口产业。日本在发展传统产业的同时，就培育、扶持有发展前途的新兴产业，使之逐渐发展成主导产业。战后日本正是这样不断地更新发展其主导产业，推动了其产业结构的高级化。

目前滇中城市的产业结构中，冶金各行业已明显出现资源的制约；烟草业也受制于国内市场的饱和；滇中城市产业的可持续发展，无疑急需扶持和培育新兴产业，并使之逐渐成为主导产业。关于新兴产业的遴选和培育，不仅是一个理论问题，而且需要实践的验证，在云南发展水电产业，

众所周知，是争论了几十年后人们才达成了共识，是 1998 年实施积极的财政政策背景下，聚全国各方面的财力投入，才让人们看到令人信服的成果的。

对于滇中城市的昆明来说，应当积极培育光电子行业、医药行业、装备制造行业。

对于滇中城市的曲靖来说，应当发挥煤化工产业的优势，提高产品层次，培育高级化工产品加工业，在此基础上还要努力培育汽车制造业。

对于滇中城市的玉溪来说，在保证烟草行业发展的基础上，还要加快建材行业的发展，加快特色农业的发展。

对于滇中城市的楚雄来说，应当保证第一产业的继续发展，做好滇中城市的原材料供应基地，同时加快"彝药"产业的发展，培育新的经济增长点。

（二）非平衡增长理论

该理论认为，在产业结构的演进中，各国国情差异巨大，应该选择好带头的先导产业（或称战略产业，类似于通常定义的地区专业化产业），加以重点培育发展。以战略产业的优先发展带动整个国民经济的发展。战略产业的选择，日本经济学家提出了一个"需求收入弹性原则"。

需求收入弹性是德国经济学家恩格尔提出的一个概念，将需求收入弹性定义为 Ey，Ey＝△Q/Q/△Y/Y。恩格尔指出随着人们收入水平的提高，对不同商品的需求的增长是不同的。随着人们收入水平的提高，对某些商品（劣质商品）的需求反而减少，而随着人们收入水平的提高，某些商品（必需品）的需求会有一定提高，而某些商品（奢侈品）的需求则大幅提高。战略产业应当选择需求收入弹性大（必需品和奢侈品），需求增长较快的产业。

十多年前，我国开始培育自己的汽车工业，家用汽车是一种需求收入弹性大的商品，根据世界经济发展的经验，当一国人均收入有一定提高，其需求就会出现快速增长。而且汽车行业关联性强，能较大地带动一个地区的产业和经济发展。七八年前，中国学者针对中国汽车市场提出的"十万元效应"，对引导我国的汽车市场的健康、迅速成长起了十分积极的作用。

随着我国经济的不断发展和人均收入的提高，人们会越来越关注自己的健康和饮食，药品、保健品、优质食品均为需求收入弹性大的商品。滇中城市应利用自己的资源优势发展生物制药和农特产品的食品加工业。

旅游业无疑也是需求收入弹性大的行业，滇中城市应充分利用自己的自然地理气候的优势和民族文化的优势发展已经具有良好基础的旅游业。

（三）相关分析法

产业结构的演进，既是产业系统内部结构的相互调节，又是同其他因素相互作用的结果。所说相关分析法即研究产业间的关联性以及产业结构与其他结构之间的关联和相互影响。要综合考察产业结构与就业结构、教育结构、投资结构、进出口结构、空间结构等各种结构变动的相互关系。

以滇中城市的进出口结构为例，近年来进出口额有长足的增长。然而细细研究，主要还是靠"转口贸易"，即滇中城市自身产品的出口还不多。在研究滇中城市产业结构调整时，从相关分析的原则出发，若定位在东南亚或东盟的某一市场长期需求，就可以从源头的教育结构调整做起，设置研究机构和新专业；继而通过投资结构的调整研发和组织生产，最终影响进出口结构，实现整个产业结构的调整。

现在大理学院已经有一定数量的印度学生来学习中医学，已促进了该校的国际化，就是成功的一例。

建议针对东南亚、南亚主要是农业国，农业生产水平尚不高，利用滇中城市装备制造业的生产优势，找准市场需求，组织研发适于当地使用的农机具，适于某一需要的特殊装备，从互惠互利的角度发展双边经济。

周边国家有丰富的矿产，通过多种合作方式发挥滇中城市在技术、资金方面的优势，也是滇中城市产业调整的现实的，意义深远的课题。

五、产业结构演进规律及工业结构重工业化定律

在产业经济学的教科书中，产业发展、产业进步、产业结构调整等内容可称为产业结构的演进，针对世界各国不同的工业化进程，经济学家总结出许多的演进规律，这些演进规律从不同的角度反映了世界工业化的发展规律和特征。其中主导产业转换规律及重化工业化规律我们应当深入了解。

（一）主导产业转换规律

主导产业是指在产业结构体系中处于主体地位并对产业发展起着引导和支撑作用的产业。不同经济发展阶段的主导产业是不同的，主导产业对产业结构的性质和特点有决定性的影响，主导产业的转换必然引起产业结构的变动，主导产业的转换过程也是产业结构调整、提升的过程。随主导产业的变化，产业结构一般要经历这样的五个阶段：

第一阶段，产业革命以前，农业在国民经济占绝对优势，以农业为主导产业的经济结构中，制造业、服务业尚处于萌芽状态。

第二阶段，以纺织机、蒸汽机的发明和运用为标志的第一次产业革命，被称为工业化进程的开始。这一阶段，生产直接改善人们生活的消费品的轻纺工业得到了快速的发展，这是因为轻工业技术要求不高，投资少，可以直接利用来自农村的廉价劳动力。此时轻工业取代农业成为主导产业，农业地位下降，产业结构以轻工业为主导。

第三阶段，以内燃机、电力的发展和广泛使用为主要标志的第二次产业革命。随着机器大工业的迅猛发展，对工业生产资料的需求迅速增长，以原材料、燃料、动力、交通运输、基础设施为主的基础工业成为先行产业。在这一阶段，煤炭、石油、钢铁、造船、铁路、普通机械制造等部门得到了长足的发展，其增长速度超过了轻工业的增长速度，并取代轻工业成为主导产业。产业结构进入以基础工业为重心，重工业为主的时代。

第四阶段，以计算机、原子能、新材料及航空航天技术为主要标志的第三次科技革命及其推动的第三次产业革命的兴起。这一阶段，以高技术、高精度、高附加值的加工制造业为重心的重工业得到了迅猛的发展，汽车制造、精密机械、电子计算机、精细化工、石油化工、飞机制造等重化工业部门在国民经济中的比重大幅提高，成为推动经济发展的主要推动力，产业结构演进为高技术加工为重心的重工业结构。

第五阶段，工业革命带来了工业生产规模的扩大和劳动生产率的普遍提高，社会需求结构发生了重大的变化，为满足人们高层次多样化的需求，包括科教文卫、商业、通信、银行业、金融保险、房地产和旅游业的第三产业迅速发展，在国民经济中的比重迅速膨胀并取代工业而成为主导产业，出现了以第三产业为主的新型产业结构。

"以上分析表明，主导产业转换引起产业结构变动，存在着从以农业为主的结构，顺序依次向以轻工业为主的结构，以基础工业为重心重工业为主的结构，以高技术加工为重心重工业为主的结构，以第三产业为主的产业结构和以第四次产业为主的产业结构演进的规律性。"①

对照"主导产业转换规律"，云南的经济发展中，产业演进十分典型。很长时间云南是典型的农业大省，"有色金属王国"徒有虚名，工业产值在国民生产总值中占得比值很小。"文革"结束后，党的工作重心转移到经济建设上，云南发展了其得天独厚，具备资源优势的烟草工业，推动了云南经济的长足发展。1978—1998年，云南的主导产业是烟草工业，只要有卷烟厂的地州，其经济都处于相对领先的地位，产业结构是以轻工业为主导。

1998年以来，由于积极的财政政策的实施，基础设施建设成为全国的重点，更成为西部大开发中的重中之重。在这样的政策背景下，云南的公路、铁路、机场建设都取得了举世瞩目的成就，公共基础设施迅速发展。同时，经过多年的争论，人们终于达成了共识，在云南一定要优先发展具有资源优势的水电行业，在云南这将是能与烟草行业媲美的优势产业和支柱产业。在国家和五大电力公司的支持下，云南建成了鲁布革电站、漫湾电站，扩建了宣威火电厂、白水火电厂，目前还立项建设了更多的水电站。如前述统计分析，云南的工业结构自1998年及"九五"计划以来，就发生了重大的变化，煤炭、钢铁、公路、铁路、运输、水电、火电、汽车生产等以基础工业为重心的重工业为主的工业结构已初步形成。

2003年开始，在国家新工业化战略的实施中，云南省委省政府对云南主要的工业企业提出了"产值的倍增计划"，尽管2004年5月开始，国家为治理局部过热，紧缩了财政政策和货币政策，但是在这样的宏观政策环境中，云南的铜业、锡业、铝业、锌业、钢铁业、煤化工、磷化工、制造业、电子行业都得到了前所未有的发展，云南的工业化已经进入了一个以高技术加工为重心的重工业化阶段。

---

① 简新华. 产业经济学［M］. 武汉：武汉大学出版社，2007：58—59.

(二) 工业化进程中的重工业化规律

人类社会从农耕社会中走出来，工业化是人类社会经济发展必需经历的阶段。一般来说，工业化过程就是工业在国民收入和劳动人口中所占份额不断上升的过程。工业化过程实质上就是产业结构演进过程，既是以农业为主的产业结构向工业为主的产业结构演进的过程，也是工业内部结构演进的过程。

在工业内部结构演进的过程中，存在着消费品工业比重逐步下降，资本品工业比重不断上升并逐步占据优势的发展趋势。德国经济学家霍夫曼把这一趋势总结为工业化进程中的重工业化趋势，即霍夫曼定律。

霍夫曼通过对 20 多个国家工业化过程中消费品和资本品工业相对地位的变化进行了统计分析，得出了这样的结论：各国工业化无论开始于何时，一般都具有相同的发展趋势，即：在初级阶段，消费品工业占据优势；在第二阶段，资本品工业迅速发展，消费品工业的优势地位逐渐下降；在第三阶段，消费品工业与资本品工业达到平衡，并且有资本品工业的增长快于消费品工业的趋势。①

---

① 谭崇台. 发展经济学［M］. 太原：山西经济出版社，2004.

第二篇
滇中城市群经济发展实证研究

第五章 昆明市产业规划解读

一、昆明市自然地理条件

昆明地处我国西南边陲，是中国通向东南亚、南亚的重要门户，是云南省的省会。昆明是国内外闻名的春城，冬无严寒，夏无酷暑，风光秀丽，景色迷人，资源丰富，是中国西南边陲一块具有巨大潜力的热土。昆明位于云南省中部，东经102°10′—103°41′，北纬24°24′—26°22′。东与曲靖市接壤，西与楚雄州相连，南与玉溪市、红河州毗邻，北临金沙江，与四川省隔江相望。南北长218公里，东西宽151公里，总面积约21011平方公里。

昆明市的行政区划在历史上经历了多次的调整。现昆明市共辖五区一市、八县。昆明全市设城市街道办事处24个、镇50个、乡83个。昆明市地处云南高原中部，高原是基本地貌形态。地形北高南低，区域中心以盆地地貌为主；滇池北岸一带的工程地质条件较差，地基承载力在1千克/平方厘米以下。对房地产行业和装备制造业的发展有较强的限制性，土地开发中要严格控制容积率。

图 5 – 1　昆明主城区卫星影像

现阶段昆明的土地利用中还存在着人均土地资源少，利用不充分等特点。昆明地区生产各类瓜果蔬菜，呈贡的斗南是昆明重要的鲜花生产基地，鲜花的生产和销售在全国享有较高的知名度。

伟大的创造来自吸收，站在巨人的肩上才能比巨人更高，这些年昆明的产业调整反映了市情认识的不断深化，是昆明市情基本情况的动态体现，反映了对国内、国际环境的把握及对优势产业细化的遴选。

二、昆明市"九五""十五"产业规划回顾

云南省"九五"规划强调以经济效益为中心，云南省"十五"规划则紧密围绕大通道建设，在以上大背景之下，"九五""十五"期间，昆明市的产业规划均是紧密围绕云南省规划进行相应制定和调整。

（一）昆明市"九五"产业规划回顾

"九五"是昆明发展史上很不寻常的五年，面对国际、国内复杂的形势，昆明创造了"九五"期间的快速发展，"九五"期间昆明市提出以下政策：

（1）继续巩固农业基础；

（2）改善工业经济质量和效益；

（3）将第三产业建设成为经济增长的重要推动力量；

（4）在发展中调整产业结构；

（5）进一步改善投资环境。

（二）昆明市"十五"产业规划回顾

"十五"期间，昆明将产业规划目标确定为：坚持在发展中推进经济结构调整，在调整中保持较快的经济增长速度，加强农业基础，优化工业结构，加快发展服务业；以高新技术产业和旅游业为先导，改造提升传统产业，以信息化带动工业化，促进产业优化升级，形成特色经济，为使昆明成为经济总量大、科技水平高、创新能力强、三次产业协调发展的区域经济中心奠定基础。

1. 巩固和加强农业基础地位，加速农业现代化进程

加强农业是"十五"期间昆明市经济结构调整的重要内容，积极推动传统农业向现代农业的转变。强调改变农业发展模式，发展烤烟、蔬菜、畜牧和特色农业，围绕农产品深加工，大力发展生物资源加工和以农产品为原料的食品加工业。

2. 工业强市

昆明"十五"期间提出了"实施工业强市战略，全力打造产业强市"的战略，随后制定了《昆明市推进新型工业化工业强市重点产业发展规划纲要》，坚定走新型工业化和可持续发展道路。"十五"期间，昆明市主要有五项工业策略：

（1）实施产业集群、项目带动、名牌、总部经济等四大战略；

（2）发展外向型经济；

（3）改造提升传统产业；

（4）探索开发区发展新模式；

（5）初步确定昆明产业总体布局。

昆明市"十五"规划提出要调整优化工业布局，培育建设六大产业集群、十个工业基地，加快北部五县的开发，建设新的工业集聚区，形成产业相对聚集，区域工业布局合理，县区协调发展的区域空间结构。

主城四区、呈贡、安宁、晋宁重点发展资金密集、技术密集的现代加工制造业和都市型工业，形成烟草及配套、生物及医药、汽车产业及装备制造、黑色金属深加工、有色金属深加工、磷化工等六大产业集群以及光电子信息和贵金属新材料加工两个工业基地。

北部五县区、东部两县重点发展资源开发利用型的能源、冶金、化工、农特产品加工、建材等产业，形成煤化工、盐化工、钛化工、烤烟、马铃薯、蔬菜、花卉、肉禽乳制食品等八个工业基地。

3. 加快发展第三产业

（1）大力推进传统服务业结构优化和产业升级；

（2）积极发展金融产业；

（3）大力推进商贸流通业的优化升级；

（4）积极发展房地产和社区服务业；

（5）全面推进信息产业；

（6）把旅游业作为支柱产业培育。

三、昆明市"十一五"产业规划解读

在昆明市"十一五"规划中，昆明市一方面在深化认识省情的基础上，继续贯彻省"十一五"规划指导思想；另一方面结合对国际国内环境的把握和自身优势产业的遴选，开始步入昆明特色化产业发展道路。

（1）加快发展新农村产业；

（2）做大做强产业；

（3）聚焦新城产业；

（4）生态产业建设；

（5）兼顾区域协调。

四、昆明市"九五""十五""十一五"产业规划对比研究

随着昆明市经济水平的不断提高，昆明市委、市政府对昆明市经济、社会发展情况的认识程度也在不断提高；从昆明市"九五""十五""十一五"产业规划的对比研究中，可以加深对昆明市市情的了解。

（一）农业发展平稳，特色农业发展迅速

巩固和加强农业基础地位一直是昆明市产业布局规划的重要内容，在

政府的大力扶持下，在1995年到2005年期间，昆明市的农业取得了平稳发展。

昆明市农业产值在云南省农业总产值的比重一直都保持在12%左右，但是随着近几年工业化进程的加快，比重有所下降，从1995年的12.6%下降到了目前的11%。

"十五"期间，在昆明市的农业发展过程中花卉产业发展迅速，仅两年时间，昆明市花卉产量就增加了40%，新型花卉品种研发成果层出不穷，保持着年均20%左右的增长速度。花卉产业无疑成为昆明乃至云南全省特色农业发展的典型，对我省农业特色化和现代化的发展有着模仿作用。

（二）旅游业仍是昆明市的支柱产业

从"九五"到"十一五"规划中，昆明市一直把旅游业作为支柱产业，"九五"期间昆明市的旅游业发展迅速，但是"十五"期间有所下降。

旅游业收入由1995年的22.2亿元增加到2005年的138.5亿元，增加了6.2倍，年均增幅达到20%。接待游客数量也从1995年的750万人增加到了2005年的2041万人，增长了2.7倍，年均增幅达到了11%；但是从2001年开始旅游业收入开始下滑，由2001年的141亿元下降到2005年的138.5亿元，下降了2%，年均降幅达到了－1.5%。同时2001年之后，昆明市旅游业产值占GDP比重下滑，由2001年的20.88%降低到2005年的13.04%，下降了将近一半。

"九五""十五"期间旅游业是昆明市重点发展的产业之一，昆明旅游业快速发展，在许多方面走在了全国的前列，云南旅游、昆明旅游已经成为响彻全国的重要品牌。但是昆明旅游业在"十五"期间思想观念没有改变，仍停留在初级发展阶段，其产业支柱地位受到了挑战。

（三）房地产发展迅速

"十五"规划中，房地产业作为昆明市的重要产业得到了加强，总结近几年房地产发展情况，房地产发展呈现出以下几个特点：

（1）房地产竣工面积连年扩大：昆明房地产竣工面积连年扩大，从2000年的264.58万平方米增长到了2005年的434.29万平方米，增加了64%，年均涨幅达到10.4%。

（2）房地产竣工价值平稳上升：从 2001 年的 27.55 亿元到 2005 年的 68.92 亿元，总增幅达到了150%，年均增幅达到了26%。

（3）房地产业在 GDP 中的份额不断上升：从 2000 年到 2005 年由 7.3%上升到了 19.5%，2005 年与 2004 年相比增加近一倍。

房地产行业已经成为昆明市的主导产业，房地产的健康发展对昆明经济有着积极的推动作用。但是，近几年，房价的快速上涨也给社会带来了一系列的问题，首先，增加了老百姓的生活成本，不利于社会的稳定发展。其次，房价过高，会造成收入分配的不平衡。

（四）烟草仍是昆明市的支柱产业

在昆明市的"九五""十五""十一五"产业布局规划中，烟草始终是昆明市的支柱产业，是昆明市的主要工业产值和财政来源，烟草行业的发展推动了昆明市经济的发展。

但是，受 1998 年"两烟双控"政策的影响，"九五"期间昆明市两烟的产量波动较大，"十五"期间这一现象有所缓和。从目前来看，受制于国家的烟草管制，昆明市烟草行业难以取得突破式的发展，只能靠提高品质和品牌，增加烟草行业的工业附加值来扩大收入。但是，短期内，烟草行业作为昆明市财政收入主要来源的情况难以转变，继续扶持和加快烟草行业的发展，巩固烟草行业支柱产业的地位仍然十分紧迫。

第六章 昆明产业历史、现状及趋势分析

在昆明产业发展过程中有大量成功之处，也存在着一定的不足。

一、昆明产业发展综述

（一）国民生产总值（GDP）

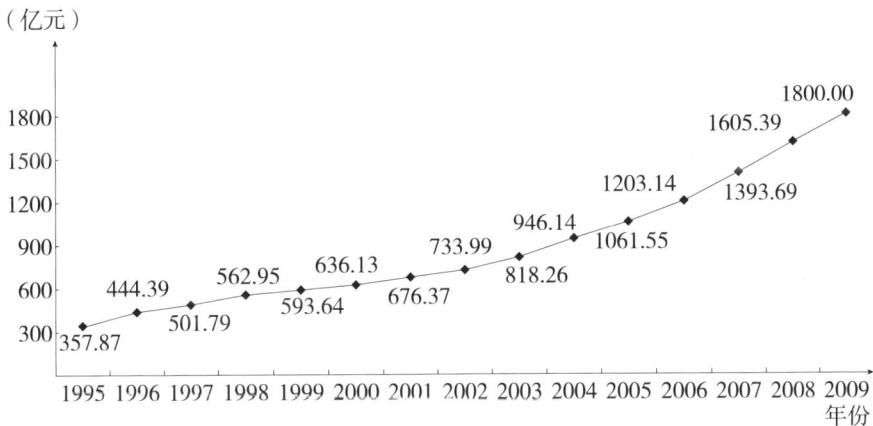

图6-1 1995—2009年昆明市GDP情况（亿元）

数据来源：《昆明市统计年鉴》（1996—2008年），《昆明市2008年国民经济和社会发展统计公报》，2009年的数据来源于昆明市2010年《政府工作报告》。

从图6-1中可以看出，十年间昆明市的国民经济运行情况是呈稳步上升趋势的。GDP值从1995年的357.87亿元增长到了2005年的1061.55亿元，2005年GDP是1995年的近3倍，年增长率达到了11.6%，经济一直保持高速增长的状态。特别是2002年以后，经济进入了高速增长阶段，年增长率达到了13.3%。国民经济的健康发展，使得"十五"计划目标基本实现。

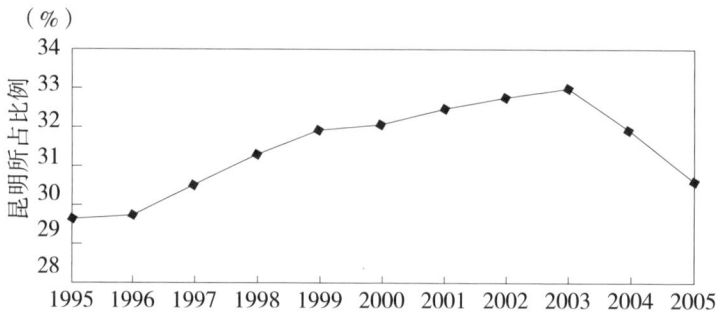

图 6-2　1995—2005 年昆明市 GDP 占全省总量的百分比

数据来源：《昆明市统计年鉴》（1996—2006 年）。

从图 6-2 中可以明显看出昆明市 GDP 占云南省全省 GDP 的比值明显分为两阶段，从 1995 年的约 30% 上升到了 2003 年的 33%，8 年间上升了约 3 个百分点，表明其经济发展始终保持快于全省经济发展的平均水平；但从 2004 年开始所占比例下降了约 2 个百分点，这证明昆明一枝独秀的发展状况在 2004 年后有所改变。随着其他地区经济发展的崛起，昆明发展速度已经落后于全省的平均速度，昆明经济的发展仍然大有潜力可挖。另外昆明 GDP 总量占了全省 1/3，一方面体现了作为云南的中心城市的地位；另一方面也说明了其他地区的发展滞后，全省的经济发展过于依赖昆明。

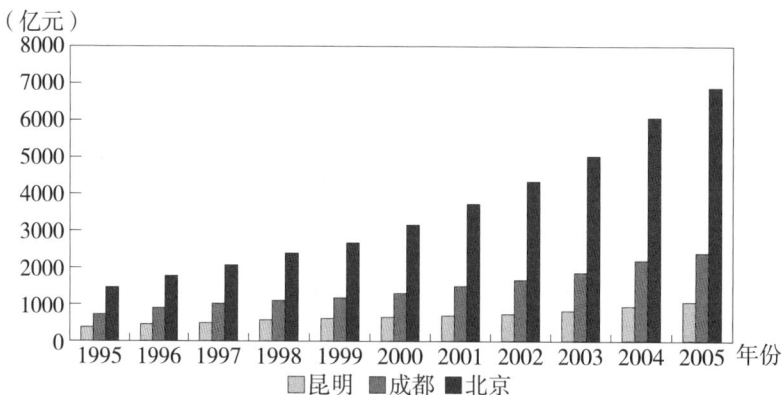

图 6-3　昆明 GDP 与其他城市的比较

数据来源：《昆明市统计年鉴》（1996—2006 年）、《中国统计年鉴》（1996—2006 年）。

从图 6-3 中可以看出，昆明的经济总量与西部较发达城市和全国发达城市的差距很大，且经济发展波动最为剧烈。1996 年到 1999 年期间由于国家的宏观调控，三个城市的 GDP 增长幅度均出现下滑；三地同时在 1996 年和 2004 年达到比较高的增长率，说明昆明经济的波动与全国经济形势是密切相关的。同作为西部城市，昆明的变化趋势却与成都不同，变化幅度要大得多，以 2001 年为分界点，之前速度下滑，之后又持续提升。这说明相比之下昆明的产业结构更为单一，抵御经济波动和风险的能力较成都为弱。

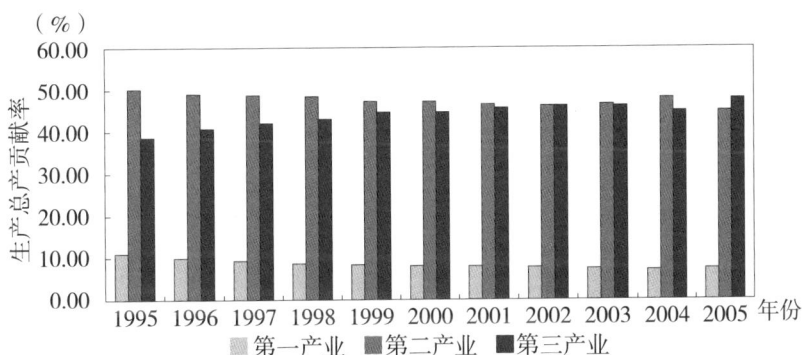

图 6-4　1995—2005 年昆明市 GDP 构成

数据来源：《昆明市统计年鉴》(1996—2006 年)。

从图 6-4 中可以看出昆明市的产业结构调整十年来初见成效，一、二、三产业比例关系由 1995 年的 10.9：50.2：38.9 调整到 2005 年的 7.3：44.9：47.8。政府经济结构调整的基本思路是以市场为导向，以体制和技术创新为核心，以增强竞争力为目标，产业结构和所有制结构调整两手抓。昆明市一直以来第一产业（农林、牧、渔业）都处于次要产业的位置，第二产业（采矿业、制造业、电力、燃气及水的生产和供应业、建筑业）虽略有下降的趋势，但始终处于主导地位。十年间第三产业得到了迅速地发展，已经上升到了与第二产业基本持平的位置。从产业结构的变化来看，呈现出第一产业的比重逐步减少，第二产业略有下降，第三产业的比重逐年上升的态势。这样正符合库茨涅茨产业结构演变规律，那么在这一时期，要完成工业化进程，重化工业的发展起至关重要的作用。

（二）第一产业

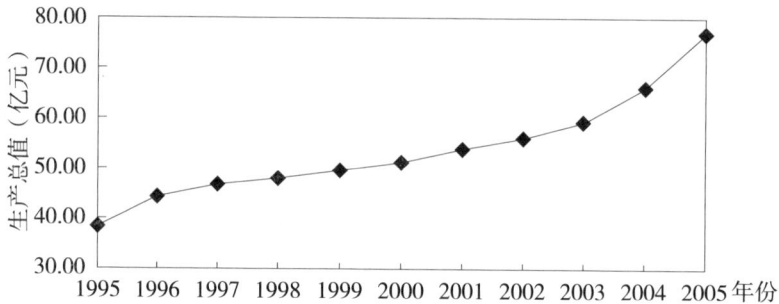

图 6 - 5 1995—2005 年昆明市第一产业生产总值

数据来源:《昆明市统计年鉴》(1996—2006 年)。

从图 6 - 5 中可以看到，十年期间昆明市农业生产总值平稳上升，由 1995 年的 38.80 亿元提高到 2005 年的 77.31 亿元，年均增长率为 7.2%。2003 年之后发展速度提高，2003—2005 年年均增长率达到了 14%，远超前七年 4.2% 的年均增长率。2005 年生产总值比 1995 年增加近 40 亿元人民币，增幅接近 100%，成绩显著。但是，昆明第一产业占全省比重不大，说明昆明在省内的优势产业并不是第一产业。

（三）第二产业

自 20 世纪初叶昆明近现代工业发轫，到近 20 多年来的改革开放，昆明市工业发展走过了曲折道路，既有烟草工业等成功经验，也有茶花汽车、春花自行车、白玫洗衣机、兰花冰箱和山茶彩电等"五朵金花"凋谢的教训，更有痛失汽车大发展机遇和"退出工业，发展第三产业"冲动的经历。究其原因是多方面的，但是未能科学、牢固地树立依靠工业的指导思想，则是最重要的原因。工业强市战略的提出并开始大力推进，使得昆明工业有了长足发展。

从图 6 - 6 中可以看出昆明市的第二产业经历了一个持续的高速增长期，发展态势良好，是进入 2004 年之后，第二产业的发展速度有所回落。第二产业生产总值从 1995 年的 179.58 亿元增长到了 2005 年的 476.75 亿元，十年间生产总值增加了近 300 亿元，年均增长率达到了 10.4%。其中 2002 年后更是达到了 12.5%。2002 年全市工业增加值增长 9.3%，2003 年达到了 10.1%，2004 年达到了 14.8%，完成 362.54 亿元，占全市 GDP

的 38.5%，占全省工业增加值的 34%，工业经济的主导作用和对全省工业的拉动作用都特别突出。在工业经济快速增长的拉动下，2004 年全市 GDP 完成 942 亿元，增长 12%，比 2002 年提高了 3 个百分点。全市工业增速远远高于全省平均水平，规模以上工业企业完成增加值 141.1 亿元，同比增长 19.7%，增速高于全省 9.7 个百分点。2006 年，全市规模以上工业完成增加值 356 亿元，同比增长 17.9%。其中，医药工业、机电工业、建材工业的增加值都超过了 20%，有色冶金工业的增幅更是高达 94%，几乎比上年翻了一番。

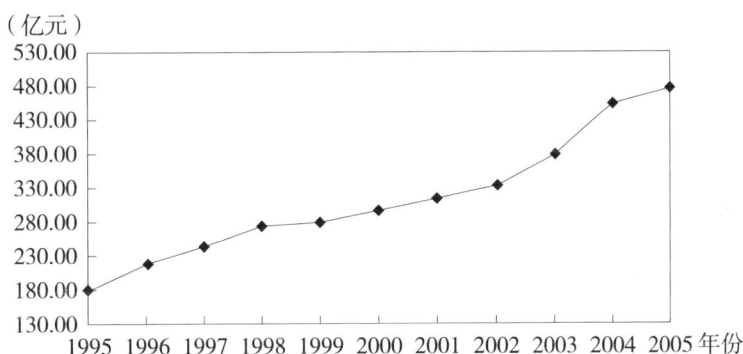

图 6-6　1995—2005 年昆明市第二产业生产总值（亿元）

数据来源：《昆明市统计年鉴》（1996—2006 年）。

1999 年，昆明市第三产业产值首次在绝对量上超过了第二产业，当年昆明国民生产总值为 594 亿元，人均国民生产总值是 12540 元。与经济发达地区相比，昆明市过早地进入了以第三产业为主的经济发展格局。1999 年上海市第三产业产值首次超过第二产业产值，而此时的上海国民生产总值是 4035 亿元，人均国民生产总值达到了 30805 元；广州在 1994 年第三产业产值超过第二产业，此时广州的国民生产总值是 985 亿元，人均国民生产总值达到了 15631 元。第二产业的营养不良将给昆明今后的经济发展历程留下许多隐患。第二产业发展的缺失将不能给第三产业的健康发展提供稳定的支持，所以昆明市应当牢固工业强市的信心，在规避环境、水资源等限制条件的情况下合理利用自身资源优势，发挥规模效应，发展工业，谨慎发展重化工业。昆明市工业的主要收入仍然来源于冶金、钢铁等高耗能、高污染、资源性企业，产品档次较低。这与昆明严重的水资源及环境资源限制不相符合，限制了这些企业未来的发展。当然，重工业化是一个城市产业进程中无法逾越的阶段，昆明应当在谨慎发展重工业化的同时充分发挥昆明市的气候资源，发展光电子行业，提升昆明工业结构水平，加快昆明的产业高级化速度。

（四）第三产业

第三产业在经济发展中的地位举足轻重，从近代工业国家的发展经验来看，第三产业得以发展是国民经济繁荣的重要保证。无论是配第－克拉克定律还是霍夫曼比例都指出：随着工业化进程的不断深入，国民经济的核心将从第一产业移动到第二产业最后定格在第三产业，第三产业在国民经济序列中的重要地位不言而喻。

（亿元）

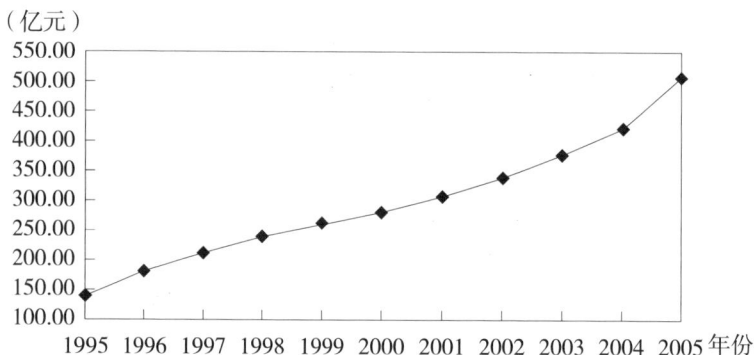

图 6 - 7   1995—2005 年昆明市第三产业生产总值（亿元）

数据来源：《昆明市统计年鉴》（1996—2006 年）。

从图 6 - 7 中可以看到，1995—2005 年，昆明市第三产业发展迅速。2005 年第三产业产值超过 500 亿元，同 1995 年的 139 亿元相比，增加了 3.6 倍，年均增幅达到了 14%，发展速度惊人。

昆明有得天独厚的生态资源和旅游资源，旅游服务行业、金融业和物流业应该有巨大的发展空间。昆明第三产业占全省第三产业比重在 1998 年至 2003 年的平稳发展期后出现了下滑，1998 年至 2005 年下降了约 6 个百分点。昆明应该抓住云南旅游大省的区位优势，充分应用春城的品牌战略，做好六大旅游景区的开发工作。重点发展金融、现代物流、网络信息、品牌会展、中介服务和生产性服务业等行业，主动承接国内外高端服务业转移，吸引知名大企业来昆设立地区总部、研发中心、采购中心和营销中心。

从昆明统计年鉴中可以看到，1999 年后昆明市第三产业的产值超过第二产业产值，一跃成为昆明市国民生产总值的主要来源。而昆明的近邻——成都市，至今其第三产业产值仍然没有超过第二产业产值。2004 年成都市的国民生产总值就已经突破了 2000 亿元大关，人均国民生产总值达到了 20777 元，而昆明市在 2005 年 GDP 才突破了千亿大关，人均国民生产总值仅仅达到 17560 元，经济发展水平落后于成都。这说明昆明市的第三产业过早地成为国民经济的主要来源，第三产业发展速度过快。第三产业的发展要建立在成熟的第二产业之上，第三产业发展目标是为第二产业服务，在服务中创造自己的价值。目前昆明市第二产业没有得到充分的发展，产业尚不成熟，无力支撑第三产业沉重的身躯，第三产业今后的发展之路必然不会平坦。

二、重点产业历史、现状及趋势分析

本节着重对"九五""十五""十一五"三次产业规划中的重点产业发展状况进行动态研究，并对其他的一般性产业的发展过程做出梳理，最后对一些新兴的特色产业进行分析。

（一）特色农业

自 20 世纪 90 年代初进行商品花卉开发至今，花卉产业取得了迅猛发展。1999 年全省花卉种植面积已达 259.35 万亩，90% 以上的产品销往全国 37 个大中城市，拥有全国约 40% 的鲜花市场，并开始规模化进入东南亚、东亚市场。

"十五"期间，昆明花卉产业成为昆明继烟草业、旅游业之后又一新兴、有广阔发展前景的产业，产业产量提高迅速。仅两年时间，昆明市花卉产量就增加了 40%。新型花卉品种研发成果层出不穷，保持着年均约 20% 的增长速度。2004 年，昆明市花卉产量 27.13 亿枝，总产值 7.77 亿元，外销量达 90%，出口创汇占全省的 56%。

斗南花卉批发市场 80% 的鲜花销往国内 70 多个大中城市，10% ～

20%的产品出口到日本、韩国、新加坡、俄罗斯、泰国等国家和中国香港、台湾地区，少量的蝴蝶兰和百合还远销到北美地区，有部分花卉种苗出口到了欧洲。

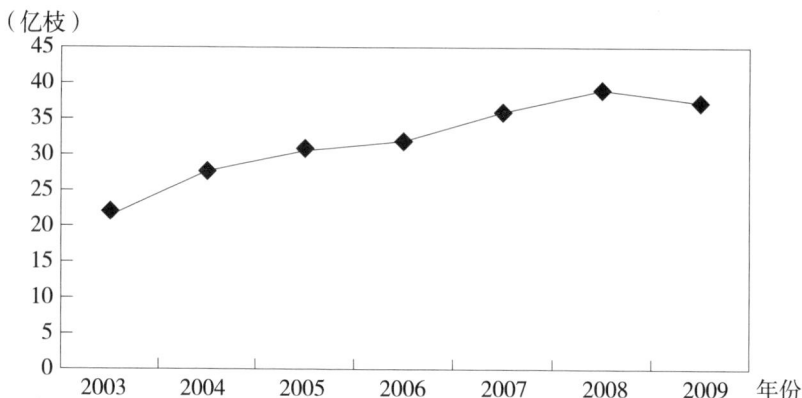

图6－8 2003—2005年鲜切花产量（亿枝）

数据来源：《昆明市统计年鉴》（1996—2008年），《昆明市2008年国民经济和社会发展统计公报》，2009年的数据来源于昆明市2010年《政府工作报告》。

从图6－8中可以看到，昆明市的花卉产量稳步发展，2009年较之2003年增加了近15亿枝的产量，增幅近70%，年均增幅达到9%。但是从图中也要看到，2008年之后，昆明市鲜切花的产量有了下降，从2008年的38.6亿枝，下降到了2009年的37.6亿枝，减少了1亿枝的产量。究其原因，与近几年呈贡新区建设速度加快，农田转化有着直接的关系；同时，随着近几年呈贡花卉产业的发展，呈贡县土地退化、板结的现象比较严重，大量呈贡花农到云南的其他地市发展花卉产业，减少了昆明鲜花的产量。

近年，虽然昆明花卉业取得了较大的发展，但是仍然有许多问题制约着昆明花卉业的发展。呈贡县副县长郭绍华认为昆明市花卉业发展存在以下问题：①尚未形成符合发展规律的产业组织体系。在资源利用、新品种和新技术引进，企业生产组织形式，生产布局以及市场流通等方面，还未形成"拳头"效应，导致生产单一、规模小，市场营销在较大范围内还处于无序状况，满足不了国际市场对鲜花批量化和高档次的要求。②科技支撑体系滞后。花卉产业是科技含量较高的产业，在花农和企业硬件设施基本到位的情况下，花卉生产管理、新品种培育引进和商品化生产已成为花卉产业发展的瓶颈。③市场有待进一步开拓。昆明的花卉产业链齐全，边缘效应大，其鲜花销量在全国数一数二，但进入国际市场的数量很小，出口渠道尚未打开。④专用的物资配套供应、种植技术、采后处理、植保、土壤改良、运输方面缺乏统一的社会化体系，从而加大了生产成本，影响了花卉产品质量的提高，降低了花卉的市场竞争力。⑤保证产业发展的制度亟待完善，今后应加紧制定和出台相关制度和规章，用以规范从业者的行为和市场秩序。

云南的规划中要将云南发展成为"亚洲花都"。"亚洲花都"作为一个城市的名片，昆明市当之无愧。"春城无处不飞花"，在中国的所有城市中，只有四季如春的昆明有资格享有这一美誉，昆明应将"亚洲花都"作为城市名片辐射全世界。育种技术是花卉产业的制高点，新品种则是育种技术的结晶。云南有丰富的花卉物种资源，昆明可以通过招商引资和大力扶植民间资本，加大对自主知识产权花卉新品种的研发力度，使昆明由低端花卉产业转型为高端的花卉产业。

（二）烟草产业发展情况

从表6-1可以看到，昆明市卷烟产量是平稳上升的，2008年产量比1999年产量提高了约35万箱。烟草产量在全省烟草总产量中均保持在20%左右，2006年之后稍有下降（见表6-2），烟草是昆明市重要财政资金来源，对昆明市经济发展起着重要的推动作用。

表6-1　　　　　1999—2008年昆明市卷烟产量（万箱）

年　　份	1999	2000	2001	2002	2003	2004	2005	2006	2007	2008
卷烟产量	120.30	122.55	122.82	121.32	133.61	132.27	134.38	149.63	153.98	154.91

表6-2　　　　1999—2008年昆明市卷烟产量占全省比重（%）

年　　份	1999	2000	2001	2002	2003	2004	2005	2006	2007	2008
卷烟产量	19.9	20.0	21.5	21.5	21.7	21.3	21.3	23.1	23.0	22.8

数据来源：《昆明市统计年鉴》（1996—2008年）、《昆明市2008年国民经济和社会发展统计公报》《云南省统计年鉴》（2008年）、《云南省2008年国民经济和社会发展统计公报》。

烟草业作为昆明，乃至云南的主要财政来源，在近十年均不会改变。因此必须确保现有卷烟生产数量，最大限度地发挥云南烤烟种植得天独厚的资源优势和已经具备的卷烟生产技术优势。昆明需要改变观念，创新技术和体制，提升昆明烟草质量，发挥规模优势，在更高水平上建立卷烟科研开发基地，实现由烟草大市向烟草强市的转变。

（三）钢铁行业

昆明市钢铁产量在"十五""十一五"期间有着稳定的增长，为工业发展提供了坚实的基础。1999 年到 2008 年，昆明市钢材产量增长了 216 万吨，年均增幅达到 8.37%；2007 年之后，昆明市钢材产量有所下降。（见图 6-9）。

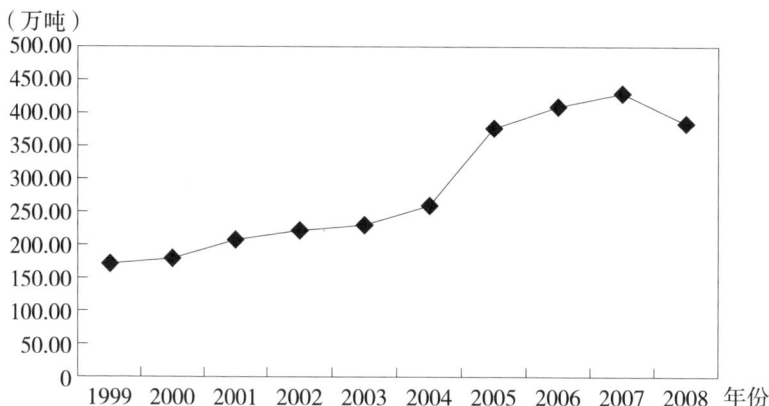

图 6-9　1999—2008 年昆明市钢材产量（万吨）

从图 6-10 中看出昆明市钢材产量在全省的比重的变化。近几年，昆明市钢材产量在全省的比重呈现出明显的下降趋势。这是因为在昆明"工业强市"战略中，特别强调工业的科学合理布局，运用各种政策和经济手段引导工业向城市和有条件的城镇集中、向工业园区集中，以此避免无序开发行为。因此昆钢等大企业也在实行"走出去"战略，昆明钢产量占全省比例呈下降趋势，这与环境承载量和政府发展规划密切相关的。

（％）

83.2
76.8
79.0
70.9
55.7
46.9

2003　2004　2005　2006　2007　2008　年份

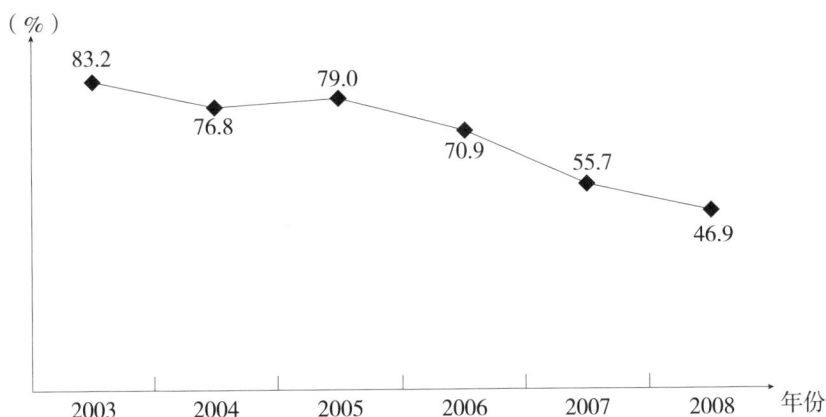

图 6 - 10　1999—2008 年昆明市钢材产量占全省比重（％）

数据来源：《昆明市统计年鉴》（1996—2008 年）、《昆明市 2008 年国民经济和社会发展统计公报》《云南省统计年鉴》（2008 年）、《云南省 2008 年国民经济和社会发展统计公报》。

（四）机械加工制造业

机械制造业，是实现工业化的必备条件，是衡量一个地区综合竞争力的重要标志。昆明的装备制造业 20 世纪中后期曾一度处于全国领先地位，由于企业转型以及技术更新等原因，该行业的发展陷入低迷。跨入 21 世纪以来，通过寻求对外合作、技术嫁接，昆明的装备制造业找到了新增长点，部分企业重新回到行业的领跑阵营。特别是在开工建设的大项目中，机械制造业可谓异军突起。

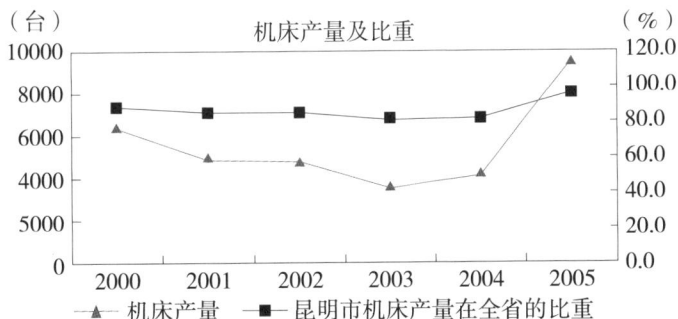

（台）　　　　　机床产量及比重　　　　（％）

10000　　　　　　　　　　　　　　　　120.0
8000　　　　　　　　　　　　　　　　100.0
6000　　　　　　　　　　　　　　　　 80.0
　　　　　　　　　　　　　　　　　　 60.0
4000　　　　　　　　　　　　　　　　 40.0
5000　　　　　　　　　　　　　　　　 20.0
0　　　　　　　　　　　　　　　　　　 0.0
　2000　2001　2002　2003　2004　2005

—▲— 机床产量　—■— 昆明市机床产量在全省的比重

图 6 - 11　2000—2005 年昆明市机床产量及占全省比重（％）

从图 6 - 11 中可以看到，昆明市的机床产量在 2003 年之后开始上升，并在 2005 年达到 9495 台的最高产量，从省内来看，昆明市机床产量连年保持80%以上的产量比例，2005年达到96.9%的最高值。虽然昆明市的机床生产在省内占有绝对优势，但是同省外企业及国外企业相比昆明所生产的机床档次较低，设备型号较老，缺乏市场竞争力。

（五）旅游业

如图6-12所示，昆明旅游业创造的产值由1995年的22.2亿元增加到2008年的197亿元，13年之间增加了8.9倍，年均增幅达到18.3%，发展速度较快；接待游客数量也从1995年的750万人增加到了2008年的2734万人，增长了2.7倍，年均增幅达到了11%。从1995年到2001年，旅游业收入增加了6.36倍，年平均增幅达到36%，发展速度较快。但是从2001年到2005年，旅游业收入从141亿元滑落到了138亿元，下降了2%，年均降幅达到了-1.5%。2005年之后，昆明市旅游行业再次获得了巨大的发展，从2005年到2008年，旅游业产值由138亿元增加到了197亿元，年均增幅达到12.5%，增长速度超过同期昆明市GDP的平均增长幅度。

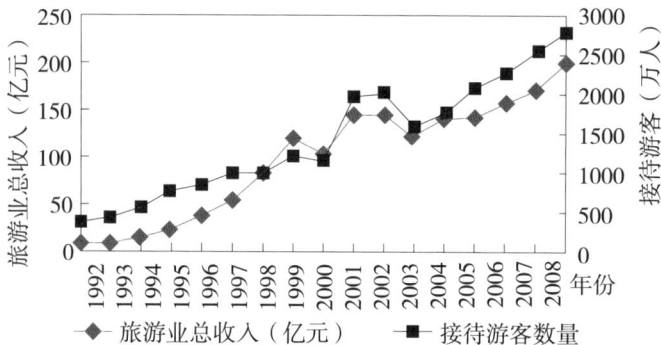

图6-12 1999—2008年昆明市旅游收入（亿元）及接待旅游数量（万人）

数据来源：《昆明市统计年鉴》（1996—2008年）、《昆明市2008年国民经济和社会发展统计公报》。

旅游业是昆明市重点发展的产业之一，昆明旅游业发展迅速，在许多方面走在了全国前列并创造辉煌。但是，昆明旅游业的发展观念没有改变，仍停留在初级发展阶段，其产业支柱地位受到挑战，旅游业占GDP比重有所下降。首先是主要景区景点缺乏震撼力，其次是多数景区景点发展模式单一，再次是旅游开发滞后，没有更多的优质旅游项目留住游客，导致近年来昆明市主要旅游指标在全国旅游城市中增幅放缓、位次下降，尤其是海外游客总量少、比重低。昆明作为一个优秀旅游城市所应有的吸引力和人气逐步渐弱，同时，昆明市的旅游行业还存在着市场混乱，从业人员素质参差不齐等问题。

近几年，昆明旅游发展不顺，云南旅游发展停滞，我们提出了旅游二次创业的口号。昆明旅游应该用独特的云南文化来留住游客，与其他景点区别开来，将旅游定位于休闲型旅游，区别于传统的观光旅游，使游客将昆明当作休闲度假的理想场所。滇池是昆明的灵气所在，昆明应该将滇池设计为创意产业带，通过云南民间艺术家、特色小茶室等赋予滇池丰富的文化内涵，在滇池附近大力发展旅游休闲区；昆明古城在发展中保留下许多历史遗迹，这些独特的资源能让外地游客感受昆明的文化，是昆明独特的城市品位，也是符合今天旅游新潮流的产业基点。

（六）金融行业

昆明市要成为区域性的国际都市，发展金融行业是必经之路。对于现代新昆明的建设来说，只有首先发展物流产业，成为区域性的物流中心才能带来昆明市商业的巨大发展，而商业的巨大发展才能为金融行业的发展创造条件，只有具备了完备的金融服务体系和金融产业，才能为昆明市的进一步发展奠定良好的基础，为昆明成为区域性的国际都市奠定基础。而在这之中，金融行业的发展蔚为重要。

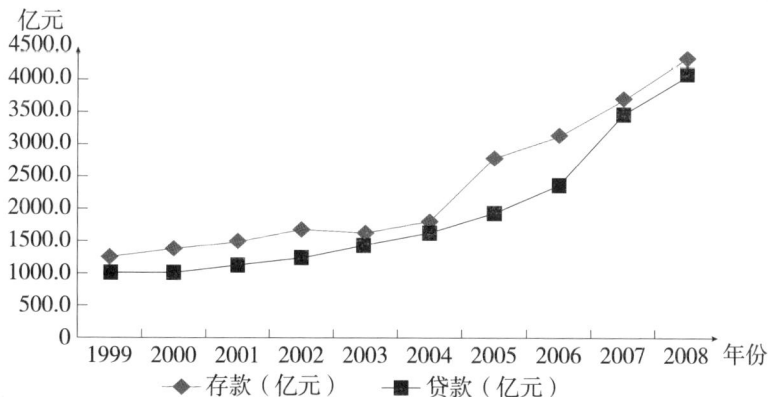

图 6 - 13　1999—2008 年昆明市金融行业发展概况

数据来源：《昆明市统计年鉴》（1996—2008 年）、《昆明市 2008 年国民经济和社会发展统计公报》。

从图 6-13 可以看到，从 1999 年到 2005 年，昆明市存款余额快速增长，从 1999 年年底的 1089 亿元增长到了 2008 年年底的 4267 亿元，增幅达到 291%；特别是 2004 年到 2008 年间，存款增长幅度较大，年均增幅达到了 27%。

较之存款余额，贷款余额增长速度较为平稳，从 1999 年的 815.1 亿元增长到了 2008 年的 4012 亿元，总的增幅是 392%，年均增幅 19%，发展势头平稳。

表 6-3　　　　　　　1999—2008 年昆明市存贷差（亿元）

年　份	1999	2000	2001	2002	2003	2004	2005	2006	2007	2008
存贷差	274	298	351	414	168	170	834	803	286	255

数据来源：《昆明市统计年鉴》（1996—2008 年）、《昆明市 2008 年国民经济和社会发展统计公报》。

从表 6-3 中可以看到，在 1999 年至 2008 年十年中，昆明市存款额一直大于贷款额，存贷差额明显。高位运行的存贷差对于昆明这样一个西部不发达城市来说是不合理的。新昆明的建设需要大量的资金，可是大量存款却贷不出去，成为国内其他发达城市的资金来源地，因此，昆明需要改变传统的经济发展理念。

面对中国加入世界贸易组织 5 年的时限，中国金融领域已全面开放，外资将大量介入西南地区，同时云南这一桥头堡的独特优势使得昆明和重庆同样都对外资具备较强的吸引力，西南金融中心的格局今天尚未形成，城市间的定位争夺才拉开序幕。

昆明面对这一历史性的机遇，应当借鉴美国纽约曼哈顿金融中心的发展经验，洛克菲勒财团将一些土地无偿赠送给联合国作为总部，从而使曼哈顿地区得到迅速发展。结合西南金融中心的定位，昆明应将五华区、盘龙区建成中央商务区，可以将大量学校搬迁至呈贡大学城，将大量政府机构、事业单位进行搬迁，从而使五华区、盘龙区具备巨大的发展空间。政府可以将一部分地低价转让给国际著名金融机构，要求必须设立相应机构，进而在他们的带动下，大量金融企业将云集五华、盘龙，两区将成为昆明的中央商务区，兼具金融、办公、贸易、旅游服务、文化娱乐、会议展示等多种功能，并带动西山、官渡商业地产的快速发展。

三、普通产业发展历史及现状研究

（一）农、林、牧、渔业

从图 6-14 可以看到，昆明市农林牧渔业的产值都保持了平稳上升的态势，农业产值从 1995 年的 37 亿元增长到 2008 年的 88.6 亿元，增长了 138%，年均涨幅达到了 7%，发展较为平稳。林业从 1995 年的 1.8 亿元增长到了 2008 年的 5.7 亿元，增长了 214%，年均涨幅达到 9%；牧业从 1995 年的 19 亿元增长到了 2008 年的 72 亿元，增长了 275%，年均涨幅达到 11%；渔业从 1995 年的 1.8 亿元增长到了 2008 年的 3.8 亿元，增长了 104%，年均涨幅达到了 5.6%。从这四个行业的比较来看，牧业的发展速度较为迅猛，而渔业的发展速度最慢，这与近几年加强昆明周边水域的保护有着直接的关系。

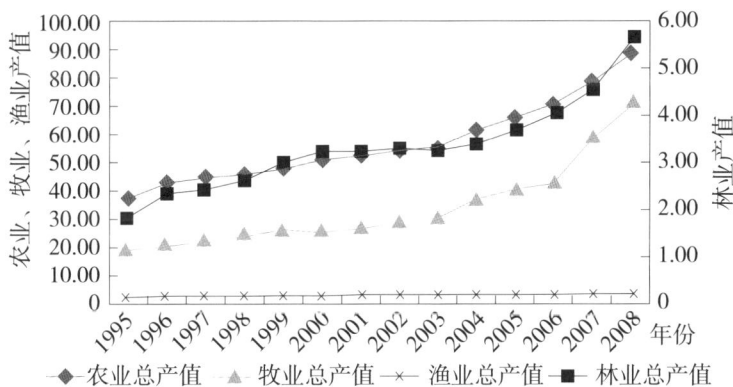

图 6-14 1995—2008 年昆明市农林牧渔业产值（亿元）

数据来源：《昆明市统计年鉴》（1996—2008 年）、《昆明市 2008 年国民经济和社会发展统计公报》。

从发展、现代、创新和可持续发展思路看，处于省会中心城市的昆明农业发展、结构调整和产业经营，同全国全省相比，还未充分发挥自己农业的优势和特色，没有创新发展出一条适合中心城市农业发展的经验和道路。昆明农业与全国农业结构调整趋同，气候优势弱化，难形成较大的农业产业和市场，农业比较优势减弱。此外，没有形成一个对省内地州农产品提供集散、加工、转发和信息服务、对省外客户提供批发、销售和运输服务的大型专业农业市场和物流体系，昆明农业比较优势正在减弱。

（二）电力部门生产情况

昆明市历年的发电量虽然稳步上升，但是在全省发电量中所占的比重却不断下降：从 2004 年的 21.2% 下降到 2008 年年底的 13.5%。但是，这并不是昆明市电力产业退化的表现。目前云南的金沙江水电开发，澜沧江水电开发和怒江水电开发均已鼓紧锣密地动工。开发、发展水电已成为云南省继烟草之后最大的支柱产业，云南水电业将在云南经济发展中扮演越来越重要的角色，在 GDP 中占有越来越大的份额。昆明市周边没有条件良好可供利用的水电条件，所以近几年，昆明市电力部门也没有突破式的发展。

（三）电信行业

随着人类社会进入信息时代，邮电、通信业的发展势头较快。信息的畅通为经济的发展铺平了道路，商业信息的广泛交流为工业企业带来了无限的商机。经过"九五""十五"和"十一五"三个五年规划的发展，云南的通信行业取得了前所未有的成绩。

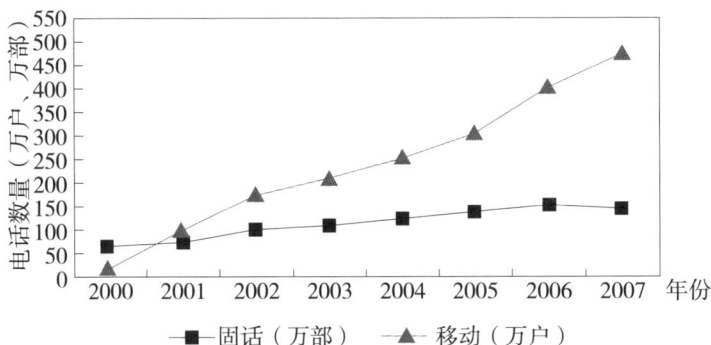

图 6-15　2000—2007 年昆明市通信行业发展概况

数据来源：《昆明统计年鉴》（2000—2008 年）。

从图 6-15 可以看到，昆明固定电话和移动电话的发展速度都比较平稳，固定电话从 2000 年的 108.9 万部发展到 2005 年的 177.7 万部，年均增幅为 10% 。但是 2006 年后，随着移动通信行业的迅速发展，固定电话被移动电话大量取代，所以 2007 年和 2006 年相比，固定电话数量减少了 5.7 万部；移动电话从 2000 年的 66.3 万户增长到了 2007 年的 484.7 万户，年均增幅为 32% 。从增长速度上来看，移动电话的增长速度远远超过固定电话的增长速度，移动通信行业的高速增长促进了昆明的经济发展。

（六）对外经贸

从表 6 - 4 中可看到，昆明市进出口贸易总额增长平稳，从 1993 年的 6.75 亿美元增加到了 2008 年的 73.08 亿美元，12 年间增长了 10 倍多，年均涨幅达到了 17% ，增长速度较快。

表 6 - 4　　　　1993—2008 年昆明市进出口贸易总额（亿美元）

年　份	1993	1994	1995	1996	1997	1998	1999	2000
进出口贸易总额	6.75	12.97	17.44	13.98	12.21	11.64	10.89	11.51
年　份	2001	2002	2003	2004	2005	2006	2007	2008
进出口贸易总额	13.41	14.81	17.79	26.10	34.49	40.04	66.87	73.08

数据来源：《昆明市统计年鉴》（1996—2008 年）、《昆明市 2008 年国民经济和社会发展统计公报》《云南省统计年鉴》（2008 年）、《云南省 2008 年国民经济和社会发展统计公报》。

从表 6 - 5 可以看到，昆明市进出口贸易额在云南省的贸易总额中占有较大比例，从 1993 年到 2008 年的 15 年中均保持了 60% 以上的水平，显示了昆明市的在云南省重要的经济地位。目前，得益于我省"两强一堡"建设，昆明市的对外贸易将迎来更加难得的发展机会。未来，随着"央企入滇"工程的实施，对外贸易将成为拉动昆明经济增长的另外一个重要力量。

表 6 - 5　　　　1993—2008 年昆明市对外贸易额占全省比重（%）

年　份	1993	1994	1995	1996	1997	1998	1999	2000
对外贸易额	80.4	96.5	92.0	72.7	63.0	61.2	65.6	63.5
年　份	2001	2002	2003	2004	2005	2006	2007	2008
对外贸易额	67.4	66.5	66.7	69.6	72.8	75.5	76.2	76.1

数据来源：《昆明市统计年鉴》（1996—2008 年）、《昆明市 2008 年国民经济和社会发展统计公报》《云南省统计年鉴》（2008 年）、《云南省 2008 年国民经济和社会发展统计公报》。

四、亮点行业发展历史、现状及趋势研究

(一) 房地产业

俗话说:"安居乐业则国兴。"1998 年中国完成房改之后,单位的福利分房制度取消,买房成为所有人解决住房问题的唯一途径。

房地产业的兴衰能够反映一个地区老百姓的生活水平,社会经济的发展程度。同时,由于房地产业可以带动建材、冶炼、化工等相关产业的发展,所以房地产业的兴衰对一地的经济有着巨大的影响。

"十五"规划中,房地产业作为昆明市的重要产业得到了加强。总结近几年昆明市房地产业发展的成就主要有以下几个方面:

第一,房地产竣工面积连年扩大。

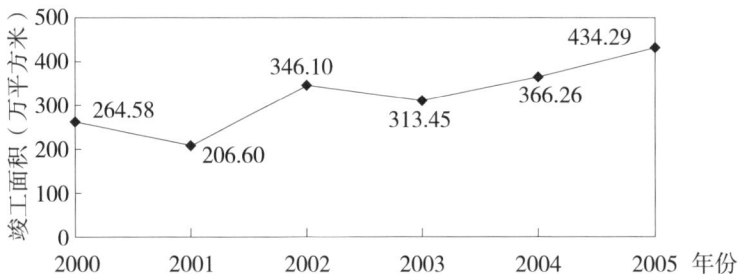

图 6 – 16　2000—2005 年昆明市房地产竣工面积

数据来源:《云南统计年鉴》(2001—2006 年)。

从图 6 – 16 中可以看到,进入 2000 年之后,除了 2001 年、2003 年有所回落以外,昆明房地产竣工面积连年扩大,从 2000 年的 264.58 万平方米增长到了 2005 年的 434.29 万平方米,增加了 64%,年均涨幅达到10.4%;特别是 2003 年到 2005 年之间,房地产竣工面积增长迅速,从2003 年的 3134518 平方米迅速增长到了 2005 年的 434.29 万平方米,年均涨幅达到 18%,发展较为迅猛,强有力地带动了昆明市的经济发展。

第二,房地产竣工价值平稳上升。

如果说房地产竣工面积还有所波动的话,那么竣工价值则没有任何波动,一路走高。房地产竣工价值的波澜不惊反映了市场发展的良好态势,但是也从另一个角度折射出了市场的"过热"嫌疑。

从图 6 - 17 中可以看到，从 2001 年到 2005 年，昆明市的房地产竣工价值一路向上，从 275538 万元一路增长到了 689165 万元的高点，总增幅达到了 150%，年均增幅达到了 30%，发展速度令人吃惊；进入 2003 年之后，房地产业的发展速度尤为迅猛，竣工价值从 2003 年的 365858 万元增加到了 2005 年的 689165 万元，年均涨幅达到 29.5%，市场的火热程度可见一斑。

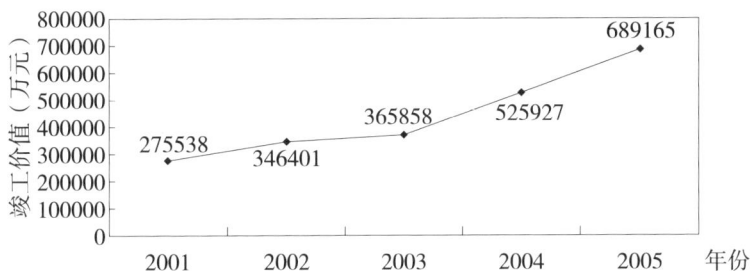

图 6 - 17　2001—2005 年昆明市房地产竣工价值

数据来源：《云南统计年鉴》（2001—2006 年）。

昆明房地产市场也存在着发展缺陷，主要表现在：

第一，房价上涨速度较快。

进入 2000 年以后，全国的房价快速上涨，引发了一系列的社会问题。房价的快速上涨增加了一部分老百姓的生活成本，为社会安定埋下了隐患。2001 年到 2005 年，昆明市房地产价格也保持了较快的上涨速度，特别是 2003 年之后上涨速度更快。

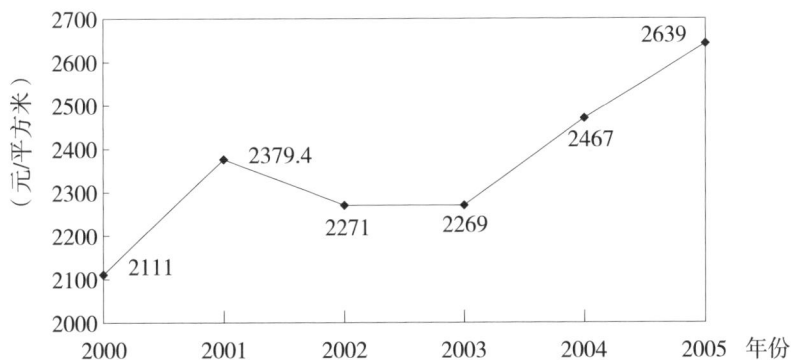

图 6 - 18　2000—2005 年昆明市历年房价

数据来源：《云南统计年鉴》（2001—2005 年）。

从图 6-18 中可以看到，从 2001 年到 2005 年，昆明市的房地产价格从 2111 元/平方米上涨到 2639 元/平方米。在这 5 年当中，房价最高为 2639 元/平方米，最低为 2111 元/平方米，相差 500 多元，上涨了 25%，上涨幅度较大。

2003 年到 2005 年的 2 年间是昆明市房价上升最快速的两年。两年内上涨了 16%，年均涨幅 8%。

第二，房价收入比较高。

相比较昆明市的人均可支配收入来说，现阶段的房价仍然过高，超过了许多人的购买能力。

表 6-6

年份	2001	2002	2003	2004	2005
房价（元/平方米）	2379	2271	2269	2467	2639
人均可支配收入	7790	7380	7979	9045	9615
平均家庭人口（人）	3	3	3	3	3
家庭年收入	22357	21550	23059	25869	27884
房价收入比	10	9	9	9	9

数据来源：《云南统计年鉴》（2001—2005 年）、《昆明统计年鉴》（2001—2005 年）。

从表 6-6 中可以看到，以一套 90 平方米的房屋计算，昆明市的房价收入比在 2001 年是 10，在 2005 年是 9。按照国际经验，当房价收入比在 3~6 之间的时候，房地产市场发展最为健康，而且居民购房压力较小，市场比较活跃。虽然从 2001 年到 2005 年之间，昆明市的房价收入比有所下降，但是距离 6 以内的理想值还有一定差距。

昆明市应当严格按照国家有关规定，规范房地产市场秩序，控制房价上涨速度，力求房价收入比下降至 3~6 的理想区间，促进昆明市房地产市场健康发展。

从图 6-19 中的比较中可以看到，昆明房地产业在 GDP 中所占比重在三个城市当中最低，其中北京最高，连续十年均保持在了 15% 以上，2005 年更是达到了 25% 以上的高水平；成都市处于昆明市和北京市之间，处于中等水平，这说明昆明市第三产业中房地产业属于弱势，产业水平不高。

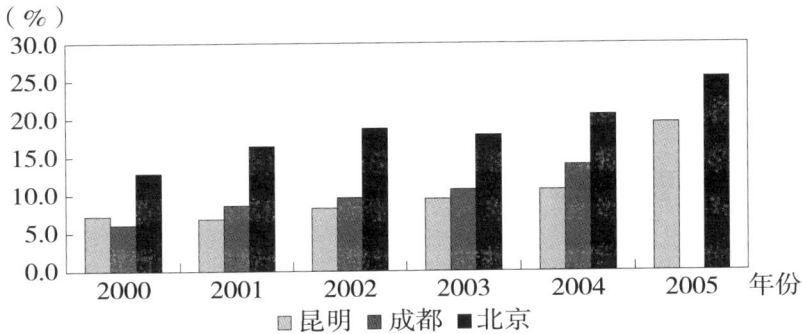

图 6 - 19　2000—2005 年昆明市房地产在生产总值中的比重（％）

数据来源：《昆明统计年鉴》（2006 年）、《北京统计年鉴》（2006 年）、《成都统计年鉴》（2005 年）。

昆明可以依托西山区发展生态高档房地产业，并从而带动西山区商业地产的发展。西山区历史上就有着高档住宅密集的历史渊源，历史上昆明的许多名人皆不约而同地选择了西山区作为别墅所在地。生态高档住宅发展可以主要有三种选择：一是环滇池的厂口乡；二是团结乡；三是沙朗乡。

（二）　生物及医药保健产业

昆明应依托现有生物及医药的研发、生产、销售和中草药种植产业优势，通过招商引资引进战略合作伙伴，整合医药行业，大力发展以天然药物为主的生物医药。开发具有自主知识产权的新药，加快科研成果的产业化步伐，把昆明建成全国重要的生物医药研发、孵化、产业转化基地和新型疫苗工程研究中心。推进中药材种植标准化、规范化、产业化，把昆明建成全国一流的天然药物原料加工交易中心。

现在东南亚国家人口也像十年前的西方，开始趋向老龄化，人们在未来三年必将把大量的钱花在医疗和保健器材方面。1994 年全球医疗和保健器材市场总价值为 843 亿美元，2000 年上升到 1690 亿美元，近 3 年平均年增长 18％，医疗保健业正在逐渐成为具有吸引力的新兴产业。

面对医疗和保健器材这一个迅速增长的市场，昆明可以借鉴总部设在瑞士的国际骨科创伤基金的经验。该基金拥有庞大的科研队伍，研究成果交给当地的三大医疗公司合作生产，目前其骨科创伤产品已占全球市场的八成。昆明可以通过招商引资吸引大量风险投资基金建立医疗保健基金，基地可大量建设在呈贡新区，研究成果交给各相关机构合作生产，市场导向紧盯东南亚和云南本地市场，将具有乐观的发展前景。

（三）光电子信息产业

信息化带动工业化是新型工业的一大特征。昆明应以经济技术开发区为主建立昆明信息产业基地，依托云南大学软件学院科研资源，重点发展信息制造业、光电子产业和计算机服务及软件业。其中，信息制造业主要发展金融电子化装备、计算机部件、通信设备、数字视听设备制造、等离子显示器以及配套的玻璃基板、电极材料、介质材料、荧光体材料制造、液晶显示器、各类仪表制造、电子元器件及原材料加工。光电子产业主要发展远红外微观元器件、传感器、敏感元件、光电半导体材料、光电器件、太阳能电池、光电系统、光电子集成电路设计、图像处理技术、信息传输专用低温制冷技术、特种光学材料及加工、天体望远镜、电子浆料和电子级高纯材料等产品。

支持国家"863"昆明专业孵化器和软件评测中心的建设，加快计算机服务及软件业发展，开发一批具有自主知识产权的软件产品，重点支持生产过程自动化、控制智能化和管理信息化等应用软件开发，扩大软件加工产品的出口，建立面向东南亚的软件生产和研发基地。

第七章　制约昆明经济发展的因素分析

一、GDP及人口增长趋势预测

GDP及人口对任何一个地区来说都意义重大。经济发展的主要目标就是提高GDP产值，提高人民的生活水平，这是国家发展、地区进步的根本目标，也是各级政府工作业绩的主要体现方面。只有GDP总值上去了，一个地区乃至一个国家居民的生活水平才会提高，人民的素质、社会的文明程度也才会不断发展。可以说GDP作为物质文明的代表，是经济社会发展的基础，同样也是各种精神文明发展的基础。但是，经济的发展离不开人的作用。马克思主义政治经济学中认为：人类为了实现物质资料的生产，必需进行劳动，而马克思认为所有的劳动中都包含了三个最主要的要素：劳动、劳动对象和劳动资料。在这三个要素中，劳动是最关键的要素，劳动指的是有劳动能力和劳动经验的人在生产过程中有目的的行为……在这三个简单要素中，人的劳动是生产中能动的主体要素……人的因素，是指有一定生产经验、劳动技能和科学知识，并实现着物质资料生产的劳动者，他在生产中起着能动的作用，是生产活动中最关键的因素。在西方经济学的理论中，人作为一项基本的要素，在生产活动中所起的作用和资本、土地等要素的作用是等同的，所以，无论在马克思主义政治经济学或者是西方经济学中，人作为一项重要的要素，在生产过程中都起着决定性的作用。

（一）人口发展趋势预测

昆明是云南省最大的中心城市，2005年，昆明市人口达到了508.47万人（数据来源与《昆明统计年鉴2006》），人口数量全省第一，也是云南省唯一一个特大型城市，在西南片区的影响仅次于成都。

昆明市男女比例基本平衡，没有出现国内其他城市男女比例严重失调的状况，为社会的稳定与和谐打下了基础；同时，昆明市15~64岁的人口占到了全市比重的73.62%，全市居民中大部分都是青壮年，为城市经济的快速发展奠定了良好的基础；青少年居民的比重大于老年居民的比重，为昆明未来50年的发展做了良好的铺垫；但是，昆明市受过高等教育的人口比重较小，文化层次较低，这是昆明未来发展中的不利因素。

昆明的主城（四区）以占不到全市10%的国土面积，容纳了全市超过50%的人口。人口的过度集中给昆明未来的发展带来了巨大的负面影响，分散主城人口，分散主城的功能将成为今后新昆明建设中的一个重点。

昆明主城的经济总量占全市75%，完成了全市近55%的基本建设投资。人口的不断聚集和各类功能的繁杂综合已使城市出现了交通、工作、居住和环境等诸多问题。区域内其他地区，各种基础设施较为落后，在快速发展城市化的过程中没有真正承担起社会经济职能分工以及对人口的缓冲和分流作用。

可以看到，昆明市域城乡之间、地区之间发展差别巨大，"二元结构"不仅没有缩小反而有不断扩大的趋势，迫切需要协调；中心城市发展迅速，但其集聚效应远远大于其辐射效应，争夺了周边其他地区的发展资源，同时过度集聚也造成了各种城市病突出，急需解决。

1. 人口变动预测

预测中所采用的数据全部来自《昆明统计年鉴2005》，预测主要采取趋势外推法、Growth 模型、logistic 模型等三种方法计算，最后利用三者的算术平均测算2015年和2025年昆明市的户籍人口数量。

表 7-1 1976—2005年昆明市人口变动预测

年份	增长率（%）	总人口（万人）	增长率（%）	年份	总人口（万人）	增长率（%）
1976	0.3	350.17	1.8	1992	435.59	0.9
1977	3.8	359.08	2.5	1993	440.68	1.2
1978	0.8	367.10	2.2	1994	444.91	1.0
1979	3.9	371.82	1.3	1995	449.94	1.1
1980	3.4	378.05	1.7	1996	455.26	1.2
1981	4.1	379.38	0.4	1997	460.65	1.2
1982	3.5	384.04	1.2	1998	467.01	1.4
1983	1.9	388.71	1.2	1999	473.39	1.4

续表

年份	增长率（%）	总人口（万人）	增长率（%）	年份	总人口（万人）	增长率（%）
1984	3.5	393.84	1.3	2000	480.94	1.6
1985	1.5	399.23	1.4	2001	487.52	1.4
1986	2.0	404.55	1.3	2002	494.81	1.5
1987	3.6	410.16	1.4	2003	500.79	1.2
1988	3.1	416.75	1.6	2004	502.92	0.4
1989	3.3	421.85	1.2	2005	508.47	1.1
1990	2.6	426.72	1.2			
1991	1.7	431.65	1.2			

数据来源：《昆明市统计年鉴》（2006 年）。

从表 7 - 1 中可以看到，1981 年以后，特别是 1989 年以后，昆明市人口的增长率保持了一个比较平稳的态势，增长率基本保持在了 1.2% 左右。利用 1982 年到 2005 年的人口增长率数据进行统计分析，从分析结论中也可以得到同样的结果：

表 7 - 2 　　　　　　　　**Descriptives**

			Statistic	Std. Error
Increase rate	Mean		0.0122803	0.00049180
	95% Confidence Interval for Mean	Lower Bound	0.0112630	
		Upper Bound	0.0132977	
	5% Trimmed Mean		0.0124719	
	Std. Deviation		0.00240932	
	Minimum		0.00425	
	Maximum		0.01607	

从表 7 - 2 中 SPSS 的分析结果中可以看到，人口增长率的均值为 1.23%（P = 95%），并且其 P 值小于 0.05，通过检验，计算结果显著。证明昆明市从 1982 年到 1995 年的年均人口增长率为 1.23%，这一结果符合概率统计学原理；同样，这一结论也和我们的观察结论完全吻合。

$$P_{(t)} = P_{(t_0)} (1 + K)^{(t-t_0)}$$

式中 $P_{(t)}$ 指的是第 t 期的人口数量，$P_{(t_0)}$ 指的是基期的人口数量，K 指的是人口的增长率。这种方法使用的条件是：规划区的人口增长基本按照一个不变的比例变动，并且今后仍然按照这一比例不断增加，这样的话就可以利用几何级数来计算预测期的人口数量。从昆明市的现实条件中我们可以看到，昆明从 1982 年到 2005 年，人口增长率基本上是以 1.2% 为基准在变动，且变动的幅度较小（Std. Deviation = 0.00240932），所以昆明的人口增长状况是可以运用上述公式进行计算的。但是考虑到昆明市人口在计划生育政策的持续作用下增长率会有所下降，所以我们预测昆明市 2010 年到 2025 年之间人口的增长率会较现在的平均增长率下降 0.1%，即以 1.13% 的水平增长，基于以上的假设，对昆明市 2015 年和 2025 年的人口数量做了预测（见表 7 - 3）。

表 7 - 3 　　　　　　　　　　趋势外推法对昆明市人口预测

年份	预测人口数（万人）
2015	568.94
2025	636.60

从表 7 - 3 中可以看到，通过趋势外推法的预测，认为 2015 年昆明市人口数量为 568.94 万人，比目前的 508.47 万人增加 60.5 万人；2025 年昆明市的人口数量为 636.6 万人，比目前的 508.47 万人增加 128 万人。城市人口的扩张速度和 1982 年到 2005 年的平均速度保持了一致。

下面，我们将利用 Growth 模型预测 2015 年和 2025 年的人口数量。

$y = e^{(b_0 + b_1 t)}$。式中 y 为当期的人口，b_0 和 b_1 为回归系数，t 为时间间隔。因为 1999 年以前的数据距离现在较远，对当前人口变动情况的解释能力较差，不能够很好的预测未来的情况，所以我们仅仅根据昆明市 1999 年到 2005 年的人口数量变化情况，对 2015 年和 2025 年昆明市人口数量进行分析和预测，在预测中采用 Eviews 软件进行计算，对 7 个数据进行回归之后得到模型如下所示：

$$y = e^{(6.17 + 0.011t)}$$

Eviews 软件的输出结果如下：

Dependent Variable：LNP

Method：Least Squares

Date：01/05/08　Time：14：05

Sample（adjusted）：1999 2004

Included observations：6 after adjusting endpoints

Variable	Coefficient	Std. Error	t－Statistic	Prob.
C	6. 178810	0. 002596	2380. 112	0. 0000
TIME	0. 010961	0. 000857	12. 78333	0. 0002
R－squared	0. 976107	Mean dependent var		6. 206212
Adjusted R－squared	0. 970134	S. D. dependent var		0. 020755
S. E. of regression	0. 003587	Akaike info criterion		－8. 161849
Sum squared resid	5. 15E－05	Schwarz criterion		－8. 231262
Log likelihood	26. 48555	F－statistic		163. 4134
Durbin－Watson stat	1. 325075	Prob（F－statistic）		0. 000216

从输出结果中我们可以看到 $y = e^{(6.17+0.011t)}$。

对 2015 年和 2025 年昆明市的人口规模进行了预测（见表7－4）。

表7－4　　　　　　**Growth 模型对昆明市人口预测**

年份	预测人口数（万人）
2015	570. 21
2025	636. 51

下面，我们将利用 logistic 模型对昆明市的人口规模进行预测。

$$y = \ln(1/y—1/u) = \ln(b_0) + [\ln(b_1) \times t]$$

模型中 y 指的是人口，u 为上限，t 为时间间隔。

运用 logistic 模型 $\ln(1/y—1/800) = \ln(0.0009) + [\ln(0.9698) \times t]$，我们对昆明市 2015 年和 2025 年的人口规模预测结果如表7－5 所示。

表 7 – 5   **Logistic 模型对昆明市人口预测**

年份	预测人口数（万人）
2015	555.25
2025	604.05

2. 人口预测总结

通过对以上三种方法的总结，我们认为到 2015 年，昆明市的人口为：565 万人，到 2025 年，昆明市的人口为：626 万人（见表 7 – 6）。

表 7 – 6   **昆明市 2015 年、2025 年三种方式平均人口预测**

模型	2015 年人口数量预测（万人）	2025 年人口数量预测（万人）
趋势外推法	568.94	636.60
Growth 模型	570.21	636.51
Logistic 模型	555.25	604.05
平均	564.80	625.72

（二）GDP 变化趋势预测

对 GDP 的预测在产业规划和布局中也具有重要的作用。只有基本准确的预知了未来 GDP 的发展状况，才能让我们了解今后的土地需求量，了解水资源需求量，了解交通运输需求量，了解矿产资源需求量，了解电力资源需求量……。所以，对 GDP 的正确估计，在产业布局规划中的地位十分重要，从某些角度来说，它甚至决定了规划的正确性。

1. 昆明市 GDP 发展预测

从我国近一段时间的国民经济发展规划中，我们认为从目前到 2025 年底，昆明市的 GDP 增长速度应该以 10% 为中心上下波动，所以以 10% 为基准，为昆明的经济发展设定了高、中、低三个等级的速度，其中 9% 的 GDP 年均增长速度为低速；10% 的 GDP 年均增长速度为中速；11% 的 GDP 年均增长速度为高速。依据以上的三种设定，利用趋势外推模型（$P_{(t)} = P_{(t_0)}(1 + K)^{(t-t_0)}$）对昆明市 2015 年和 2025 年的 GDP 总量预测结果如表 7 – 7 所示。

表 7 - 7

增长方式	2015 年昆明市 GDP 预测（亿元）	2025 年昆明市 GDP 预测（亿元）
低速增长（9%）	2613.092	6186.138
中速增长（10%）	2836.941	7358.295
高速增长（11%）	3077.677	8738.819

从表 7 - 7 中可以看到，如果采取低速增长方式，即以每年 9% 的平均增长速度发展，2015 年昆明市的 GDP 总量为 2613.092 亿元，与 2006 年的 1203.14 亿元相比增加了一倍多，到 2025 年，昆明的 GDP 将为 6186 亿元，和 2006 年相比增加了近 5 倍。如果采取中速增长的发展，2015 年，昆明市的 GDP 总量为 2837 亿元，较 2006 年增加 2.3 倍，到 2025 年，昆明市的 GDP 总量为 7358 亿元，较 2006 年增长 6 倍。如果采取高速增长的方式发展，2015 年，昆明市的 GDP 总量为 3078 亿元，较 2006 年增长 2.5 倍，到 2025 年，昆明市 GDP 总量为 8738 亿元，较 2006 年增长 7.6 倍。从中可以看到，采取不同的发展速度在最后所达到的经济总量上的差别是巨大的。

二、土地承载力分析

昆明市目前的城市建成区面积仅为 250 平方公里，远远小于其他省会城市的建成区面积，和北京、上海等直辖市相比差别更为巨大，这也正是昆明土地资源紧、供需矛盾最突出的表现。从目前的情况来看，昆明城市中心区的人口密度达到了 2.51 万人/平方公里，最高的地区达到了 5 万人/平方公里，用地紧张程度和上海等经济发达地区持平。

（一）昆明市目前的土地利用状况

昆明市土地总面积 2.1 万平方公里，山地面积占土地面积 85%，平原只占 13%。据昆明市国土局统计，2005 年耕地面积为 434317.20 公顷，占全市土地总面积的 19.45%；城镇（含园区）用地 12668.94 公顷，占全市土地总面积 0.60%；农村居民点用地 39070.57 公顷，占全市土地总面积的 1.86%；独立工矿用地 13744.68 公顷；占全市土地总面积的 0.65%；交通用地 12475.43 公顷，占全市总面积的 0.59%；水利设施用地 7625.20

公顷，占全市土地总面积的0.36%，其中，全市建成区（建设用地）面积250平方公里，建设用地面积较之其他省会城市都显得狭小。

表7-8　　　　　　　2005年昆明市农用地面积构成表

	合　计	耕　地	园　地	林　地	牧草地	其　他
面积（公顷）	1632121.0	434317.2	58690.9	1007659.0	22591.3	108862.4
所占比例（%）	100.0	26.6	3.6	61.7	1.4	6.7

数据来源：2005年昆明市土地利用更新数据。

从表7-8的数据中可以看到，由于昆明地区地处高原，适用于耕种的土地面积较少，大部分的地区被森林植被所覆盖，这为昆明创造了良好的生态和生活环境，利于昆明市环境资源的可持续发展，利于昆明市旅游行业的继续发展。但是，昆明耕地面积较小，决定了昆明市的粮食产量较低，自身耕地所能承载的人口数量较小，大部分的粮食和肉、蛋等制品需要靠外地输送，不利于昆明经济的长期发展。

表7-9　　　　　　　2005年昆明市耕地面积构成表

	灌溉水田	望天田	水浇地	旱　地	菜　地
面积（公顷）	103953.2	5011.5	4742.2	284261.8	10656.8
所占比例（%）	25.4	1.2	1.1	69.6	2.6

数据来源：2005年昆明市土地利用更新数据。

从表7-9中可以看到，昆明市旱地面积较大，土地耕作的条件不佳，粮食生产不可能有很大突破，这对昆明所能够承载的人口造成了制约。所以昆明市不适合发展纺织类的劳动密集型产业，适合发展精加工、光电子等高科技产业。

表7-10　　　　　　　昆明市旱地面积构成表

	平旱地	坡　地	梯　地	轮歇地
面积（公顷）	11374.5	182128.0	73186.4	17572.8
所占比例（%）	4.0	64.1	25.0	6.2

数据来源：2005年昆明市土地利用更新数据。

从表 7 - 10 中可以看到，昆明市的旱地中坡地所占的比重最大，占到了全部旱地面积的 64.1%，接下来是梯地，占到了全部旱地面积的 25%。坡地和梯地的生产能力都较低，说明昆明市自身土地承载能力较弱。

从昆明市目前的土地利用现状中我们可以看到，昆明市的耕地状况不佳，土地承载能力较差，城市抵抗风险的能力较差。所以昆明的工业应当避免发展劳动密集型产业，应当以高新技术等资本密集型产业为主。

（二）昆明市土地承载力分析

土地资源承载力的定义是："在一定生产条件下土地资源的生产能力和一定生活水平下所承载的人口限度。"这一定义明确了土地承载力的四个要素：生产条件、土地生产力、人的生活水平和被承载人口的限度。它们的关系是：土地承载人口的限度与土地生产力成正比，与人口生活水平成反比，而土地生产力又是由生产条件决定的。因此，"一定的生产条件"和"一定的生活水平"是计算土地资源承载力的关键要素。潜力结构大体包括三部分：①气候潜力结构；②土壤潜力结构；③植被潜力结构。①

在对昆明的土地资源承载力进行计算时，我们选取环境因子模型，这一模型依据作物能量转化逐步订正来估算粮食生产潜力。根据生产地的光、温、水、土等条件影响制订修正因子，最后计算出土地的生产能力。该模型构造为：

$$Y(Q,T,W,S) = y(Q)^*f(T)^*f(W)^*f(S)$$

模型中：$Y(Q,T,W,S)$ 为土地生产潜力，$y(Q)$ 为光能生产潜力，$f(T)$、$f(W)$、$f(S)$ 分别为温度、水分、土壤影响的订正系数。

光能生产潜力 $y(Q) = 10^8FEQC^{-1}$，式子中 F 为光能利用效率，考虑到昆明地区太阳光的辐射较强，所以取其最高值 4%，C 为 1kg 有机物储存的能量，取 17850kJ/kg；E 为经济系数，结合各类作物相关值求得 E 为 0.55；Q 为作物生长期的太阳总辐射，取 Q 为 99.03kcal/cm²，计算后昆明市的 y（Q）为 415.93kJ/cm²。

---

① 郭秀锐，毛显强. 中国土地承载力计算方法研究综述 ［J］. 地球科学进展，2002—12（15 卷）：706.

温度修正系数 f（T）是指农作物在水肥条件适宜的情况下，温度对农作物产量的影响值。其数值的经验计算公式为：$f(T) = 0.04301T—0.0005771T^2$，昆明夏季植物生长期的平均气温为 20℃，计算后 f（T）的值为 0.63。

水分、土壤影响的修正系数 f（W）、f（S）分别指水文环境和土壤环境对植物产量的影响程度，由于昆明市是全国几个严重缺水的城市之一，所以水环境影响系数为 0.6。从上文的分析中我们可以知道，昆明市农田生产环境较差，旱地和坡地占据了耕地的主要部分，所以昆明市土壤环境的影响系数为 0.6。因此求得昆明市每一公顷土地的生产潜力为：11181.6 千克/公顷。

由于我国基本农田的保护措施较为严格，实施占多少补多少的原则，所以我们在计算昆明市土地最大生产力时使用基本农田数量为计算标准，非基本农田的耕地由于被流转为建设用地的可能性较大，所以在预测和计算时不考虑在内。

《中国粮食发展纲要》中规定，中国每人每年消耗 420 千克粮食为宽裕的生活水平；消耗 460 千克粮食为小康的生活水平；消耗 490 千克粮食为富裕的生活水平。以此我们计算了目前昆明市自身最大可承载的人口数，计算结果如表 7 – 11 所示。

表 7 – 11

生活水平	宽裕	小康	富裕
消耗粮食（千克·人/年）	420	460	490
最大承载人口（万人）	840	768	720

从目前的情况来看，昆明市 508 万人口没有超出昆明的土地承载量，但是昆明目前的基本农田中坡地较多，需要退耕还林，还有大量基本农田处于滇池沿湖湿地规划区中，需要退耕还湖。据此计算出 2015 年和 2025 年昆明市最大可承载人口数（见表 7 – 12）。

表 7 – 12

生活水平	宽裕	小康	富裕
消耗粮食（千克·人/年）	420	460	490
最大承载人口（万人）	798	729	684

从表 7-12 中可以看到，到 2015 年昆明市可承载的人口数在 700 万左右，根据前文的预测，到 2025 年，昆明市人口将达到 625 万人，这当中还不包括流动人口的数据。昆明除了大量的户籍人口外，流动人口也占到了全市总人口的很大一部分。根据《昆明市人口发展态势与策略研究》课题的成果显示，到 2020 年昆明市将有 250 万流动人口，到 2025 年，这一数字将更加庞大，也就是说到 2025 年，昆明市的户籍人口和流动人口之和将超过昆明土地最大可承载的人口数，前景不容乐观。

从上文的分析中我们知道，昆明市土地的人口承载力已经趋近极限，大规模的人口扩张在目前来说显然是不适宜的。昆明今后的产业发展中应当着重发展资本和技术密集型产业，避免发展劳动密集型产业。所以，昆明应当淘汰现有的纺织厂和食品加工厂等产业，积极发展光电子产业，适度、谨慎地发展重化工产业。

（三）土地资源约束下昆明的产业布局建议

2015 年，昆明市的建设用地将出现供不应求的局面，城市的扩容将受到土地资源的限制，昆明也将达到所能达到的最大面积。所以，在目前的昆明土地利用中，集约用地、节约用地是应当重点贯彻的两条基本规则。

在昆明市的产业布局中，土地资源的限制对昆明未来的产业发展有着深远的影响。在昆明盆地中所布局的产业应当以占地面积小、产能高、效益高的第三产业和高新技术加工产业为主，而占地面积较广的重化工业等应当移到昆明盆地的外围去发展，这样才能确保昆明未来的经济发展。

所以在昆明的产业布局中我们有如下建议：

第一，在昆明市的城区以发展第三产业为主，在城区周边可以有选择地布置土地集约利用效果较好的高新技术加工产业，把昆明的市中心发展为商贸、娱乐、会展中心，让昆明的第三产业得到充分的发展；昆明市城区的周边成为高新科技园区，利用昆明优越的气候环境大力发展光电子等高新技术产业，提升昆明加工业的整体实力和素质，提升昆明产业水平。

第二，将昆明市的重化工业搬出昆明盆地，到昆明周边地区发展，不占用昆明盆地内宝贵的建设用地资源，把昆明盆地中寸土寸金的建设用地用来优先发展第三产业，使得昆明第二产业和第三产业都能得到宝贵的发展空间，共同发展，保持城市产业协调。

第三，面对昆明稀缺的建设用地资源，昆明市应当加大土地整理和土地复垦的力度，同时提高城区的土地利用效率，提倡集约用地。

三、昆明水资源承载力分析

昆明辖区地处云南高原中部，高原是基本地貌形态，地处金沙江、南盘江及元江3大水系的分水岭之间。昆明市水资源的开发利用以地表水为主，地下水为辅。2004年《昆明市水资源公报》中称全市水资源总量61.38亿立方米，水资源量总量占降水总量的30.6%，平均每平方公里产水量29.2万立方米，人均占有水资源量1220立方米。其中：地下水资源总量19.95亿立方米，地表水资源总量41.43亿立方米。2004年入境水量为15.60亿立方米，出境水量为65.33亿立方米。

（一）昆明水资源状况概述

目前，昆明城市水源基本上来自滇池流域，包括昆明市在内的滇池流域总面积2920平方公里，占云南省总面积0.78%，然而就是这片土地上集中了全省4.5%的人口，9.8%的农业产值，82%的工业产值，40%的大中型企业，该区域为整个云南省的重中之重。根据2000年流域水文资料显示，流域水资源总量仅5.73亿立方米，但整个滇池流域全年总供水量在8.3亿立方米以上，供水量已远大于流域产水量，水资源与流域生态环境都面临着巨大的压力。

2010年12月，昆明市计划供水节约用水办公室宣称昆明市人均水资源量小于300立方米，按国际公认的人均水资源占有量少于1700立方米为水紧张的国家和地区的标准来衡量，昆明市域显然属于水资源紧缺的地区，人均水资源量低于京津唐地区，与国外严重缺水的以色列（人均水资源260立方米）相差无几，而且滇池流域内的水资源开发利用率已达60%以上，远远超过了国际公认的40%的合理水平，滇池流域水资源紧张状况可见一斑。

（二）昆明可供使用的洁净水资源统计

水资源包括地表水资源和地下水资源，在产业规划中必须建立两种水

共同管理的思想。即：充分利用大气水、大蓄大保地表水，合理开发利用
地下水。但是昆明市除了自身的地表水和地下水以外还不断地从外界调水
入昆，缓解昆明水资源匮乏的局面，所以在昆明除了考虑自身的水资源以
外，还要考虑外地水源的供给（见表7－13）。

表7－13　　　　　　　昆明可供使用的洁净水资源总量表

单位：万立方米

时间		目前	2015 年	2025 年
地表水	松华坝水库	11826	12173	12173
	双龙水库	188	188	188
	横冲水库	52	52	52
	柴河水库	2340	2340	2340
	宝象河水库	3370	3370	3370
	松茂水库	506	506	506
	大河水库	1240	1240	1240
	自卫村水库	1110	1110	1110
	果林水库	149	149	149
	黑、白龙潭泉水	2090	2090	2090
	其他水库	192	192	192
外流域引水		21860	31900	40482
地下水		5650	5650	5650
合　计		50573	60960	69542

数据来源：《滇中城市群昆明专题》课题研究结论。

从目前的情况来看，只要昆明市没有新的外流域引水工程，昆明市的
洁净水资源将不会出现很大的变化，基本上维持表格中的数量。

（三）昆明市未来水资源需求量预测

未来昆明市对于水资源的需求主要来自三个部分：第一个部分是农村
生活用水；第二个部分是农业用水；第三个部分是城市用水。

表 7 - 14　　　　昆明市农村人、畜用水量和林、渔业用水量预测

	目前	2015 年	2025 年
农村人、畜用水量（万立方米）	3670	4720	5355
林、渔业用水量（万立方米）	9200	8800	8400

数据来源：《滇中城市群昆明专题》课题研究结论。

从表 7 - 14 中可以看到，2015 年昆明市农村人、畜用水量为 4720 万立方米，到了 2025 年，这一数值将上升到 5355 立方米；2015 年昆明市林、渔业用水量为 8800 立方米，到了 2025 年，这一数值将下降到 8400 立方米。

表 7 - 15　　　　滇池流域农业灌溉用水量预测

单位：万立方米

	目前	2015 年	2025 年
农业灌溉用水量	27702	21433	20995

数据来源：《滇中城市群昆明专题》课题研究结论。

从表 7 - 15 中可以看到，2015 年昆明市农业灌溉用水量为 21433 万立方米，到了 2025 年，农业灌溉用水量将为 20995 万立方米。

表 7 - 16　　　　昆明市城市用水量预测

单位：万立方米

	目前	2015 年	2025 年
人均用水指标（立方米/人·天）	0.325	0.325	0.325
总人口（万人）	508.00	565.00	626.00
用水量预测（万立方米）	60261.50	67023.13	74259.25

数据来源：《滇中城市群昆明专题》课题研究结论。

从表 7 - 16 中可以看到，2015 年昆明市城市用水量将达到 67023.13 万立方米，2025 年，昆明市城市用水量将达到 74259.25 万立方米。

通过上述三个表格的分析，我们可以得到昆明未来 2015 年和 2025 年的需水量总和，同时，如果和上文中洁净水资源供给量结合起来以后，我们就可以知道昆明市未来的水资源缺口有多大（见表 7 - 17）。

表 7 - 17　　　　　　　　　　　昆明市用水量预测

单位：万立方米

	目前	2015 年	2025 年
农村人、畜用水量	3670	4720	5355
林、渔业用水量	9200	8800	8400
农业灌溉用水量	27702	21433	20995
城市用水量	60261	67023	74259
合　计	100833	101976	109009
昆明市洁净水资源供应量	50573	60960	69542
缺　口	- 50260	- 41016	- 39467

数据来源：《滇中城市群昆明专题》课题研究结论。

从表 7 - 17 中可以看到，昆明市目前的水资源缺口是 50260 万立方米，到了 2015 年，水资源的缺口为 41016 万立方米，2025 年，这一缺口为 39467 万立方米，从长远来看，这些缺口都在不断减小，昆明城市可供利用的水资源量应该是可以满足城市的发展需要的。但是，目前对于这些缺口，我们都需要从滇池中提水来补足，这对滇池环境的治理显然是不利的。所以，未来昆明只有加大外流域调水的力度，补充水资源的供给，才能从根本上解决水资源供不应求的问题。

（四）水资源约束下昆明市的应对措施和产业布局建议

从长远来看，随着昆明市外流域调水工程的不断实施和深化，以及滇池水质的不断改良，昆明市的水资源总量是完全可以支持昆明市城市发展的需要，但是，综合的考虑城市发展、农业灌溉和农村人畜用水状况之后，我们发现，昆明目前的洁净水资源量供给仍然存在着缺口，缺水的状况不容乐观。特别是目前面对滇池流域污染、供水不足的现状，如何科学合理的规划昆明市水资源利用，实现昆明城市的可持续发展，正确地处理好人口、资源、环境、经济发展四者间的关系，将成为今后昆明市各级政府关注的焦点问题。针对目前水资源污染和短缺的现状，我们提出以下政策建议和产业布局建议：

1. 广泛利用中水，减少洁净水资源的消耗

中水是指城市污水或生活污水经处理后达到一定的水质标准，可在一定范围内重复使用的非饮用水。在许多发达国家，厕所冲洗、园林和农田灌溉、道路保洁、洗车、城市喷泉、冷却设备补充用水等，都大量地使用中水。北京是中水利用较早的城市之一，也是水资源极度匮乏的城市之一，目前北京的绿地用水、工农业、种树、道路保洁、洗车、河道等用水问题都是通过利用中水来解决的。

中水的利用较为方便，只要在企事业单位设立、安装简单的污水处理设备，对使用过后的污水进行处理，之后就可以得到中水。中水的使用范围极广，除了饮用等对水质要求较高的活动不能采用外，生产生活中的大部分活动都可以采用中水来解决用水问题。

昆明是全国严重缺水的几个省会城市之一，昆明市政府应当采用行政手段要求工厂和企事业单位安装污水处理设备，自行制造中水，用进化后的中水来满足卫生、园艺等方面的需要，减少洁净水的利用，缓解昆明市的洁净水资源短缺问题。

2. 加大农业灌溉技术改革，改变种植制度

从上文的分析中我们可以看到，昆明未来的用水量预测中，农业用水占到了很大的比重，基本占到了全市用水量的 20% 左右。随着经济社会的发展，特别是工业化、城市化进程的加快，工业和城镇居民生活用水将大幅增加，农业、工业和城镇居民生活竞相用水的情况将进一步加剧。因此应当加大农业技术改革，提高农业灌溉的水资源利用效率，以此既保证农业生产又可以减少农业灌溉用水量，缓解昆明的用水压力。

可以考虑的节水灌溉技术主要有：膜下滴灌、重力滴灌、槽式栽培、膜下暗灌、膜面集雨、调亏灌溉、小管出流等。

当然，也可以采用改变滇池流域种植制度，更换农作物品种的方法来达到节水的目的，种植一些耐旱性的植物，将会减少目前大部分的农业用水量。

3. 增加开源渠道，多角度寻找水源

一个地区的水资源量总是有限的，如果滇池流域地区不再增加外流域调水工程，昆明的洁净水资源供给是不会有很大提高的。但是，昆明地区除了增加外流域调水工程的数量，增加外流域水资源的供给之外，还可以通过地下水的合理开采和雨水的收集，增加昆明地区的洁净水资源供应。

4. 采取一切手段，避免水资源污染

昆明应当从长远利益出发，坚决控制对滇池水资源造成污染的工业废水、生活污水的排放，同时还应该加大水资源保护、污水处理等方面的投入。昆明目前的污水处理能力不足，每天仍有大量的污水直接排入滇池，应当加大污水处理厂的建设，提高整个城市的污水处理能力和处理级别，将污水对环境的污染降低到最低限度。

还应向北京等发达城市学习，普及污水处理设备，在各单位中配置简单的污水处理设备，减少污水的排放，同时扩大中水的运用范围，解决滇池流域的污染问题。

5. 合理配置工业，减少工业用水

城市的发展、工业的布局受到原材料、能源、水资源、交通等诸多方面的制约，昆明洁净水资源的短缺已经成为限制昆明继续发展的一块"短板"。昆明市的人均水资源量较少，在产业规划中应当严格控制耗水量大的产业的发展，并对一些高耗水的行业严格管制。

四、产业结构合理性分析

昆明是云南省的省会，昆明的 GDP 占到全省的 30% 左右，同时昆明也是云南省第一个第三产业产值超过第二产业产值的城市。西方经济学对产业结构有许多成熟的研究理论，这些理论也是指导产业升级的主要依据。

（一）主导产业转换规律

主导产业是指在产业结构体系中处于主体地位并对产业发展起着引导和支撑作用的产业。不同经济发展阶段的主导产业是不同的，主导产业对产业结构的性质和特点有决定性的影响，主导产业的转换必然引起产业结构的变动，主导产业的转换过程也是产业结构调整、提升的过程。随着主导产业的变化，产业结构一般要经历这样的五个阶段：

第一阶段，产业革命以前，农业在国民经济占绝对优势，以农业为主导产业的经济结构中，制造业、服务业尚处于萌芽状态。

第二阶段，以纺织机、蒸汽机的发明和运用为标志的第一次产业革命，被称为工业化进程的开始。这一阶段，生产直接改善人们生活轻纺工业得到了快速的发展，这是因为轻工业技术要求不高，投资少，可以直接利用来自农村的廉价劳动力。此时轻工业取代农业成为主导产业，农业地位下降，产业结构以轻工业为主导。

第三阶段，以内燃机、电力的发展和广泛使用为主要标志的第二次产业革命。随着机器大工业的迅猛发展，对工业生产资料的需求迅速增长，以原材料、燃料、动力、交通运输、基础设施为主的基础工业成为先行产业。在这一阶段，煤炭、石油、钢铁、造船、铁路、普通机械制造等部门得到了长足的发展，其增长速度超过了轻工业的增长速度，并取代轻工业成为主导产业。产业结构进入以基础工业为重心，重工业为主的时代。

第四阶段，以计算机、原子能、新材料及航空航天技术为主要标志的第三次科技革命及其推动的第三次产业革命的兴起。这一阶段，以高技术、高精度、高附加值的加工制造业为重心的重工业得到了迅猛的发展，汽车制造、精密机械、电子计算机、精细化工、石油化工、飞机制造等重化工业部门在国民经济中的比重大幅提高，成为推动经济发展的主要推动力，产业结构演进为高技术加工为重心的重工业结构。

第五阶段，工业革命带来了工业生产规模的扩大和劳动生产率的普遍提高，社会需求结构发生了重大的变化，为满足人们高层次多样化的需求，包括科教文卫、商业、通信、银行业、金融保险、房地产和旅游业的第三产业迅速发展，在国民经济中的比重迅速膨胀并取代工业而成为主导产业，出现了以第三产业为主的新型产业结构。

以上分析表明，主导产业转换引起产业结构变动，存在着从以农业为主的结构，顺序依次向以轻工业为主的结构，以基础工业为重心重工业为主的结构，以高技术加工为重心重工业为主的结构，以第三产业为主的产业结构和以第四次产业为主的产业结构演进的规律性。

从目前昆明市的现状中可以看到，在国家新工业化战略的实施中，昆明的铜业、铝业、钢铁业、装备制造业、电子行业都得到了前所未有的发展，昆明的工业化已经进入了一个以高技术加工为重心的重工业化阶段，传统的基础工业为中心的时代已经渐渐远去。

（二）工业化进程中的重工业化规律

人类社会从农耕社会中走出来，工业化是人类社会经济发展必须经历的阶段。一般来说，工业化过程就是工业在国民收入和劳动人口中所占份额不断上升的过程。工业化过程实质上就是产业结构演进过程，既是以农业为主的产业结构向工业为主的产业结构演进的过程，也是工业内部结构演进的过程。

在工业内部结构演进的过程中，存在着消费品工业比重逐步下降，资本品工业比重不断上升并逐步占据优势的发展趋势。俄国经济学家霍夫曼把这一趋势总结为工业化进程中的重工业化趋势，即霍夫曼定律。

霍夫曼通过对 20 多个国家工业化过程中消费品和资本品工业相对地位的变化进行了统计分析，得出了这样的结论：各国工业化无论开始于何时，一般都具有相同的发展趋势，即：在初级阶段，消费品工业占据优势，在第二阶段，资本品工业迅速发展，消费品工业的优势地位逐渐下降，在第三阶段，消费品工业与资本品工业达到平衡，并且有资本品工业的增长快于消费品工业的趋势。

（三）钱纳里工业化结构转换模型

根据人均国内生产总值，利用钱纳里等人的标准工业化结构转换模型，对云南省、昆明市和昆明下辖四区的工业化水平进行实证测度，该模型把不发达经济到成熟经济的工业经济整个变化过程分为 6 个阶段，每个阶段由基准人均国民收入水平来标志（见表 7-18）。

表 7-18　　　　钱纳里人均经济总量与经济发展阶段关系

阶段	初级产品生产阶段（1）	工业化阶段			发达经济阶段	
		初级阶段（2）	中级阶段（3）	高级阶段（4）	初级阶段（5）	高级阶段（6）
人均 GDP 1970 年/美元	140 ~ 280	280 ~ 560	560 ~ 1120	1120 ~ 2100	2100 ~ 3300	3300 ~ 5040
人均 GDP 1980 年/美元	300 ~ 600	600 ~ 1200	1200 ~ 2400	2400 ~ 4500	4500 ~ 7200	7200 ~ 10800
人均 GDP 1998 年/美元	530 ~ 1200	1200 ~ 2400	2400 ~ 4800	4800 ~ 9000	9000 ~ 16600	16600 ~ 25000
人均 GDP 2005 年/美元	1100 ~ 2400	2400 ~ 4800	4800 ~ 9500	9500 ~ 18000	18000 ~ 33000	33000 ~ 50000

第一阶段，初期产品生产。在结构转变的第一阶段，占统治地位的是生产活动——主要指农业，这是可交易商品产出增长的主要来源。即使一般说来，初级产品生产增长的速度慢于制造业，但是，在低收入水平上，制成品的有限需求也不能使制造业成为总产出的主要原因之一。

在供给方面，第一阶段的特点是资本积累低速至中速增长，劳动力加速增长，以及全要素生产率的极为缓慢的增长。是生产率增长的速度过慢，而不是投资水平较低，引起了这一阶段总产出的低速增长。

第二阶段，工业化。结构转变的第二阶段以经济重心由初级产品生产向制造业生产转移为特征。这一转移的主要指标，是制造业对增长贡献的相对重要性发生了变化。根据由动态模型导出的标准变动模式，一旦收入水平超过400美元，制造业对增长的贡献就将高于初级产品生产的贡献。至于这一转变究竟发生在较低，还是较高的收入水平上，则取决于不同国家的资源多少和贸易政策。

在供给方面，第二阶段的多数时期中，资本积累的贡献一直较高，因为投资率增加有助于补偿部门生产函数中资本比重的下降。平均动变模式的主要特征是，与农业向工业转移相联系的生产率增长的贡献增加了，这是第二阶段加速增长的原因。

第三阶段，发达经济。确定第二阶段向第三阶段转变，可以通过以下几种方式。就需求方面而言，制成品的收入弹性开始减少，并自某一时点起，制成品在国内总需求中所占的份额也开始下降。当然，出口持续增长可以在一定时期内抵消这种变动趋势，但是，最终还是会以国民生产总值中以及劳动就业中制造业份额的下降得到表现。事实上，过去20年中，这一转变在所有发达市场经济国家中都发生过。

就供给方面而言，第二阶段和第三阶段的主要区别是，根据常规度量，要素投入的综合贡献减少的原因在于资本增长的速度较慢，同时，资本的比重也出现了下降的趋势。另外，人口增长的速度减缓了，仅有少数发达国家的劳动力还有明显的增长。

按钱纳里的观点，表7-18所示的六个经济增长时期中，第（2）、（3）、（4）属于工业化阶段，其余两个时期则分别为初级产品生产阶段和发达经济阶段。钱纳里等人还特别指出，由于结构转换并不存在明显的间断点，因此更确切地说，上表只是大致给出了这三个阶段之间的分界线，而并非是精确的起点或终点。

以下为云南和昆明及其各地历年人均国内生产总值的变化情况（见表7-19）。

表7-19　云南省、昆明市和昆明下辖四区 2000—2004 年人均国内生产总值

现价：元

历年人均生产总值统计　　单位：元/人					
地　　区	2000 年	2001 年	2002 年	2003 年	2004 年
全　　省	4637	4866	5179	5662	6733
昆明市	13125	13900	14864	16352	18773
五华区	22489	23699	29990	34592	29583
盘龙区	27400	28136	29870	30538	26579
官渡区	21017	22148	23231	24539	22159
西山区	20703	22076	22433	23049	23348

我们从2000年到2004年的五年中选出2000年和2004年进行实证对比分析初步将美元与人民币汇率定为1:8进行计算（见表7-20）。

表7-20　云南省、昆明市和昆明下辖四区 2000 年和 2004 年人均国内生产总值

现价：美元

年度	全省	昆明市	五华区	盘龙区	官渡区	西山区
2000	580	1641	2811	3425	2627	2588
2004	842	2347	3698	3322	2770	2919

根据钱纳里工业化结构转换模型对各工业化阶段所界定的区间，在2000年，全省工业化平均水平正处于初级产品生产阶段的起步阶段；昆明市处于工业化的最初级阶段；五华区则处于工业化中级阶段的前期；盘龙区处于工业化中级阶段的中期；官渡区和西山区处于工业化中级阶段的前期。2004年，全省工业化平均水平仍处于初级产品生产阶段的起步阶段；昆明市处于工业化的初级阶段；五华区则有较大发展，正处于由工业化初级阶段向中级阶段过渡的时期；盘龙区处于工业化初级阶段的中期；官渡

区和西山区同处于工业化初级阶段的前期。

根据此分析结果我们可以得出如下结论：①在近几年的发展过程中，云南省整体工业化水平较低，这与我们的整体经济发展水平、地源特征和自然条件、资源都有密切的关系；②昆明市和下辖四区则是代表了云南省工业化的最高水平，是云南省工业化发展的主要带动力量；③昆明市下辖四区的工业化发展速度并不一致，其中以五华区发展最为迅猛，西山区和官渡区发展较为缓和，盘龙区则有一定幅度的后退；④从昆明市的整体发展态势来看，具备一定的工业化发展动力，由于还处在钱纳里模型中的工业化初期水平，发展空间较大，所以近几年和未来一段时间将是昆明工业化发展的加速时期。

（四）库兹涅茨产业结构变动模型

从产业结构看，根据西蒙·库兹涅茨等人的研究成果，工业化往往是产业结构变动最迅速的时期，其演进阶段通过产业结构的变动过程表现出来。在工业化初期，产业结构变化的核心是农业和工业之间"二元结构"的转化。在工业化初期，一产比重较高，随着工业化的推进，一产比重持续下降，在产业结构中的优势地位被二产取代。当一产比重降低到20%以下时，二产比重上升到高于三产，这时工业化进入中期阶段；当一产比重再降低到10%左右时，二产比重上升到最高水平，工业化进入后期阶段，此后二产的比重转为相对稳定或有所下降。工业在国民经济中的比重将经历由上升到下降的"N"型变化过程。

表 7-21　　　　云南省 2001—2004 年产值构成情况

云南省	绝对数（万元）				指数（以上年为100）			
	生产总值	第一产业	第二产业	第三产业	生产总值	第一产业	第二产业	第三产业
2001 年	20747100	4505400	8814900	7426800	106.5	103.9	104.3	110.9
2002 年	22323200	4705000	9514800	8103400	108.0	104.0	109.0	109.0
2003 年	24652900	5028400	10692900	8931600	108.6	105.5	110.5	108.3
2004 年	29594800	6043300	13141900	10409600	111.5	105.6	115.0	110.7

从表 7-21 中，可以看到云南省在 2001 年到 2004 年的这 4 年间，第二产业产值一直为最大，其次为第三产业，并且远高于第一产业。从 2004

年数据来看，第一产业占比重为20.42%，第二产业为44.41%，根据库兹涅茨产业结构变动模型，可以判断全省处于工业化的中期阶段。

表7-22　　　　　昆明市2001—2004年产值构成情况

昆明市	绝对数（万元）				指数（以上年为100）			
	生产总值	第一产业	第二产业	第三产业	生产总值	第一产业	第二产业	第三产业
2001年	6730627	539697	3127071	3063859	108.5	104.0	107.2	110.6
2002年	7300813	559903	3364401	3376509	109.0	104.0	109.0	110.0
2003年	8140121	594413	3776640	3769068	110.3	104.3	111.0	110.6
2004年	9421371	663106	4539137	4219128	112.0	104.3	114.6	110.5

从表7-22中可以看到昆明市在2001年到2004年的这4年间，第一产业产值一直为最大，但是所占比重有小幅度的下降；第二产业和第三产业所占比重相当，仅是二产略高一点。根据库兹涅茨产业结构变动模型，可以判断全市处于工业化的初期。

表7-23　　　　昆明市五华区2001—2004年产值构成情况

五华区	绝对数（万元）				指数（以上年为100）			
	生产总值	第一产业	第二产业	第三产业	生产总值	第一产业	第二产业	第三产业
2001年	105696		11957	93739	109.8		89.5	113.0
2002年	114260		10641	103619	111.0		91.0	113.0
2003年	133526		14331	119195	115.4		132.0	113.7
2004年	1955441	10240	1169293	775908				

表7-24　　　　昆明市盘龙区2001—2004年产值构成情况

盘龙区	绝对数（万元）				指数（以上年为100）		
	生产总值	第一产业	第二产业	第三产业	生产总值	第一产业	第二产业
2001年	126610		13433	113177	110.0		95.5
2002年	138000		13831	124169	109.0		102.0
2003年	157272		13787	143485	112.9		99.1
2004年	954703	13565	217244	723894			

从表 7 - 23 和表 7 - 24 中展现出来的数据，我们可以看到，由于地处市区的特殊原因，第一产业水平非常低，第三产业比重远远高于第二产业，而且这一情况还有不断加大的趋势。

（五）马克思扩大再生产的理论和列宁优先发展生产生产资料的观点

经济理论史上，从法国重农学派代表人物魁奈提出了天才的《经济表》开始，经济学家们就认识到社会再生产要顺利地循环往复，不断地进行下去，各社会生产部门间必须满足两个基本的条件或者是原则，即：价值的实现和实物的补偿。马克思在分析资本主义再生产时，首先把社会生产各部门科学的区分为第一部类（生产生产资料的部门）和第二部类（生产生活资料的部门），在此基础上，将上述两个重要的原则，准确地描述为简单再生产条件。即以机器设备为实物形态存在的第一部类的工人的工资（V）和资本家的剩余价值（m），要刚好等于以消费品形态存在的第二部类的机器折旧的价值（C）。

根据这一原理，马克思进一步提出，作为现实中资本主义扩大再生产的充分必要条件为，即"第一部类的年产品种，除简单再生产所必需的生产资料外，还应有一定的余额。换句话说，第一部类的可变资本加剩余价值应当大于第二部类的不变资本。这就是资本主义扩大再生产下的基本实现条件"。

马克思认为，资本主义条件下，相对于资本需要而过剩的失业后备军总是存在的，第一部类富裕的生产资料加上失业后备军中的劳动力即可以组合成新的社会生产力。资本主义就是在这样一次又一次的扩大再生产中实现不断发展的。

列宁继承和发展了马克思的资本主义扩大再生产理论，面对刚从农耕社会中走出来的苏维埃，要通过工业化来加速社会主义经济的发展，列宁将马克思的原理具体化为"优先发展生产资料"。"社会生产的第一部类和第二部类之间的正确比例，是社会主义再生产最重要的比例。同时，生产资料的第一部类在全部经济中起着决定的作用。只有生产资料生产的快速增长，国民经济才能不断发展，没有生产资料生产的优先增长，扩大再生产根本不能实现。"

"为了扩大生产（绝对意义上积累），必须首先生产生产资料，而要做到这一点，就必须扩大制造生产资料的社会生产部门""列宁把扩大再生产中生产资料生产比消费品生产优先增长成为经济规律。"

"生产资料（首先是劳动工具）生产的优先增长，是社会主义生产的一切部门中广泛采用最新技术和逐步提高劳动生产率的必要条件。例如，提高机器制造业和电力生产的比重，就能够实行国民经济一切部门的全盘机械化和电气化，建立共产主义的物质基础""只有不断发展重工业（它是社会主义经济基础的基础）才能保证轻工业、食品工业和农业的稳步增长""第一部类的优先增长是扩大再生产的经济规律，但它并不排斥第二部类各部门在个别时期发展较快的可能性和必要性，以便从共产主义建设的根本任务着眼，来消灭人民消费品生产落后的现象，来保证社会生产第一部类和第二部类达到正确的配合。"

"苏联重工业的强大和全面的发展，现在不仅给生产生产资料的部门，而且给生产消费品的部门创造了高速度前进的可能性""共产党和苏联政府提出的保持和加强重工业的主导作用，大力发展轻工业、食品工业和农业各部门，使人民消费品丰富起来的任务，反映了社会主义的基本经济规律的要求。"

综上所述，霍夫曼所说的资本品工业，马克思所说的第一部类的生产和列宁明确指出的生产资料的生产，表述虽略有不同，其内涵很清楚，均是指今天产业分类中的重工业部门。霍夫曼提出的工业化进程中工业结构的重工业化规律和马克思、列宁提出的生产资料优先增长规律，从不同的角度，使用不同的分析方法，揭示了工业化进程中产业结构演进的同一规律。为此，我们认为：在工业化进程中，重工业加速发展并逐步占据优势地位是产业结构演变的一般规律。而且还必须强调：从一般意义上讲，重工业化是任何一个国家或地区工业化进程中重要的、难以逾越的阶段。

（六）昆明市产业结构诊断

从上文的分析中我们可以看到，从西方经济学或者是马克思主义政治经济学的理论出发，昆明市的产业结构基本上是健康的。产业变动符合主导产业转换规律。目前昆明市的产业结构中，第三产业的比重高于第二产业，这是昆明市产业发展中的一大成绩，但是同时也是昆明市产业发展中的一个问题。

产业和经济的发展必须要有第二产业的高度发达作为基础，从目前昆明市产业结果的变化中我们欣喜地看到，近几年，昆明市重化工业的产值在稳步的上升，装备制造业的促进也在渐渐的改变，可以说这都是昆明市经济发展中的重要成果。由于处于经济链的最下端，重化工业的快速发展对经济的拉动作用巨大，而且重化工业的快速发展可以提高一个地区整个工业部门的技术水平和生产能力，可谓是一石二鸟。所以目前的昆明应当在现有资源的情况下，加快重化工业的发展，通过重化工业，进一步提高经济发展水平。

但是，昆明是一个重度缺水的城市，滇池流域的污染对昆明经济的进一步发展造成了巨大的限制。昆明在发展的同时还有重要的环境保护工作要进行，这为昆明今后的发展提出了一个重要的课题。

我们认为，对目前的昆明来说，发展经济是第一位的，但是环境保护工作也极为重要。昆明目前主城区已经成为第三产业的核心区域，在昆明的金马碧鸡坊、昆都、南屏街、云纺附近已经形成了较大规模的餐饮、娱乐和商贸中心，昆明应当继续扩大主城区的第三产业规模，建立核心商务区，成为区域性的国际商贸中心。同时昆明市还应当在呈贡新城和南市区发展新的商贸中心，改变目前昆明呈贡和南城"睡城"的局面，提高昆明市民的生活便利程度，解决城市拥堵问题。

对于昆明的第二产业，应当搬迁到昆玉经济带和昆曲经济带上，充分利用高速公路带来的便利性，发展昆明的第二产业。同时，与昆明相比，玉溪的水资源量要丰富得多，重化工业搬迁到昆玉经济带上，既满足了运输的需求，同时也解决了水资源量不足和污染滇池流域的问题，对昆明重化工业的进一步发展是有利的。

五、资源约束性分析

城市经济学中对于企业有两种最基本的分类：一是资源导向型的企业；二是市场导向性的企业。对于资源导向型的企业来说，其生产的是"货币总量"减轻的产品，即这些产品的单位产成品运输价格比原材料运输价格便宜，比如纺织行业，这类企业在选址时应当靠近原材料产地，这样可以节约生产成本；对第二类企业，也就是市场导向性的企业来说，其生产的是"货币重量"增加的产品，即这些产品的单位产成品运输价格比原材料运输价格贵，比如饮料制造企业，它们在选址时应当靠近消费市场，这样也可以降低生产成本。

昆明是一个特殊的高原城市，昆明位于云南省的中部，依托云南丰富的矿产资源，昆明的资源优势很强，但是由于地处高原，昆明的运输能力不强，货运成本较高。目前昆明市铁路运输能力仅仅能够满足全市40%的需求，中间缺口较大。因此，对于目前的昆明来说，贴近市场、贴近原材料产地都是十分重要的。

（一）昆明资源状况分析

首先，昆明市拥有良好的气候资源。昆明市位于北纬25°的滇中高原盆地，平均海拔1887米，北面有乌蒙山遮挡南下的冷空气，南面有哀牢山控制着孟加拉湾海洋季风带来的暖湿气流，又有滇池、阳宗海等高原湖泊调节湿度，兼具季风气候、低纬气候、高原气候的特点。市区年平均气温15.1℃，年平均日照2400多小时，最热月（七月）平均气温19.7℃，最冷月（一月）平均气温7.5℃，年温差12～13℃。因温湿度适宜，冬无严寒，夏无酷暑，四季如春，花开不绝，植物生长茂盛，以"春城"著称。

良好的气候条件不仅适合人类生存居住，也非常适宜发展那些对气候条件要求比较高的加工业，如精密机床的加工与装配、精细化工的生产、光学仪器的加工与组装、生物医药的制造等对恒温有严格要求的加工业。昆明地区冬无严寒不需暖气，夏无酷暑不需空调，这既可减少生产投入中的冷暖供气的设备支出，又可降低能源、电力的消耗。而且，这样的气候条件可做到常年生产，决不会因气候原因而影响到企业效益。

除了气候资源以外，昆明矿产资源不仅十分丰富，而且种类多、品位高，组合优、布局佳、互补性强。矿藏资源主要有磷、盐、铁、钛、煤、石英砂、黏土、硅石等，以磷、盐矿最为丰富。

云南是举世瞩目的生物资料宝库，拥有许多可持续利用的生物资源。昆明依托本土和省内的丰富资源条件，形成了许多特色产业。昆明的烤烟、花卉、蔬菜、水果、香料、药材、马铃薯、食用菌、畜产品等都已成为闻名四方、享誉全国的特色产业。

良好的气候条件和丰富、富饶的矿产资源储备，保证了昆明重化工业的发展，确保了昆明产业发展的优势；同时，绚丽民族文化资源也为昆明旅游行业的进一步发展奠定了坚实的基础，下面我们将分析昆明冶炼行业和旅游行业的发展状况。

（二）冶炼业及旅游业的发展状况分析

昆明市钢铁产量在"十五"期间有着稳定的增长，为工业发展提供了坚实的基础。2006 年，仅昆明钢铁股份有限公司全年铁、钢、材产量分别达到 395.39 万吨、413.42 万吨和 411.49 万吨，同比分别增长 25.16%、28.14%、15.67%；实现销售收入 136.72 亿元、利税 12.74 亿元、净利润 3.54 亿元，同比分别增长 11.95%、22.26%、9.60%。

现代都市人回归自然、感受绿色、拥有健康的旅游休闲消费需求日益突出，昆明有着四季如春的独特气候优势，具备不可复制的云南民族氛围，充分利用自身生态条件较好、自然环境优越、气候特点明显等优势，以民族文化和旅游休闲业发展为重点，整合各种旅游资源，完善旅游服务项目和服务功能，举办多种形式的旅游活动，推动旅游休闲产业的发展。旅游业应该用独特的云南文化来留住游客，也与其他景点区别开来，将昆明旅游定位于休闲型旅游，区别于传统的观光型，使游客将昆明当作休闲度假的理想场所。滇池是昆明的灵气所在，昆明应该将滇池设计为创意产业带，通过云南民间艺术家、特色小茶室等赋予滇池丰富的文化内涵，在滇池附近大力发展旅游休闲区；昆明古城在发展中保留下许多历史遗迹，如花鸟市场这类有昆明小吃、古玩的地方，这些独特的资源能让外地游客感受昆明的文化，可以体现昆明独特的城市品位，也是符合今天旅游新潮流的产业基点。

（三）资源环境约束下昆明产业发展诊断

从昆明目前的资源状况来看，钢铁冶炼行业、磷化工产业和旅游行业都是应当积极发展的产业。昆明有着丰富的矿产资源特别是丰富的磷矿资源，如果昆明不发展重化工业，对昆明丰富的矿产资源来说，无疑是一种浪费。

重化工业虽然对经济有着较强的带动作用，但是如果布局位置不合理，会对资源、环境产生巨大的破坏，将会严重地影响昆明市旅游行业的进一步发展。所以，对昆明周边的各种重化工业应当重新布局，将重化工业移师到昆玉经济带和昆曲经济带上，借助高速公路方便的运输条件，大力发展重化工业。

同时，昆明的重化工业应当摆脱传统的粗放模式，应当在延长产业链、搞好深加工、提高产品附加值上下功夫，避免钢材等初级工业产品的外运，更要避免矿石的直接输出，为昆明乃至云南赚取更多的财富。重化工业是一个货币重量减少的行业，但是其减少的额度有限，货币重量基本保持不变，这就决定了重化工业无论是产成品还是原材料，其运输成本都较高，在一定程度上削弱了产业的获利能力。特别是2007年年底云南省发生的柴油荒，对云南的重化工业造成了不小的冲击，大量的产品难以运出，原材料也难以运入，企业的生产陷入困境。所以，对云南的重化工业来说，原材料的运输成本难以改变，唯一能够改变的只有产成品的运输成本，只有将产成品的运输成本降低，才能获得更大的发展空间。

因此，云南的重化工业应当延伸产业链，扩大深加工范围，避免初级产品的直接出口，这样就可以减少商品的单位价格运输成本，提高企业效益。

以铝厂为例，目前铝厂生产的铝大部分都是以铝锭的形式直接出售，有较高的单位货币运输成本，压缩了企业的生存空间。如果能够把铝在昆明完成深加工，以铝合金门窗的形式输出，就可以降低单位货币的运输成本，让企业获取更多的利益，同时也为建材行业的发展创造了条件，提高了整个经济体系的收入。所以，延长重化工业的产业链条，将是今后工作的重点。

对昆明的旅游业来说，得天独厚的文化资源为其发展提供了很大的便利条件，但是，旅游业的发展离不开发达的第三产业，只有服务业将客人留下来了，才能够赚取更多的收益。所以，昆明主城和呈贡新区，应当积极发展第三产业，形成一批有较大影响的商贸中心、娱乐中心、餐饮中心，让来到昆明的旅客在休息时有事可做，这样也可以为昆明带来更多的收益。

优良的气候和自然环境也为昆明的房地产业发展和精密加工行业的

发展带来了条件。昆明应当努力建设成为世界宜居城市，利用良好的气候条件发展房地产业，成为区域性的国际都市；同时，昆明良好的恒温气候为光电子行业以及精密加工行业的发展提供了便利的条件，光电子行业的污染较少，工业附加值较高，可以在不危机昆明环境的前提下，为昆明带来大量的收入，是今后昆明市工业发展的重要的，具有远大前途的行业。

六、交通运输约束性分析

俗话说："要想富，先修路。"从中可以看到交通运输对经济发展的巨大作用！在市场经济环境中，只有靠商品的流通才能够赚取到大量的利润，商品的流通依靠的是发达的交通运输业。

（一）昆明市交通环境及客货运输分析

昆明市地处云南中部，是全省重要的交通枢纽。公路方面，有108、213、320、324等4条国道经昆明市，基本形成了以昆明为中心，国道为主，辐射全省，连接邻省邻国的公路交通网。在最新的《国家高速公路网规划》中，昆明则汇集了北京至昆明、重庆至昆明、杭州至瑞丽、上海至昆明、汕头至昆明、广州至昆明、昆明至磨憨的七条线路；在云南省交通厅组织并编制完成的《云南省公路网规划》中，昆明市也集中了全省骨架公路网中的9条放射线和一条环线。

同时，昆明还是通往东南亚、南亚的重要交通枢纽。目前我国有四条出境主干线公路联通东南亚诸国，分别是"中越公路通道（昆明—河口—河内公路），中老泰公路通道（昆明—磨憨—老挝—曼谷）、中缅公路通道（昆明—瑞丽—仰光）、经缅甸至南亚公路通道（昆明—腾冲—密支那—印度雷多），这四条公路均是以昆明作为桥头堡，昆明作为滇中乃至全省公路交通枢纽的地位已经确立。

（二）昆明市未来客货运量及其供给预测

云南地处高原地区，交通运输的成本和难度较高，交通运输对经济发展的制约现象较为严重，我们只有对将来昆明客货运需求量有个大致的认识，才能指导我们在交通制约条件下如何布局和发展产业，对未来的空间布局进行有效指导。

对于客运量的预测主要是以昆明市人口为模型的解释变量来建模，因为客运量的大小和人口规模密切相关，以人口规模作为解释变量较为合理（见表7-25）。

表7-25 　　　　　　　　　　昆明市历年客运量

单位：万人次

年份	1995	1996	1997	1998	1999	2000	2001	2002	2003	2004	2005
客运（万人次）	2920	3173	3354	6073	5604	6276	6437	6602	5125	5316	8229

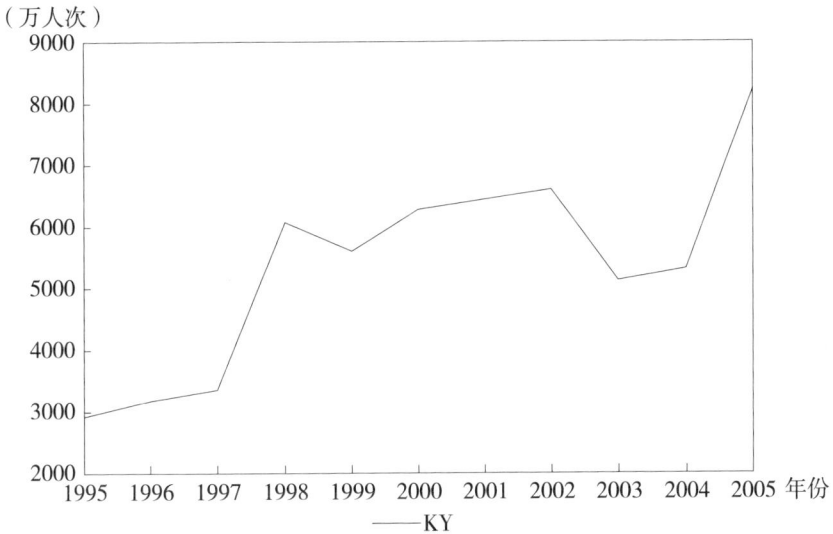

图7-1　昆明市历年客运量

数据来源：《昆明统计年鉴》（2006年）。

通过模型分析，昆明市客运需求量的模型如下：

$$ky = -24556.95 + 62.34 population$$

式中ky为每年的客运需求量，population为昆明市的人口数量，模型在Eviews中的检测结果如下所示。

Variable	Coefficient	Std. Error	t - Statistic	Prob.
C	- 24556. 95	8265. 425	- 2. 971045	0. 0157
RK	62. 33513	17. 20003	3. 624128	0. 0055
R - squared	0. 593391	Mean dependent var		5373. 545
Adjusted R - squared	0. 548213	S. D. dependent var		1647. 919
S. E. of regression	1107. 651	Akaike info criterion		17. 02084
Sum squared resid	11042013	Schwarz criterion		17. 09318
Log likelihood	- 91. 61460	F - statistic		13. 13430
Durbin - Watson stat	1. 483127	Prob（F - statistic）		0. 005536

方程的 p 值为 0.005，显著性水平较高，模型通过了显著性检验。

在 2015 年，昆明市人口将达到 564.8 万人，届时昆明市的客运需求量为：10752.7 万人次；2025 年，昆明市人口规模为 625.7 万人，届时昆明市的客运需求量为：14449.2 万人次（见表 7 - 26）。

表 7 - 26

年份	2015	2025
人口规模（万人）	564. 8	625. 7
客运需求量（万人次）	10752. 7	14449. 2

（三）昆明市交通运输业诊断

对昆明目前的交通行业来说，主要存在着以下几个问题：

第一，公路货运一直都是昆明市重要的货运交通方式，随着高速公路的建设、完善，公路货运扮演起更加重要的作用。近年来，公路运输虽取得了较快的增长，但主要表现在客运方面，而公路货运的发展基本处于"徘徊"状态。

第二，从全省的角度来看，铁路运输需求愈发旺盛，运能严重短缺，运需矛盾短期内还不能得到缓解。

第三，市内交通矛盾突出。

第四，市民的现代交通参与意识较低。

（四）从交通约束谈产业布局建议

如上文所说，昆明市交通运输状况对昆明的经济发展制约性较强，在产业布局中对交通运输条件的考虑必不可少。

从上文的分析出发，对昆明市产业布局我们提出以下建议：

第一，昆明市应当提高深加工能力，减少资源型产品的出口，同时增加产品附加值，把工业产品的利润大部分留在昆明，加快昆明的经济发展速度，提高工业层次。

第二，昆明应当将重化工业和第二产业中的装备制造等运输需求量较大的产业从昆明市的市区中搬迁出去，将这些产业安置在昆－玉和昆－曲经济带上。这样的话，一来可以确保滇池水环境不受到污染，昆明市市区的生态环境不受到污染，保护了昆明市的城市环境，保证了昆明旅游业的快速发展；二来也可以利用昆－玉、昆－曲高速公路便利的交通条件，大力发展重化工业和装备制造业，降低这两个产业的运输成本，提升经济整体实力。

第三，昆明市还应当积极的建设新的公路和铁路设施，加大基础建设方面的投资，拓宽城市道路。

第四，在呈贡新区和官渡区新建新的商务、娱乐中心，减少市中心的人口密集度，既发展了城市周边的经济，同时也为主城减负，缓解主城区的交通拥堵状况。

七、昆明市限制性产业归纳

通过上文中对土地资源承载能力、水资源承载能力、产业结构合理性、资源约束型和交通运输约束性的分析，结合可持续发展原则、建设和谐社会的原则，我们认为在昆明目前的产业中，以下几个产业的发展同昆明市的资源条件和环境承载能力不符，其中的一些产业应当搬迁，而一部分产业则需要退出昆明市，搬迁到滇中或者是我省的其他城市，在那里发挥它们的作用。

（一）纺织行业

昆明市曾经是云南省纺织行业的重要城市，在昆明市的辖区中大大小小的纺织厂门庭若市，曾经有云纺、昆纺等龙头企业，还有云南毛纺厂、云南毛巾厂等重要企业，除了以上这些行业老大以外，零零碎碎的小型纺织厂也是屡见不鲜。在当时，昆明的纺织行业在全省占据了重要的地位。

时过境迁，20 世纪 90 年代后，昆明的纺织行业走上了下坡路，产值和产量都大幅度地下滑，许多企业被兼并和收购，工人们被一次性安置或者下岗，昆明纺织业进入了冬天。2005 年，昆明市布匹的产量仅为 283 万米，与 1995 年年产 6639 万米的生产能力相差甚远，和昆明纺织行业巅峰时期的生产能力更是无法比较。

每个行业都有各自的生命周期，在这个行业生命周期的伊始，它有无穷尽的力量，可以为城市和地区的经济增长贡献大量的宝贵资源，可是到了它生命周期的晚期，退出市场就是难以改变的事实。

纺织行业在昆明继续发展将会给昆明的资源和环境带来巨大的压力：

第一，昆明土地承载能力有限，滇池的污染状况严重，狭小的土地上已经难以承载更多的人口，在产业的选择上应当以资本密集型和技术密集型的产业为主，而类似于纺织行业的劳动力密集型产业不适合在昆明发展，因为这些企业每创造一块钱收入所需的人力大于技术密集型和资本密集型产业，给昆明市带来更加繁重的人口压力，压缩了资本密集型和技术密集型企业的生存空间，对经济的长期发展不利。

第二，昆明是一个严重缺水的城市，根据我们的测算，目前昆明市的供水缺口为 5 万亿立方米，到了 2025 年这一缺口将有所减小，但是仍然有 4 万亿立方米的缺口。这些缺口都将从滇池中补齐，对滇池的环境治理造成较大的压力，对滇池和昆明的环境改善不利。而根据以往的经验，纺织行业的需水量巨大，以毛织物为例，每吨毛织物将要耗费 600 吨的水，是每吨钢材耗水量的近 30 倍，如果我们将昆明市的纺织行业整体搬迁出昆明市区，将会节约大量的水资源，而这些水资源如果用到其他工业中可以创造大量的产值，为昆明的城市经济发展贡献更大的力量。

第三，纺织行业在全国都处于产能过剩的状态，大量的产品抢占有限的市场，市场竞争激烈，而且云南省的纺织行业在全国并不占据优势，发展的难度很大，所以，纺织行业已经完成了在昆明的历史使命，退出昆明是大势所趋。

（二）重化工行业

从上文的分析中我们可以看到，对目前的昆明甚至是云南省来说，重化工业的发展是必需的，这是工业化过程中不可逾越的重要历史阶段，对昆明产业的提升能力较强。

无论是霍夫曼所说的资本品工业，还是马克思所说的第一部类的生产和列宁明确指出的生产资料的生产，表述虽略有不同，其内涵很清楚，均是指今天产业分类中的重工业部门。霍夫曼提出的工业化进程中工业结构的重工业化规律和马克思、列宁提出的生产资料优先增长规律，从不同的角度，使用不同的分析方法，揭示了工业化进程中产业结构演进的同一规律。为此，我们认为：在工业化进程中，重工业加速发展并逐步占据优势地位是产业结构演变的一般规律。而且还必须强调：从一般意义上讲，重工业化是任何一个国家或地区工业化进程中重要的、难以逾越的阶段。

对现在的昆明来说，必须要利用有限的资源大力发展昆明市的重化工业，但是对于昆明来说，第三产业的发展同样重要，所以，重化工业在企业的布局和位置的选择上就有很大讲究，我们必须把昆明的重化工业从昆明的市区、水源保护地、交通状况差等地方搬出来，搬迁到远离市区、远离水源保护地、交通状况较好的地区，这样才可以既促进昆明第三产业的发展，又不影响第二产业的持续发展。

（三）劳动力密集型的家电制造业

家电制造业是传统的劳动密集型企业，单位产值的劳动力数量较多，对昆明市的人口压力较大。传统的劳动密集型家电制造业包括彩电制造业，冰箱、洗衣机等白色家电制造业等。

目前，昆明正在积极承接沿海地区转移的工业，大量新型企业准备到昆明安家落户，这对昆明市第二产业的发展是有积极作用的，可以提升昆明市的产业发展水平，提高昆明市的工业基础地位。

但是，在产业转移中，昆明应当有选择的接纳，避免那些劳动密集型产业的转移，主要承接一些技术密集型和资本密集型的产业，既保证了昆明经济的长期可持续发展，又为今后昆明的环境保护做出了贡献。

（四）农业

一个城市的产业发展当中，农业是基础，没有农业的繁荣就没有其他产业的兴旺。滇中的昆明地区曾经是云南省的鱼米之乡，古代昆明盆地的水资源条件较好，适宜农业的发展，是著名的粮食产区，农业在昆明历史上也曾创造了辉煌。

但是，当前的昆明随着城市经济的不断发展，城市面积的不断扩大，滇池水质的不断恶化，已经不适宜农业的继续发展，昆明农业已经走过了最初的辉煌。

目前的昆明土地资源稀缺，城市的快速扩张遇到了土地资源的限制，作为云南省的核心城市，农业已经不再是昆明市的支柱产业，所以昆明应当在保证基本农田数量的基础上，限制农业用地的扩张，让农业为城市的经济发展和城市建设服务。

同时，昆明也是一个极度缺水的城市，根据我们的预测，目前昆明市的供水缺口为5万亿立方米，到了2025年这一缺口将有所减小，但是仍然有4万亿立方米的缺口，这些缺口都将从滇池中补齐，对滇池的环境治理造成较大的压力，对滇池和昆明的环境改善不利。而农业用水目前在昆明市的总用水量中占据了较大的比重，从上文的分析中我们可以看到，昆明农业用水占到了全市用水量的20%左右。随着经济社会的发展，特别是工业化、城市化进程的加快，工业和城镇居民生活用水将大幅增加，农业、工业和城镇居民生活竞相用水的情况将进一步加剧。

所以，昆明今后农业发展中应当采用节水技术，应当加大农业技术改革，提高农业灌溉的水资源利用效率，以此既保证农业生产又可以减少农业灌溉用水量，缓解昆明的用水压力。也可以采用改变滇池流域种植制度，更换农作物品种的方法来达到节水的目的。所以，今后昆明的产业发展中，对现有的基本农田应当加大力度保护，对占用基本农田的违法事件坚决处罚。但是也应当合理地限制农业的发展，推广农业灌溉新技术和新方法，改变传统种植结构，以此来改善昆明的产业发展状况，实现昆明产业的可持续发展。

第八章　玉溪市产业规划解读

一、玉溪市自然地理条件

玉溪市位于云南省中部，介于北纬 23°19′~24°53′，东经 101°16′~103°9′之间。东北和北面接昆明市，东南和南面与红河州相邻，西南和西面连思茅地区，西北靠楚雄彝族自治州。玉溪市距省会昆明市 88 公里，是省内距昆明最近的城市，自古就有"省会屏藩"之称，是连接东盟的重要门户和交通枢纽。在战国、两汉时期是古滇国的中心区域。气候温和、风光秀丽的玉溪，古以"滇中粮仓"誉满全滇，今以"云烟之乡"驰名中外。

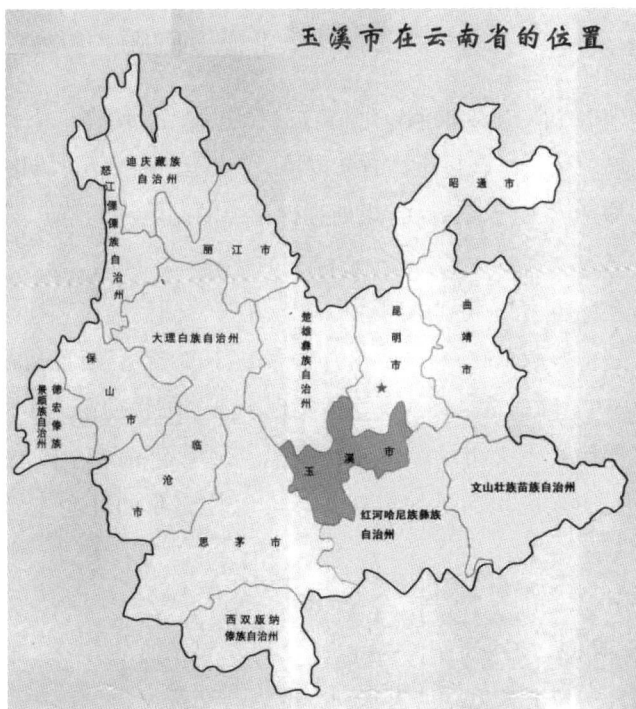

玉溪市在云南省的位置

全市区域最大横距 172 公里，最大纵距 163.5 公里。总面积 15285 平方公里，其中红塔区、江川、澄江、通海 4 县（区）是坝区县，面积共 3348 平方公里，占总面积的 21.9%；华宁、易门两县是半山区县，面积共 2888 平方公里，占总面积的 18.9%；峨山、新平、元江 3 县是山区县，面积共 9053 平方公里，占总面积的 59.2%。

市内地势西北高，东南低，地形复杂。山地、峡谷、高原、盆地交错分布。西部哀牢山是一巨大屏障，山峦连绵，谷壑纵横。东部和北部有一些较大的断层陷落盆地。由于地处低纬高原，冬夏季节各受两种性质不同的大气环流交替影响，导致高原季风气候特点显著，加之地貌类型复杂，海拔高低悬殊很大，全市具有从亚热带到温带等多种气候类型，年降水量 784.5～945.1 毫米之间。

近十年来玉溪国民经济规划的不断调整，体现了玉溪对省情、玉溪市市情认识的不断深化，体现了玉溪市政府对优势产业认识的深入以及在优势产业遴选时的细化。

二、玉溪市"九五""十五"产业规划回顾

云南省"九五"规划强调以经济效益为中心，云南省"十五"规划则紧密围绕大通道建设，在以上大背景之下，"九五""十五"期间，玉溪市的产业规划均是紧密围绕云南省规划进行相应的制定和调整。

（一）玉溪市"九五"产业规划回顾

玉溪市在"九五"规划中明确提出"九五"国民经济和社会发展的主要奋斗目标是：争取 2000 年国民生产总值比 1980 年翻四番，人均国民生产总值比 1980 年翻三番半，人民生活实现小康。加快向第三步战略目标迈进，初步建立社会主义市场经济体制框架。2010 年国民生产总值比 2000 年再翻一番，使人民生活更加宽裕，形成比较完善的社会主义市场经济体系。

1. 基础产业

"九五"期间，玉溪提出坚持优先发展基础产业的方针，把基础产业放在重中之重的位置来抓，加大水利、电力、交通、通信行业和部门的投资力度，缓解经济增长对基础产业的压力，改善投资环境，加快城市化建

设步伐。

2. 农业和农村经济

提出：重视粮食生产，积极推进高产优质、高效、农业的现代化进程，提高农业综合生产能力。努力提高乡镇企业的素质和水平。优化农村产业和经济结构，开拓农村新兴产业，促进农林牧渔业与二、三产业协调发展。扩大农村就业，增加农民收入，实现小康目标。

3. 八大支柱产业

（1）两烟及配套产业；

（2）化工产业；

（3）蔗糖产业；

（4）建筑建材产业；

（5）冶金产业；

（6）机械电子产业；

（7）食品产业；

（8）旅游产业。

（二）玉溪市"十五"产业规划回顾

"十五"期间，玉溪市全面落实科学发展观，针对玉溪经济持续下滑、生态和环境保护任务艰巨的严峻形势，紧紧围绕经济建设这个中心，始终坚持发展是第一要务，全面推进"生态立市、烟草兴市、工业强市、农业稳市"发展战略，全面启动生态城市建设。

玉溪市在"十五"规划中提出力争实现五大突破："市场化进程取得重大突破；投资软硬环境建设取得重大突破；经济结构的战略性调整取得重大突破；非公有制经济发展取得重大突破；社会事业发展取得重大突破。"

玉溪市"十五"规划的目标是："在确保经济运行质量和效益的前提下，力争地方国内生产总值增长高于全省平均水平，固定资产投资增长接近全国平均水平，人口自然增长率低于全省平均水平，城乡居民收入持续增加，物质文化生活有较大改善，科技教育发展加快，综合实力进一步增强。"

1. 加强农业基础，促进农村经济发展

提出：继续巩固和加强农业的基础地位，实现农民增收，通过产业化经营，提高农业综合生产力和经营水平，调整优化产业和产品结构，通过五年努力，将玉溪建成云南省"高效农业试验示范基地、优良籽种和种苗生产基地、畜牧业生产基地、无公害农产品加工基地"。力争农业增加值年均递增4%以上。

2. 基础设施建设

提出：努力保持固定资产投资规模适度增长。"十五"期间全社会固定投资总规模350亿元，投资率保持在20%左右，年均增长8%左右，力争接近全国平均水平。

3. 加快工业化进程，增强综合竞争力

提出：突出重点，有进有退，发挥优势，发展高新技术产业和运用新技术改造传统优势产业，加快玉溪工业化，不断提高工业的整体素质和综合竞争力。

4. 发展四大支柱产业

（1）巩固和提高"两烟"及其配套产业；

（2）大力培育特色生物资源开发创新产业；

（3）加快发展以旅游为突破口的现代服务业；

（4）调整提高建筑建材业。

三、玉溪市"十一五"产业规划解读

在"九五""十五"规划中，玉溪市产业规划大多跟随云南省产业发展思路，缺乏自身特色。在"十一五"规划中，出现了可喜的新局面，玉溪市一方面在深化认识省情的基础上，继续贯彻省"十一五"规划指导思想；另一方面结合对国际国内环境的把握和自身优势产业的遴选，开始步入玉溪特色化产业发展道路。

（一）提高农业综合生产能力

"十一五"规划，玉溪把发展生产作为建设社会主义新农村的首要任务，重视粮食生产，稳定巩固烤烟种植，继续调整农业内部结构，依靠农业科技进步转变农业增长方式，提高农业产业化经营水平，全面推行农业标准化生产，积极推进现代农业建设。

（二）三大支柱产业

玉溪提出：继续坚持引进战略合作伙伴，依靠大企业、大项目，促进大发展，巩固"两烟"及配套产业的基础上，做强矿电产业，打造旅游文化产业，依靠先进技术和现代管理提升产业层次，延长产业链，提高产业效益，增强产业竞争力。

（1）巩固"两烟"及配套产业；

（2）做强矿电产业；

（3）打造旅游文化产业。

（三）工业结构调整

玉溪要依托龙头企业，推进企业重组整合，迅速扩大地方工业总量，加快新型工业化进程，力争地方工业增加值快速增长。

（1）构建产业龙头；

（2）以轻加工业为重点，大力发展中小企业；

（3）利用先进适用技术、高新技术，改造提升传统产业；

（4）发挥高新区孵化器功能，积极发展高新技术企业。

（四）大力发展服务业

玉溪在在大力发展旅游文化产业的同时，还要突出中心城区的综合服务功能，密切中心城区与各县的内在经济联系，发挥辐射带动作用，大力发展金融、保险、物流、信息和法律服务等现代服务业。

（1）加快生产性服务业发展；

（2）发展面向城乡居民消费的生活服务业；

（3）发展金融保险、中介服务业。

四、玉溪市"九五""十五""十一五"产业规划对比研究

随着时间的推移，玉溪市委市政府对玉溪市经济社会发展情况的认识也在不断深化，这些变化深刻地体现在了玉溪市"九五""十五""十一五"产业规划的区别和联系之中，通过对这些变化的梳理和研究，可以让我们更加清晰地了解玉溪发展的优势基础，加强对玉溪市情的了解。

但不可否认的是，在这些变化和联系中既有可喜的一面，同样也有令

人担忧的一面。

(一) 支柱产业数量减少，喜忧参半

从玉溪市"九五""十五""十一五"三个规划的编制中可以看到，在"九五"时期，玉溪市明确提出了发展八大产业；而在"十五"时期，玉溪市的产业规划中提出发展四大支柱产业；到了最近的"十一五"规划当中，玉溪市明确提出发展三大产业。

这个变化可谓玉溪市产业规划中最大的亮点。它反映了玉溪市政府对玉溪市情认识的深化，表明了玉溪市准备集中玉溪优势力量，减少战斗面，大力发展对玉溪经济有极强推动作用和深远意义的三个主导产业。资源和力量的集中可以更好地促进主导产业的发展，对经济的推动和拉动作用是毋庸置疑的。

但是，过于集中的主导产业加大了玉溪市经济运行中的不可预测性，高收益的同时也带来了经济发展过程中的高风险。作为云南经济实力第三的玉溪市来说，"十一五"规划中的三个主导产业确实少了点，虽然这种倾全身力量于一点的做法可以大大地加快主导产业的发展，但是过于集中的资源投入也加大了经济运行风险。三大产业在发展过程中的轻微闪失将会酿成经济发展的巨大恶果。我们认为：玉溪市的主导产业从 8 个降到 4 个绝对是一个进步，但是从 4 个降低到 3 个就是一种倒退。作为云南经济发达地区的玉溪市，其主导产业应当维持在 4~5 个的水平，这样既可以保证资源的相对集中，又可以分散经济发展中的风险。

(二) "两烟"及配套产业仍是玉溪的经济支柱

在玉溪市的"九五""十五""十一五"产业布局规划中，"两烟"及其配套产业始终是玉溪的主要支柱产业，而且每次都是作为支柱产业的头名而被第一个提出来，甚至在玉溪的"十一五"产业规划中提出了"红塔兴、玉溪兴、红塔荣、玉溪荣"的口号。

烟草作为玉溪市历年的主要产值和财政来源，受到如此追捧也无可厚非，但是在玉溪市的经济发展历史当中，对于烟草行业的强烈依赖一直是一个难以摆脱的问题。

20 世纪 90 年代初，借助着红塔山的发力，玉溪经济获得了全面的进步，红塔山品牌也曾因此在中国最具有价值的商品排名中力夺头筹。对卷

烟行业的依赖促进了玉溪市经济的快速发展，但是也给玉溪的经济带来了灾难。

1997年中央实行"两烟双控"，1998年玉溪市经济迎来了发展的顶峰，随之而来的1999年到2003年，玉溪市的经济连续5年下滑，第二产业产值倒退了近10年，2003年第二产业产值和1995年基本持平。

历史的教训是惨痛的，玉溪应当汲取经验，积极发展非烟产业，摆脱经济发展对烟草行业的强依赖性，促进玉溪经济更好更快的发展。

（三）矿电产业崭露头角

在玉溪市"十一五"规划中，玉溪市提出：继续坚持引进战略合作伙伴，依靠大企业、大项目，促进大发展，在巩固"两烟"及配套产业的基础上，做强矿电产业，打造旅游文化产业，依靠先进技术和现代管理提升产业层次，延长产业链，提高产业效益，增强产业竞争力。

自1997年国家实行"两烟双控"政策之后，玉溪市的经济就一直停滞不前，甚至出现了负增长，直到2003年玉溪的冶炼行业有了突飞猛进的发展之后，玉溪的经济才有了起色。矿电产业并不是第一次在玉溪的产业规划以支柱产业的形式中提出来，早在"九五"规划阶段，玉溪的八大产业中就有了冶炼行业的身影。但是在"十五"规划中，冶炼行业没有能够"入围"玉溪的四大产业，这不能不说是一种损失。

进入2003年之后，玉溪市冶炼行业的迅速崛起为玉溪经济的发展带来了强大的动力，玉溪经济由此也迅速复苏，2005年基本恢复到了1998年的水平。

（四）旅游产业仍是玉溪支柱产业

从"九五"到"十一五"规划，旅游业一直都是玉溪市的支柱产业，虽然近几年玉溪市的旅游业发展速度较快，但是玉溪市旅游业占GDP的比重一直没能超过5%，按照国外的发展经验玉溪市的旅游业还不能算作其支柱产业。

第九章 玉溪市产业历史、现状及趋势分析

在玉溪产业发展过程中有大量成功之处，也存在着一定的不足。

一、玉溪市产业发展的整体情况

（一）国民生产总值（GDP）

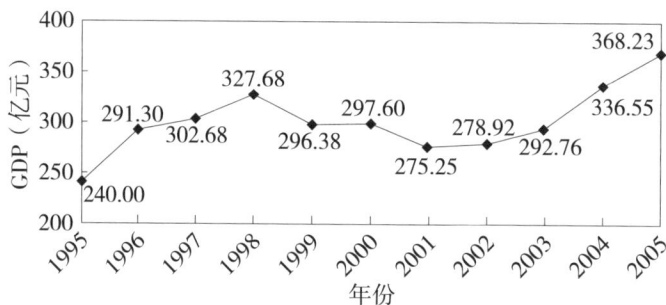

图 9 - 1 1995—2005 年玉溪市 GDP

数据来源：《玉溪市统计年鉴》（1996—2006 年）。

从图 9 - 1 中可以看出，"九五"和"十五"期间，玉溪市的国民经济运行情况略有起伏，但总体还是稳中有升的。十年期间 GDP 值从 240.00 亿元增长到了 368.23 亿元，2005 年 GDP 是 1995 年的 1.5 倍，年增长率达到了 4.76%。

从下页图 9 - 2 中可以明显看出玉溪市 GDP 与云南省全省 GDP 的比值是一个下降的趋势，从 1995 年的约 20% 降到了 2005 年的 11% 不到，十年来下降了约 10 个百分点。这说明玉溪的发展速度明显落后于全省的平均速度，玉溪没有充分利用好自己的区位优势和较好的经济基础，玉溪经济的发展仍然大有潜力可挖。

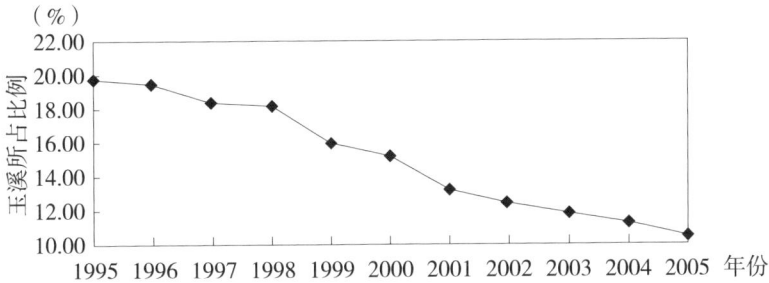

图 9 - 2　十年间玉溪市 GDP 占全省总量的百分比

数据来源：《云南省统计年鉴》（1996—2006 年）。

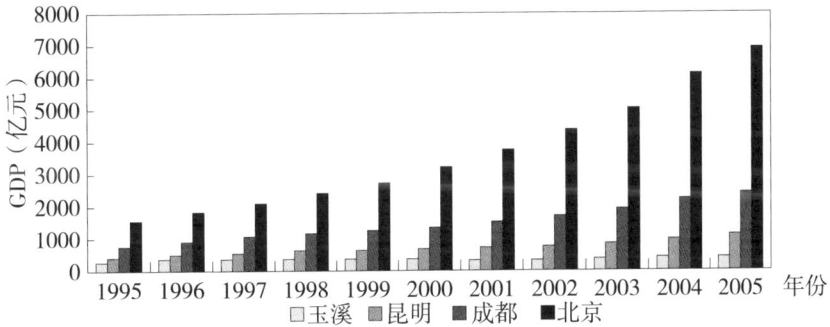

图 9 - 3　玉溪市 GDP 与其他城市的比较

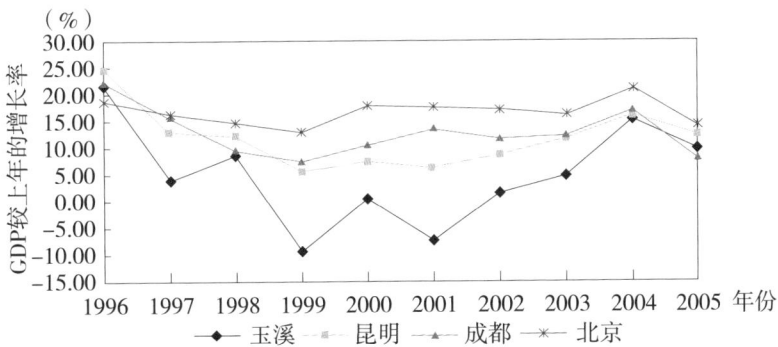

图 9 - 4　玉溪市 GDP 增长速度与其他城市比较

数据来源：《玉溪市统计年鉴》（1996—2006 年）、《中国统计年鉴》（1996—2006 年）。

通过图 9-3、图 9-4 可以看出，玉溪的经济总量与西部较发达城市和全国发达城市的差距还十分巨大。1996 年到 1999 年期间由于国家的宏观调控，四个城市的 GDP 增长幅度均出现下滑；四地同时在 1996 年和 2004 年达到比较高的增长率，说明玉溪经济的波动与全国经济形势是密切相关的，并且玉溪的经济质量较为落后，新兴产业的发展滞后，固有的传统产业发展后劲不足，缺少新的经济增长点。

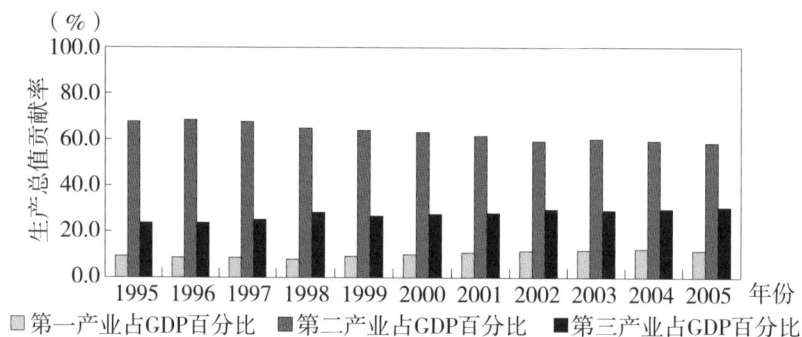

图 9-5　1995—2005 年玉溪市 GDP 构成

数据来源：《玉溪市统计年鉴》（1996—2006 年）。

从图 9-5 中可以看出玉溪市的产业结构调整十年来初见成效，一、二、三产业比例关系由 1995 年的 9:70:20 调整到 2005 年的 12:58:30。政府经济结构调整的基本思路是以市场为导向，以体制和技术创新为核心，以增强竞争力为目标，产业结构和所有制结构调整两手抓。第一产业以增加农民收入为出发点和落脚点，调优、调高，第一产业十年来稳步增长，基本完成了预期目标；第二产业以发展高新技术产业和改造传统优势产业为重点，调精、调强，第二产业在 1999 年到 2002 年虽然经历了阵痛，但经过市场淘汰和结构优化后也进入了高速发展的正轨，从 2004 年开始非烟部门的产值已经超过了烟草部门，特别是矿电产业有了大幅度的发展；第三产业以高等教育和旅游业为重要内容，扩大就业为重点，调快、调大，第三产业贡献率十年来增长了 10 个百分点，符合当今经济发展的趋势。

（二）第一产业

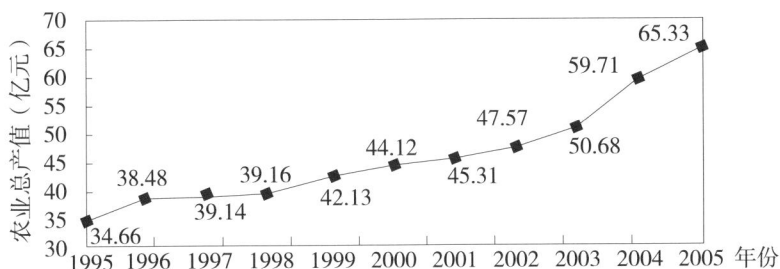

图 9-6　1995—2005 年玉溪市第一产业总产值

数据来源：《玉溪市统计年鉴》（1996—2006 年）。

从图 9-6 中可以看出，十年来玉溪农业稳步发展，生产总值连年增长。2005 年比 1995 年增长了 1.9 倍，从 1999 年开始年增长率更是达到了 8%。

（三）第二产业

三大产业的划分中，第二产业的地位不容小觑。工业快速、健康的发展是国民经济稳定攀升的重要保证，没有工业的充分发展就难得国民经济的历史性腾飞。玉溪经济总量位居云南省第三，是省内综合经济实力较强的地区之一，拥有较好的产业发展基础。

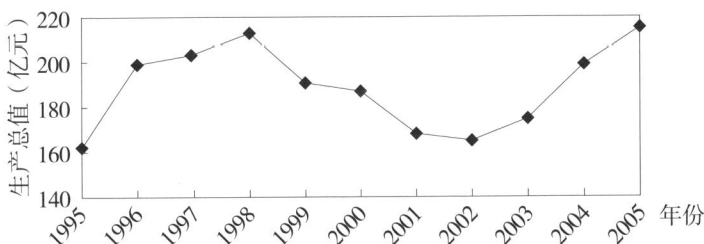

图 9-7　1995—2005 年玉溪市第二产业生产总值

数据来源：《玉溪市统计年鉴》（1996—2006 年）。

从图 9-7 中可以看出玉溪市的工业生产总值经历了大起大伏，明显经历了三个阶段：1995 年到 1998 年是第一个快速增长期，年均增长率达到了 9.7%；1999 年到 2002 年受卷烟产业市场低迷、非典、禽流感等的影

响，第二产业生产总值持续下降跌入谷底，年均跌幅达到了6%，2002年
工业生产总值仅为164.16亿元；2003年以后是第二个快速增长期，随着
卷烟产业的复苏、政府把对工业结构的调整和升级放到以发展高新技术产
业和改造传统优势产业的重点上，第二产业又得到了较快的恢复和发展。
"十五"以来玉溪市确立了"生态立市、烟草兴市、工业强市、农业稳市"
战略和"三优一特"经济发展思路，实现了非烟产业产值超过烟草产业、
地方工业产值超过中央省属企业两大变化，第二产业的发展取得了长足进
步。2003年到2005年年均增长率达到了10%。2005年工业生产总值更是
达到了215.03亿元，超过了1998年2114248万元的历史最高水平。

（四）第三产业

第三产业在经济发展中的地位举足轻重，从近代工业国家的发展经验
来看，第三产业得发展是国民经济繁荣的重要保证。无论是配第 – 克拉克
定律还是霍夫曼比例都指出：随着工业化进程的不断深入，国民经济的核
心将从第一产业移动到第二产业最后定格在第三产业，第三产业在国民经
济序列中的地位不言而喻。

玉溪市第三产业的产值增加平稳，在1995年到2005年的十年当中，
第三产业产值从56.14亿元增加到了110.21亿元，增长了近一倍，年均增
幅达到了6%，增长平稳（见图9 – 8）。

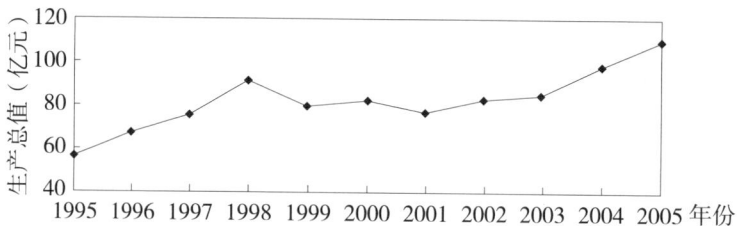

图9 – 8 1995—2005年玉溪市第三产业生产总值

数据来源：《玉溪市统计年鉴》（1996—2006年）。

二、玉溪市主要产业发展的动态研究

本节着重对"十一五"规划中的重点产业发展进行动态研究，另外对
其他一般性产业的发展过程做出梳理，最后对一些新兴特色产业进行

分析。

（一）"十一五"规划重点产业发展动态研究

1. 烟草产业发展情况

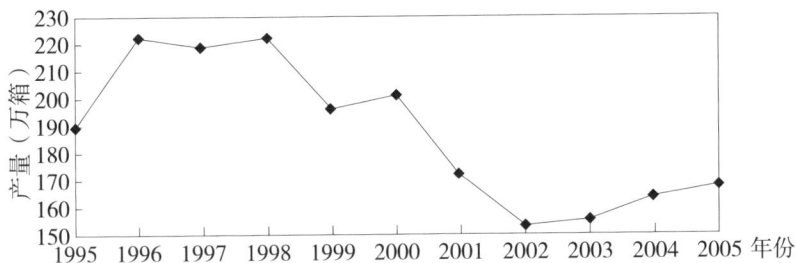

图 9 - 9　1995—2005 年玉溪市卷烟产量

数据来源：《玉溪市统计年鉴》（1996—2006 年）。

从图 9 - 9 中可以看出，卷烟产量在 2002 年以前因为行业结构调整和市场整合出现了大滑坡，进入 2003 年以后逐步恢复，但 2005 年产量为 167.35 万箱，远低于 1998 年的 221.76 万箱，卷烟产量还有较大的可发展空间。

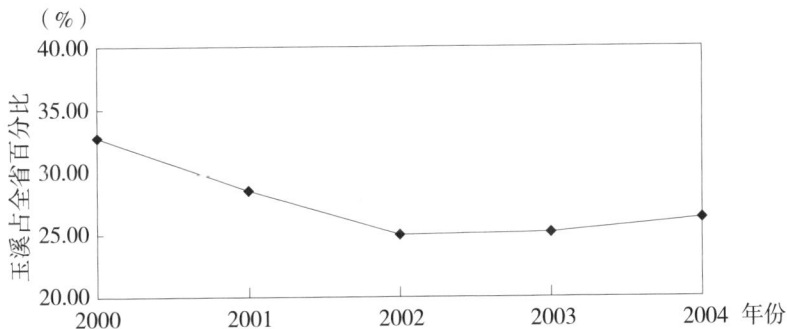

图 9 - 10　2000—2004 年玉溪市卷烟产量占全省百分比

数据来源：《玉溪市统计年鉴》（1996—2006 年）。

从图 9 - 10 中可以看出，玉溪的卷烟产量在 2002 年后触底反弹，2003 年、2004 年卷烟产量占全省卷烟产量的百分比逐步上升，但是仍然低于 2000 年近 10 个百分点。

（亿元）

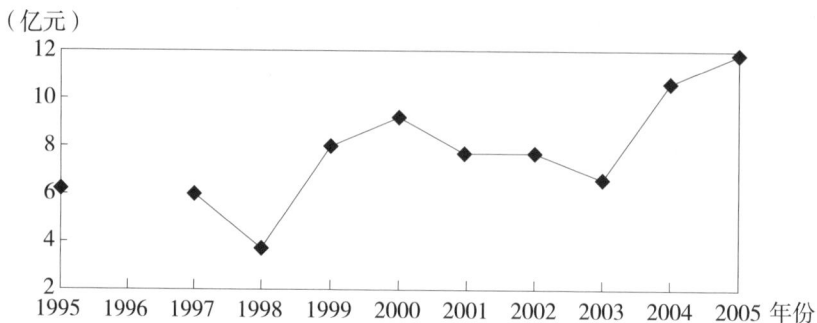

图 9 - 11　1995—2005 年玉溪市烤烟收购余额

数据来源：《玉溪市统计年鉴》（1996—2006 年）。

从图 9 - 11 中可以看出，烤烟收购金额受市场影响波动很大，呈波浪式前进。其中 1998 年烤烟收购金额跌至谷底，只有 3.67 亿元。1999—2000 年是第一个上升期，年均增长率 67%；2001—2003 年再度出现下降，降幅年均为 10.6%；2003 年以后再次进入了增长阶段，2005 年达到十年间的最高值 11.81 亿元，增幅年均为 36.6%。

（亿元）

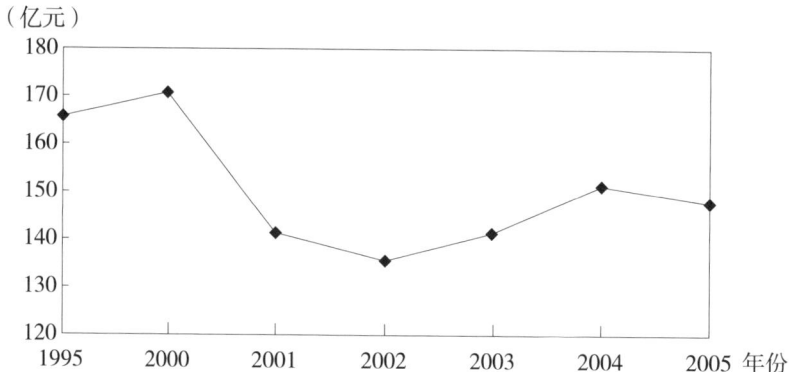

图 9 - 12　1995—2005 年玉溪市卷烟销售额

数据来源：《玉溪市统计年鉴》（1996—2006 年）。

从图 9 - 11、图 9 - 12 中可以看到烤烟收购价格与卷烟的销售情况是密切相关的，市场对产成品的需求决定了企业对原材料的需求。卷烟销售额在 2001 年到 2002 年间大幅下跌导致了烤烟收购金额在这两年间的下滑。

（亿元）

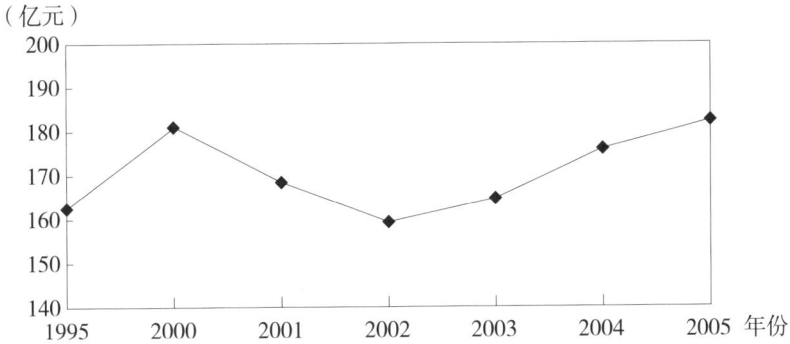

图 9 – 13　1995—2005 年玉溪市两烟产值

数据来源：《玉溪市统计年鉴》（1996—2006 年）。

从图 9 – 13 中可以看出玉溪两烟（烤烟和卷烟）产值与卷烟销售情况的变化基本一致，2000 年和 2005 年是两个高峰，两烟产值分别达到了180.93 亿元和 182.27 亿元，从 2002 年开始上升势头喜人，年均增幅达到了 4.6%。

从玉溪市卷烟的产量变化中可以看到，受国家"两烟双控"的影响，玉溪市的卷烟生产数量锐减，2005 年产量为 167.35 万箱，远低于 1998 年的 221.76 万箱。卷烟产量的下降带来的直接后果就是玉溪市 GDP 和第二产业产值的下降。虽然卷烟产量在不断下降，但是玉溪市烤烟收购金额却在不断上涨，2003 年后，烤烟收购金额年均上涨 36.6%。卷烟产量锐减的情况下，烤烟收购价格的上升一方面加重了卷烟生产企业的负担；另一方面也大幅提高了烟农的收入，如何权衡双方的利益，找到一个相对合理的平衡点是一项重要而紧迫的任务。

2. 电力生产情况

玉溪的电力部门在 1995 年到 2002 年间经历了一个很大的发展期，2002 年发电量为十年间最高值 11.73 亿千瓦小时，比 1995 年 5.78 亿千瓦小时翻了近两番（见图 9 – 14）。2002 年以后进入调整收缩期，年均回落 10.6%。近年来玉溪发电量不增反减，说明作为玉溪支柱产业之一的矿电产业中的电力产业发展依然还有很多工作要做。在全省范围内来看，玉溪所占比例并不大，而且自 2000 年以后玉溪发电量增长的速度远远落后于全省的平均速度，导致玉溪发电量在全省发电量中的份额急剧缩小，从2000年最高的3.56%跌到了2005年的1.34%，是十年来最低点（见图9－15）。

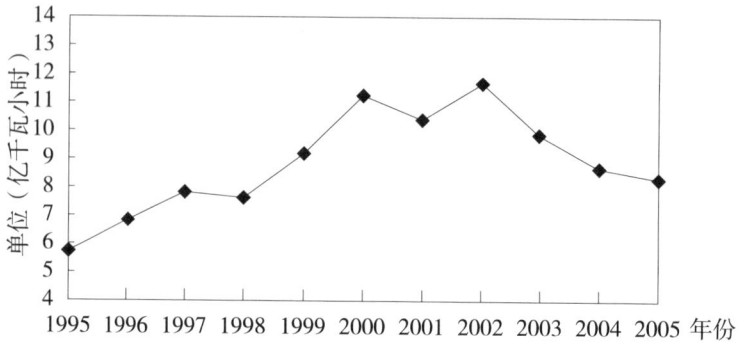

图9－14　1995—2005年玉溪市发电量

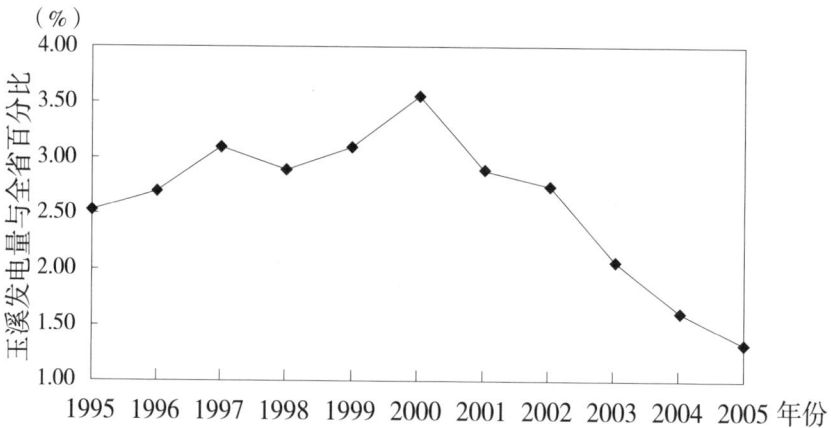

图9－15　1995—2005年玉溪市发电量占全省电量的比重

数据来源：《玉溪市统计年鉴》（1996—2006年）、《云南省统计年鉴》（1996—2006年）。

3. 生铁冶炼业

玉溪市的钢铁行业可谓是玉溪市的后起新秀，1997年国家实行"两烟双控"后，玉溪的经济倒退了将近十年，正是后起的矿电项目救玉溪经济于水火之中，把玉溪从负增长的泥潭中拉了出来，这其中就不能不说到钢铁行业。

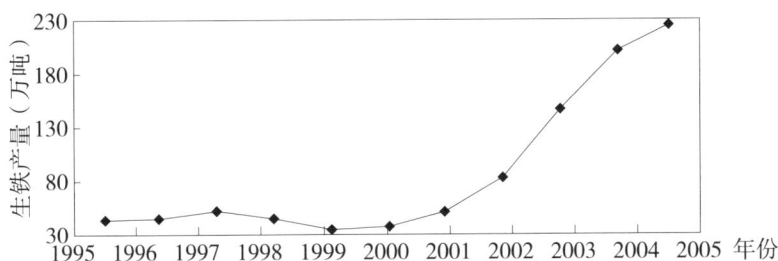

图 9 - 16 1995—2005 年生铁产量

数据来源:《玉溪统计年鉴》(1996—2006 年)。

从图 9 - 16 中看出 1995 年至 2005 年 10 期间,玉溪市的生铁产量从 1995 年的 429.65 万吨增加到了 2005 年的 237.30 万吨,激增了 5.5 倍,产业取得了长足的发展,年均增长率达到了 18.6%,增长速度惊人!特别是从 2000 年到 2005 年之间,玉溪市生铁生产有了质的飞跃,2000 年玉溪市生铁产量是 37.17 万吨,和 2005 年的 237.30 万吨相比,5 年间增长了 6.4 倍,年均增长率达到了 45%。

进入 2003 年之后,世界范围内钢铁价格的飞速上涨为玉溪钢铁行业带来了新的飞跃。钢铁行业的高增长确实令人高兴,但是高兴之余不免有些担心。钢铁行业将玉溪的经济带出了低谷,但是"两高一资"产品的高速增长会给玉溪的环境带来严重的破坏。近几年,国家发改委多次公布文件,要求限制"两高一资"产品的发展,政策风险目前已经成为"两高一资"行业发展中最大的问题。

处于工业化加速阶段的玉溪市,重工业的发展有着积极的意义,可以提高玉溪市工业积累,为今后的发展奠定基础,可以说重工业化是玉溪今后发展路上难以逾越的一个阶段。但是在重工业发展的路子上玉溪应当慎之又慎!重工业的发展是不可避免的,但是环境污染和资源匮乏确实可以通过合理规划而人为避开的,玉溪应当合理规划钢铁等重工业的发展模式及发展区位,避免对玉溪"三湖一海"造成污染,在"三湖一海"的水源地应避免布置重工业企业,达到经济发展和环境保护的和谐发展。

4. 铁矿石产量

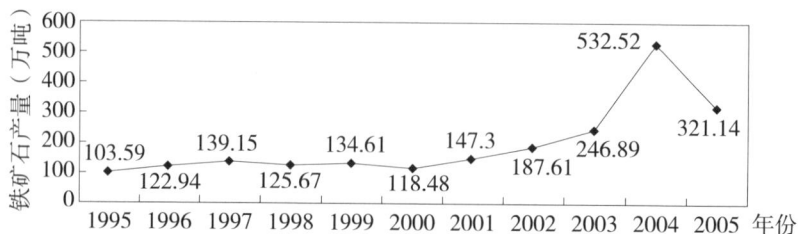

图 9 - 17   1995—2005 年铁矿石产量

数据来源:《玉溪统计年鉴》(1996—2006 年)。

从图 9 - 17 中可以看到,1995 年到 2005 年间玉溪市铁矿石增长速度迅猛,特别是 2000 年到 2004 年间铁矿石产量井喷式上升。从 1995 年到 2005 年,玉溪市铁矿石产量从 103.59 万吨增加到了 321.14 万吨,增长了 3.1 倍,年均增长速度为 12%;从 2000 年到 2004 年,铁矿石产量从 118.48 万吨增加到了 532.52 万吨,增长了 4.5 倍,年均增长 46%。

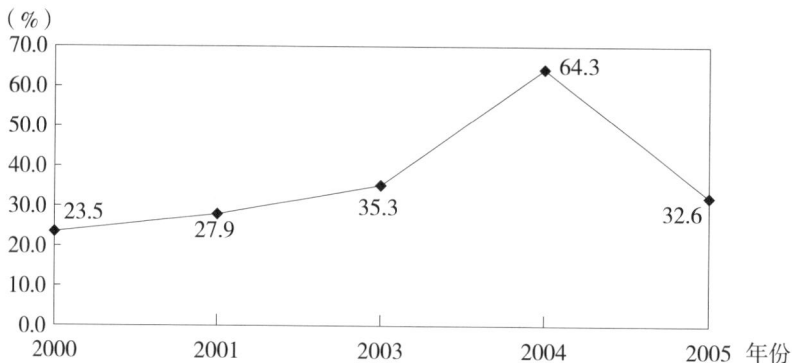

图 9 - 18   2000—2005 年铁矿石产量占全省比重

数据来源:《玉溪统计年鉴》(1996—2006 年)、《云南统计年鉴》(2006 年)。

从图 9 - 18 中可以看到,玉溪市铁矿石产量在全省占有较大比重,在过去的五年间,玉溪市铁矿石产量从占全省的 23.5%,增长到了 2004 年的 64.3%,翻了三番,增长速度惊人。2005 年虽然有所回落,但是也保持了 32.6% 的高水平,矿电行业已然成为玉溪的支柱产业。

5. 旅游业

良好的旅游资源促进了玉溪市的经济发展,在玉溪的"九五""十五"

"十一五"产业规划中，玉溪的旅游业当仁不让地坐上了主导产业的宝座。

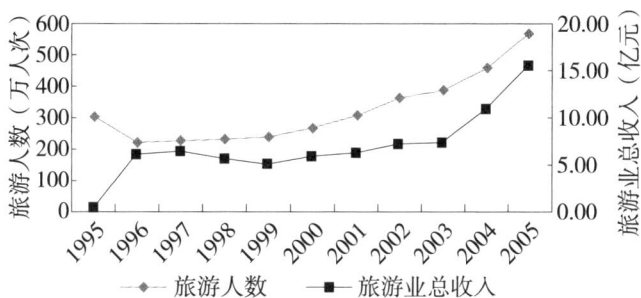

图 9 - 19　1995—2005 年旅游产业发展态势

数据来源：《玉溪统计年鉴》（1996—2006 年）。

从图 9 - 19 中可以看到，玉溪市旅游业发展迅速。旅游人数从 1995 年的 301 万人次上升到了 2005 年的 570 万人次，翻了近一番，年均增长率在 6% 以上；旅游业总收入增长速度更为迅猛，从 1995 年的 0.56 亿元增长到了 2005 年的 15.37 亿元，增加了 27 倍，年均增幅 40%，增长速度之快令人咋舌！

但是玉溪的旅游业发展也有许多不尽如人意的地方，和大理、丽江、西双版纳等传统旅游景区相比，玉溪市的旅游资源分布比较分散，景区缺乏震撼力、品牌凝聚力。玉溪把旅游业作为主导产业来发展。我们认为，玉溪应当把旅游业作为国民经济发展中的一个主要产业来抓，加大对景区的投入和品牌宣传，促进玉溪旅游的健康发展。

（二）一般产业发展动态研究

1. 农、林、牧、渔业

2004 年始，玉溪市政府加大对农业扶持力度，粮食生产总体平稳。烤烟质量和效益稳步提高，蔬菜、花卉、畜牧业等特色产业快速发展，增强了农业的市场竞争力，外销产品种类越来越多、销售收入逐年上升。

从图 9 - 20 中可以看到，玉溪市农林牧渔业的产值在 2001 年以后都保持了快速上升的态势，其中：农业产值从 1995 年的 24.12 亿元增长到 2005 年的 38.7 亿元，增长了 60.5%，年均涨幅为 5.6%，从 2002 年开始年均涨幅达到了 11.1%，发展是稳中有升；牧业从 1995 年的 8.8 亿元增长到了 2005 年的 22.1 亿元，增长了 251%，年均涨幅为 10.3%，从 2002 年开始年均涨幅达到了 18.4%；林业从 1995 年的 0.85 亿元增长到了 2005

年的 2 亿元，增长了 235%，年均涨幅为 13.4%，从 2002 年开始年均涨幅达到了 19.4%；渔业从 1995 年的 0.89 亿元增长到了 2005 年的 1.4 亿元，增长了 157%，年均涨幅为 8%，从 2002 年开始年均涨幅达到了 19.6%。从这四个行业的比较来看，牧业和林业的发展速度较为迅猛，而渔业的发展的产值偏低，需要适当提高渔业的发展速度。

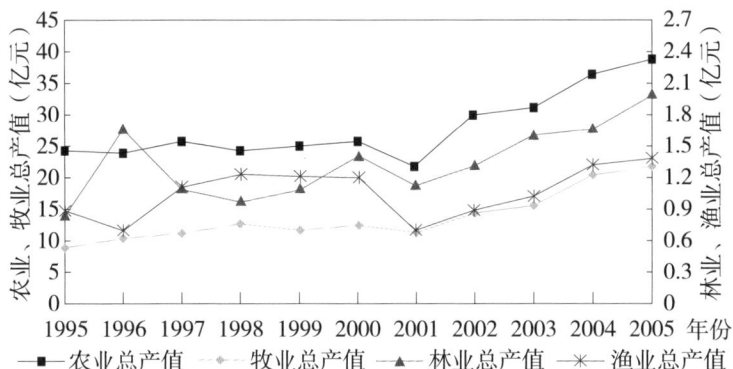

图 9 - 20   1995—2005 年玉溪市农林牧渔业总产值

数据来源：《玉溪市统计年鉴》（1996—2006 年）。

2. 规模以上企业发展情况

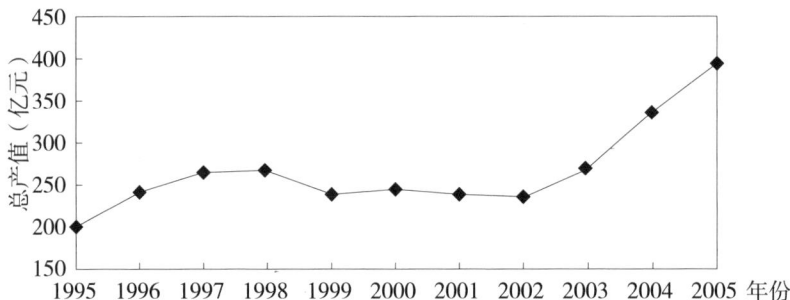

图 9 - 21   1995—2005 年玉溪市规模以上独立核算工业总产值

数据来源：《玉溪市统计年鉴》（1996—2006 年）。

从图 9 - 21 中可以看出 1998 年小幅下降后进入了一个相对平稳的时期，进入 2003 年再度实现了快速增长。年增长率达到了 18.9%，高于同期工业总产值的增幅，很好的拉动了玉溪的经济。

3. 糖业部门生产情况

玉溪的糖业发展明显分为两个阶段：第一个阶段是 1995 年到 2000 年的高速发展期，产量在 2000 年达到 19.3 万吨，为十年最高值，这个阶段年均增幅为 14.7%；第二个阶段是 2002 年到 2005 年的调整巩固期，2002 年、2003 年止跌回升，2004 年、2005 年稳定发展，这个阶段年均增幅为 12.4%（见图 9 - 22）。从全省范围内来看，玉溪糖业占全省比重还是较大的，超过了 10%，有一定的市场份额和发展空间。

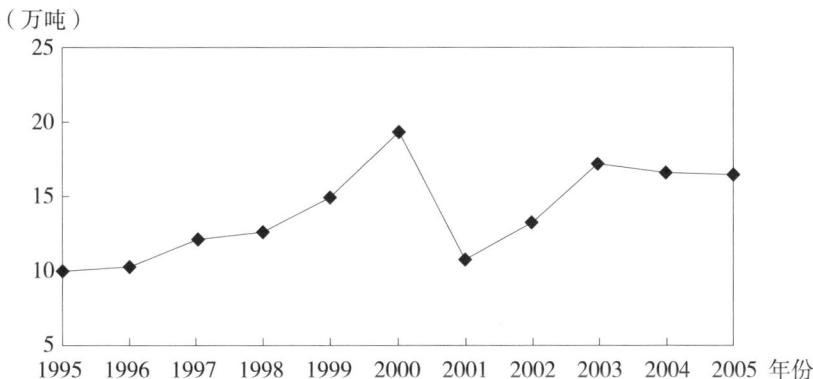

图 9 - 22　1995—2005 年玉溪市糖产量

数据来源：《玉溪市统计年鉴》（1996—2006 年）、《云南省统计年鉴》（1996—2006 年）。

4. 化肥制造业

发展特色农业，化肥是不可或缺的一块。对玉溪来说，化肥生产过去是强项，但是 2000 年后有所萎缩。近年来，玉溪的矿电产业发力，带动了玉溪经济的腾飞。磷化工业的茁壮成长为玉溪的化肥产业带来了勃勃生机。玉溪市在"十一五"规划中提出支持云天化，全面整合资源，全面整合企业，全面发展产业，推进"矿肥结合、矿化结合、磷电结合"，积极发展高效磷复肥。

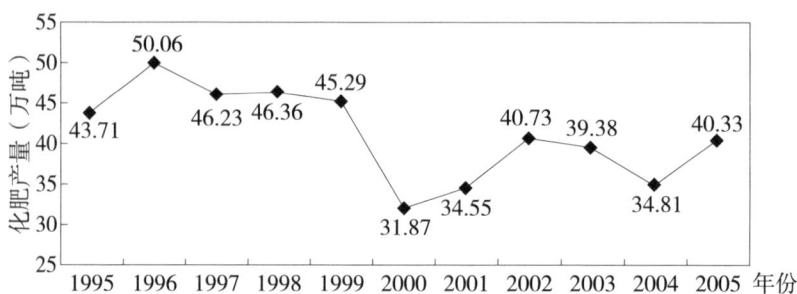

图 9 - 23　1995—2005 年玉溪市化肥产量

数据来源:《玉溪统计年鉴》(1996—2006 年)。

从图 9 - 23 中可以看到,从 1995 年到 2005 年的十年之间玉溪市化肥产量波动较大,最大值是 1996 年的 50.06 万吨,最小值是 2000 年的 31.87 万吨,十年间玉溪市化肥的产量减少了 8%,年均减少 1%,下滑速度较慢。

当然,玉溪发展特色农业所需的化肥并不一定非要自己生产,合理利用省内外资源,找到质优价廉的产品代替本地产品也不是一个坏的选择,抛开了化肥生产的桎梏,全身心发展其他高附加值的产品,同样是明智之选。

5. 金融行业

金融业在玉溪的经济建设中地位显赫。它起着引导投资、促进消费、完善农村信贷体制的作用。

近几年,玉溪市存贷款余额都有所上升,特别是存款余额上升较快。

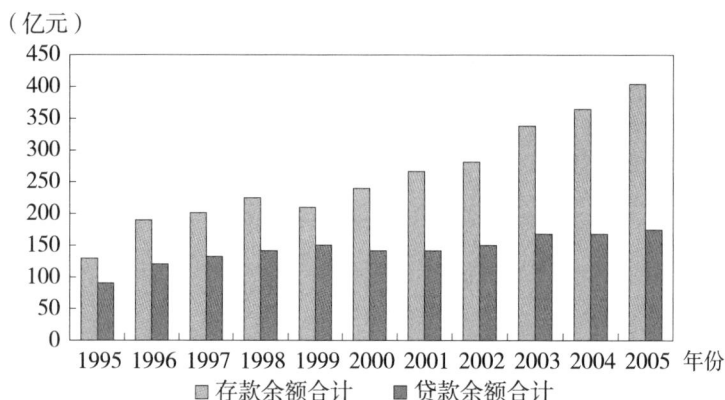

图 9 - 24　1995—2005 年玉溪市存贷款余额

数据来源:《玉溪统计年鉴》(1996—2006 年)。

　　从图 9 - 24 中可以看到，玉溪市存、贷款余额增长平稳。从 1995 年到 2005 年的十年当中，存款余额从 129.46 亿元增长到了 404.12 亿元，翻了 3 倍多，年均增长率达到了 12%；贷款余额翻了近 2 倍，年均增长率为 6.8%，增长速度低于存款余额的速度，不利于银行业务的长期开展。

（亿元）

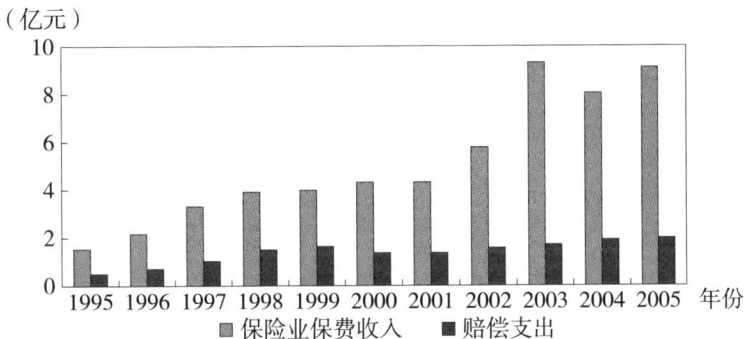

图 9 - 25　1995—2005 年玉溪市保险业发展态势

数据来源：《玉溪统计年鉴》（1996—2006 年）。

　　从图 9 - 25 中可以看到，在 1995 年到 2005 年的十年中，玉溪市的保险行业取得了长足的发展，保费收入增加了近 6 倍，年均增幅为 20%；赔偿支出增加了 3 倍，年均涨幅 14.8%，小于保费收入的增加速度，为保险行业的健康发展提供了良好的资金支持。

6. 电信行业

　　随着人类社会进入信息时代，邮电、通信业的发展势头可谓如日中天。信息的畅通为经济的发展铺平了道路，商业信息的广泛交流为工业企业带来了无限的商机。

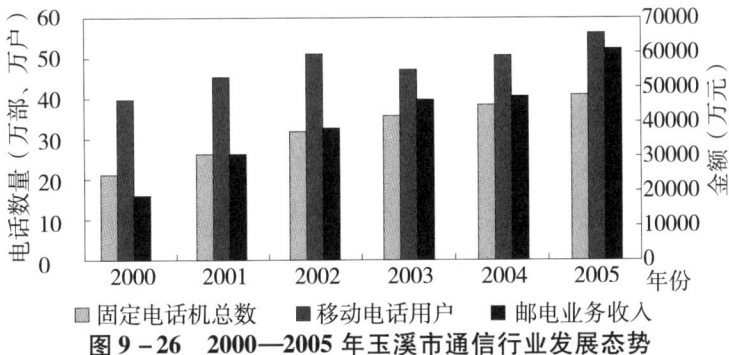

图 9 - 26　2000—2005 年玉溪市通信行业发展态势

数据来源：《玉溪统计年鉴》（1996—2006 年）。

从图 9 - 26 中可以看到，通信行业中邮电业的发展较为稳定，邮电业收入多保持在 6 亿元左右，虽然有所波动，但是幅度较小；通信行业发展较为迅速，固话数量从 2000 年的 21.03 万部增加到了 2005 年的 40.73 万部，翻了一番，年均增幅达到 14%；移动电话数量从 2000 年的 15.81 万部增加到了 2005 年的 52.17 万部，年均增幅 27%，超过了固话的发展速度。

7. 进出口

玉溪市在"十一五"规划中提出要建立外向型经济，出口成了玉溪的重要任务之一。以往的玉溪，出口商品以香烟等传统优势产品为主，出口产品比较单一。1997 年国家实行"两烟双控"以后，玉溪的出口额受到了很大影响。之后的几年中，随着黄磷、磷酸、五金、农产品等优势产品出口的不断扩大，才逐渐扭转了玉溪市出口的颓势。

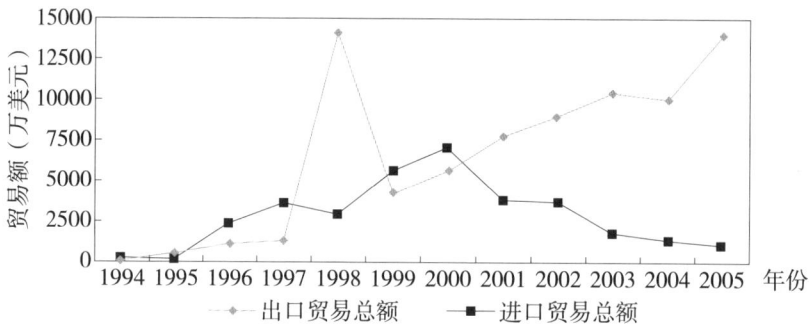

图 9 - 27　1994—2005 年玉溪市外贸指标分析

数据来源：《玉溪统计年鉴》(1996—2006 年)。

从图 9 - 27 中可以看到，1994 年到 2005 年的十一年当中，玉溪市出口总额波动幅度巨大，进口额在 1998 年之后不断减少。出口额在 1998 年时出现了井喷式的增长，从 1279 万美元快速增加到了 14196 万美元，增加了 11 倍，增长速度之快令人咋舌！2005 年玉溪市的出口总额为 1994 年的 133 倍，年均增长 56%；进口总额在 2000 年达到峰值之后不断下降，2005 年的进口总额为 997 万美元，和 2000 年的 7010 万元相比下降了 86%，年均降幅为 33%。

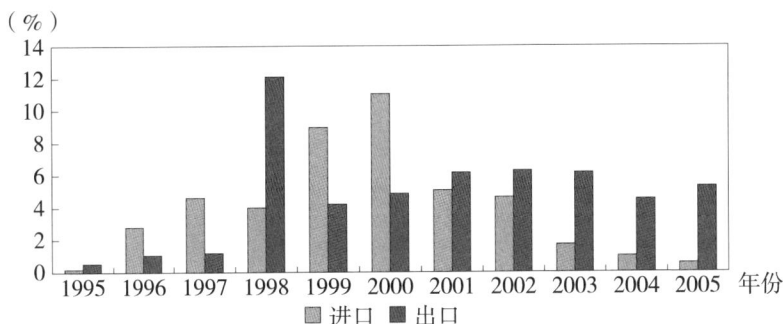

图 9 – 28　1995—2005 年玉溪市进出口额占云南省比重

数据来源：《玉溪统计年鉴》（1996—2006 年）、《云南统计年鉴》（2006 年）。

从图 9 – 28 中可以看到，玉溪市的进出口额在云南省的比重一直较小。出口额在 1999 年的时候最高，达到了 12%；进口额在 2000 年时最高，达到了 11%。较小的出口额不利于玉溪市经济的发展，玉溪有全国最顶尖的卷烟制造商，玉溪市应当发挥自身优势，加大出口，为经济增长创造条件。

（三）特色产业发展动态研究

1. 粮食与烤烟

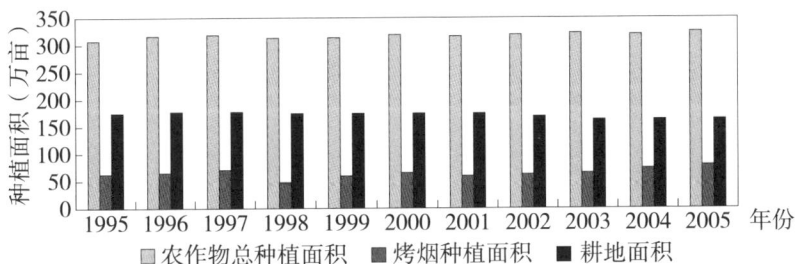

图 9 – 29　1995—2005 年玉溪市农作物种植面积

数据来源：《玉溪市统计年鉴》（1996—2006 年）。

玉溪市 2005 年玉溪农作物总种植面积 322.88 万亩，比 1995 年增加 17.25 万亩。其中粮食作物 161.12 万亩，比 1995 年减少 11.26 万亩；烤烟 76.68 万亩，比 1995 年增加 16.04 万亩（见图 9 – 29）。在总体种植面积略有上升的基础上优化了种植结构，经济附加值更大的烤烟种植面积得到提升，符合政府加强卷烟支柱产业发展的规划，也符合农业劳动者的利益。云南省"十一五"规划中提出：云南省进行经济结构的战略性调整，逐渐完善农业结构，这意味着允许玉溪等核心城市，减少粮食的种植，合理调整作物种植结构。玉溪市应减少粮食作物的种植，加大其他经济作物的培育，这样可以提高玉溪农民的收入，改善农村面貌，为新农村建设添砖加瓦。

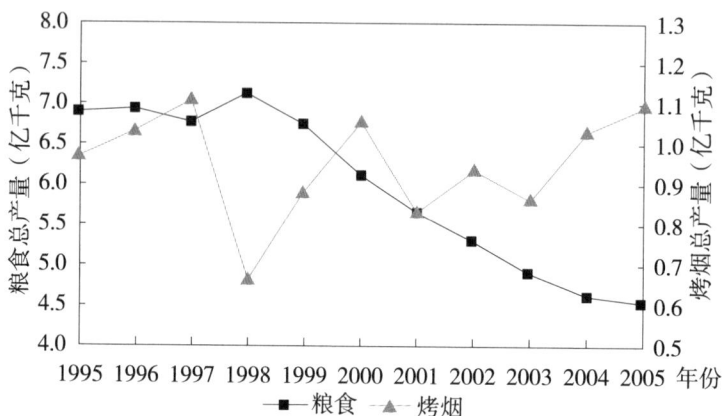

图 9-30　1995—2005 年玉溪市粮食与烤烟总产量

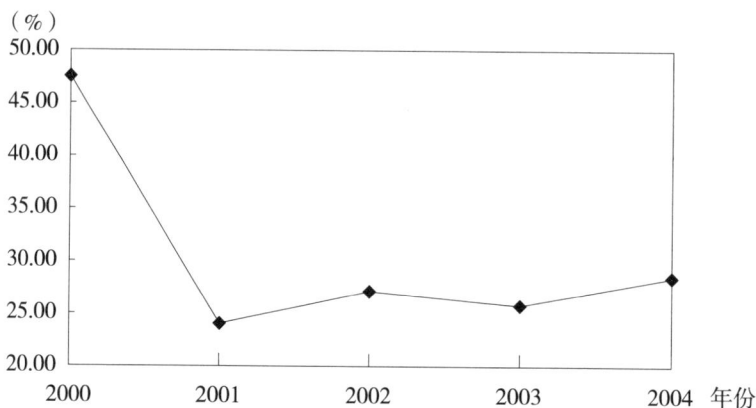

图 9-31　2000—2005 年玉溪市烤烟产量占全省烤烟产量百分比

数据来源：《玉溪市统计年鉴》(1996—2006 年)。

从图 9-30、图 9-31 中可以看出玉溪市粮食产量自 1998 年后逐年下降，产量由 1995 年的 6.9 亿千克跌至 2005 年的 4.5 亿千克，下降了 53%，年均降幅为 5.3%；烤烟产量在 2003 年以前波动较大，1998 年跌入最低谷 0.7 亿千克，1999 年到 2000 年以及 2003 年后是两个稳定上升期，2005 年烤烟产量达到 1.1 亿千克，与 1997 年的十年间最高产量 1.1 亿千克基本持平。烤烟产量 2000 年几乎占全省产量的一半，但 2001 年猛然下跌了 20

多个百分点，虽然近几年有所回升，但幅度不大。

2. 花卉业发展潜力巨大

云南花卉产业取得了长足的发展与进步，在全国花卉产业发展中的领先地位得到进一步巩固和加强，花卉产业发展成为云南农业经济和生物资源开创新产业中一个最具活力的新兴产业（见图9-32）。

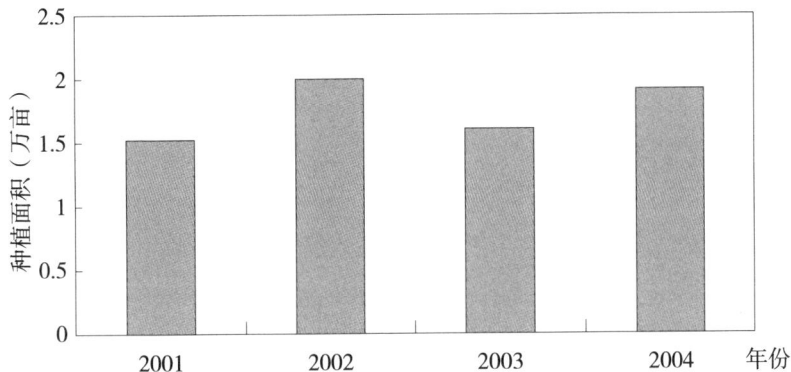

图9-32　2001—2005年玉溪市花卉种植面积

数据来源：《玉溪市统计年鉴》（2002—2005年）。

近年，虽然玉溪花卉业取得了较大的发展，但是仍然有许多问题制约着玉溪花卉业的发展：①尚未形成符合发展规律的产业组织体系。在资源利用、新品种和新技术引进，企业生产组织形式，生产布局以及市场流通等方面，还未形成"拳头"效应，导致生产单一、规模小，市场营销在较大范围内还处于无序状况，满足不了国际市场对鲜花批量化和高档次的要求。②科技支撑体系滞后。花卉产业是科技含量较高的产业，在花农和企业硬件设施基本到位的情况下，花卉生产和管理以及新品种培育、引进及商品化生产已成为花卉产业发展的瓶颈之一。③市场有待进一步开拓。玉溪鲜花销量就全国来说不少，但进入国际市场的数量很小，出口渠道尚未打开。④专用的物资配套供应、种植技术、采后处理、植保、土壤改良、运输方面缺乏统一的社会化体系，从而加大了生产成本，影响了花卉产品质量的提高，降低了花卉的市场竞争力。⑤保证产业发展的制度亟待完善，今后应加紧制定和出台相关规章制度，用以规范从业者的行为和市场秩序。

3. 水泥制造业

建材行业一直都是玉溪市的支柱产业，直到"十一五"规划中，建材行业才退出了玉溪的支柱产业。但是，作为玉溪传统优势行业，建材业在玉溪经济中的地位举足轻重！

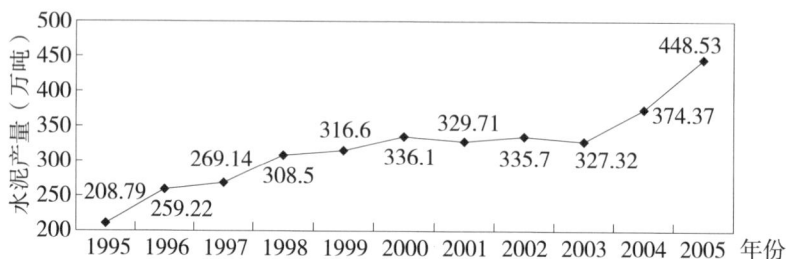

图 9-33　1995—2005 年玉溪市水泥产量

数据来源：《玉溪统计年鉴》（1996—2006 年）。

从图 9-33 中可以看到，从 1995 年到 2005 年的十年间，玉溪市水泥产量增长较为平稳，但是从 2003 年开始，水泥产量进入了一个快速增长期。十年间，水泥产量从 208.79 万吨增加到了 448.53 万吨，增长了 2.14 倍，年均增长 11.5%，取得了一定的进步，发展较为平稳；2005 年的水泥产量和 2003 年相比增长了 37%，年均增长率 12.3%，进入了快速发展期。

4. 房地产业

房地产业的兴衰反映了一个地区老百姓的生活水平，社会经济的发展程度。同时，由于房地产业可以带动建材、冶炼、化工等相关产业的发展，所以房地产业的兴衰对一地的经济有着巨大的影响。

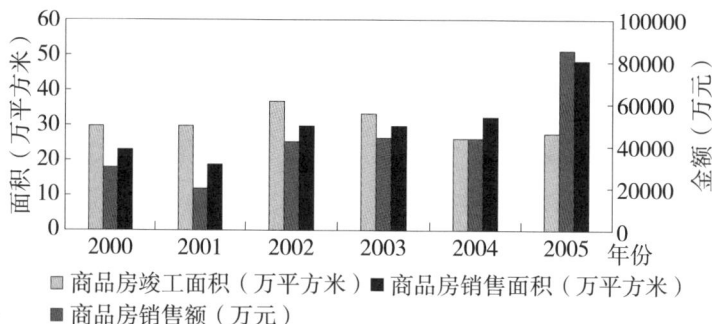

图 9-34　2000—2005 年玉溪市房地产行业发展态势

数据来源：《玉溪统计年鉴》（1996—2006 年）。

从图 9-34 中可以看到，玉溪市的房地产竣工面积、销售面积、销售额在 2000 年到 2005 年的五年中都快速增长，除 2001 年有所回落外，其余各年都增长迅速。房地产竣工面积在五年中增加了 45%，年均增长速度为 7.8%；房地产销售面积增长了 107%，年均增幅 15.7%；房地产销售额增加了 186%，年均增幅 26%。从以上三个指标的对比来看，商品房销售额的增长速度最为迅猛，反映了最近几年房地产的火热。

根据发达国家的经验，一地的经济如果即将复苏，进入快速增长期，房地产将是增长最为迅猛的一个行业。

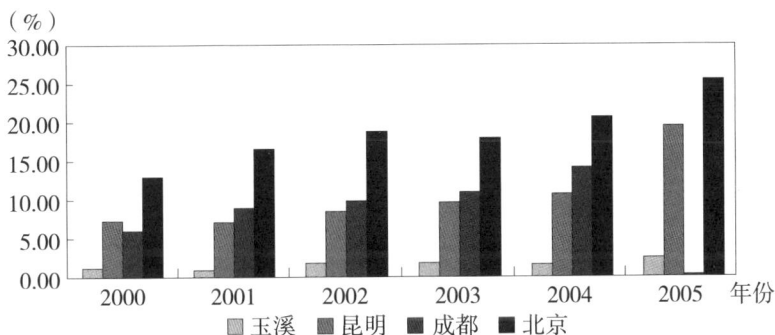

图 9-35　2000—2005 年房地产行业在 GDP 中比重

数据来源：《玉溪、昆明、北京、成都统计年鉴》（1996—2006 年）。

从图 9-35 中可以看到，玉溪市房地产业在 GDP 中的比重是四个城市最低的，2005 年的最高水平也仅仅占到了 2.3%，而北京 2005 年房地产业在 GDP 中的比重占到了 25.5%，昆明占到了 20%，成都 2004 年占到了 14%。

玉溪市房地产业发展水平较低，在 GDP 中份额明显低于省内外发达城市，房地产业的弱小减少了玉溪经济发展的动力。玉溪市应提高房地产发展水平，利用房地产市场的兴旺带动相关产业的发展。

5. 交通运输业

玉溪处于昆曼、昆河两大经济带的重要连接部，具有上承省会中心城市、下连滇南、辐射东南亚的集散功能，是云南省面向东南亚、南亚实施"走出去"战略的集散、加工"腹地"。

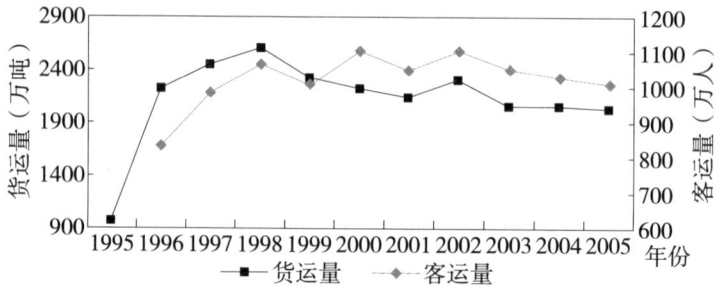

图 9 - 36 1995—2005 年客、货运量

数据来源:《玉溪统计年鉴》(1996—2006 年)。

从图 9 - 36 中可以看到,在 1995 年到 2005 年的十年间,除了 1995 年到 1998 年有所发展以外,其余年份玉溪市客运量及货运量都停滞不前。从 1998 年到 2005 年,客运量下降了 6%,年均降幅 1%;货运量下降了 23%,年均降幅 4%。

第十章　制约玉溪市经济发展的因素分析

一、玉溪市人口、GDP 及其基本预测

2006 年全市年底常住人口为 224.6 万人，比上年增长 1.5%。按公安户籍人口统计的年底总人口为 210.6 万人，比上年增长 0.7%。其中：农业人口 173.2 万人，非农业人口 37.4 万人。本年出生人口 23300 人，死亡人口 10169 人，人口自然增长率为 5.8‰。在总人口中，汉族人口 142.2 万人，占总人口的 67.5%；少数民族人口 68.4 万人，占总人口的 32.5%。玉溪市 1994—2006 年人口总量见图 10 - 1 所示。

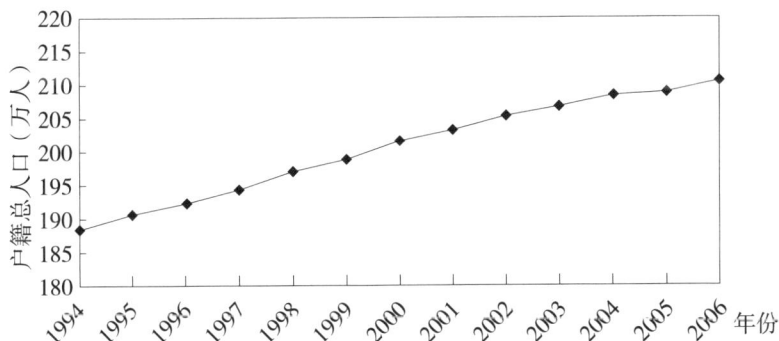

图 10 - 1　玉溪市 1994—2006 年人口总量

数据来源：《玉溪市统计年鉴》。

为分析人口对其他经济指数带来的影响，有必要对其进行预测。现研究构建了如下模型用于预测 2007 年至 2025 年期间玉溪市户籍总人口的变化，模型如下：

$$TP = C + x \cdot YEAR + y \cdot D95 + z \cdot D05$$

其中：C 为常量；YEAR 为年度变量，1994 年为 1，1995 年为 2，以此类推；D95 为外生变量，在 1995 年，赋值 D95 = 1，其他年份 D95 = 0；

D05 为外生变量，在 2005 年，赋值 D05 = 1，其他年份 D05 = 0。利用表 10 - 1 中的数据，通过 EVIEWS 软件运算，对其进行 NLS 及 ARMA 方法处理，获得模型如下：

$$TP = 186.7105 + 2.042273 \times YEAR - 0.195 \times D95 - 2.057727 \times D05$$

表 10 - 1　　　　　　**玉溪市 1994—2000 年户籍人口总数**

年份	人数（万人）	年份	人数（万人）
1994	188.56	2001	203.40
1995	190.60	2002	205.40
1996	192.54	2003	206.80
1997	194.63	2004	208.55
1998	197.12	2005	209.16
1999	199.13	2006	210.60
2000	201.68		

数据来源：《玉溪市统计年鉴》。

相关检验如下：

表 10 - 2　　　　　　**格兰杰因果检验结果**

Dependent Variable：TP

Method：Leaat Squares

Date：01/06/08　Time：18：24

Sample（adjusted）：1994　2005

Included obserbations：12 after adjusting endpoints

Variable	Coeffcient	Std. Error	t - Statistic	Prob.
C	186.7105	0.311583	599.2315	0.0000
YEAR	2.042273	0.043977	46.43993	0.0000
D95	- 0.195000	0.483743	- 0.403106	0.6974
D05	- 2.057727	0.507163	- 4.057325	0.0036
R - squared	0.997443	Mean dependent var		199.7975
Adjusted R - squared	0.996484	S. D. dependent var		7.129145
S. E. of regression	0.422725	Akaike info crierion		1.377013
Sum squared resid	1.429573	Schwarz criterion		1.538648
Log likelihood	- 4.262076	F - statistic		1040.203
Durbin - Watson stat	1.106526	Prob（F - statistic）		0.000000

　　从表 10 - 2 看，预测模型有效，且拟合精度较高。根据上述模型，对 2006—2025 年人口进行预测（见表 10 - 3）。

表 10 - 3　　　　　　　　　　　玉溪市户籍人口预测值

年份	户籍人数（万人）	模型预测值（万人）	年份	户籍人数（万人）	模型预测值（万人）	年份	户籍人数（万人）	模型预测值（万人）
1994	188.56	188.75	2005	209.16	209.16	2016	N/A	233.68
1995	190.60	190.60	2006	210.60	213.26	2017	N/A	235.73
1996	192.54	192.84	2007	N/A	215.30	2018	N/A	237.77
1997	194.63	194.88	2008	N/A	217.34	2019	N/A	239.81
1998	197.12	196.92	2009	N/A	219.39	2020	N/A	241.85
1999	199.13	198.96	2010	N/A	221.43	2021	N/A	243.89
2000	201.68	201.01	2011	N/A	223.47	2022	N/A	245.94
2001	203.40	203.05	2012	N/A	225.51	2023	N/A	247.98
2002	205.40	205.09	2013	N/A	227.56	2024	N/A	250.02
2003	206.80	207.13	2014	N/A	229.60	2025	N/A	252.06
2004	208.55	209.18	2015	N/A	231.64			

　　2006 年玉溪市完成现价国内生产总值（GDP）415.9 亿元，按可比价格计算比上年增长 11.2%，是 1997 年以来增长速度最快的一年（见表 10 - 4）。玉溪 2006 年的 GDP 在量上不仅是历史最高水平，更难能可贵的是实现了自 2001 年以来的连续增长。这说明玉溪在产业调整和产业政策更新方面已有成效。玉溪人均生产总值 18734 元，比上年增长 6.4%。2006 年在全国城市人均 GDP 排名中达到了第四位，产业发展的前景还是比较有潜力的。这其中：第一产业完成增加值 45.3 亿元，增长 5.3%；第二产业完成增加值 245.9 亿元，增长 12.8%；第三产业完成增加值 124.6 亿元，增长 10.2%。第一、二、三产业分别拉动 GDP 增长 0.6、7.5 和 3.1 个百分点，对 GDP 增长的贡献率分别为 5.6%、67.0% 和 27.4%。令人可喜的是第二、三产业保持了快速发展的趋势，符合工业化初期到中期过渡的经济规律。扣除卷烟生产和销售后的 GDP 完成 255.2 亿元，增长 11.3%，占玉溪 GDP 的比重为 61.4%，比上年提高 1.5 个百分点。这一组数据反映了近年来政府已经意识到非烟产业对经济发展的稳定和促进作用。

表 10 - 4　　　　　玉溪市 1995—2006 年国内生产总值（GDP）

年份	GDP（亿元）	年份	GDP（亿元）
1995	240.00	2001	275.25
1996	291.30	2002	278.92
1997	302.68	2003	292.76
1998	327.68	2004	336.55
1999	296.38	2005	368.23
2000	297.60	2006	415.90

数据来源：《玉溪市统计年鉴》。

用趋势外推法来粗略预测玉溪市未来的 GDP。此法是根据基期年的 GDP 直接推算未来的 GDP。使用这种方法的前提条件是区域内的 GDP 基本上按照一定比例增长，并假定该区域的 GDP 今后仍按此平均增长率增长下去，这样就可以利用几何级数求末项的公式推算未来的 GDP。其公式为：

$$GDP_t = GDP_t (1 + K)^{(t-t_0)}$$

式中是需要预测的 GDP；GDP_{t0} 是基期年 GDP，$t - t_0$ 是预测年期；K 是 GDP 年均增长率。以 2006 年为基年则 $t_0 = 2006$，$GDP_{t0} = 415.90$，根据近年来的经济走势，K 分别取 9%、10%、11% 计算。利用表 10 - 4 数据，预测结果见表 10 - 5。

表 10 - 5　　　　　玉溪市 2007—2025 年 GDP 预测值

年份	K 取 9% 时 GDP 预测值	K 取 10% 时 GDP 预测值	K 取 11% 时 GDP 预测值	年份	K 取 9% 时 GDP 预测值	K 取 10% 时 GDP 预测值	K 取 11% 时 GDP 预测值
2007	453.33	457.49	461.65	2017	1073.20	1186.61	1310.82
2008	494.13	503.24	512.43	2018	1169.79	1305.27	1455.01
2009	538.60	553.56	568.80	2019	1275.07	1435.80	1615.06
2010	587.08	608.92	631.37	2020	1389.82	1579.38	1792.71
2011	639.91	669.81	700.82	2021	1514.91	1737.32	1989.91
2012	697.51	736.79	777.91	2022	1651.25	1911.05	2208.80
2013	760.28	810.47	863.48	2023	1799.86	2102.15	2451.77
2014	828.71	891.52	958.46	2024	1961.85	2312.37	2721.46
2015	903.29	980.67	1063.89	2025	2138.42	2543.61	3020.82
2016	984.59	1078.74	1180.92				

二、玉溪市土地承载力分析

玉溪市现有基本农田 288 万亩。2006 年全市农作物总播种面积 325.5 万亩，其中：粮食作物面积 134.0 万亩，比上年增长 1.9%；非粮食作物面积 191.5 万亩，比上年增长 0.1%。2006 年全市粮食与非粮食作物种植面积比为 41.2∶58.8，与 2005 年的 40.7∶59.3 相比，粮食作物比例提高了 0.5 个百分点。在全市实施了以"中心城区""三湖一海一库"、主要江河库区和重点水源林为主的水土流失治理及森林生态环境保护的林业生态建设工程，完成造林合格面积 5.5 万亩，全市水土流失得到初步整治，生态环境有所改善。全民义务植树 423.7 万株，封山育林 41.3 万亩，退耕还林 3.9 万亩，珠江防护林工程完成人工造林 0.6 万亩，完成低效林改造 0.8 万亩，完成天然林保护工程造林面积 2.0 万亩，完成林业生态建设 13.1 万亩，森林覆盖率达到 48.2%。严格执行基本农田保护制度，实现了占补平衡。深入开展整顿规范矿产资源开发秩序工作，加强了地质灾害防治，完成林业生态建设 13.1 万亩，治理水土流失面积 94.8 平方公里。玉溪历年耕地面积如表 10-6 所示。

表 10-6　　　　玉溪市 1995—2005 年实际耕地面积

年份	实际耕地面积（万亩）	年份	实际耕地面积（万亩）
1995	172.3799	2001	172.3805
1996	172.3800	2002	172.3806
1997	172.3801	2003	172.3807
1998	172.3802	2004	172.3808
1999	172.3803	2005	172.3809
2000	172.3804		

数据来源：玉溪市国土资源局。

（一）玉溪市土地承载力分析

土地生产潜力的估算采用如下模型：

$$Y_a = 10^8 FEQC^{-1}, Y(Q,T,W,S) = Y_a F(T)F(W)F(S)$$

式中：$Y(Q、T、W、S)$ 为土地生产潜力；Y_Q 为光合生产潜力；F 为光能利用率，在玉溪取其上限 4%；c 为 1 千克有机物储存的能量，平均取 17850kJ/kg；E 为经济系数，结合各类作物相关值求得 E 为 0.55；Q 为作物生长期的太阳总辐射，综合玉溪市内作物特点和熟制取 Q 为 99.03kcal/cm²，折合为 415.93kJ/cm²；据玉溪实际，温度有效系数 F(T)；水分订正系数 F(W)；土地质量订正系数 F(S) 分别为 0.89、0.94、0.70。求得玉溪市土地生产潜力为 28871.90kg/cm²；考虑到本地区自然灾害的影响，应考虑这些灾害因素对生产潜力的衰减系数，该系数平均取 0.03。这样总产的计算式可表示为：

$$可能总产 = 生产潜力 \times （1 - 0.03） \times 耕地面积$$

玉溪市耕地面积基本为 172.38 万亩，折合为 114920.6 公顷，求得玉溪市可能最大总产为 32.18 亿千克。按照较低的食物标准，即 400 千克/人每年计算的话，玉溪最大可承载人口为 804.60 万人。但如果考虑中长期食物发展需求，按照较高标准，即 450 千克/人每年计算的话，玉溪市土地资源可承载人口 715.20 万人。而根据上文的人口预测，到 2025 年玉溪人口为仅 252.06 万人，这说明玉溪市土地目前仍有很大的承载空间。

（二）玉溪市建设用地增长趋势分析

用趋势外推法来粗略预测玉溪市未来的建成区面积及红塔区建成区面积（见表 10 - 7）。其公式为：

$$K_t = K_t(1 + a)^{t-t_0}$$

其中：K_{t_0} 是基年的建成区面积，K_t 是数据截至年的建成区面积，利用下表中的数据，玉溪市建成区面积以 2001 年为基年则 $t_0 = 2001$，$K_t = 41.41$，$t = 2004$，$K_t = 48.14$，计算出 $a = 0.05$。红塔区建成区面积以 1998 年为基年则 $t_0 = 1998$，$K_t = 15$，$t = 2005$，$K_t = 19$，计算出 $a = 0.035$。

表 10 - 7　　　　　　格兰杰因果检验结果

年份	玉溪市建成区面积（平方公里）	红塔区建成区面积（平方公里）
1998		15
1999		16
2000		17

续表

年份	玉溪市建成区面积（平方公里）	红塔区建成区面积（平方公里）
2001	41.41	12
2002	41.74	12
2003	47.06	18
2004	48.14	18
2005		19

数据来源：《玉溪市统计年鉴》《云南省统计年鉴》。

由此可以预测出 2015 年、2020 年、2025 年玉溪市及红塔区建成区面积如表 10−8 所示。

表 10−8　　　　　　玉溪市及红塔区建成面积

年份	玉溪市建成区面积（平方公里）	红塔区建成区面积（平方公里）
2015	83.62	27.55
2020	107.48	32.61
2025	138.14	38.61

由表 10−8 可以看出玉溪未来还有很多土地资源可以利用，建成区面积并不大，中心城区红塔区没有超过 40 平方公里，到 2025 年玉溪建成区面积与土地总面积的比例是 1∶100 左右。

三、玉溪市水资源承载力分析

玉溪东部的红塔区、澄江、江川、通海、华宁及峨山县东部地区属珠江流域南盘江水系，径流面积 5044 平方公里。玉溪水资源数量详细数据见表 10−9 所示。

表 10−9

频率（%）	水资源总量			可供水量			
	地表水	地下水	合计	地表水	地下水	客水	合计
50	357602	152386	509988	252260	76377		331976
75	267823	126125	393948	200870	76379		279777
95	169144	94943	264087	144385	67385		213213

数据来源：《云南滇中城市群规划——玉溪篇》。

（一）玉溪市工农业用水需求量分析

玉溪市按照每亩用水量 480 立方米计算，288 万亩基本农田用水量为 138240 万立方米。把玉溪的可供水量中用于生活的那部分减掉，再把用于农业的那部分减掉，就是可供工业的用水，建立公式如下：

$$IW = (1 - a) \cdot TW - (1 - b) AW$$

其中：IW 是可供工业的用水量，TW 是可供水总量，a 是生活用水占可供水总量的百分比，在这里取 0.1，AW 是农业用水量，b 是技术进步后节约的农业用水量占农业用水总量的百分比，在这里 2015 年取 3%，2020 年取 5%，2025 年取 7%，由此可以推算出未来可供工业的用水量（见表 10-10）。

表 10-10 玉溪市工农业用水量预测值

年份	频率（%）	实际可供水量	农业用水量预测值	可供工业用水量预测值
2015	50	331976	134093	164686
	75	279777		117707
	95	213213		57799
2020	50	331976	131328	167450
	75	279777		120471
	95	213213		60564
2025	50	331976	128563	170215
	75	279777		123236
	95	213213		63329

由表 10-10 可以看出，玉溪市的水资源相对来说还是比较丰富的，可供工业使用的水量很多，表 10-11 是一些工业用水量的参考。

表 10-11

工业种类	用水量标准	工业种类	用水量标准
钢 铁	20	毛织物	600
水 泥	1.5～2.0	造 纸	200
化 肥	2～5.5	人造丝	2660
制 砖	0.7～1.2	屠 宰	1～2
榨 油	7～10		

数据来源：《云南滇中城市群规划——玉溪篇》。

钢铁、水泥都是玉溪有发展潜力的行业，恰恰这两个行业用水量比较大，而玉溪能满足其对用水的要求。

（二）玉溪市水资源对人口承载力预测

按照人均每日用水量0.325立方米（包括农业、工业、生活用水）的标准，假设每年有365天，利用上文预测的人口数据，计算出2015年、2020年、2025年玉溪市的总用水量，并与实际可供水量进行对比（见表10－12）。

表 10－12

年份	频率（%）	实际可供水量	需水量预测值	剩余量
2015	50	331976	24748	304498
	75	279777		252299
	95	213213		185735
2020	50	331976	28689	303287
	75	279777		251088
	95	213213		184524
2025	50	331976	29901	302075
	75	279777		249876
	95	213213		183312

由表10－12中可以看出，玉溪2015年、2020年、2025年的水资源在总量上还有巨大剩余，可以适当发展耗水产业。

四、玉溪市产业结构分析

按照现有的产业结构理论，通常认为三次产业的结构将不断优化升级，第一产业所占的比例将不断减少，第二产业所占的比例将先增加后减少，第三产业所占的比例将不断提高。如果一个经济体处于第三产业占大部分比例，第二产业次之，第一产业最小，具有这样产业结构的经济体一般认为处于发达状态。

（一）玉溪市产业结构现状分析

当前，玉溪市非烟产业快速发展，非烟经济占生产总值的比重超过了卷烟，呈现持续上升的良好态势，进入了支柱产业多元化发展和产业结构调整的关键时期。"十一五"期间,是玉溪市继续围绕"三优一特"经济发展思路,加快产业结构调整升级,营造经济增长的内生机制,构建产业可持续发展基本框架的关键阶段。

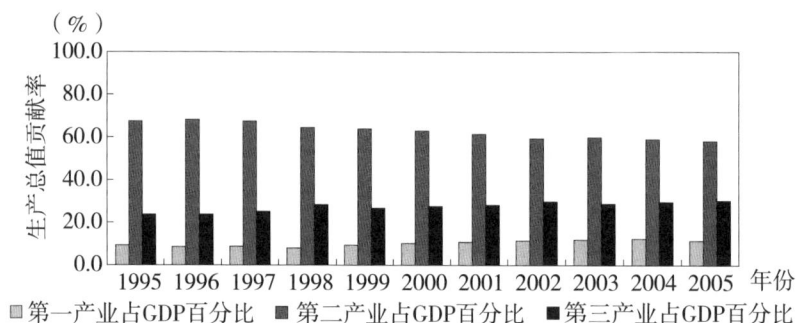

图 10 - 2 1995—2005 年玉溪市 GDP 构成

数据来源:《玉溪市统计年鉴》(1996—2006 年)。

从图 10 - 2 中可以看出玉溪市的产业结构调整十年来初见成效,第一、二、三产业比例关系由 1995 年的 9:70:20 调整到 2005 年的 12:58:30。政府经济结构调整的基本思路是以市场为导向,以体制和技术创新为核心,以增强竞争力为目标,产业结构和所有制结构调整两手抓。第一产业以增加农民收入为出发点和落脚点,调优、调高,第一产业十年来稳步增长,基本完成了预期目标;第二产业以发展高新技术产业和改造传统优势产业为重点,调精、调强,第二产业在 1999 年到 2002 年虽然经历了阵痛,但经过市场淘汰和结构优化后也进入了高速发展的正轨,从 2004 年开始非烟部门的产值已经超过了烟草部门,特别是矿电产业有了大幅度的发展;第三产业以高等教育和旅游业为重要内容,扩大就业为重点,调快、调大,第三产业贡献率十年来增长了 10 个百分点,符合当今经济发展的趋势。

国际上分别采用人均国内生产总值、产业结构、就业结构、城市化及工业内部结构等五项指标作为衡量工业化发展水平的标准。

(1)人均国内生产总值。2006 年玉溪市的人均国内生产总值为 18734 元人民币,按 1:8.27 的汇率折算,约合 2265 美元,处于工业化中期阶段。

(2)产业结构。2006 年玉溪市的 GDP 三次产业构成为 10.9:59.1:30.0,

处于工业化初期向中期过渡的阶段。

（3）就业结构。2005年玉溪的三次产业就业结构比为76.5∶10.5∶11.0，第一产业就业人口比重超过理论线近20个百分点，仅就业结构来说仍没有达到工业化初期的水平。

（4）城市化。改革开放以来，玉溪的城镇化水平虽然有了很大的提高，2005年城镇人口占总人口比重为32.2%，略高于理论线并且领先于全省29.5%的平均水平，但是与国内较发达城市以及国际发达城市相比，城镇化水平还很低，处于工业化初期的水平。

（5）工业内部结构。从2005年玉溪规模以上工业内部行业增加值构成来看，烟草加工业占11.3%，黑色金属采选业和冶炼业占24%，有色金属采选业和冶炼业占27.5%，电力占19.6%，化学肥料制造业占13.4%。表明玉溪工业还处于以原材料粗加工、资源密集型加工工业为重心的重工业化时期，工业产品附加值较低，工业内部结构仍处于初级阶段。

综合上述五个指标所处的阶段来看，玉溪目前正处在工业化发展初期到中期过渡阶段，工业发展已基本上完成工业化初期阶段的数量扩展任务。

2006年玉溪市第一产业完成增加值45.3亿元，增长5.3%；第二产业完成增加值245.9亿元，增长12.8%；第三产业完成增加值124.6亿元，增长10.2%。第一、第二、第三产业分别拉动GDP增长0.6、7.5和3.1个百分点，对GDP增长的贡献率分别为5.6%、67.0%和27.4%。令人可喜的是第二、三产业保持了快速发展的趋势，符合工业化初期到中期过渡的经济规律。

产业结构的调整，实质是通过宏观调节玉溪发展的总战略在实际经济组织层次上展开和具体化，并以此约束、引导企业的微观经济活动。其根本目的，就是使生产要素更有效地配置到从总体上看效益最好的方面，以促进玉溪经济持续协调地发展。

表 10 – 13

年份	玉溪市三次产业比	云南省三次产业比	全国三次产业比
1996	8.4:68.4:23.2	24.4:45.1:31.5	20.4:49.5:30.1
1997	8.2:67.1:24.7	23.8:45.6:30.6	19.1:50.0:30.9
1998	7.7:64.5:27.8	22.8:46.2:31.0	18.6:49.3:32.1
1999	9.2:64.0:26.8	22.2:44.5:33.3	17.6:49.4:33.0
2000	9.8:62.6:27.6	22.3:43.1:34.6	16.4:50.2:33.4
2001	10.9:61.2:27.9	21.7:42.5:35.8	15.8:50.1:34.1
2002	11.5:58.9:29.6	21.1:42.6:36.3	15.3:50.4:34.3
2003	11.5:59.5:29.0	20.4:43.4:36.2	14.4:52.2:33.4
2004	11.9:58.9:29.2	20.4:44.4:35.2	15.2:52.9:31.9
2005	11.7:58.4:29.9	19.3:41.3:39.4	12.6:47.5:39.9
2006	10.9:59.1:30.0	18.8:42.7:38.5	11.8:48.7:39.5

数据来源:《玉溪市统计年鉴》《云南省统计年鉴》《国家统计年鉴》。

从表 10 – 13 中可以看出,玉溪市一直以来第一产业(农、林、牧、渔业)都处于次要产业的位置,第二产业(采矿业、制造业、电力、燃气及水的生产和供应业、建筑业)虽略有下降的趋势,但始终处于主导地位。从 1996—2006 年的 10 年间,第三产业(除第一、二产业以外的其他行业)也得到了较快地发展。从产业结构的变化来看,呈现出第二产业的比重逐步减少,第一、三产业的比重逐年上升的态势。这不同于全省、全国第一产业比重逐步减少,第二、三产业的比重逐步上升的变化趋势。这与玉溪从 20 世纪 80 年代率先发展烟草及其附加产业,形成"一柱擎天"的产业格局是密切相关的。近 4 年来,玉溪市又以生态立市为切入点,加大农业结构调整力度,农业经济得到了稳步发展。但是从玉溪产业发展的格局看,"两烟"及其配套优势明显,其他产业发展深度和广度不够,开发层次低,缺乏有效的市场竞争力,地方工业总量小,第三产业比重低于全国平均水平约 10 个百分点,自 2002 年以来三次产业比的变化基本处于停滞状态,波动十分微小,这不代表玉溪产业结构调整已经完成,相反说明产业结构调整的问题依然紧迫,亟待深化。

(二)玉溪市产业结构存在问题

"十五"以来,玉溪固定资产投资及结构的调整虽然取得了明显成效,在促进玉溪产业结构调整方面发挥了积极的作用，但是，仍然存在着一些问题，主要表现在：

1. "两烟"及配套产业优势突出，但整体经济结构不合理

"两烟"是玉溪的支柱产业，特别是卷烟工业已成为整个玉溪经济社会发展的支撑。2005年，红塔集团生产卷烟167.3万箱，生产总值165.62亿元，占生产总值（GDP）的44.98%，利税总额达133.80亿元，其中利润总额36.96亿元。"两烟"在带动经济腾飞的同时，也形成了玉溪支柱产业单一、非烟产业弱化、经济结构不合理的局面。非烟生产产值220.6亿元，占总生产总值（GDP）的55.02%，超过了卷烟产值。这说明近几年玉溪的产业结构调整初见成效。

从某种程度上讲，"烟经济"掩盖了玉溪经济运行和收入分配中的一些矛盾和真实状况：①第三产业不发达。目前玉溪的产业排序为"二、三、一"，而"一、二"产业对烟草依赖较大。除"两烟"外，大多数产品以资源开发为主体，产量、销量、价格都在下降。第三产业总量不足，发展滞后。1998年、1999年两年，玉溪第三产业增加值占GDP的比重分别为23.5%、22.2%，不仅远低于发达国家（70%）的水平，也低于全国和全省（30%）的平均水平，且"三产"中的新兴行业比重较低，大多还处在起步萌芽阶段。2005年玉溪第三产业GDP比重为29.9%，提高了7.7个百分点。②所有制结构中，国有经济比重过大，乡镇企业、个私经济规模偏小。③城乡二元结构特征明显。主要表现为城乡居民经济收入差距拉大：2005年，玉溪城镇居民人均可支配收入为8842元（1998年为6854元），而农民人均纯收入仅为3314元（1999年为2253元）。这些情况说明，结构性矛盾已成为制约玉溪市经济社会发展的重大因素。随着"两烟"发展空间的不断缩小，建立在烟草单极支撑基础上的玉溪经济将面临严峻考验，新兴支柱产业和新经济增长点的培育迫在眉睫。

2. 县域经济发展差异较大

玉溪县域经济的发展，过于依赖资源，优势产业还不优，整体较为粗放。有的县仍然是农业占大头，工业的支撑作用不强，确保地方财政稳定的支撑力较弱。一方面财政结构单一，导致财政增收困难；另一方面财政刚性支出增加，造成财政收支矛盾日益突出，这导致部分县乡欠账严重。

玉溪市所属"一区、八县"由于自然条件、经济基础和发展环境的不同，地区之间经济发展极不平衡。以红塔区为中心，包括澄江、江川、通海在内的"三湖"县区，由于自然条件优越、劳动者素质高、经济基础好，市场经济发育较为充分，加上产业的市场导向特征较为突出，中心城市的集聚和扩散效应比较明显，经济发展市场化程度较高，城市化进程较快，经济社会出现了快速发展的态势，对全市经济发展的拉动作用突出。而元江、新平、峨山等贫困山区和民族地区，则受到了小型水利和生态水利为主的农业生产条件的制约，加上交通、教育、科技、文化相对落后等因素的影响，发展相对缓慢，人民生活较为贫困。2005 年，红塔区 GDP 达 222.65 亿元，地方财政收入达 3.45 亿元。而峨山县、元江县和易门县这三项指标分别为 14.8 亿元、14.10 亿元和 13.99 亿元，三县分别为红塔区的 6.6% 和 6.3%、6.28%，差距十分明显。从总体看，红塔区 GDP 处于我国发达地区水平，而峨山、元江、易门等县还处在全国较为落后的行列。这种地区发展的不平衡，已在一定程度上阻碍了区域经济社会的协调发展。

3. 农业产业化水平低，投资总量与技术含量不足

从市场经济发展的要求来看，玉溪农业产业化水平还处于较低层次。具体表现：①龙头企业和中介组织发展不快，经济实力和经营规模比较弱小，开拓市场和抵御市场风险的能力不强；②运行机制不规范，龙头企业、商品基地和农户没有形成真正的利益共同体，农产品产、供、销或农村贸、工、农之间还缺乏紧密、有机的联系；③市场发育不健全，很多地区市场建设落后，有市无场，以路为市，以街为市等现象突出；④农产品精深加工不够，经营粗放，优质率低，名、特、优、新产品少。从产业化角度看，无论是商品基地的建设，还是龙头企业的发展或批发市场的发育，都有待进一步完善。

长期以来，玉溪农业投资不足，制约了农村经济结构的调整和农民收入水平的提高。如 2005 年玉溪的农业投资比例仅为 5.2%，农业投资比例一直偏低。长期以来，玉溪市和全国一样，整个农业生产技术的研究、试验、示范工作都是围绕着如何提高单产展开。面对世界农业高新技术迅猛发展的势头和农产品高品质、标准化、无公害的发展趋势，技术准备不足的问题比较突出。没有明确中长期科技发展目标，玉溪科技发展的导向性差；政府用于支持科技发展的资金，不仅量小，而且缺乏稳定的制度保证，急功近利的色彩非常浓厚；科技发展资金在使用上随意性大，而且常常挪作他用。

4. 与滇中其他城市产业结构相似度较高

对于滇中城市内部分工状况的考察，将采用保罗·克鲁格曼（1991）所用区域分工指数进行计算并分析，但所采用的数据是用工业品价值而不是他当初所用的两位数分类的制造行业的数据。

区域分工指数为：

$$S_{jx} = \sum_{1}^{n} |q_{ij}/q_j - q_{ik}/q_k|$$

这里，下标 j 和 k 表示区域，i 表示产业，q_{ij} 和 q_{jk} 分别表示两地区的 i 产业的产值，q_j 和 q_k 是两地区各自的工业总产值。如果区域 j 和 k 产业相同，即对所有产业 i，产值份额相同，则指数为 0；若产业全异，则指数为 2。$0 \leq S_{jk} \leq 2$，指数越高，两地区行业差异程度越高；指数越低，两地区的产业同构性越大。因此，可以用该指数来考察区域间的产业同构性。

表 10 - 14　　　　　　　　　滇中城市区域分工指数

	曲靖	玉溪	楚雄
昆明	0.51	0.62	0.49
曲靖		0.61	0.55
玉溪			0.32

按照这个理论，从表 10 - 14 中可以看到：玉溪和楚雄之间的工业结构相似程度较高，区域分工指数为 0.32；昆明与玉溪、曲靖与玉溪之间工业结构差异最大，区域分工指数分别是 0.62 和 0.61。

玉溪与楚雄相比两者的工业产业结构较为相似，这和两地支柱产业相近有较大关系。对于玉溪市来说，烟草和矿电行业是两大支柱产业，而对于楚雄市来说，烟草、采掘、能源等行业同样也是支柱产业，较为相似的支柱产业构成让两个城市的产业相似度较高。从玉溪主要行业的产值比重来看，烟草、矿业、能源行业的产值在 GDP 中比重为 64.1%，这三个行业在楚雄的比重为 58.3%，从中可以看到，烟草、矿业、能源在这两个城市占据了较高的地位，所以玉溪、楚雄的产业相似程度较高。

城市发展扩张主要有两个动力：社会生产的扩张和农民身份的变化。而且"产业是第一性的，城市发展是第二性的"。对于城市发展而言，产业发展至关重要。同时，根据前文的分析，城市群能否成功建立，其决定作用的仍是城市间产业的互补性及关联性（产业链的延伸）。为此，对于滇中城市的经济异同分析，我们将重点分析滇中城市的产业发展异同，在滇中城市经济发展中工业占主导地位，我们就把产业分析集中于工业上。

表 10 - 15   **滇中城市主要工业行业产值**

单位：万元

	云南	昆明	曲靖	玉溪	楚雄
煤炭开采和洗选业	289308	17868	139115	4891	25012
金属采矿选业	563318	166308	10387	98232	56864
非金属矿采选业	117187	113870	51446	600	14207
食品、饮料加工	1179992	374447	17095	88176	27689
烟草制品业	5525739	1428730	772499	1689603	349514
纺织产业	79932	31466	9361	25548	11621
家具、木材加工业	119344	5205	23921	87686	9529
造纸、印刷业	656837	211749	125335	79640	26626
化学原料及化学制品制造业	2030258	790246	405302	292743	51091
医 药	419377	287624	5521	16427	23775
橡胶、塑料制造业	174978	78209	18635	48485	2349
非金属矿物制品业	608758	187236	72936	70739	12968
金属冶炼及压延加工业	4944723	2456410	430409	571310	205352
设备制造业	945267	630898	181216	21216	6005
电力、热力的生产和供应业	2420648	682715	691573	200404	74478
工业生产总值	24790725	8724552	3687623	3839538	1079801

数据来源《云南统计年鉴》（2005 年）。

从表 10 - 15 中可以看到，烟草制品业、金属冶炼及压延加工业、化学原料及化学制品制造业是滇中四个城市共同的支柱产业，这三个产业都在当地的 GDP 中占到了较高的比重。特别是烟草行业，由于多年的发展，其已经成为滇中城市乃至整个云南省的支柱产业。从上表中可以看到，滇中四城市烟草产值达到了 9766085 万元，占到了整个滇中城市工业产值总和的 23%，是名副其实的支柱产业。云南矿产资源丰富，所以在各市的工业发展中，矿业产值都较高，但是大多属于初加工，附加值低。虽然生物制药是我省倡导发展的优势支柱产业，但是和烟草及金属开采加工相比较，发展缓慢，仍然薄弱，且大部分集中在了昆明。从表中还能看到，由于几年的政府扶持和快速发展，曲靖的煤化工行业和能源取得了突出的成就，煤炭采选业的产值在整个滇中城市中最高，同时也是全省最高，化学原料及化学制品制造业以及能源行业的产值在全省都名列前茅。

根据上述分析，可得出这样的结论：滇中城市优势产业相同——烟草行业，都是依靠资源发展经济，在工业产业结构上有趋同性。

（三）玉溪市产业结构调整对策分析

1. 玉溪产业竞争力分析

由于滇中城市工业产业结构趋同，而建立城市群是要建立在产业互补及产业链的延伸上，所以要建立滇中城市群就要根据工业发展相对优势，进行资源优化组合。为了说明玉溪市的优势，现对滇中各市地方专业化指数进行分析计算。

β_{ij} 表示地方专业化指数：

$$\beta_{ij} = \frac{q_{ij}/q_j}{q_i/q}$$

分子式地区 j 的工业产业 i 占该地区全部工业产业总产值的份额，分母是产业 i 占全省全部工业产业总值的份额，β 也是测度该地区的产业结构与全省水平之间的差异，借此评价一个地区的工业专业化水平。β 指数越大，说明相对优势越强。计算结果如表 10 - 16 所示。

表 10-16   **滇中四城市工业专业化指数**

	昆明	曲靖	玉溪	楚雄
煤炭开采和洗选业	0.18	3.23	0.11	1.98
金属采矿选业	0.84	0.12	1.13	2.32
非金属矿采选业	2.76	2.95	0.03	2.78
食品、饮料加工	0.90	0.10	0.48	0.54
烟草制品业	0.73	0.94	1.97	1.45
纺织产业	1.12	0.79	2.06	3.34
家具、木材加工业	0.12	1.35	4.74	1.83
造纸、印刷业	0.92	1.28	0.78	0.93
化学原料及化学制品制造业	1.11	1.34	0.93	0.58
医 药	1.95	0.09	0.25	1.30
橡胶、塑料制造业	1.27	0.72	1.79	0.31
非金属矿物制品业	0.87	0.81	0.75	0.49
金属冶炼及压延加工业	1.41	0.59	0.75	0.95
设备制造业	1.90	1.29	0.14	0.15
电力、热力的生产和供应业	0.80	1.92	0.53	0.71

从表 10-16 中的分析中可以看到虽然滇中城市的产业结构相似程度较高，但是各地仍然又有别于其他城市的优势产业。

2. 在全国范围内的比较

分析区域分工优势常用区位商（location quotient，LQ）来测定。

区位商（LQ）=（某地区 A 部门产值/该地区全部产值）/（全国 A 部门产值/全国全部产值）

一般说来，LQ 值越大，专业化水平越高，产品输出越多，表明该区对这一行业的吸引力越大（通常，如果区位商高于 1.5，则显示度较高）。LQ>1，表明 A 产业在该地区专业化程度超过全国平均水平，产品有一定的外向度，属于地区专业化部门；LQ=1 时，表明该地区 A 产业的专业化水平与全国相当，产品基本自给自足；LQ<1，说明该地区 A 产业的专业化水平低于全国，需要从区域外输入 A 产业的产品，来满足区域内的需要。

玉溪目前正处于进入产业集聚与产业竞争力密切关联的阶段。玉溪具有特殊的资源优势，在烟草领域、矿电部门的产业集群领域优势突出。

根据 2005 年的数据计算区位商，玉溪在 39 个制造业产业集群中，很有竞争优势的产业集群有两个大类：一类突出地表现为第一位的烟草制造业，其综合竞争力区位商达到了惊人的 23.50，是玉溪凭借资源优势发展起来的传统强势产业集群，不但在全省、全国乃至世界范围内都有一定优势，这也是当前其制造业产业集群发展的核心。另外一类由两大很有竞争优势的产业集群组成：①黑色金属矿采选业，其综合竞争力区位商为 2.13；②有色金属矿采选业，其综合竞争力区位商为 4.13。它们是玉溪产业集群成长的重要阵地，也体现了其创新性的价值。

玉溪较有竞争优势的产业集群有 2 个：印刷业、记录媒介的复制，其综合竞争力区位商为 1.92；黑色金属冶炼及延压加工业，其综合竞争力区位商为 1.24。

而玉溪具有资源优势的有色金属冶炼及延压加工业和电力、热力的生产和供应业的区位商分别为 0.64 和 0.56，由此可以看出这两个产业仍然亟待发展，把资源优势转化为产业优势的任务仍然十分艰巨。值得注意的是造纸及纸制品业和化学原料及化学制品制造业两个行业的区位商达到了 0.83 和 0.75，有一定的发展潜力。

（四）对策分析

1. 加强玉溪已有优势产业

通过上文的分析可以知道，玉溪市的第二产业中有 4 个优势行业发展势头较其他三个城市好，分别是：

第一，烟草行业。玉溪烟草行业的地区专业化指数为 1.97，其综合竞争力区位商达到了惊人的 23.50，不但在全省、全国乃至世界范围内都有一定优势。烟草行业历来是玉溪市产值和财政收入的主要来源，这一状况将持续下去，巩固烟草行业的生产优势对玉溪经济的重要性不言而喻。

玉溪应当利用多年烟草生产所积蓄的资金和技术优势，最大限度地发挥玉溪烤烟种植得天独厚的资源优势和已经具备的卷烟生产优势，提高卷烟档次，实现产品档次提升，减少或者暂停低档香烟的生产，提高高档香烟的产量，在国家现有烟草调控政策下向高档次、高附加值产品转型，以期获得良好收益。

第二，金属采矿选业。这一行业玉溪市的专业化指数为 1.13，仅落后于楚雄市。其中黑色金属矿采选业，其综合竞争力区位商为 2.13；有色金属矿采选业，其综合竞争力区位商为 4.13。它们是玉溪产业集群成长的重要阵地，也体现了其创新性的价值。

经过近十年的发展，玉溪市的矿电业已经成为玉溪市经济构成中的重要一极，并且在玉溪市的"十一五"规划中以自主产业的形式得以确认。矿电业在发展中也以自身优异的成绩救玉溪市的经济于水火之中，在玉溪市的经济地位不言而喻。

第三，建材行业。玉溪市的建筑建材行业发展一直比较稳健，其专业化指数获得了 4.74 的高分，居滇中城市榜首。但是在全国来看并不具有任何优势，所以立足于省内是比较明智的。玉溪市建材行业发展迅速，其水泥产量一直占到云南省全省产量的 20% 左右。近几年，玉溪建材行业在与国内外其他先进企业的竞争中落败，但玉溪建材行业的基础仍然扎实，应抓住目前国内建材市场高速发展的机遇，提高产品品质，努力发展地板、太阳能、水泥、装饰石材等行业，重振玉溪市建材行业。

第四，橡胶、塑料制造业。这一行业在玉溪的专业化指数为 1.79，居榜首。玉溪市近几年橡胶和塑料行业发展迅速，但玉溪从事这一行业的企业以私人小型工厂为主，应当合并资源，努力提升这一行业的规模优势，加强市场竞争力。

2. 与滇中其他城市合作

第一，四城市在烟草业上要加大合作力度。烟草业是滇中城市群的生命线，对于玉溪、楚雄尤其如此。面临国内国际烟草市场的严峻挑战，云南烟草业特别是滇中城市群的烟草业依然如故，各自在自己的小圈子中发展，就可能被市场淘汰。如果按市场经济的要求与方式联合起来，分工协作，在品牌、烟种、原料、设备和人才上都按比较优势原则分工合作，滇中四城市的烟草业握成拳头，制定和采取统一的战略开拓两个市场，就可能更好地维护和加强滇中城市群烟草业的整体优势。目前的分散竞争大于合作竞争的局面对谁都不利。

第二，要加大在能源建设中的合作力度。四城市在能源领域互补性非常强，高耗能的地方缺乏能源，能源丰富的地方缺乏开发资金。以市场经济惯用的方式联合起来，集中力量加快能源基地建设，能够大大推动滇中城市群整体和云南全省经济的发展。玉溪尤其应该加大在曲靖火力发电的投资。

第三，在矿业、食品工业、化学工业和机械工业等领域，四城市加大合作发展的前景是非常好的。根据现有的生产格局，在这几个领域，既可以避免在具体产品上的重复生产，发生内部恶性竞争，又可在同行业内从规格品种上相互配合，形成行业规模经济，从而对每一家都形成外部经济，实现共同发展。云南制造业相当落后，发展云南制造业，目前非以滇中城市群为骨干和主力军不可。加大四城市在这个领域的合作，是发展云南的需要。

五、玉溪市资源状况分析

玉溪境内蕴藏着丰富的矿产资源，铁矿、铜矿、磷矿、镍矿及蛇纹石、石膏石储量较大，位居云南省内各地州之前列。

六、玉溪市交通运输量分析

玉溪市位于昆明以南 88 公里处，是昆明到滇南、滇西南的通道。昆河铁路从市域东面自北向南顺边缘而过，对本市交通影响不大，昆玉铁路作为南昆铁路的延伸线，目前还没有发挥应有作用，因此公路运输在全市交通中占有绝对优势。目前，境内公路密度为 0.3 公里/平方公里，居云南省第二位，二级以上公路里程 125 公里，占公路总里程的 18%。境内主要的公路有：昆玉高速公路、G213 国道、G226 国道，还有省道 7 条，其他则为县乡级公路。公路路面已基本上实现了灰黑化，其中高级路面占 40%。现已初步形成以市区为中心，四通八达的公路交通网络。

（一）玉溪市交通需求量预测

1. 客运量预测

用趋势外推法来粗略预测玉溪市未来的客运量。其公式为：

$$K_t = K_{t_0}(1 + a)^{t-t_0}$$

其中: K_{t_0} 是基年的客运量, K_t 是数据截至年的客运量, 利用表 10-17 中的数据以 1996 年为基年, 则 $t_0 = 1996$, $K_t = 8.32$, $t = 2005$, $K_t = 10.12$, 计算出 $a = 0.02$。

表 10-17 玉溪历年客运量

年份	客运量（百万人）	年份	客运（百万人）
1996	8.32	2001	10.53
1997	9.843	2002	11.06
1998	10.679	2003	10.52
1999	10.084	2004	10.31
2000	11.071	2005	10.12

数据来源：《玉溪市统计年鉴》。

由此可以预测出 2015 年、2020 年、2025 年玉溪的客运量为：

表 10-18 玉溪客运量预测

年份	客运量（百万人）
2015	12.58
2020	14.03
2025	15.64

由表 10-18 可以看出玉溪客运量与总人口的比例到 2025 年仍然不足 10:1，根据玉溪的经济发展状况来看，说明私人汽车拥有量的提高才会使得客运量的增长速度如此缓慢，但是私人汽车拥有量的提高又给交通规划带来了巨大压力。另外一方面汽车尾气排放的污染也与玉溪建立"生态型城市"的出发点相悖，如何解决好这个问题值得人们深思。

2. 货运量预测

用趋势外推法来粗略预测玉溪市未来的客运量。其公式为：

$$H_t = H_{t_0}(1 + a)^{t-t_0}$$

其中: H_{t_0} 是基年的客运量, H_{t_0} 是数据截至年的客运量, 利用表 10-19 中的数据以 1995 年为基年, 则 $t_0 = 1995$, $H_t = 964.67$, $t = 2005$, $H_t = 2026$, 计算出 $a = 0.077$。

表 10 – 19 玉溪历年货运量

年份	货运量（万吨）	年份	货运量（万吨）
1995	964.67	2001	2143.00
1996	2215.50	2002	2305.00
1997	2458.30	2003	2062.00
1998	2602.50	2004	2057.00
1999	2343.80	2005	2026.00
2000	2222.50		

数据来源：《玉溪市统计年鉴》。

由此可以预测出 2015 年、2020 年、2025 年玉溪的货运量为：

表 10 – 20 玉溪货运量预测

年份	货运量（万吨）
2015	4255.01
2020	6166.38
2025	8936.36

玉溪的货运量发展速度也显得十分缓慢，玉溪处于昆曼、昆河两大经济带的重要连接部，具有上承省会中心城市、下连滇南、辐射东南亚的集散功能，是云南省面向东南亚、南亚实施"走出去"战略的集散、加工"腹地"。玉溪要想发展旅游业、发展县域经济，没有完善的交通网络支持是不可能的；想发展地方经济，降低玉溪市工业产品成本，没有完善的交通运输服务业支撑，同样是不可能的。玉溪应努力发挥自身区位优势，发展现代物流企业，新建物流园区，引进国外先进经验成立新兴的物流企业，争取成为云南省的交通枢纽。交通运输服务业的发展不但能为玉溪带来大量的收入；同时，交通运输业的发展也可以降低玉溪市本土企业的商品运输成本，增强玉溪市工业产品的市场竞争力，提高玉溪经济活力。

七、玉溪市限制性产业建议

（一）纺织业

第一，玉溪纺织业处于小打小闹的现状，没有龙头企业，没有形成产业聚集效应。2004年玉溪纺织业资产总计9880.7万元，负债总计9078.7万元，利润总额是-54.3万元。企业数有36个，就业人数1445人，平均每个纺织企业只提供就业岗位40个。随着经济市场化程度的不断提高，全国许多地方产业集群急速发展，已成为区域经济发展的一种战略方式。国内外理论和实践表明，产业集群是培育区域竞争优势的重要途径，在经济全球化的今天，许多国家和地区的中小企业不是靠单打独斗去参与激烈的市场竞争，而是组成特色产业集群，以集群的力量与大公司、大企业论短长。在我国，一些经济相对发达的沿海省份，依靠产业集群这种产业组织形式取得了经济发展的巨大成功。广东特别是珠三角地区产业集群已成为经济的重要支柱。在珠三角404个建制镇中，有1/4的镇形成了特色产业集群。这些集群企业的产品在全国的市场占有率一般在20%～30%，高者占58%以上。玉溪纺织业现在不但无产业聚集优势，而且现有的纺织业生存也举步维艰。企业数量少、规模小而且分散，发展落后、大多处于无序竞争状态，抗风险能力差。企业间专业分工协作程度不高，关联度较小。产业集中度低，不利于资源的合理配置，不利于形成产业聚集效应。

第二，玉溪纺织业竞争力低下，相比较沿海地带的纺织业乃至于许多内地的纺织业来说根本不具备任何竞争优势。表现在：组织结构层次不高，行业集中度低；技术结构落后，产品研发能力不强；产品研发能力较弱，设备更新缓慢，技术消化不快，缺少自主知识产权和核心竞争力；产业链条短，产品附加值不高，深加工比例不大，与纺织相配套的后道印染、功能性整理等后道几乎没有；服装企业无自己的品牌，大部分为来料加工，内销比例低，盈利空间不大，占领市场的能力不强；科技开发能力不强，缺乏发展后劲，机电一体化的先进纺织机械使用滞后；经济总量小，产业结构不优，外资依存度偏低辐射带动能力很弱；纺织企业结构陈旧，债务负担沉重，企业机制不灵活，管理水平低下。

第三，纺织业在玉溪没有历史基础，并且产品成本不断增加，利润空间越来越小，造成逐年亏损的局势。玉溪并不出产纺织业所需的原材料，这就需要从外地购买，又加大了产品成本。近年来能源价格的大幅上涨也导致了纺织业成本的上涨。

第四，纺织业是环境污染的大户，即使是不算印染部分，在纱线整理的工序上就要使用大量的水，要进行漂白、整理、清洗等操作，每道工序都有相应的有机物使用，虽然对水的回收再利用是其整改的一个内容，但如果考虑总排放量，污染程度可想而知。

（二）设备制造业

第一，玉溪经济开放度不高，设备制造业基础较差。玉溪市的进出口额在云南省的比重一直较小。出口额在1999年的时候最高但仅为12%，进口额在2000年时最高也只达到了11%。2001年以后，玉溪市向外招商的力度不断减少，外商投资额连年下降，2005年是近5年来的最低水平。2000年到2005年的五年间实际利用外商投资额减少了255万美元，缩减了74%，年均降幅为34%。从国内来看，珠江三角洲和长江三角洲发展快，市场竞争力强。这两个区域在长期的发展中，都拥有了具有垄断优势的主导产业，如珠江三角洲的电子通信产品制造业和家用电器制造业已具有世界规模；而长江三角洲在外资的带动下，已成为我国高新技术产品生产最集中的地区。

第二，玉溪设备制造业基础薄弱，没有产业集群优势，没有名牌产品。地缘条件不佳，交通运力紧张。玉溪的设备制造业门类少，企业小，设备制造业没有形成比较完整的工业体系，没有显著的比较优势和竞争优势。从国内市场占有率来看，玉溪设备制造业在全国没有任何优势，大多数产品都只是在本省内销售和流通，产品技术含量低，没有鲜明特色。企业间专业化协作程度低，产业规模小，产业集群化程度不高。特别需要指出的是玉溪存在大量的配套产品无法在本地配套的情况，形成核心企业与配套企业分离的情况，原有的地方零部件配套企业在市场竞争中已逐渐由南方沿海地区的中小企业所取代，后者无论从质量、价格、服务等方面都要强于本地配套企业。

第三，产品成本高、价格高。

第四，产品技术含量低、自主知识产权少、大部分生产还处于引进、模仿的阶段。玉溪设备制造业企业技术创新、产品创新能力普遍较差，没有机械行业、数控机床、自动化精密印刷机械、精密加工机械等深加工、精加工、高附加值的高新技术产品。另外玉溪在人才、设备、经验等方面完全处于劣势。玉溪的高等学府、科研院所稀少，知识储备、智力密度欠缺。

第十一章 "十一五"期间曲靖市产业规划解读

一、曲靖市自然地理条件

曲靖市地处云贵高原中部,云南省东部,云南、贵州、广西和四川四省的交界。地理区位东经102°42′~104°50′,北纬24°19′~27°03′。在省内西接省会昆明,南接文山、红河,北接昭通,是云南通往我国内地的重要交通枢纽,历来就有"入滇门户""云南咽喉""滇黔锁钥"之称,同时也是中国通往缅甸、越南、老挝等南亚和东南亚国家的必经之路。

曲靖全市面积28904平方公里,其中,山区面积约占总面积的88%,坝区面积约占12%。整体地势西北高东南低,平均海拔2000米左右,地形大多由山地、丘陵和坝子等组成,属典型的喀斯特地貌(见图11-1)。地质构造复杂,地层发育较为齐全,碳酸盐岩面积大,矿藏种类多、藏量大、分布广。境内乌蒙山、梁子山蜿蜒纵横,南盘江(珠江上游)、牛栏江南北分流。山高谷深、河流密布、水系发达,有流域面积100平方公里以上的河流80多条,以南盘江、北盘江、小江、黄泥河、以礼河、块择河为主要河流,水能资源丰富。属亚热带季风气候,夏季凉爽宜人,东少温暖湿润,真正的四季如春。

曲靖市气候类型复杂多样,具有南亚热带到北温带6种气候类型,以亚热带高原季风气候为主。会泽、宣威、富源属暖温带气候,其他县(区)属亚热带气候。年平均气温14.5℃,年均积温4100℃,年均日照时数2108.2小时,年均日照百分率49%,年均太阳总辐射5065兆焦耳/平方米。年平均无霜期240天,最长的达330天。年平均降水量1028.7毫米,主要集中在5—10月。

曲靖市是仅次于昆明市的云南第二大城市,现今的曲靖发展很快,已经撤地(地区行署)改市(地级市),下辖:曲靖市、宣威市、马龙县、

— 166 —

会泽县、寻甸回族自治县、师宗县、陆良县、罗平县和富源县等九个县市。曲靖不但有秀丽的自然风光，而且还有浓郁的历史文化和迷人的民族风情，境内居住着汉、彝、回、苗、壮、布依、瑶、水等8个主体民族，占人口总数7.8%的七个少数民族都有自己独特的语言、服装、风俗和信仰。2005年、2006年曲靖连续两年被评为全国十佳宜居城市，2006年还在中国走向世界——中小城市成就奖评选排名中，名列第六。

"十一五"期间是我国现代化发展的关键时期，关系到人民全面步入小康社会的重要时期。"十一五"规划的制定也体现了建设和谐社会的历史使命，与"九五""十五"规划有着明显的不同，因此，有必要对"十一五"规划期间曲靖市的产业规划进行全面的解读。

二、"十一五"预期目标

经济实力明显增强。实现经济更好更快发展，三次产业更加协调。"十一五"时期，生产总值年均增长10%以上，2010年达770亿元（按2005年价格），人均生产总值年均增长9%以上，2010年达1.26万元，地方财政一般预算收入年均增长10%以上，2010年达50亿元。全社会固定资产投资年均增长20%，社会消费品零售总额年均增长10%以上，价格总水平保持基本稳定。

产业优势明显提升。六大产业群成为经济增长的重要支撑，形成一批"走出去"参与国际国内竞争的企业，拥有一批具有自主知识产权的名牌产品，产业外向度明显提高，进出口总额、境外投资年均增长15%以上，引进国内市外资金和实际利用外资年均增长20%以上。

城镇化进程明显加快。城镇化进程明显加快，城乡二元结构明显改善，城镇化率达到36%以上。初步形成"一区两片四组团"的珠江源大城市格局，基本建立以工促农、以城带乡的长效机制，50%以上的行政村基本达到"三村四化"阶段性目标，把曲靖建设成为适宜人居、适宜创业的城市。

可持续发展能力明显加强。人口增长得到有效控制，重点地区生态治理取得突破性进展，环境污染得到有效治理，资源利用效率明显提高，人与自然和谐相处。人口自然增长率控制在6.05‰以内，森林覆盖率提高到

37%，万元生产总值能耗下降15%，万元生产总值用水量下降20%，土地投资强度提高40%以上。

人民生活明显改善。社会就业更加充分，社会保障体系更加完善，公共医疗卫生体系更加健全，全体人民共享改革发展成果。城镇登记失业率控制在4%以内，城镇居民人均可支配收入和农民人均纯收入分别年均增长7%和8%。

社会发展明显进步。巩固提高九年制义务教育，普通高中和中等职业技术教育均衡发展，高中阶段毛入学率达85%以上，群众文化素质大幅提高，基本形成比较完善的科技和文化创新体系、全民健身体系，体育人口比重达40%以上；民族团结，城乡稳定，社会秩序良好，民主法制更加健全，基本建成平安曲靖。2010年90%以上的乡镇达到平安乡镇目标。

三、"十一五"期间重点培育的六大支柱产业

第一，巩固提高烟草及配套产业。坚持择优布局、主攻质量的烟叶生产方针，走观念、技术和体制、机制创新之路，着力推行曲靖优质烟叶生产管理模式（QTP），改善烟叶生产的基础设施，完善烟叶生产技术标准，全面提升曲靖烟叶内在和外观质量，在更高水平上巩固全国烟叶生产基地地位的规模优势，在更高水平上建立烟叶科研开发基地的技术优势，在更高水平上建设国家优质烟叶生产和储备基地的产品优势，把我市建设成为世界知名、国内一流的优质烟叶基地，实现由烟草大市向烟草强市的转变。以调整卷烟产品结构为重点，抓好曲靖烟厂超高速卷接包设备引进、制丝线改造和动力中心技改，推进烟草加工及配套产业稳步发展。烟草及配套产业增加值年均增长5%。

第二，大力发展能源产业。以大型火电、煤化工基地配套煤矿、骨干矿井的建设改造和中小水电开发为重点，推进煤电、煤电冶、煤焦化和煤电磷一体化建设，能源产业增加值年均增长16%。

第三，壮大化工产业。依托云南煤化工（曲靖）基地建设和煤、磷、电等资源优势，大力发展煤化工、磷化工、乙炔化工、精细化工及相关产业，重点支持云维集团、云峰公司等一批化工骨干企业新建和改扩建煤磷化工项目，化工产业增加值年均增长30%。

第四，深度培育矿冶产业。依托优势骨干企业，淘汰落后生产能力，加快以铅锌为主的冶金工业和以水泥及制品为主的建材产业发展步伐。重点支持云南冶金（曲靖）基地等一批有色、非金属矿物制品的骨干企业，加大铅锌铝和稀有金属开发力度，加快发展金属材料深加工和高标号特种水泥。矿冶产业增加值年均增长 8%。

第五，着力培育汽车和机械制造产业。以一汽红塔等一批骨干制造企业为主，发展以轻卡系列为重点的汽车制造业、建材机械、冶金机械、矿山机械、化工机械、交通运输和电力配套设备制造业。支持一汽红塔改扩建项目建设，汽车和机械制造业增加值年均增长 20%。

第六，做大做强生物资源开发创新产业。围绕粮油籽种、畜牧、薯类、蔬菜、花卉、水产、茧丝绸、林果等产业建设一批农业产业化基地，做大做强一批生物资源加工和科技研发企业。生物资源开发创新产业增加值年均增长 7%。

从曲靖市的六大支柱产业中可以看到，除了烟草行业和生物资源开发创新产业以外，其余 4 个产业均是重工业，占到了所有支柱产业的 67%。由此可以知道曲靖市政府利用重工业的发展来加速曲靖市工业化进程、促进曲靖经济进一步发展的决心是不可动摇的，曲靖作为重要的重工业城市在滇中城市群中的地位是不可取代的。

四、"十一五"期间重点建设的五大基地

曲靖市"十一五"规划中提出曲靖将建设五大基地，其中包括：中国优质烟草生产和加工基地；西南重要的能源基地；西南重要的化工基地；西南重要的轻型汽车工业基地；西南重要的绿色食品加工基地。从上述的五大基地中可以看到，除了烟草生产和加工基地、绿色食品加工基地外，其余三大基地均是重工业化的生产基地，曲靖市政府重工业发展曲靖经济的理念是非常明显的。

五、"十一五"期间存在的突出问题

进入新的发展阶段，深层次矛盾和体制机制问题更加突出，发展不快、质量不高、发展不平衡仍是曲靖市面临的突出问题。需要在"十一

五"期间着力解决。

第一，经济结构不合理仍然突出。产业层次低，企业规模小，工业多为原料型工业，市场竞争力不强；城镇化和服务业发展滞后，对工业化的制约日益显现；基础设施薄弱，瓶颈制约依然存在；最终消费不足，扩大预期消费较难。

第二，资源与环境约束仍然突出。水资源短缺，还有约180万农村人口饮水安全问题亟待解决；土地供应紧缺，工业化、城市化进程加快，解决土地紧缺的矛盾始终是发展中的难题；重化工业比重较大，环境保护压力增大。

第三，"三农"问题仍然突出。农村富余劳动力就业技能低，非农就业机会增长缓慢，农民收入难以快速提高；人多地少的基本矛盾继续存在，农业生产经营规模难以显著扩大；农村公共医疗卫生体系和农村养老制度的建立等还需要付出更加艰辛的努力。

第四，就业压力仍然突出。产业结构调整对劳动力就业提出了更高要求，劳动力结构性过剩的矛盾突出，就业形势更加严峻。

第五，体制性障碍仍然突出。随着经济转轨的加快，政府职能转变还不适应社会主义市场经济要求，社会管理体制相对落后。

第十二章 曲靖城市竞争力研究

城市竞争力综合反映了城市的生产能力、对外经济辐射能力和吸引能力。城市是产业的承载者，产业的发展和竞争力的提升是城市发展的主要内容、动力和目标。本部分在分析曲靖产业发展基础，利用城市竞争力飞轮模型及其指标评估体系，对曲靖市城市竞争力现状、竞争力构成和提升途径进行了分析。

一、城市竞争力的概念框架

城市竞争力研究还是一个崭新的课题，从理论到实践尚处于探索阶段。中国的城市竞争力研究从 20 世纪末开始，目前尚处于起步研究阶段，没有一个公认的完整的理论体系。我们认为，研究城市竞争力，首先要明确大背景，找好研究的切入点，然后围绕着影响城市竞争力的主要因素和提升城市竞争力的关键对策进行研究，最终形成一套系统性的研究体系、理论和方法。

（一）城市竞争力概念

关于城市竞争力的概念，目前国内有影响的主要有以下几种表述方式。

中国社会科学院财贸经济研究所倪鹏飞认为：城市竞争力是指一个城市在竞争和发展过程中与其他城市相比较所具有的吸引、争夺、拥有、控制和转化资源，争夺、占领和控制市场，以创造价值，为其居民提供福利的能力。东南大学经济管理学院公布的报告认为：城市竞争力主要是指城市在集聚生产要素和创造财富以及促进城市所在地区和国家发展方面的能力。上海社会科学院城市综合竞争力比较研究中心发表的《国内十大城市综合竞争力比较研究》认为：中国的城市综合竞争力又具有明显的中国特色。就城市经济来说，竞争力就体现为市场化占有、配置和利用生产要素权力的大小。北京国际城市发展研究院在 2002 年提出了适合世贸组织背景

— 171 —

下中国城市竞争力需要的"全球竞争力理论"和"城市价值链模型",强调城市竞争力必须"以市场为目标,以战略为核心,以整合为导向",其本质是建立高度区域一体化的全球资源配置机制,从而提升城市对市场的预见能力、战略决策能力和资源整合能力。

我们认为,城市竞争力是城市综合发展能力的体现,它使得城市在日趋全球化的竞争中获得有利的地位。一个有竞争力的城市,不仅会获得更多的稀缺资源,而且会优化配置这些资源,提高资源的利用率,培养出更多的有竞争力的产业部门和企业,为市民提供更多的获得知识和就业的机会,为市民提供更多更好的社会保障和社会福利。一个缺乏竞争力的城市,将在激烈的竞争中趋于衰落以至于被淘汰。

(二)城市竞争力指标体系

南开大学提出的城市竞争力指标体系包括综合经济实力、资金实力、开放程度、人才及科技水平、管理水平、基础设施及住宅共 6 个一级指标和 21 个二级指标。

东南大学经济管理学院的中国城市竞争力评价报告把经济发展环境指标体系分解成三个方面,即分为经济规模、经济素质、经济运行环境(狭义的经济发展环境)三个领域层。作者在课题研究中所运用的方法和数学模型是因子分析方法及其相应模型。

广东省社科院在 2002 年 11 月 6 日公布的《广东省地区竞争力评估与分析报告》将影响地区竞争力的因素分为六大分力,即产业竞争力、科技竞争力、政府竞争力、市场竞争力、城市竞争力和外贸竞争力。

台湾国政基金会科技经济组发布的《2002 年台湾城市竞争力评比报告》,设立了台湾城市竞争力指标体系,该体系建立了经济活力、政府效率、生活品质 3 个一类指标,下面包括 19 个二级指标和 48 个三级指标。

上海市社科院城市综合竞争力比较研究中心对中国十个最具代表性城市进行的竞争力比较研究报告,从总量、质量、流量三个一级指标出发,下设 14 个二级指标和 79 个三级指标,通过定量分析 10 个中心城市在经济发展中的集聚和扩散功能的强弱,来体现每个城市的综合实力。北京国际城市发展研究院(IUD)的中国城市竞争力评价系统,由城市实力、能力、活力、潜力、魅力等五个子系统构成,下设二级指标 23 个、三级指标 140

个，包括统计指标和调查指标两大类。

中国市长协会发布的2001—2002年中国城市发展报告，共设立了两套评价体系：一套是"中国城市综合实力排名"，这是选取市区全年总产值、总人口等12项指标计算出来的；另一套是"中国城市发展潜力排名"，根据城市实力、城市竞争能力、城市社会发展能力、城市管理能力和城市持续能力，构成其评价指标体系。

倪鹏飞在2006年《中国城市竞争力报告No.4》，首次联合两岸四地，加入了港澳台九座城市，是对内地和港澳台城市作的第一次综合竞争力评估。其城市竞争力评价指标体系和评价方法，主要包括两套指标评价体系，即显示性指标体系和解释性指标体系。显示性指标包括代表增长指数、规模指数、效率指数、效益指数、结构指数、质量指数、就业指数等7个关键性综合指标。解释性指标包括8项一级解释性指标、48项二级解释性指标和155个三级要素指标。一级解释指标分别是：人才本体竞争力、企业本体竞争力、产业本体竞争力、公共部门竞争力、生活环境竞争力、商务环境竞争力、创新环境竞争力和社会环境竞争力。上述指标通过复杂的权重和参数换算，量化出一个城市的综合竞争力。

从前文的分析中可以看出，城市竞争力是一个混沌的系统，它由许多子系统组成，同时又是更大系统的子系统。本文认为城市的竞争力可以定义为：

城市竞争力（UC）＝F（外部竞争力、内部竞争力、核心竞争力）

＝F（人力资本竞争力、企业管理竞争力、

产业发展竞争力、公共部门竞争力、生活环境竞争力、商务环境竞争力、

创新环境竞争力、社会环境竞争力、区域国际竞争力）

其中，人力资本竞争力：指同其他城市相比较，本市市民整体的外在、内在创造财富的能力以及拥有财富的水平。产业发展竞争力：指同其他城市相比较，本市产业整体发展水平的高低，发展专业化的程度。公共部门竞争力：指同其他城市相比较，本市公共部门的内在服务水平的高低。生活环境竞争力：指同其他城市相比较，本市市民享受的生活质量水平及其所产生的经济吸引力的大小。商务环境竞争力：指同其他城市相比

较，城市企业经营、产业发展的潜在能力的大小。创新环境竞争力：指同其他城市相比较，城市创新能力发展的潜力。社会环境竞争力：指同其他城市相比较，城市的社会凝聚力大小和谐程度。这是构成城市社会稳定发展的和谐因素。区域国际竞争力：各个城市在经济社会发展上的互补进步，在区位上的相互接近，构成了一个个的区域城市群，一个区域竞争力的提升与区域内各城市因子的贡献是分不开的，而整个区域竞争力的增加势必牵引着区域内各城市竞争力的提升。

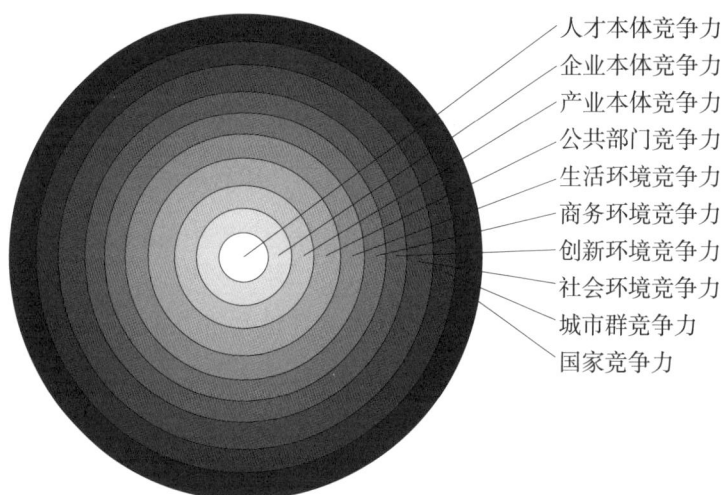

图 12 - 1　竞争力飞轮模型

从图 12 - 1 中可以看出，各系统的相互关系，其中人才、企业、产业和公共部门等本体竞争力居于城市竞争力的核心地位。任何系统都包含和包括它，它也是任何系统的一部分。城市生活、商务、创新、社会环境是人才、企业、产业和公共部门的重要环境条件。城市的发展水平与其综合竞争力息息相关，一般来说，收入水平越高的城市，其综合竞争力也就越高。而高收入和低收入阶段的城市，经济增长比较缓慢，中等收入水平的城市往往处于一个经济高速增长的时期，具有巨大的发展潜力。高收入和低收入阶段的城市，效益指数一般比较高，而处于中等收入水平的城市，往往由于注重速度而忽视了效益。

二、曲靖城市竞争力现状和指标分析

曲靖历来被称为珠江源头第一城，是云南省重要的经济、文化和旅游城市。近几年来，曲靖在从党中央到地方各级政府的支持和规划下，经济发展迅猛，已成为中国大西南重要的烟草、旅游和文化名城。曲靖在2006年全国城市综合竞争力中，排名第192位（见表12-1）。

表12-1　　　　2006年曲靖在全国200城市综合竞争力排名

指标名称	得分	排名
综合竞争力	0.3301	192
1. 增长指数	0.6086	182
2. 规模指数	0.0646	155
3. 效率指数	0.0980	189
4. 效益指数	0.3101	103
5. 结构指数	0.0291	185
6. 质量指数	0.2213	176

数据来源：中国网《2006年中国城市综合竞争力报告》。

虽然由表12-1所显示的数据，曲靖市的城市综合竞争力和各级竞争力指数在全国200城市排名中均处于相对靠后的位置，其中增长指数、规模指数、效率指数、结构指数和质量指数都排在150名之后，但在国家西部大开发的战略下，曲靖正处于经济和城市化的快速增长期，在2006年以前的历年全国城市综合竞争力综合排名中，曲靖均榜上无名，2006年是曲靖首次进入全国城市排名的前200名，而且在西部城市中，曲靖各级指数均有一定优势，其中效益指数在全国位列103名，处于全国中等水平，远远高于综合排名，说明全市经济效益的优势是拉动全市经济和城市化的主要力量。

但曲靖与全国其他重点城市的差距还是不容回避，尤其是增长指数的相对落后（全国排名第182名）。增长指数在很大程度上刻画了这个城市未来一段时间的发展状况和发展速度。虽然这并不能代表曲靖在将来发展的速度有多么缓和，但却反映了曲靖的城市发展速度将慢于全国多数城市。

三、曲靖城市竞争力提升途径

一个城市的竞争力最主要是指这个城市的经济竞争力，即城市创造财富的能力。所以，提升城市竞争力最重要的途径就是增强城市特色优势产业的地区贡献力和影响力。

（一）加快城市化进程

通过中国城市不同发展阶段的特征分析发现：①城市所处的发展阶段越发达，其城市化水平就越高。目前，中国80%以上的城市都处于人均GDP在1万到5万元人民币之间，城市化率在0.4到0.9的发展阶段。②服务业占GDP的比重在50%以下时，服务业对人均GDP的贡献弹性很小，但是当服务业的比重超过50%时，人均GDP就随着服务业比重的上升而急剧上升。目前，我国大部分城市仍然处于以第二产业为主导的阶段，但是服务业对城市发展的巨大带动作用已经显现出来。

（二）提升曲靖城市核心竞争力的几种方式

提升曲靖城市核心竞争力，必须遵循全球化思考、当地化行动的战略原则，做大做强城市优势产业。其重点是：在发挥好比较优势的同时，把重点放在向竞争优势方面突破，即资源转换能力高度专业化、规模化、市场化。具体有4种方式：优势延伸、优势组合、优势再造、优势互补。

（1）优势延伸。曲靖应当充分发挥现有优势，使资源优势转化为经济优势，使现有的产业优势转化为城市经济发展的全面优势。从供需关系上分析，优势产业无论是工业还是第三产业的旅游业、商业，都必须是供给和需求在"区域"内具备优势，甚至是主导作用。

（2）优势组合。即城市在原有优势的基础上进行拓展。曲靖秉承云南风光秀丽的优点，在旅游产业和"两烟"、有色金属等产业方面有许多相互利用资源的地方。突出综合优势，可以加快地区发展，扩大城市的知名度，从而提升城市的竞争力。

（3）优势再造。曲靖拥有诸多优势再造、开发新的经济增长点的条件，并且在以往的规划、发展过程中已有过许多实践的经验，如曲靖汽车工业的崛起。从资源和基础设施角度来看，曲靖以及云贵地区并不具有这方面的优势，但正因为本地区没有发展此类工业，所有曲靖汽车产业的成功就是很好的范例。

（4）优势互补。主要是指通过异地异质资源的开发来形成自身的产业优势及地区经济的整体优势。本文认为可以将占云南省经济80%的昆明、玉溪、曲靖、楚雄统筹规划，在云南省内实现产业的合理分工和布局，减少各地州因产业共质化带来的低层次恶性竞争，学习国内外成功的经验，通过协调发展带动云南省的经济、社会发展。

第十三章　曲靖产业历史及现状的分析

地区经济要想获得快速高效的发展，优势产业的主导地位不可或缺，也是带动上下游产业发展的有效途径，因此，分析曲靖三次产业中的优势产业的情况，能看到整个产业发展所处的阶段和发展环境，以便有针对性地制订更有效的措施加快地方经济的发展。

一、曲靖市产业发展综述

经过十次五年计划的磨炼，曲靖市的经济发展取得了骄人的成绩。曲靖的经济发展水平与改革开放初期相比有了翻天覆地的变化。2005 年，曲靖市生产总值达 441 亿元，在 2000 年到 2005 年的五年间相继突破 300 亿元和 400 亿元，年均增长 10.4%，比"九五"末的 217 亿元翻了一番多，经济总量跃居全省第二位。曲靖在政府财政方面也取得了丰硕的成果，2005 年财政总收入 94.4 亿元，年均增长 15.1%，地方一般预算收入完成 29.45 亿元，年均增长 15.9%，是"九五"末的两倍多。这里我们将研究曲靖市产业发展的总体效果，为下文的详细论述做好铺垫。

（一）GDP 发展研究

产业的发展可以带动经济的增长，而经济增长又可以促进产业结构的变化、演进和优化升级。产业发展基础直接反映着城市未来的经济取向，是城市价值活动和价值流的重要支撑。曲靖地区三大产业的发展趋势是第一产业稳步发展、第二产业快速增长、第三产业平稳增长。"十五"期间，曲靖一直贯彻"一产（农业）要稳、二产要快、三产要活，特别保证工业核心地位"的方针，取得了显著的成就。

从图 13-1 中可以看到，曲靖市的经济的发展由稳步增长时期进入加速发展时期。由 2000 年的 217 亿元发展到 2005 年的 441 亿元，5 年时间翻了一翻多，平均增长 10.4%，高于"九五"期间 0.6 个百分点，也高于全国水平。2006 年更是达到 536.8 亿元，按可比价格上升 15.5%。

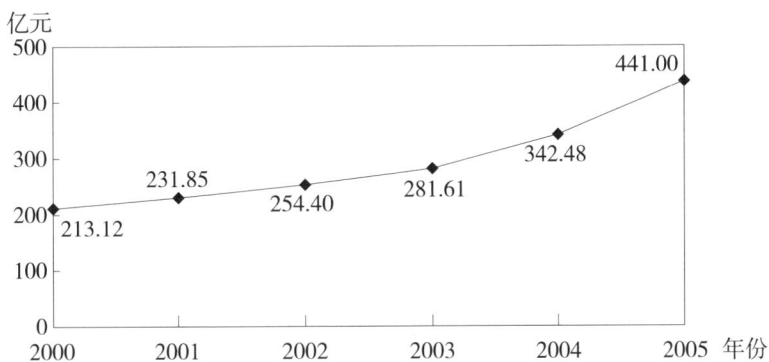

图 13－1　曲靖市 GDP 发展趋势图

资料来源:《曲靖统计年鉴》(2001—2006 年)。

自 2000 年始,曲靖市整体经济以国内生产总值所体现的数据为指标在近几年中呈加速发展态势,特别是 2004 年、2005 年,分别比上年同期增长 21.61% 和 28.77%(计算方式按当年价),2005 年,全市人均 GDP 达到 987 美元。

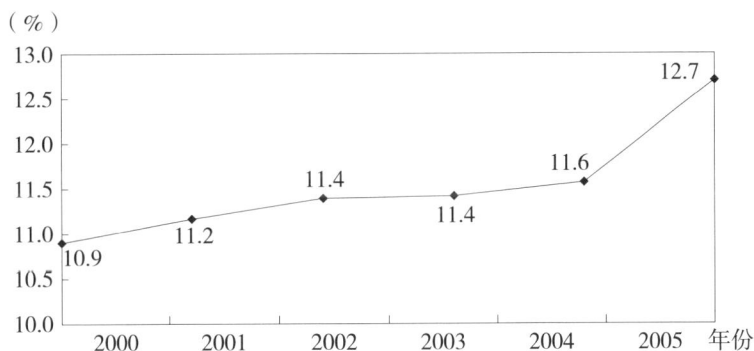

图 13－2　曲靖市 GDP 占全省比重图

资料来源:《曲靖统计年鉴》《云南省统计年鉴》(2001—2006 年)。

从图 13－2 中可以看到,曲靖市占全省的 GDP 比重是不断上升的,2000 年时,曲靖 GDP 占到全省的 10.9%,2005 年占到全省的 12.7%,虽然提升不是很大,但是稳步上扬的趋势是显而易见的。特别是 2005 年曲靖 GDP 占全省比重提升较快,从 2004 年的 11.6% 快速提升到了 2005 年的 12.7%,增加了 1.1%。

表 13 - 1   曲靖、昆明地区 GDP 占全省比重

年份	2000	2001	2002	2003	2004	2005
曲靖占比（%）	10.78	10.85	11.01	11.01	11.12	12.71
昆明占比（%）	31.10	31.50	31.60	31.80	30.60	30.60

资料来源：《曲靖统计年鉴》《云南省统计年鉴》（2001—2006 年）。

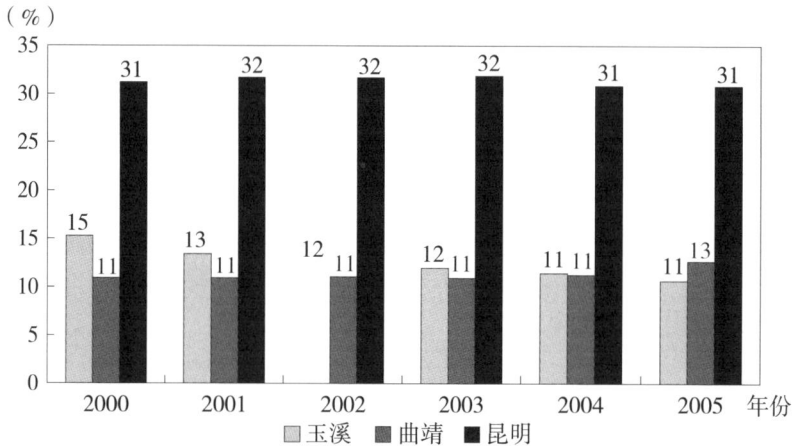

图 13 - 3   曲靖、昆明、玉溪 GDP 占全省比重图

资料来源：《曲靖统计年鉴》《云南省统计年鉴》《玉溪统计年鉴》（2001—2006 年）。

从表 13 - 1 与图 13 - 3 中可以看出，曲靖市 GDP 在全省的比重发展较慢，基本维持在 11% 左右，仅仅 2005 年占到了全省的 13%。玉溪 GDP 在全省的比重则缓慢下降，从 2000 年的 15% 下降到了 2005 年的 11%，而昆明 GDP 在全省的比重则比较稳定，牢牢地站在了 30% 的高点上，成为云南省名副其实的经济龙头。

曲靖近几年的总体的发展趋势是：第一产业稳步发展、第二产业快速增长、第三产业平稳增长。其中工业的发展较为迅速，成为曲靖地区的核心产业。第二产业，特别是工业在 GDP 中的比重份额仍然较大（见图 13 - 4）。

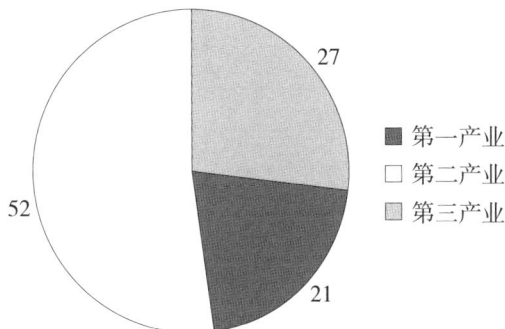

图 13 - 4　2004 年曲靖三大产业比重（%）

资料来源：《曲靖统计年鉴》（2005 年）。

（二）第一产业

农业是曲靖市的优势产业，在全省中占有重要的地位。经过改革开放近三十年的发展积累，曲靖市已形成了初具规模的农业生产结构和农业发展体系，区域布局更加合理。

全市初步形成了以麒麟、沾益、陆良为主的优质稻米生产区，以宣威、会泽、沾益、富源、罗平为重点的专用玉米生产区，以罗平、师宗、陆良、富源为重点的油菜生产区，以师宗、罗平、富源、宣威、会泽、马龙为重点的优质黑山羊生产区，以会泽、宣威、富源为主的腌肉型肉猪生产区，以陆良、师宗、麒麟、沾益为主的蚕桑生产区，以宣威、会泽为主的加工型马铃薯生产区，以陆良、麒麟、师宗为重点的蔬菜生产区。并着重发展成型了以粮油种子、薯类、蔬菜水产花卉、茧丝绸、畜牧、林果等六大主导产业，收到了良好的经济和社会效益。农产品生产正向规模化、区域化和标准化方向发展，为农业产业化经营打下了坚实的基础。

2005 年，曲靖农业内部结构进一步优化，粮、经、饲比例调整为59:27:14，主要经济作物和水产品产量产值有较大幅度增长。农业总产值预计达 139 亿元，比 2004 年净增加 12.4 亿元，增长 9.8%。全市农民人均纯收入 2078 元，比 2004 年增 180 元，增长 9.5%。随着近几年来曲靖市整体经济的迅速发展，曲靖市的农业也获得了良好的发展环境和发展空间。

表 13 - 2 曲靖近几年来生产总值和第一产业总产值发展情况

年份	2000	2001	2002	2003	2004	2005
生产总值（亿元）	213.12	231.85	254.40	281.61	342.48	441.00
第一产业总产值（亿元）	52.55	54.47	57.69	61.89	72.81	
第一产业在生产总值中的比重（%）	24.7	23.5	22.7	22.0	21.3	

资料来源：依据《曲靖市统计年鉴》（2000—2005 年）数据整理。

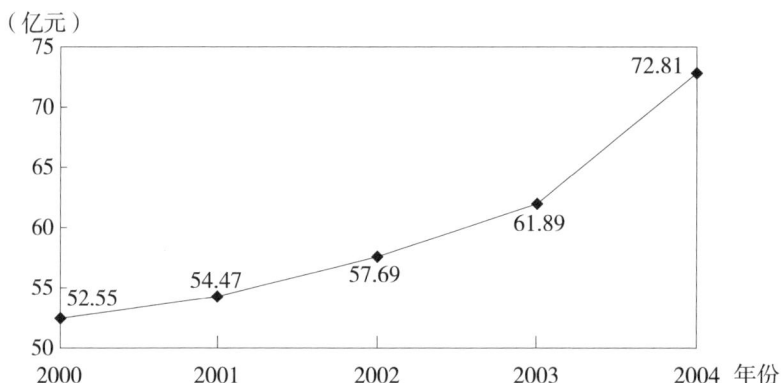

图 13 - 5 曲靖市第一产业增长趋势图

资料来源：《曲靖市统计年鉴》（2000—2005 年）数据整理。

从表 13 - 2 与图 13 - 5 中可以看到，曲靖市第一产业的发展比较稳健，自 2001 年至 2003 年每年的增长速度分别为 3.65%、5.92% 和 7.28%，略低于国内生产总值平均增长水平。2000 年到 2004 年的四年当中，曲靖市第一产业产值从 52.55 亿元增加到了 72.81 亿元，增长了 38%，年均增长速度为 9.6%，拥有这样的发展业绩对第一产业来说实属不易。

从图 13 - 6 中可以看到，曲靖市第一产业在 GDP 中所占的比重缓慢下滑，由 2000 年的 24.7% 下降到 2004 年的 21.3%。这样的发展趋势符合工业发展的基本趋势，第一产业在国民经济中的作用正在渐渐淡化。

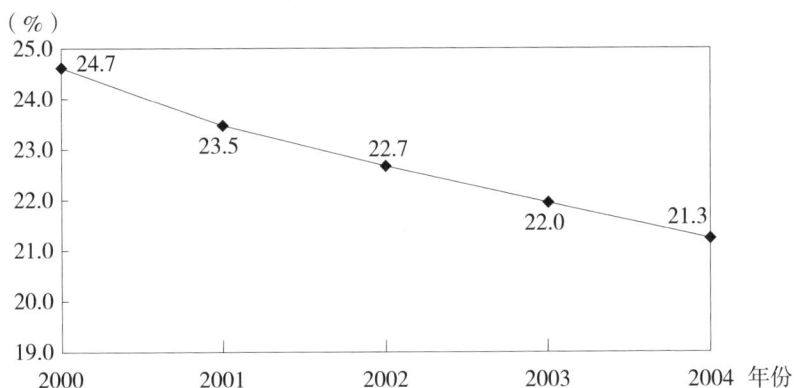

图 13-6　曲靖市第一产业占 GDP 比重图

资料来源:《曲靖市统计年鉴》(2000—2005 年) 数据整理。

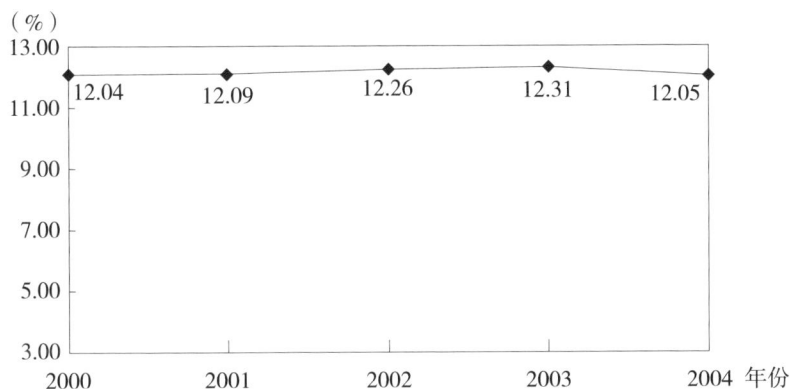

图 13-7　曲靖市第一产业在全省中的比重图

资料来源:《曲靖统计年鉴》《云南省统计年鉴》(2001—2006 年)。

从图 13-7 中可以看到,曲靖市第一产业产值在云南省第一产业中的比重基本稳定在 12% 左右,虽然略有变化,但是变化幅度都比较小,说明曲靖市第一产业的发展轨迹和全省第一产业的发展轨迹是一致的。

从图 13-8 中可以看到,曲靖、玉溪、昆明第一产业产值在全省第一产业产值中的比重基本保持不变,曲靖维持在了 12%,昆明维持在了 13%,玉溪维持在了 7%,说明上述三个城市第一产业的发展情况和全省的发展情况是基本一致的。

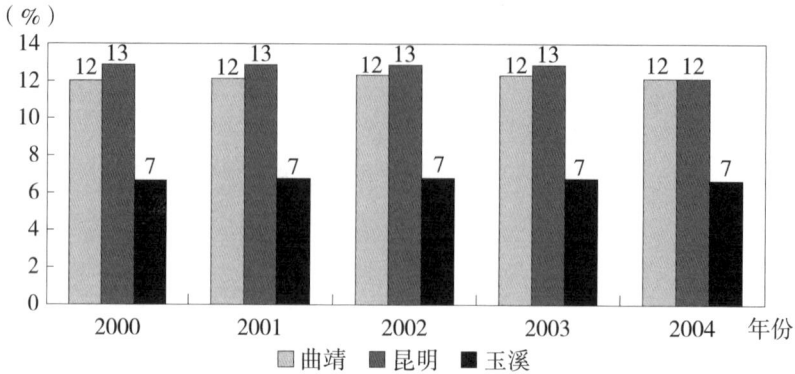

图13-8 昆明、曲靖、玉溪第一产业在全省中的比重

资料来源:《曲靖统计年鉴》《云南省统计年鉴》《玉溪统计年鉴》(2001—2006年)。

在曲靖市的"十一五"规划中,"三农"问题作为各项工作的重中之重。曲靖用发展工业的理念和产业的思路谋划发展农业。大力推进农业结构调整,着力培育农业龙头企业。积极发展农村第二、第三产业,使一部分农民从土地上分离出来,2005年成功转移和输出农村剩余劳动力99.3万人次,转移就业总收入67.6亿元。曲靖还调整种植结构,形成了一批特色农业,按照"十一五"规划的要求,曲靖在农业生产中积极实施"双六"工程,逐步形成了富有曲靖特色和优势的农业经济结构,特色经济作物和畜牧业成为农民增收的重要来源。加大了农村基础设施投入,改善了农村基础设施,加强农村教育、卫生、交通、通信建设,使广大农民生活质量不断提高。

曲靖的农业发展中也存在着许多问题,主要是农村富余劳动力就业技能低,非农就业机会增长缓慢,农民收入难以快速提高;人多地少的基本矛盾继续存在,农业生产经营规模难以显著扩大;农村公共医疗卫生体系和农村养老制度的建立等还需要付出更加艰辛的努力。

(二)第二产业

曲靖地区提出并确定了"现代工业强市"的奋斗目标。始终坚持走新型工业化道路,大力发展现代工业,在盘活存量的同时,大力发展增量,调整、改造了一大批原有工业企业,使生产能力大幅提高,投资近500亿元的新型工业化项目,将为工业经济的长足发展释放巨大能量(包括上百亿元的几个项目："云南硅谷"的南海子工业园硅材料产业基地——百亿元硅材料项目；滇东电厂百亿元发电项目）。重点培育烟草、能源、化工、矿冶、机械汽车产业，五大产业产值占全市工业总产值的83%，成为工业经济的支柱。积极建设曲靖开发区和花山煤化工、宣威羊场磷电一体化等工业园区，充分发挥园区的聚集作用。高度重视发展煤、电等基础产业，原煤产量从"九五"末的953万吨提高到3572万吨，发电量由"九五"末的89亿度提高到207亿度，有效缓解了煤、电等短缺要素的制约。通过推进工业化进程，经济结构不断得到优化，三次产业的比重由"九五"末的25:42:33调整为20:50:30，工业在国民经济中的地位日益突出。

2005年，曲靖生产总值完成441亿元，增长12.9%，其中：第一产业实现增加值87.6亿元，增长5.8%，占全市生产总值的19.9%；第二产业实现增加值222.3亿元，增长18.4%，占全市生产总值的50.4%，其中：工业实现增加值194.4亿元，增长17.8%，占全市生产总值的44%，比去年同期上升了2.5个百分点；第三产业实现增加值131亿元，增长9.2%，占全市生产总值的29.7%。曲靖的两烟及配套、能源、化工、冶金、汽车及机械、生物资源开发创新的六大支柱产业及30户重点骨干工业企业正在崛起。

近几年来，曲靖地区GDP和第二产业增加值持续稳定的增长，第二产业增加值占地区GDP的比重平均维持在48.11%左右。"十五"前四年第二产业占GDP的比重一直处于增加的趋势，根据产业经济学的发展理论，这是工业化进程中典型的"第二阶段"的特征。[①] 曲靖地区的第二产业产值的贡献主要来源于重化工业、矿冶、机械等行业，工业结构处于由原材料工业为中心向加工、组装工业发展过程中；企业发展也处于集群、集约状态。随着经济结构战略的变化，第二产业，特别是工业必将向以技术密集型为代表的高新技术发展，原有核心行业也必将更加注重科技的力量。工业结构将表现为技术集约化，同时，第二产业在GDP中的比重也将下降，但仍然在较长一段时间内是经济的支柱（见表13-3）。

---

① 苏东水. 产业经济学［M］. 北京：高等教育出版社，2000.

表 13-3　　曲靖市 2000—2005 年第二产业增加值占 GDP 比重

年　份	2000	2001	2002	2003	2004	2005
国内生产总值（亿元）	213.12	231.85	254.40	281.61	342.48	441.00
第二产业增加值（亿元）	90.75	102.22	125.60	141.41	178.10	222.30
比重（%）	42.58	44.09	49.37	50.21	52.01	50.41

资料来源：依据《曲靖市统计年鉴》（2000—2005 年）数据整理。

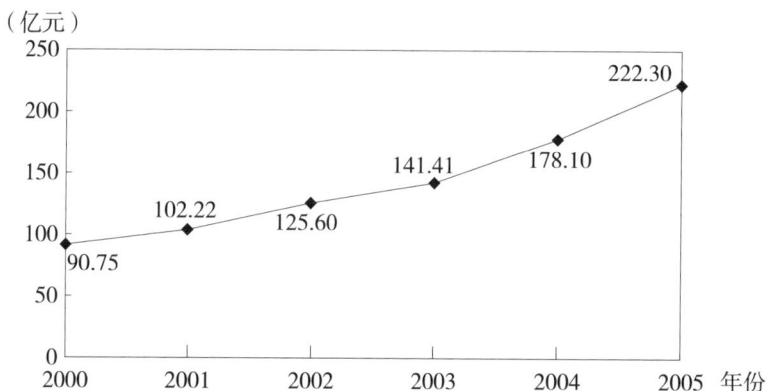

图 13-9　曲靖市第二产业增加值趋势

资料来源：《曲靖市统计年鉴》（2000—2005 年）。

从图 13-9 中可以看到，曲靖市第二产业发展速度较快，第二产业增加值从 2000 年的 90.75 亿元增加到了 2005 年的 222.30 亿元，增长了 144%，年均增幅达到了 20%，增长势头较为强劲，超过了曲靖 GDP 的增长速度，为曲靖的经济发展注入了强大动力。

从图 13-10 中可以看到，经济增长反映出最突出的是工业增长迅速，比重较大。几年来，第二产业增加值的增长幅度和 GDP 的增长幅度基本保持一致，呈现出稳定良好的经济增长态势。2000 年，曲靖市第二产业增加值在 GDP 中的比重为 42.58%，2005 年，曲靖市第二产业增加值在 GDP 中的比重为 50.41%，上升了近 8%。依据"十一五"规划的预测，到 2010 年曲靖市 GDP 将达到 770 亿元，按照这种稳定的趋势，第二产业增加值将至少达到 370 亿元。

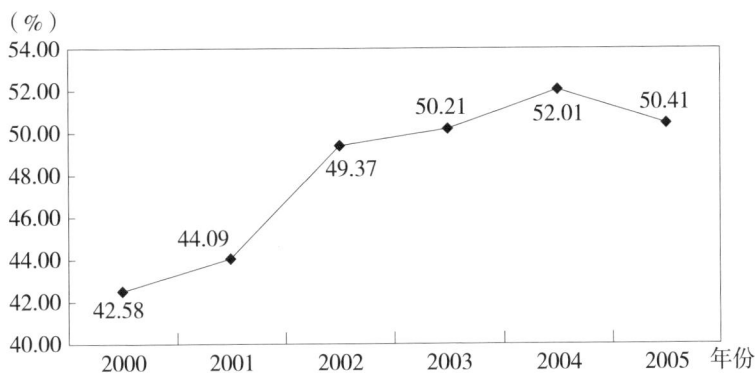

图 13－10　曲靖市第二产业增加值占 GDP 比重

资料来源：云南省图书馆《曲靖市统计年鉴》（2000—2005 年）。

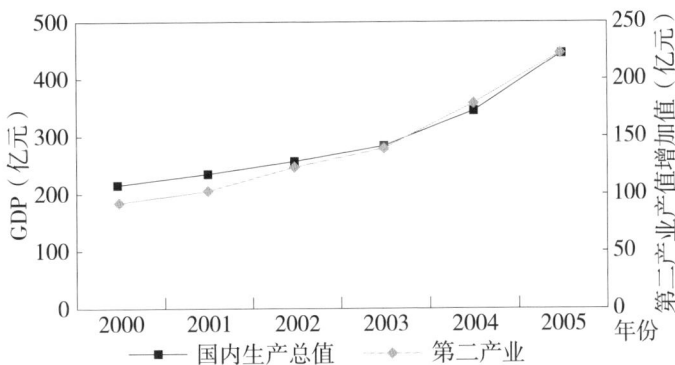

图 13－11　云南省与曲靖市第二产业增加值趋势比较

资料来源：云南省图书馆《曲靖市统计年鉴》（2000—2005 年）。

从图 13－11 中可以看到，曲靖市第二产业增加值的增长趋势和曲靖市 GDP 的增长趋势基本吻合，说明曲靖近几年的经济增长主要受第二产业的影响，第二产业成为曲靖经济增长中的中流砥柱。

工业是第二产业中的主要部分，曲靖的工业近几年来一直是曲靖第二产业最主要支撑者。2000—2005 年的比重平均维持在 86% 左右（见表 13－4）。

表 13 – 4　曲靖市 2000—2005 年工业产值增加值占第二产业增加值比重

年　份	2000	2001	2002	2003	2004	2005
第二产业增加值亿元	90.75	102.22	125.60	141.41	178.10	222.30
工业产值增加值亿元	76.24	89.59	110.96	121.04	147.90	194.40
比重（%）	84.02	87.65	88.30	85.60	83.04	87.45

资料来源：依据《曲靖市统计年鉴》（2000—2005 年）数据整理。

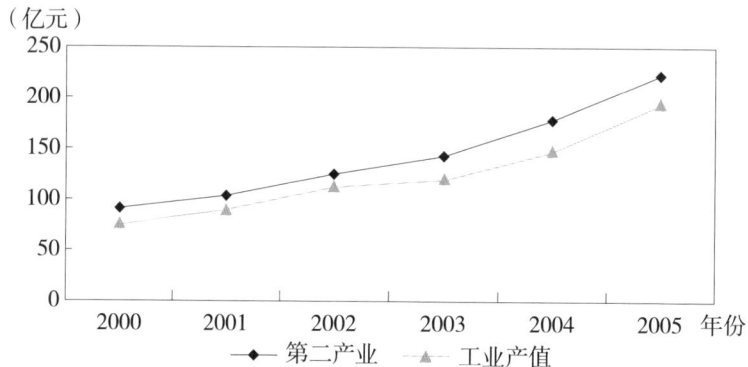

图 13 – 12　曲靖市第二产业增加值与工业增加值比较

资料来源：《曲靖市统计年鉴》（2000—2005 年）。

从图 13 – 12 中可以看到，曲靖市第二产业的发展轨迹和工业的发展轨迹基本吻合，仅仅在 2003 年后有所分离。第二产业主要是由工业和建筑业所构成，在曲靖的第二产业中，工业远远地超过了建筑业，成为曲靖第二产业发展的主要动力。

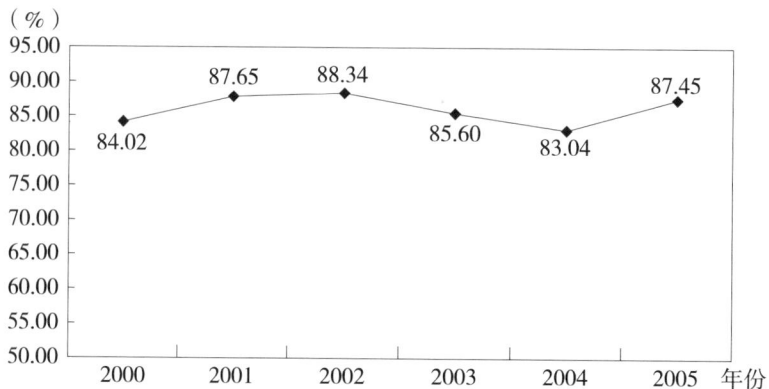

图 13 – 13　曲靖市工业增加值在第二产业增加值中的比重

资料来源：《曲靖市统计年鉴》（2000—2005 年）。

从图 13 - 13 中可以看到，曲靖工业增加值在第二产业增加值中所占比重变化不大，基本维持在了 85% 左右，说明了工业在曲靖第二产业中的重要地位和曲靖工业发展的稳定性。

表 13 - 5　　　曲靖 2005 和 2006 年几大支柱产业完成产值和占比情况

	2005 年		2006 年	
	完成产值（亿元）	占比（%）	完成产值（亿元）	占比（%）
能源行业	185.8	42.13	225.4	41.99
卷烟制造业	74.0	16.78	88.8	16.54
化工行业	48.0	10.88	53.1	9.89
矿冶行业	60.2	13.65	130.2	24.25
合计	368.0	83.44	497.5	92.67

资料来源：2005 年、2006 年《曲靖市统计公报》。

从表 13 - 5 中可以看出，曲靖市是典型的工业城市，几大支柱的工业产值占 GDP 份额达到八九成的绝对优势。工业的投资额度也占到全社会投资总额的 50% 以上。

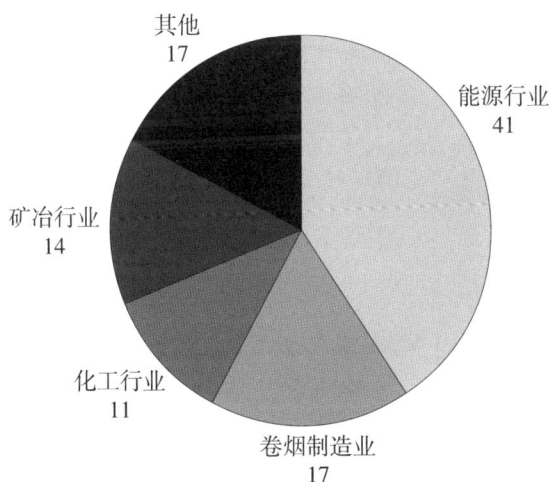

图 13 - 14　曲靖市工业中主要行业的比重（%）

资料来源：2005 年、2006 年《曲靖市统计公报》。

从图 13 - 14 中可以看到，曲靖市第二产业中能源行业所占比重较大，占到了第二产业的41%，曲靖作为滇中城市群能源基地的地位确立无疑；卷烟制造业位居第二，占到了曲靖市第二产业的17%；其次是冶炼和化工行业。

表 13-6　2005 年、2006 年曲靖市主要支柱产业投资完成和占全社会投资比重情况

	2005 年		2006 年	
	完成投资额（亿元）	占比（%）	完成投资额（亿元）	占比（%）
工业	130.5	57.49	145.4	51.20
采矿业	30.5	13.44		
制造业	45.6	20.09	47.4	16.69
能源行业	54.3	23.92	75.3	26.51
交通仓储	30.3	13.35	46.5	16.37

资料来源：2005 年、2006 年《曲靖市统计公报》。

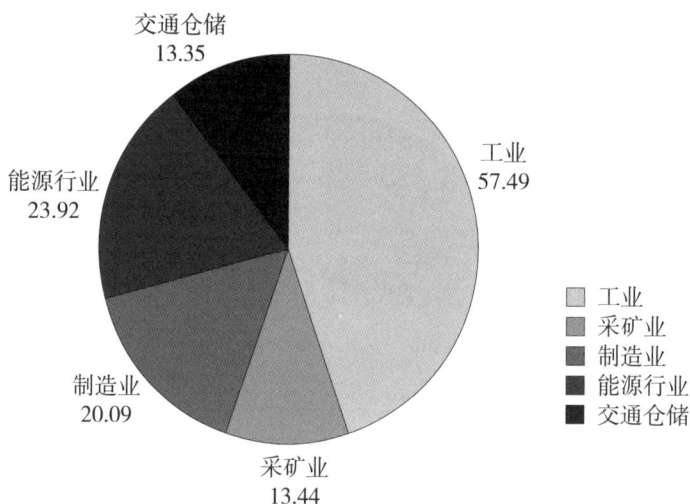

图 13-15　曲靖市 2005 年投资比重（%）

从表 13-6、图 13-15 中可以看到，曲靖 2005 年工业投资占到了全社会投资的 57.49%，其中能源行业和制造业的投资份额最大，占到了全社会投资总额的 23.92% 和 20.09%，是曲靖市工业建设中的明星。

曲靖作为滇中的大市，凭借自身的优势，其工业发展在今后的发展过程中具有诸多的机遇。

面临的四大机遇：

一是世界经济景气和我国工业化进入中期加速发展阶段，国际资本和我国东部资本在资源和市场的牵引下加快进入西部，为提升曲靖制造业、能源产业和化工产业水平创造了历史性机遇。

二是区域合作已成为加快发展的重要途径，尤其是中国与东盟自由贸易区的推进，泛珠三角区域合作机制全面启动，推动曲靖在更大范围和更高层次上构建对内对外开放新格局。

三是坚持科学发展观为深入实施西部大开发战略提供了重要支撑，西部开发以基础设施和产业发展、生态保护并重，将改善曲靖经济社会发展的薄弱环节。

四是云南省把曲靖确定为滇中发展和云南省的优化开发区，明确要求曲靖加快发展，率先建成大城市，带动全省经济社会发展。"十一五"期间将在昆曲经济带加大生产力布局力度，提高曲靖辐射滇东片区的能力，为曲靖发展提供新的空间。

蕴涵着四大推动力：

一是思想动力。市二次党代会以来，特别是省政府曲靖现场办公会和保持共产党员先进性教育以后，全市上下思想统一，人心思进，加快发展已成为全市广大干部群众的共同愿望和迫切要求。

二是发展活力。经济增长方式从粗放型向集约型转变促使经济运行质量进一步提高，非公经济加快发展促使所有制结构进一步优化，人的全面发展促使人的创造能力得到充分发挥。

三是创新能力。随着科技服务体系的进一步完善，曲靖将依托重点企业，建设一批产学研相结合的研发和推广中心，挖掘技术创新潜力，有效提升曲靖区域创新能力。

四是投资和消费拉动力。"十一五"期间曲靖在投资总量继续保持较快增长的同时，消费也将呈现较快的增长势头。

拥有的四大比较优势：

一是资源优势。曲靖丰富的煤炭等矿产资源为工业化进程提供了资源保证。

二是交通和区位优势。曲靖地处滇黔川桂四省接合部，位于泛珠江经济区、南贵昆经济带的中心地带，已形成以四条国道、两条铁路为主的路网结构，即将建设的昆明新机场增添了空中运输的便利条件，形成进出便捷、市内联网的交通格局。曲靖是内地进入云南通向东南亚的东大门，在昆明、贵阳、南宁等区域中心城市的生产要素集聚辐射过程中起着不可替代的传承作用。

三是产业优势。曲靖工业门类相对齐全，六大支柱产业雏形基本形成，已经成为全省重要的能源、化工、冶金基地，为承接东部资本和产业转移提供了较好的工业基础。

四是人力资源优势。曲靖现有 8.69 万专业技术人员，职业高中在校学生占全省总量的 1/5，普通高中在校学生占全省总量的 1/5，每年平均高考录取人数约占全省的 1/4，每年回曲就业的大中专业毕业生达 1.2 万人。尤其是"十一五"期间职业教育的加快发展，将为经济和社会发展提供大量的各类应用技术人才。

当然，曲靖的第二产业发展中面临着许多问题。进入新的发展阶段，深层次矛盾和体制机制问题将更加突出，发展不快、质量不高、发展不平衡仍是曲靖面临的突出问题，需要在"十一五"期间着力解决。主要有：

经济结构不合理仍然突出。产业层次低，企业规模小，多为原料型工业，市场竞争力不强；城镇化和服务业发展滞后，对工业化的制约日益显现；基础设施薄弱，瓶颈制约依然存在；最终消费不足，扩大预期消费较难。

资源与环境约束仍然突出。水资源短缺，还有约 180 万农村人口饮水安全问题亟待解决；土地供应紧缺，工业化、城市化进程加快，解决土地紧缺的矛盾始终是发展中的难题；重化工业比重较大，环境保护压力增大。

（四）第三产业

曲靖的城市性质定位为：滇东中心城市，云南省现代工业重要基地，环境优美的珠江源园林生态城市。在市委、市政府科学的决策引导下，曲靖一直在往"工业强市"的方向上努力，目前社会经济发展出现了较为喜

人的局面。而由此带来了新问题，即工业化速度远高于城市化进程，从图
13-16中看出曲靖的城市化程度远远低于昆明和玉溪，仅仅同楚雄相当。

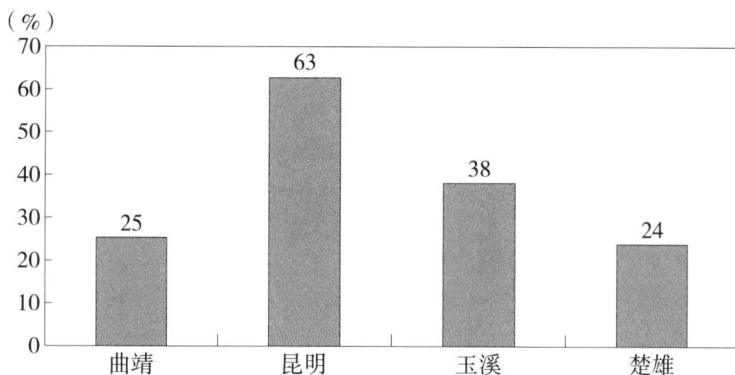

图 13-16　滇中四个城市城市化比较

资料来源：《云南省统计年鉴》（2006 年）。

　　这给曲靖提出了一个严肃的问题：城市如何适应工业经济的发展？也
给曲靖市的第三产业的发展创造了一个前所未有的机会。对于曲靖来说，
第三产业发展的低水平既是机遇也是挑战，第三产业几乎是一张白纸，政
府可以认真规划曲靖第三产业的发展布局，在这张白纸上绘出最美妙的图
案，避免昆明出现的第三产业发展速度过快的问题。但是，曲靖第三产业
发展的低水平也为曲靖市政府的产业规划提出了巨大的难题。

表 13-7　　　　　　　　　曲靖第三产业占 GDP 比重数据

年份	曲靖市第三产业产值 （亿元）	曲靖市国内生产总值 （亿元）	第三产业在国内生产 总值中的比例（%）
1999	64.37	200.16	32.16
2000	69.82	213.12	32.76
2001	75.17	231.85	32.42
2002	71.10	254.40	27.95
2003	78.31	281.61	27.81
2004	91.57	342.48	26.74
2005	131.00	441.00	29.71
2006	149.60	536.80	27.87

资料来源：《曲靖市统计年鉴》（1999—2006 年）数据整理。

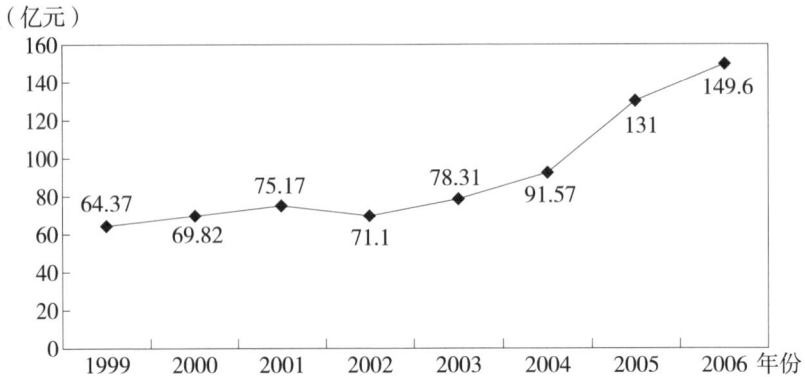

图 13 - 17　曲靖市第三产业增长趋势

资料来源：依据《曲靖市统计年鉴》（1999—2006 年）数据整理。

从表 13 - 7、图 13 - 17 中可以看到，曲靖市第三产业发展较为平稳。1999 年到 2006 年的 7 年中，曲靖市第三产业产值从 64.37 亿元增加到了 149.6 亿元，产值增长了 132%，年均增幅达到了 18.9%，发展势头喜人，增长速度略微超过了 GDP 的增长速度。曲靖第三产业发展健康。

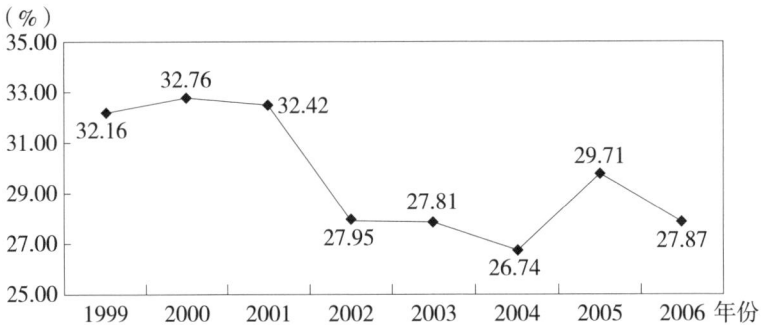

图 13 - 18　曲靖市第三产业产值占 GDP 比重

资料来源：依据《曲靖市统计年鉴》（1999—2006 年）数据整理。

从图 13 - 18 中可以看到，曲靖市的第三产业产值在近几年一直保持增长的趋势，但是在整个国民生产总值中的比例从 2001 年起有所下降。2001年，曲靖第三产业产值份额为 32.42%，但是到了 2006 年，这一份额仅为27.87%。曲靖第三产业产值的下降与曲靖第二产业的快速发展密切相关，正是第二产业产值的快速增加导致了第三产业份额的缩水。

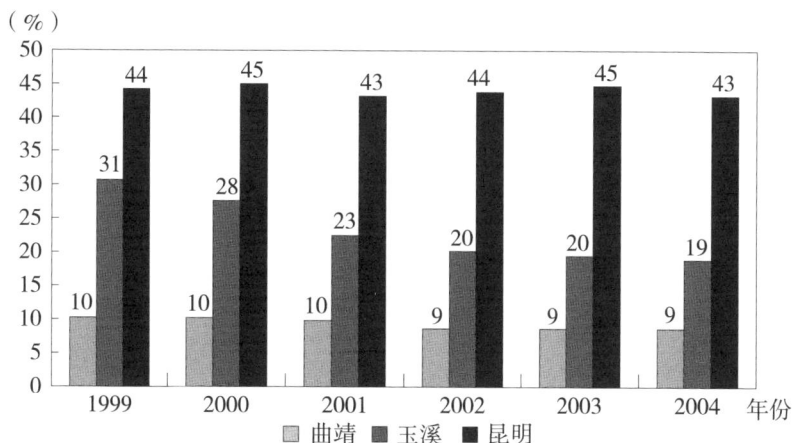

图 13 - 19　曲靖、昆明、玉溪第三产业产值在全省中的比重

资料来源：《曲靖统计年鉴》《云南省统计年鉴》《玉溪统计年鉴》（2001—

2006 年）。

从图 13 - 19 中可以看到，1999—2001 年曲靖市第三产业产值在全省
第三产业产值的比重最低，1999—2001 年仅为 10%，且 2001 年以后出现
了进一步下降的趋势。玉溪第三产业产值在全省的比重也出现了下降的趋
势，从 1999 年的 31% 下降到了 2004 年的 19%，下降幅度巨大。昆明第三
产业产值在全省的比重基本保持不变，一直都维持在了 43% 以上。

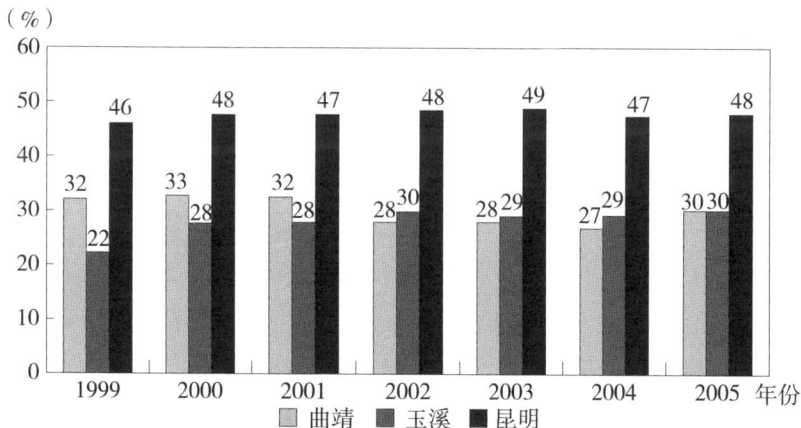

图 13 - 20　曲靖、昆明、玉溪第三产业产值在全省 GDP 的比重

资料来源：《曲靖统计年鉴》《云南省统计年鉴》《玉溪统计年鉴》（2001—

2006 年）。

从图 13 - 20 中的对比中可以看到，曲靖第三产业产值在 GDP 中的份额出现了下降的趋势，从一开始的 32% 下降到了 30%，但是昆明和玉溪的第三产业份额都在不断上升，玉溪第三产业份额从 22% 跃升到了 30%，昆明则从 46% 上升到了 48%。从这张图中还可以看到，昆明第三产业的发展水平要远远高于曲靖和玉溪，曲靖与玉溪第三产业的发展水平较为接近。

曲靖市的"十一五"规划中提出，在巩固、壮大六大支柱产业发展的同时，要高度重视第三产业的发展。积极推进以旅游产业为龙头的第三产业的发展，形成一批各具特色、高品质的旅游产品，不断满足人们多样化的旅游需求。发展旅游产业，可以给现代物流业、民族文化产业、零售业、交通运输业、传统第三产业带来很大的促进作用，要发展第三产业，必须把旅游业作为突破口。

曲靖以扩大总量、促进就业、方便生活、提高效率为目标，适应新型工业化、城市化发展方向，改变观念，鼓励竞争，扩大开放，适当扶持，改造传统服务业，拓展新兴服务业。服务业增加值年均增长 13%。以文化体制改革为动力，打牢公共文化基础设施，改革文化体制和机制，挖掘、开发、树立和打造具有曲靖历史文化、民族风情和时代特色的珠江源文化品牌。文化产业增加值占全市 GDP 的 6%。以麒麟中心城区为核心，以罗平、沾益、陆良、会泽为重点，整合提升现有旅游资源，打造南线以"花的海洋"和喀斯特山水文化旅游为主，中线以城市休闲度假旅游为主，北线以高原草山风情、历史文化、红色旅游为主的三条精品旅游线路。把曲靖建设成为集观光旅游、休闲度假、商务会展、生态旅游于一体的珠江源旅游胜地，旅游总收入年均增长 15%。

近年来，曲靖市政府高度重视第三产业的发展，并且在全市上下形成了加快发展的浓厚氛围，旅游业以及旅游资源和文化资源的整合发展速度明显加快，但要实现产业过渡和发展成为支柱产业，还存在着很大的差距。比如在旅游业上，一是在旅游开发上资金投入不足，投融资工作力度不够；二是旅游管理体制不顺、机构重叠；三是旅游企业量少质差，从业人员普遍素质偏低。

二、重点产业的历史及现状分析

这里所谓的重点产业是指曲靖市"十一五"规划中提出来的,重点发展的六个行业,这六个行业的兴衰与曲靖经济发展效果的好坏息息相关,研究它们可以为下文的阐述做好铺垫,让我们更加了解曲靖市的市情,为曲靖的规划出谋划策。

(一)烟草行业

"请进来"与"走出去",是做大做强曲靖烟草、开拓曲靖烟叶国际化市场的重要举措。良好的交通、能源、区位优势,得天独厚的气候、土壤条件和悠久的种烟历史使曲靖成为全国优质烟叶产区之一,为全国各卷烟工业企业提供了大量的优质原料。

1. 烟草行业动态分析

曲靖卷烟厂在2005年实现工业总产值74.04亿元,销售收入74.92亿元,实现企业税金45.34亿元,都列曲靖地区第一位(见表13-8、图13-21)。

表13-8 曲靖地区2000—2005年卷烟产量、产值、收入和税利比较

年份	2000	2001	2002	2003	2004	2005
卷烟产量(万箱)	93.80	99.50	107.00	103.60	103.70	
卷烟产值(亿元)	35.10	39.06	54.83	66.80	67.03	74.04
销售收入(亿元)	50.02	53.00	55.03	70.26	70.56	74.92
实现税利(亿元)	32.00	31.80	34.05	42.38	42.42	45.34

资料来源:依据云南省图书馆《曲靖市统计年鉴》(2000—2005年),曲靖卷烟厂2006年公报整理。

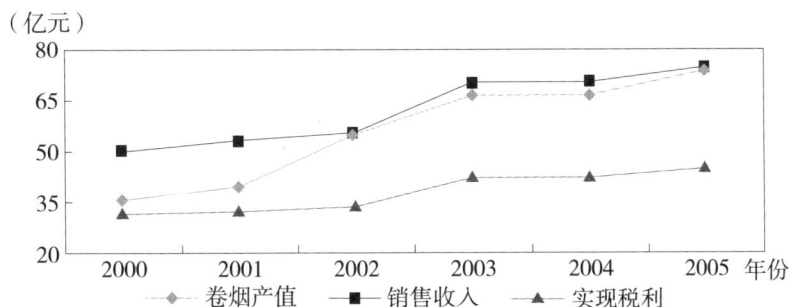

图13-21 曲靖地区卷烟产值、销售收入和实现税利线性

资料来源:《曲靖市统计年鉴》(2000—2005年),曲靖卷烟厂2006年公报。

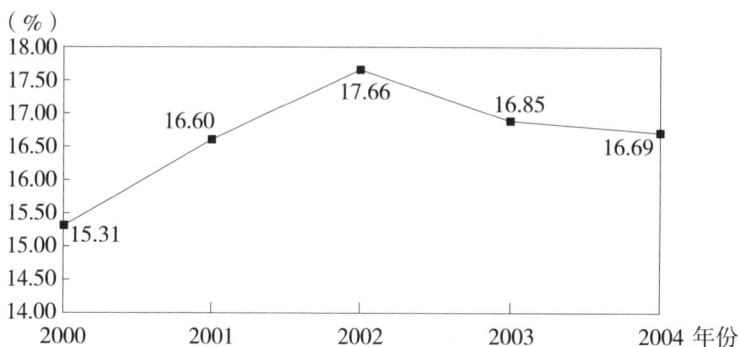

图 13 - 22   曲靖市卷烟产量在全省中的比重图

资料来源:《云南统计年鉴》(2001—2005 年)、《曲靖市统计年鉴》(2000—2005 年)。

从图 13 - 22 中可以看到,2000 年到 2004 年,曲靖市卷烟在全省的比重不断上升,一度达到了 17.66%。2002 年之后,这一比重不断下滑,在 2004 年达到了 16.69%,和 2002 年的最高峰 17.66% 相比较相差近 1 个百分点,和 2000 年的 15.31% 相比提高了 1.3 个百分点。

(二) 能源行业

曲靖是云南省煤炭主要资源地,也是全国重点产煤地区之一。现已探明曲靖的煤炭资源储量 87 亿吨,远景储量 270 多亿吨,占全省的 51%,炼焦煤约占全省的 96.5%。曲靖又是全国主要的煤层甲烷富集区,甲烷含量达 96% 以上,天然气探明储量占全省的 4/5。曲靖市煤炭工业经过多年的发展,现已基本形成采、迁、炼一条龙,产、供、销一体化的格局。

1. 能源行业动态分析

表 13 - 9 　　　　　　　　　曲靖原煤和发电产能数据

	2000 年		2001 年		2002 年		2003 年		2004 年	
	产量	增长率(%)	产量	增长率(%)	产量	增长率(%)	产量	增长率(%)	产量	增长率(%)
原煤产量(万吨)	953.0	- 13.6	1063.5	11.6	1505.3	41.5	1887.6	25.4	2713.9	43.8
发电量(亿千瓦/时)	89.1	- 4.9	113.2	27.1	123.0	8.6	134.7	9.5	181.5	34.7
水电发电量(亿千瓦/时)	50.1		52.6	5.0	49.3	- 6.3	45.7	- 7.3	44.0	- 3.7

资料来源:依据《曲靖市统计年鉴》(2000—2005 年)整理计算。

（万吨）

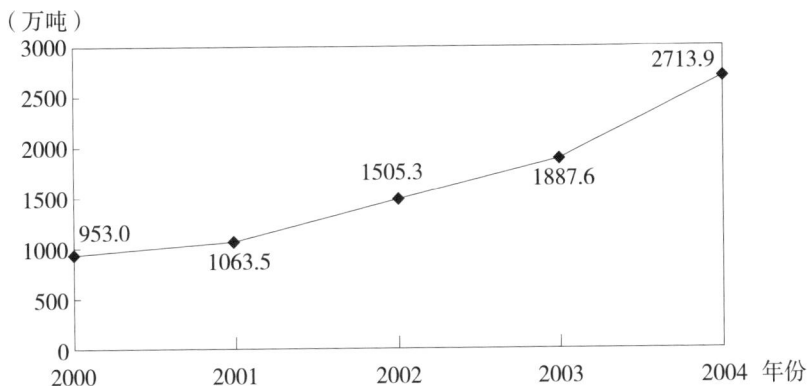

图 13 - 23 曲靖市原煤产量增长趋势

数据来源：《曲靖市统计年鉴》（2000—2005 年）。

从表 13 - 9、图 13 - 23 中的变化中可以看到，曲靖市原煤的产量增长迅速。2000 年，曲靖市原煤产量为 953.0 万吨，2004 年曲靖市原煤产量达到 2713.9 万吨之多，从 2000 年到 2004 年，曲靖市原煤的产量增长了 1.84 倍，年均增幅达到 30%，远远地超过曲靖市 GDP 的增长速度，同时也超过全国 GDP 的增长速度。

（%）

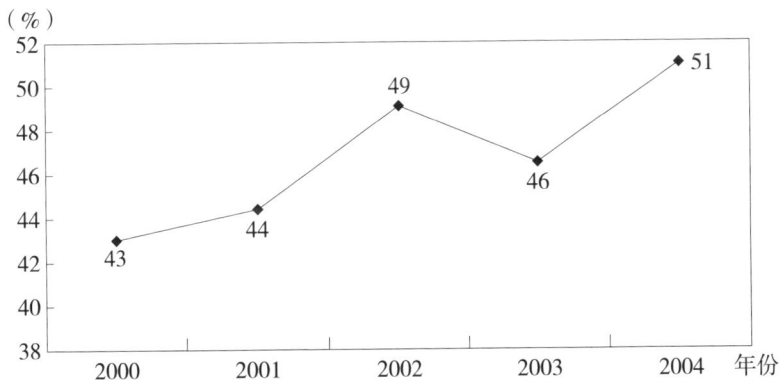

图 13 - 24 曲靖市原煤产量占全省产量的比重

资料来源：《云南统计年鉴》（2001—2005 年）、《曲靖市统计年鉴》（2000—2005 年）。

从图 13 - 24 中可以看到，曲靖市原煤产量在云南省全省原煤产量的比重不断上升，印证了曲靖是作为云南省煤炭资源基地的重要地位。2000 年，曲靖市原煤产量占到了全省的 43%；2004 年，曲靖市原煤产量占到了全省的51%，在全省占到了绝对领先的地位。2004年，曲靖原煤产量在全省的比重比2000年增加了8%，进一步凸显了曲靖市的能源优势，为曲靖成为云南省的能源中心奠定了坚实的基础。

（亿千瓦/时）

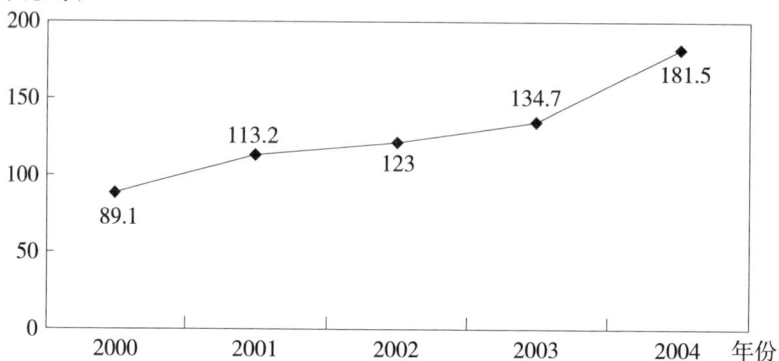

图 13 - 25 曲靖市发电产量增长趋势

数据来源：《曲靖市统计年鉴》（2000—2005 年）。

从图 13 - 25 中可以看到，2000 年到 2004 年的短短 4 年时间里，曲靖市的发电量有了质的飞跃，从 2000 年的 89.1 亿千瓦/时激增到了 2004 年的 181.5 亿千瓦/时，增长了一倍多，年均增幅达到了 20%，毫无疑问坐稳了曲靖支柱产业的宝座。

（%）

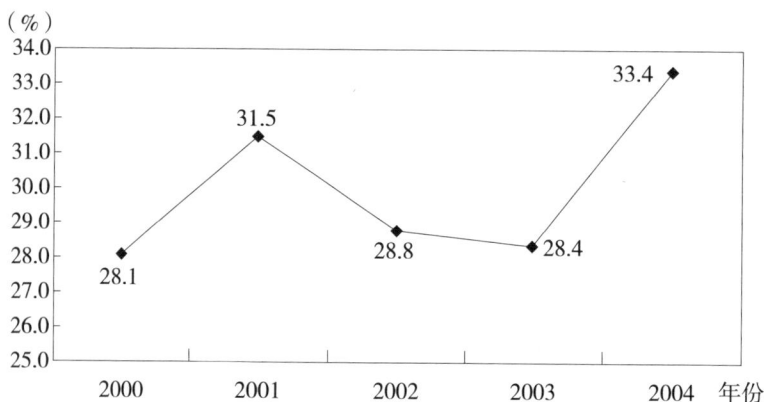

图 13 - 26 曲靖市发电产量占全省产量的比重

资料来源：《云南统计年鉴》（2001—2005 年）、《曲靖市统计年鉴》（2000—2005 年）。

从图 13 - 26 中可以看到，曲靖市发电量在全省的比重波动较为激烈。2000 年曲靖市发电量在全省占到 28.1%，2001 年有所上升，占到了

31.5%；2002 年、2003 年有所下降，仅占到全省的 28.4%；2004 年又有所回升，占到了全省的 33.4%。曲靖市电力企业发展中的不平稳制约了曲靖能源行业的进一步发展，如何确保曲靖电力行业的稳定发展是未来工作的重中之重。

（亿千瓦/时）

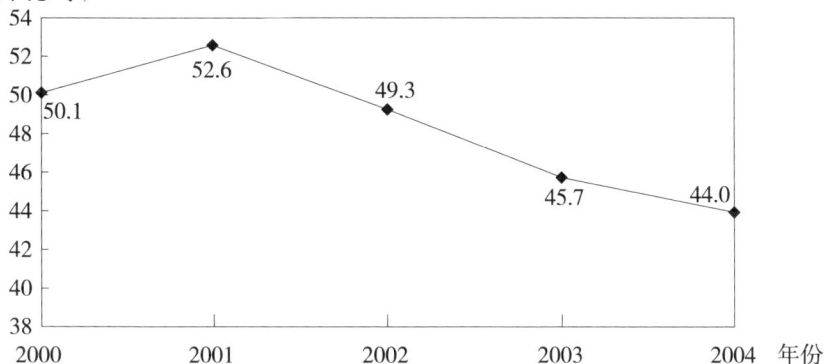

图 13 - 27 曲靖市水电发电量变动趋势

数据来源：《曲靖市统计年鉴》（2000—2005 年）。

从图 13 - 27 中可以看到，曲靖市水电的发电量正在逐年递减。2001 年，曲靖水电发电量最高，达到了 52.6 亿千瓦/时，但是之后的三年时间中，曲靖市水电的发电量逐年递减，在 2004 年仅剩 44 亿千瓦/时，和 2000 年相比减少了 12%，年均减少 3%。

（%）

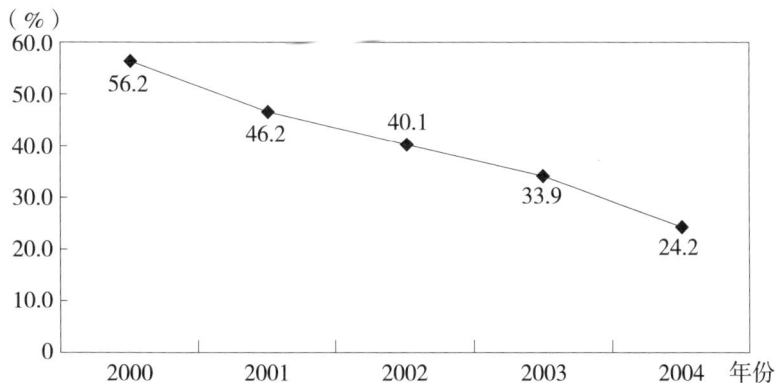

图 13 - 28 曲靖市水电发电量在全省发电量中的比重

数据来源：《曲靖市统计年鉴》（2000—2005 年）。

从图 13 - 28 中可以看到，曲靖市水电在总发电量中所占比重不断下降，从 2000 年最高点的 56.2% 下降到了 2004 年的 24.2%，下降了近 30%。这说明近几年曲靖市火电发展势头良好，大大超过了水电的发展速度，水电产能没有进步。

2003 年以来，原煤产量大幅增加，增加煤炭消费的因素主要是电力工业快速发展，化工项目蓄势待发，冶金及其他行业的发展，对煤炭需求量大大增加。预计到 2010 年全省煤炭总需求量约 1.2 亿吨，其中曲靖市煤炭需求量 6300 万吨。根据云南省电源开发项目和装机进度安排，主要有曲靖电厂二期、三期，宣威电厂六期、七期，滇东电厂、雨汪电厂、恩洪电厂等在建的火电项目，至 2010 年，需增加燃煤 1825 万吨，其中烟煤 865 万吨，无烟煤 960 万吨。

曲靖的发电量也持续保持稳定增长，进入"十一五"，增幅将大大增加，预测年增长率为 30% 左右。从"十五"期间的数据来看，水电发电量都处于负增长，由于大型火电的建设，水电的贡献率由 2000 年的 56.34% 减少到 2004 年的 24.24%，贡献率平均为 37.68%，火电发电的贡献日趋加强。

2. 存在的问题

曲靖市煤炭资源极为丰富，但地方煤炭生产尚存在井口多、井型小、技术装备差、产量低，成本高、效益差，资金短缺等问题，极大浪费资源，制约煤炭开发利用。目前地方煤炭工业存在的主要问题：

一是煤矿基础薄弱，井口多、井型小，技术装备差，开采工艺落后，产量低（大多数矿井都没有达到设计能力）、成本高、效益差，资源浪费严重，安全生产形势严峻。

二是煤炭加工利用程度低，原煤入选率仅 15% 左右，炼焦工艺落后，机焦取代土焦步伐缓慢，机焦产量仅占 1/3 左右，煤化工等尝试加工起步晚、水平低、综合效益不好。

三是由于煤矿效益差、积累少、贷款困难，致使矿井改扩建、提高机械化采煤水平、改进回采工艺等资金短缺，提高办矿水平和规模化经营步履艰难。

四是由于现有矿井正常生产难以为继，新井建设步伐缓慢，煤矿建设速度远滞后于主要耗煤工业项目建设速度，现有供煤能力难以满足需煤量。

随着火电发电贡献的增加，最突出的就是环境污染问题。同时，水电发电是对可再生可循环资源的利用，而火电发电主要耗用的是煤炭资源，在消耗不可再生资源的同时，带来的环境问题也是突出的。

（三）化工行业

建设煤化工基地是曲靖工业发展的重点之重。曲靖制定了全力打造云南省最大的能源工业基地和煤化工基地、实现全市经济的跨越式发展的基本思路：提升技术含量，加大产业集中度，提高资源转化和利用效益，走煤—电—冶、煤—焦—化等一体化发展之路，真正实现"乌金"变"黄金"。

2004 年生产硫酸 67.2 万吨，纯碱 14.8 万吨、黄磷 8.12 万吨、甲醇3.63 万吨。2003 年化工产品产量有不同程度地下降，到 2004 年，有大幅度提高，超过 2002 年水平。

表 13 – 10　　　　　　曲靖地区主要化肥氮肥产量数据

年份	2000		2001		2002		2003		2004	
	产量	增长率（%）	产量	增长率（%）	产量	增长率（%）	产量	增长率（%）	产量	增长率（%）
化肥产量（万吨）	44.0	12.9	43.6	– 0.9	46.7	7.1	45.2	– 3.4	60.3	33.4
氮肥产量（万吨）	30.1	12.9	30.8	2.3	32.0	3.9	29.5	– 7.8	34.9	18.3

资料来源：依据《曲靖市统计年鉴》（2000—2005 年）整理计算。

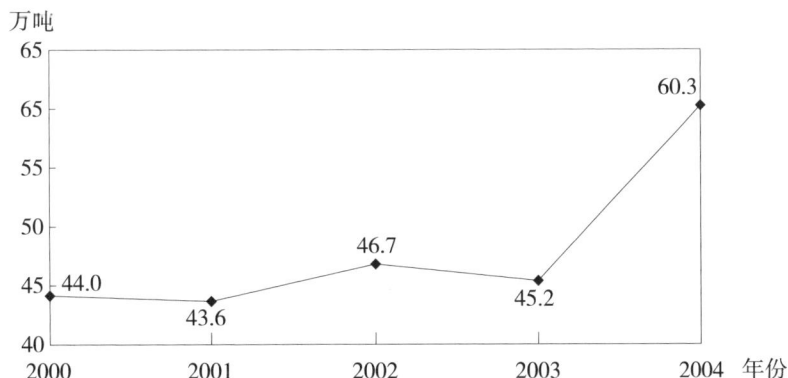

图 13 – 29　曲靖市化肥产量变动趋势

资料来源：《曲靖市统计年鉴》（2000—2005 年）。

从表 13-10、图 13-29 中可以看到，曲靖的化肥产量有了较大发展，特别是 2004 年发展速度较为迅速，从 2003 年的 45.2 万吨飞跃到了 60.3 万吨，增长幅度达到 33.4%。从 2000 年到 2004 年，曲靖市化肥产量增长了 37%，年均涨幅为 8%。

从图 13-30 中可以看到，2000 年到 2003 年曲靖市化肥产量在不断下降，从 22.3% 跌到了 17.3%，2004 年，随着曲靖市化肥产量的猛增，曲靖化肥产量在全省的比重又攀升到了 23%，但这和曲靖煤化工基地的地位不相符。

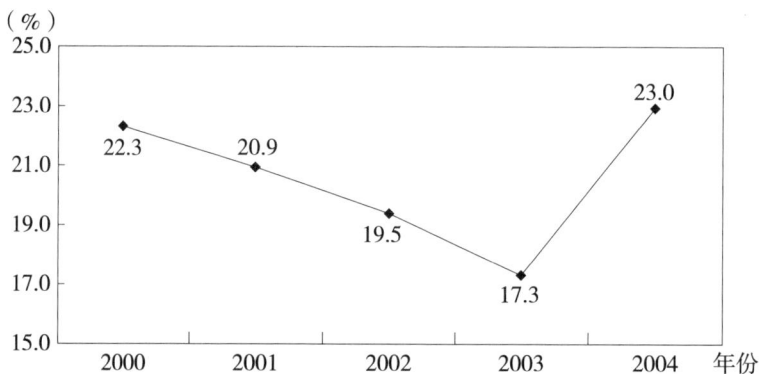

图 13-30　曲靖市化肥产量在全省产量中的比重

资料来源：《云南统计年鉴》（2001—2005 年）、《曲靖市统计年鉴》（2000—2005 年）。

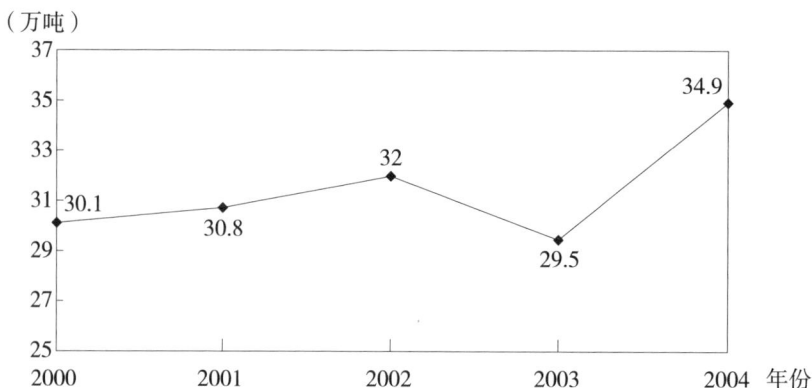

图 13-31　曲靖市氮肥产量变动趋势

资料来源：《曲靖市统计年鉴》（2000—2005 年）。

从图 13 - 31 中可以看到，曲靖市的氮肥产业发展较为曲折，2002 年到 2003 年之间，曲靖市氮肥产量有小的下挫，在 2004 年产量又有所回升，达到了 34.9 万吨。从 2000 年到 2004 年，曲靖市氮肥产量增长了 15%，年均增幅为 7%，增长速度较为缓慢。

（四）矿冶行业

曲靖矿产资源丰富，有较大开发价值的矿产资源有煤、铅、锌、铁、磷、重晶石、萤石等 30 余种。磷的预测储量 63 亿吨，探明储量 10 亿吨，居云南省第二位；硫、铁储量占全省的 80%。其中，尤其突出的企业是云南驰宏锌锗股份有限公司（云南会泽铅锌矿），位列国内锌矿生产企业十甲，在今年除权以前一度成为国内第一绩优股，其生产的银晶牌锗系列产品，年生产能力达 10 吨，产量和质量居全国之首，是中国最大的锗产品生产出口基地，畅销美国、比利时、日本及中国香港等国家和地区，深受外商普遍赞誉。

表 13 - 11　　　　　　　　　　全球主要铅锌矿山项目

单位：万吨

项目名称	国　家	公　司	方　式	状　况	投产时间	产　能	
						锌	铅
兰坪矿	中　国	宏达股份	扩建	试生产	2005	10	2
会泽铅锌矿	中　国	驰宏锌锗	扩建	生　产	2005	7	3
Magellan	澳大利亚	Ivernia	新建	生　产	2005		7
Mt Isa	澳大利亚	Xstrata	扩建	试生产	2005	7	4
Rampura Agucha	印　度	Hindustan	扩建	试生产	2005	10	1
Anguran	伊　朗	Iran Zinc	扩建	在　建	2006	6	
Duck Pond	加拿大	Aur	新建	在　建	2007	3.4	
San Cristobal	玻利维亚	Apex	新建	在　建	2007	21.5	9
合　计						64.9	26

资料来源：依据上海期货交易所资料整理。

从表 13 - 11 中可以看到，目前世界上主要的铅锌矿中，云南省的会泽铅锌矿产量居中，占到了全球主要铅锌矿产量总和的 1/10，居世界领先地位。

表 13-12　　　　曲靖地区矿冶行业主要产品、矿藏产量

	2000 年		2001 年		2002 年		2003 年	2004 年	
	产量	增长率（%）	产量	增长率（%）	产量	增长率（%）	产量	产量	增长率（%）
水泥产量（万吨）	234.5	3.1	230.9	-1.5	249.5	8.1	263.3	292.8	11.2
生铁产量（万吨）	19.7	53.7	29.8	51.3	40.8	36.6	42.1		
铁矿石产量（万吨）	45.3	-20.9	48.6	6.1	48.1	-1.2			
十种有色金属（万吨）	11.6	16.4	13.5	12.7	15.3	11	16.4	31.3	90.8

资料来源：依据《曲靖市统计年鉴》（2000—2005）年整理计算。

（万吨）

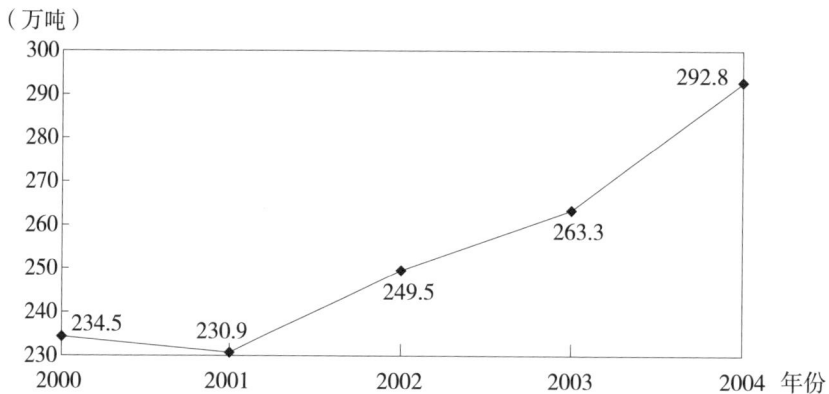

图 13-32　曲靖市水泥产量变动趋势

资料来源：《曲靖市统计年鉴》（2000—2005 年）。

从表 13-12、图 13-32 中可以看到，曲靖市水泥产量逐年稳步提高，从 2000 年的 234.5 万吨增加到了 2004 年的 292.8 万吨，增长了 24%，年均增幅为 6%，与曲靖经济发展状况基本吻合。

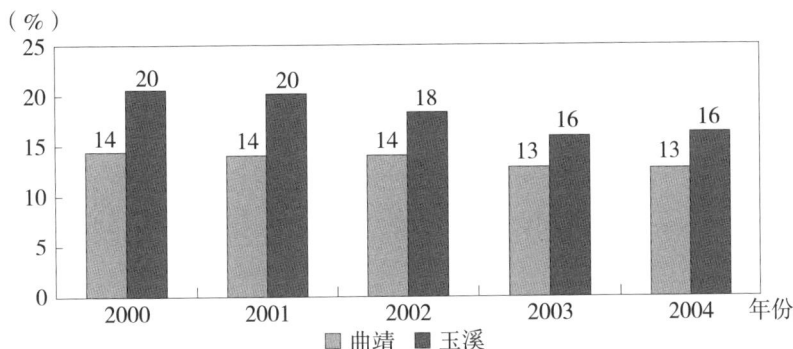

图 13 - 33　曲靖、玉溪水泥产量在全省产量中的比重

资料来源:《曲靖市统计年鉴》(2000—2005 年)、《云南统计年鉴》(2000—2005 年)、《玉溪统计年鉴》(2000—2005 年)。

从图 13 - 33 中可以看到可以看到,曲靖市水泥产量占全省的比重基本维持在 13% 到 14% 之间,与玉溪相比有所差距。可喜的是近几年这个差距正在减小,2000 年曲靖和玉溪在全省水泥产量比重方面的差距为 6% , 2004 年,差距缩小到 3% 。

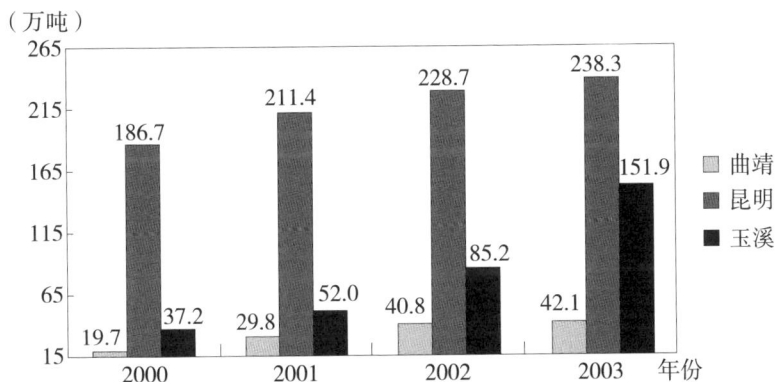

图 13 - 34　曲靖、昆明、玉溪生铁产量在全省产量中的比重

资料来源:《曲靖市统计年鉴》(2000—2005 年)、《昆明统计年鉴》(2000—2005 年)、《玉溪统计年鉴》(2000—2005 年)。

从图 13 - 34 中可以看到,曲靖的钢铁冶炼行业发展情况不是十分理想,曲靖市的生铁产量落后于昆明和玉溪,从图中可以看到,曲靖的生铁冶炼与昆明和玉溪相比没有优势可言,曲靖在"十一五"规划中提出要大力发展矿业行业，曲靖应当把主要精力集中于有色金属的冶炼当中，提高有色金属的竞争能力。

（%）

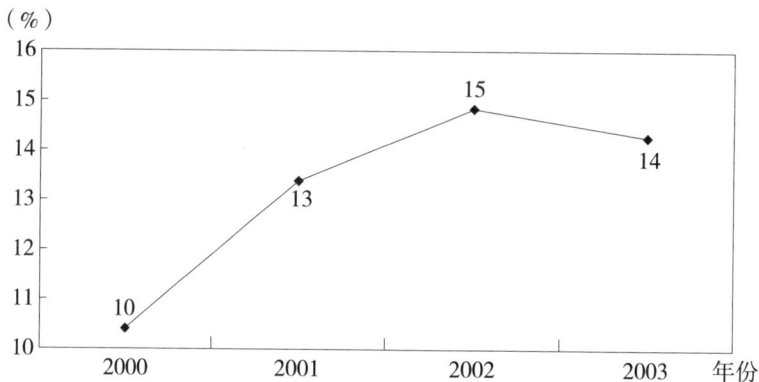

图 13 - 35　曲靖生铁产量在全省产量中的比重

资料来源：《曲靖市统计年鉴》(2000—2005 年)、《云南统计年鉴》(2000—2005 年)。

从图 13 - 35 中可以看到，2000 年到 2002 曲靖市生铁产量在全省的比重不断上升，从 10% 上升到了 15%，但是 2003 年曲靖市生铁产量在全省的比重出现了倒退，2004 仅占到全省比重的 14%。

（万吨）

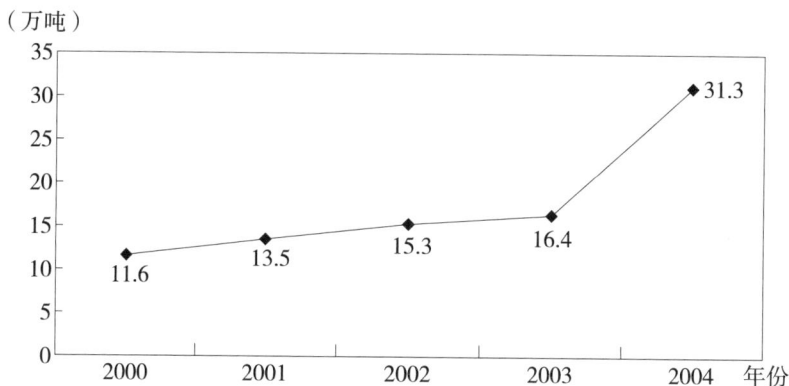

图 13 - 36　曲靖十种有色金属产量变动趋势

资料来源：《曲靖市统计年鉴》(2000—2005 年)。

从图 13 - 36 中可以看到，曲靖市十种有色金属的产量增长迅速。2000 年到 2004 年的四年时间中，曲靖市有色金属的产量从 11.6 万吨增长到了 31.3 万吨，增长了 1.7 倍，年均增幅达到 28%。发展势头较为惊人。

（％）

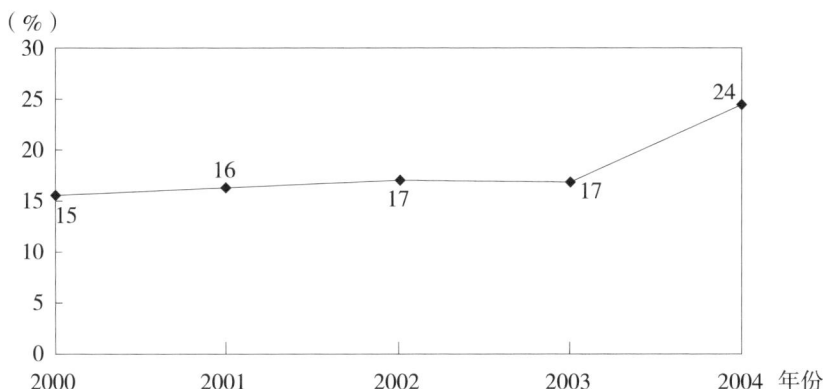

图 13 - 37 曲靖有色金属产量在全省产量中的比重图

资料来源：《曲靖市统计年鉴》(2000—2005 年)、《云南统计年鉴》(2000—2005 年)。

从图 13 - 37 中可以看到，曲靖市有色金属产量在全省的比重不断攀升，从 2000 年的 15% 一路上升，在 2004 年达到了 24%。金属冶炼业，特别是有色金属冶炼行业毫无疑问地成为曲靖的支柱产业。

表 13 - 13　　　　　　国内主要精锌生产企业产能产量情况比较

单位：万吨；%

企业名称	2004 年		2005 年		2006 年	
	产能/产量	占比	产能/产量	占比	产能/产量	占比
湖南株冶火炬金属股份有限公司	30/29.5	7.8/11.4	30/31	8.8/12.3	30/32	7.4/10.3
葫芦岛有色金属集团有限公司	33/24.5	8.6/9.5	33/25	9.7/9.9	36/28	8.9/9
中金岭南有色金属股份有限公司	17.1/17	4.5/6.6	17/18.5	5/7.3	19/14	4.7/4.5
白银有色金属公司	13.5/13.5	3.5/5.2	13.5/13.5	4/5.4	13.5/14	3.3/4.5
四川宏达股份有限公司	11/8.5	2.9/3.3	11/5	3.2/2	11/8	2.7/2.6

企业名称	2004 年		2005 年		2006 年	
	产能/产量	占比	产能/产量	占比	产能/产量	占比
云南驰宏锌锗股份有限公司	6/6	1.6/2.3	8/8	2.4/3.2	16/14	4/4.5
合计	110.6/99	29/38	112.5/101	33/40	125.5/110	31/35.5
全国合计	384/258	100/100	339.5/252	100/100	403.6/310	100/100

资料来源：依据云南冶金集团进出口有限公司，REUTERS 数据计算。

从表 13-13 中可以看到，曲靖市的驰宏锌锗近三年的产能和产量稳步提升。

（五）汽车机械制造行业

曲靖的汽车制造业目前在省内一枝独秀，汽车制造业成为曲靖主要的经济增长点，曲靖的汽车生产能力主要来源于一汽红塔公司。公司是按高起点、大批量、专业化的要求规划、设计、建设的。冲压、焊接、油漆、总装等四大工艺齐全，其工艺水平和自动化程度，在中国轻型汽车行业中均属一流水平。拥有国内先进的日本小松技术冲压线、智能化驾驶室自动装焊生产线、全封闭阴极电泳涂装生产线，具备年产 10 万辆整车的生产能力。

表 13-14　　　　　　曲靖 2000—2004 年汽车产量

	2000 年		2001 年		2002 年		2003 年		2004 年	
	产量万辆	增长率(%)	产量万辆	增长率(%)	产量万辆	增长率(%)	产量万辆	增长率(%)	产量万辆	增长率(%)
汽车	1.92	204.7	2.35	22.4	3.39	44.1	4.04	19.5	4.66	15.3

资料来源：依据云南省图书馆《曲靖市统计年鉴》（2000—2005 年）整理计算。

（万辆）

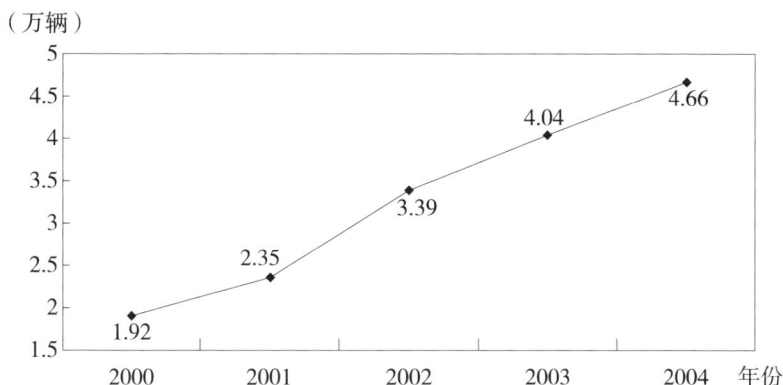

图 13 - 38 曲靖汽车产量变动趋势

资料来源：《曲靖市统计年鉴》（2000—2005 年）。

从图 13 - 38 中可以看到，曲靖市汽车产量增长速度较快，四年间，从 2000 年的 1.92 万辆增长到了 2004 年的 4.66 万辆，增长了 142%，年均增幅达到了 24%，增长速度较为显著。

（%）

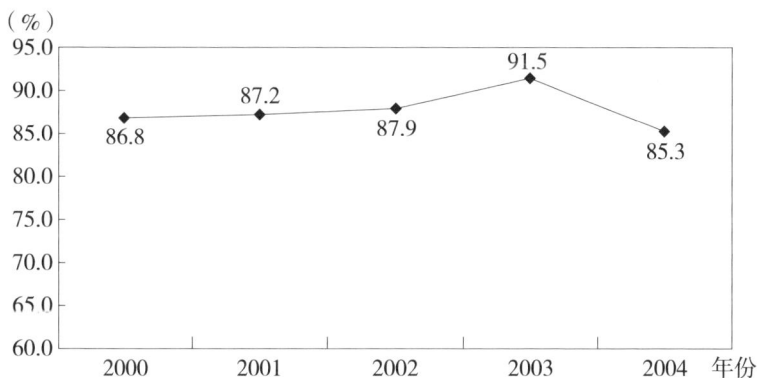

图 13 - 39 曲靖汽车产量在全省产量中的比重

资料来源：《曲靖市统计年鉴》（2000—2005 年）、《云南统计年鉴》（2000—2005 年）。

从图 13 - 39 中可以看到，曲靖市的汽车产量在全省所占比重较大，维持在了 85% 以上，2003 年更是达到了 91.5% 的最高水平。曲靖汽车制造业在省内的领先地位毋庸置疑。

一汽红塔云南汽车制造有限公司以先进的汽车制造手段为基础，借助一汽集团的产品开发能力，卓越的制造技术，依托一汽集团、红塔集团先进的管理理念和雄厚的经济实力、人才优势。结合企业自身先进的设计手段和较强的产品开发能力，建立了以市场为导向的产品开发机制。几年来，先后开发了"小解放""解放小卡""红塔金卡""金麒麟三吨车"，2003 年引进了日本技术的 ca6440/ca6471 面包车和幸福使者轿车。公司在全国建立营销网络，产品面向全国销售的同时，还出口东南亚、哈萨克斯坦、也门、巴基斯坦、秘鲁，以及中国澳门等国家和地区。在越南建立了三个组装厂，老挝正筹建组装厂。

三、普通产业发展历史及现状研究

这里的普通产业指的是曲靖市"十一五"规划中没有明确列为支柱产业的行业，从国民经济的组成中来看，这些产业才是构成曲靖经济结构的主体，只有研究好了这些产业的发展，才能对曲靖的经济发展了然于心。

(一) 花卉和林业产业

花卉产业是整个云南经济的重要组成部分，依托得天独厚的自然资源和强有力的地方政策扶持措施，使之得以快速发展。自 1994 年以来，全省花卉业产值年均增长速度达 30%，鲜切花生产规模及产量居全国第一。曲靖，是云南省政府规划的温带切花生产区域，是全国玫瑰花供应的主要基地之一，是云南花卉产业布局的关键地区之一。

根据曲靖市近几年花卉产量、产值的完成情况和市政府作出的规划，预计到 2010 年，曲靖市郊将发展切花面积 6000 亩，年产切花 1.9 亿支，花卉总产值 1.3 亿元。届时，曲靖将与昆明、玉溪鼎足而立，成为云南三大温带切花生产中心之一。

林业同样也是曲靖市的优势产业之一。至 2005 年，全市土地总面积有 4341.4 万亩，其中林业用地面积为 2247.8 万亩，占国土总面积的 51.7%。木材总蓄积为 3647.74 万立方米，森林总覆盖率 43.2%，其中林地 1488.8 万亩，森林覆盖率 34.3%；灌木林地 388.9 万亩，覆盖率 8.9%；疏林地 148.1 万亩；未成林造林面积 104.5 万亩；有效经济林面积 50 万亩；竹林面积 2910 亩。

曲靖市水果产量增长迅速，可用"一路凯歌"来形容，产量从 1999 年的 56263 吨仅仅用了 5 年就增长到了 2004 年的 76597 吨，增长了 36%，年均增长速度为 6%，在第一产业中可谓优势突出（见图 13 - 40）。

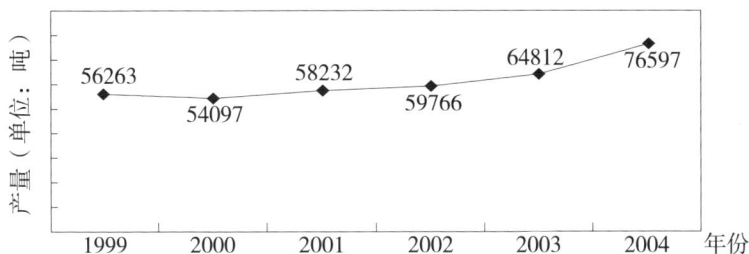

图 13 - 40　曲靖水果产量变动趋势

资料来源：《曲靖市统计年鉴》（2000—2005 年）、《云南统计年鉴》（2000—2005 年）。

茶叶和甘蔗产业在最近几年的发展中却是呈下降趋势，特别是甘蔗产量，在六年的过程中几乎呈直线下降态势，从 1999 年的 8244 吨下降为 2004 年的 1517 吨水平（见图 13 - 41），茶叶产量也由 1999 年的 32 吨下降为 2004 年的 15 吨，总体下降幅度超过一半（见图 13 - 42）。二者 5 年来产量年平均增长率分别为 - 28.72% 和 - 14.06%。这说明这两类产业不应成为本市的主打产业，需要及时调整。

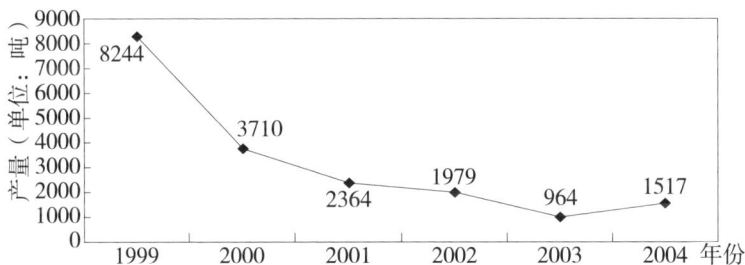

图 13 - 41　曲靖甘蔗产量变动趋势

料来源：《曲靖市统计年鉴》（2000—2005 年）、《云南统计年鉴》（2000—2005 年）。

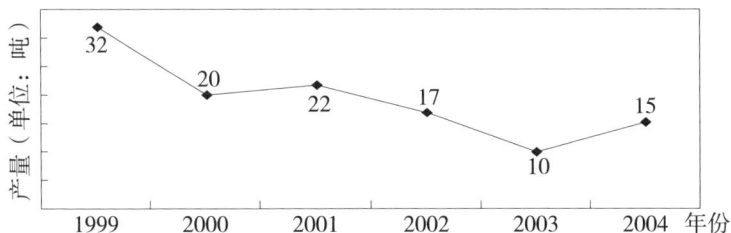

图 13 - 42　曲靖茶叶产量变动趋势

资料来源：《曲靖市统计年鉴》（2000—2005 年）、《云南统计年鉴》（2000—2005 年）。

得天独厚的自然资源和适宜的气候是曲靖发展花卉、林木种植的优势条件，再加上政府产业规划对之重视，近几年无论在产量还是产值方面都有较大发展。在未来几年中，花卉和林种植业还将有较大的发展空间，在农、林、牧、副、渔中的产值比重将进一步加大。作为第一产业中的经济类作物，它的发展将在很大程度上影响农业产值和农民收入。根据大卫·李嘉图的绝对优势理论，在资金、土地、劳动力等生产资源有限的情况下，全市应该优先发展生产率高、创造效益好的产业。

（二）畜牧业

曲靖是云南的畜牧业大市，畜牧业也是曲靖农业六大主导产业之一。2004 年的数据显示，全市畜牧业总产值 51.34 亿元（按当年价），占农业总产值比重高达 40.56%。由于政府对农产业六大主导产业的规划和扶持，曲靖市的畜牧业在近几年中有了较大的发展。

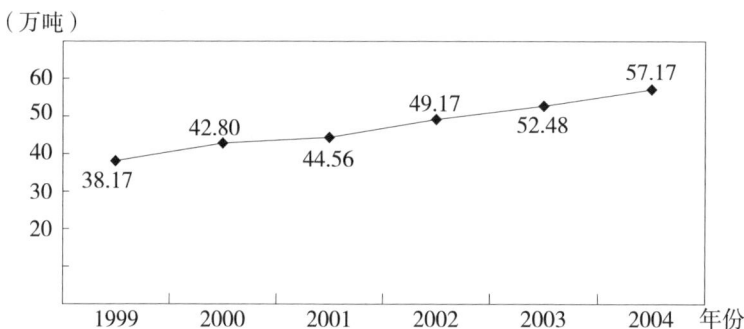

图 13 - 43　曲靖肉产品产量变动趋势

资料来源：《曲靖市统计年鉴》（2000—2005 年）、《云南统计年鉴》（2000—2005 年）。

肉产品产业增长速度较快，且发展态势非常稳定，中间没有任何波动，可谓"一路凯歌"，在六年的过程中，产量上总体增幅分别为 36.14% 和49.77%，产量年平均增长速度为 8.41%，应是今后全市重点发展的主打产（见图 13 - 43）。

2004 年全市畜牧业总收入 38.97 亿元（当年价），比 1997 年同期增长101.44%，农民人均畜牧业收入 787.67 元（当年价），比上年同期增长15.23%，比 1997 年同期增长 106.59%。出栏肉猪 494.6 万头，比上年增长 9.3%；出栏牛 14.6 万头，比上年增长 13.0%；出栏羊 50.05 万只，比上年增长 17.3%。肉类总产达 57.2 万吨，比上年增长 8.9%（见表 13 - 5）。市委、市政府高度重视畜牧业的发展，出台了《关于把畜牧产业发展成为国民经济支柱产业的意见》，增加对畜牧产业的投入，使整个畜牧发展态势良好。

表 13 - 15　　　2004 年曲靖畜牧业分项产量和 1997 年同比增长率

项目	肉类	奶类	禽蛋	生猪	肉牛	肉羊	肉禽
产量	57.2 万吨	0.8 万吨	1.4 万吨	495 万头	14.6 万头	50.1 万只	664 万只
7 年增长	72.96%	80.19%	54.28%	62.18%	51.44%	90.61%	99.88%

资料来源：1998 年和 2005 年《曲靖市统计年鉴》。

根据表 13 - 15 显示的数据，曲靖市的畜牧业在全市甚至全省的农产业中占有重要的地位，各分项产出均有较大的产量和增长率，在这一趋势下，到 2010 年，预计全市畜牧业总产值有望突破 100 亿元，畜牧业收入突破 80 亿元大关，为全市农业、农民收入做出重要贡献。

（三）蚕丝绸产业

蚕丝绸产业也是曲靖农业六大主导产业之一，2006 年全市桑蚕茧产量达 1006.41 万公斤，占全省桑蚕茧总产量的 1/3，居全省首位，是曲靖市农业在全省和全国首屈一指的优势产业。全市形成以麒麟、沾益、陆良、师宗等 4 个县（区）为核心的沿珠江流域分布优势产业带，涌现出年产茧 250 万公斤以上的乡镇 1 个，年产茧 100 万公斤以上的乡镇 4 个，年产茧 30 万公斤以上的乡镇 2 个。用占全省 19.81% 桑园，生产出占全省 35.93% 的蚕茧。

（四）纺织行业

作为云南省重工业基地的曲靖在纺织行业同样有着骄人的战绩。曲靖纺织厂是全国纺织系统"双文明建设"优秀企业，全省棉纺织中型骨干企业、省"百强"工业企业、省级先进企业、市属骨干企业。所产"珠源牌"纱、布，畅销省内外和港澳地区及东南亚各国，多次荣获省、地出口创汇先进企业称号。

为提高产品档次，增加技术含量和附加值，该厂于 1997 年 12 月 9 日在香港与香港帝法针织制衣有限公司签订了《合资改造云南省曲靖纺织厂纺纱生产线协议》，对企业进行了改造。

近几年，曲靖市煤化工行业，能源行业异军突起，重工业发展势头良好，为曲靖的工业化奠定了夯实的基础，但是曲靖纺织行业的发展状况不佳，产量逐年下降。

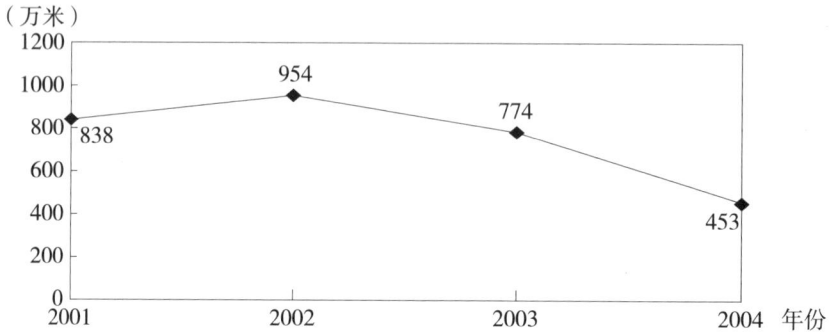

（万米）

图 15－44　曲靖布产量变动趋势

资料来源：《曲靖市统计年鉴》(2000—2005 年)、《云南统计年鉴》(2000—2005 年)。

从图 13－44 中可以看到，曲靖市布匹的产量连年下降，从 2001 年的 838 万米下降到了 2004 年的 453 万米，下降了近一半，年均降幅为 20%。发展状况不容乐观。从前苏联的发展经验教训中我们知道，一地的经济发展进程中不仅仅需要重工业的快速崛起，轻工业的大力扶植也是经济发展进程中必不可少的重要环节，曲靖应吸取前人的经验教训，避免在经济发展中走弯路。

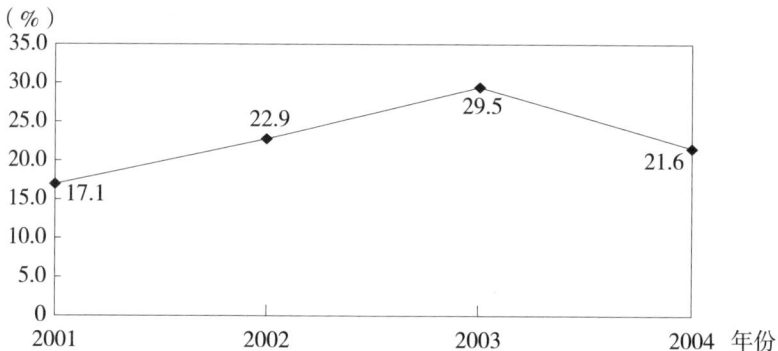

（%）

图 13－45　曲靖布产量在全省产量中的比重

资料来源：《曲靖市统计年鉴》(2000—2005 年)、《云南统计年鉴》(2000—2005 年)。

从图 13 - 45 中可以看到，曲靖市布匹产量在全省占有重要地位，2001
年这一比重达到了 17.1%，在 2003 年这一比重达到了 29.5%。曲靖纺织
行业在省内仍占有一席之地。

（五）食用油榨取行业

罗平是我国的油菜生产基地县，也是蜜蜂春繁和蜂产品加工基地。每
年 2、3 月份，20 万亩油菜花在罗平坝子竞相绽放，放眼望去，是一片一
望无际的金黄，无论什么人，凡驻足这个最大的天然花园内，无不感叹罗
平是"金玉满堂"之乡。

大量的油菜花种植在一定程度上也促进了曲靖市榨油行业的发展。但
是，曲靖的油菜花最大的用途似乎在于提供给人们旅游观光，曲靖的榨油
业近几年发展势头并不理想。

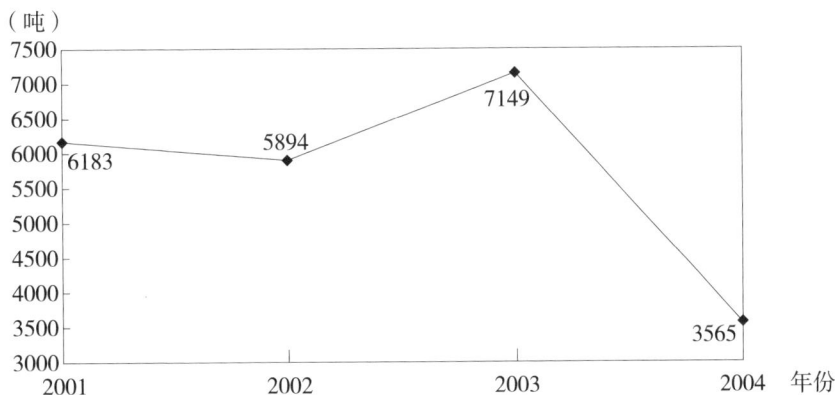

（吨）

图 13 - 46　曲靖食用油产量变动趋势

资料来源：《曲靖市统计年鉴》（2000—2005 年）、《云南统计年鉴》（2000—2005 年）。

从图 13 - 46 中可以看到，曲靖市食用油产量变化较大，2001 年到
2003 年，食用油榨取行业发展曲折，产量从 6183 吨上升到了 7149 吨，但
是 2004 年食用油行业的发展受到了较大的挫折，产量从 7149 吨一下跌到
了 3565 吨，跌幅近 50%。从 2001 年到 2004 年，曲靖食用油产量下跌了
43%，年均跌幅达到 17%。

（六）木材加工行业

曲靖市位于云南省东北部，森林茂密，拥有大量的林业资源，为曲靖
木材加工业的发展奠定了良好的基础。

木制家具加工业与百姓的生活息息相关，但是曲靖的家具加工业仅仅着力与满足曲靖本市的家具需求，没有向市外广阔的市场发展。所以曲靖市家具产量停滞不前，保持在比较稳定的状态。

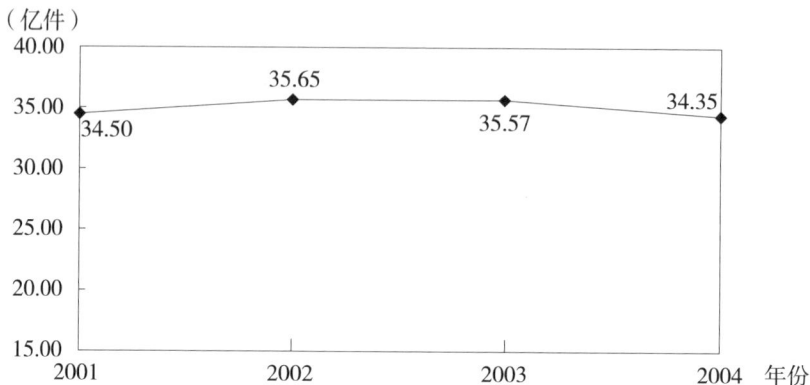

（亿件）

图 13－47　曲靖木制家具产量变动趋势

资料来源：《曲靖市统计年鉴》（2000—2005 年）、《云南统计年鉴》（2000—2005 年）。

从图 13－47 中可以看到，曲靖市木制家具产量比较稳定，基本在 35 亿件的水平徘徊，行业发展较为缓慢，产品以满足本地需求为主，没有发挥自身林业资源优势，向外地扩张。

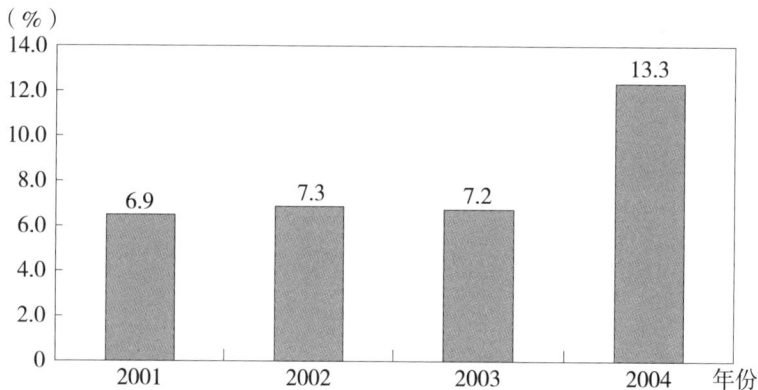

（％）

图 13－48　曲靖木制家具产量在全省产量中的比重图

资料来源：《曲靖市统计年鉴》（2000—2005 年）、《云南统计年鉴》（2000—2005 年）。

从图 13－48 中可以看到，曲靖市木制家具在全省的比重呈不断上升之势，2001 年该比重为 6.9％，到了 2004 年该比重就上升为 13.3％。增长了近一倍，发展势头良好。

（七）旅游业

近年来，曲靖旅游业取得了令人瞩目的业绩，景区景点初具规模，知名度和影响力不断扩大，经济效益逐步提高，完成了人次积累阶段的发展，实现了全市旅游业从小到大的历史跨越，旅游经济各项指标逐年递增，旅游业的影响力不断扩大。

表 13 – 16   曲靖国内旅游人数及旅游收入数据

年份	2003	2004	2005	2006
国内旅游人数（万人次）	324.00	427.74	438.00	507.50
旅游收入（亿元）	8.10	11.80	14.10	19.40

资料来源：《曲靖市统计年鉴》（2004—2006 年），曲靖市 2006 年国民经济和社会发展统计公报。

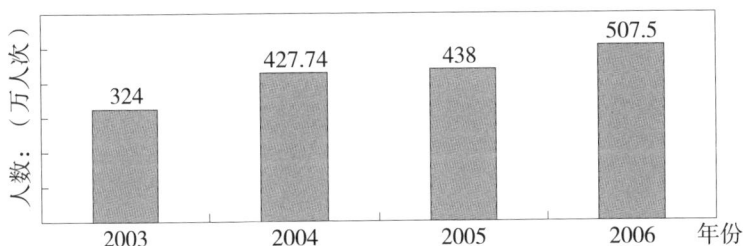

图 13 – 49   曲靖国内旅客接待数量变动趋势

资料来源：《曲靖市统计年鉴》（2000—2005 年）、《云南统计年鉴》（2000—2005 年）。

从表 13 – 16、图 13 – 49 中可以看到，曲靖市国内旅游人数增长较快，仅用了 4 年时间就从 2003 年的 324 万人次增长到了 2006 年的 507.5 万人次，增长了 57%，年均增长速度为 16%，涨势喜人。

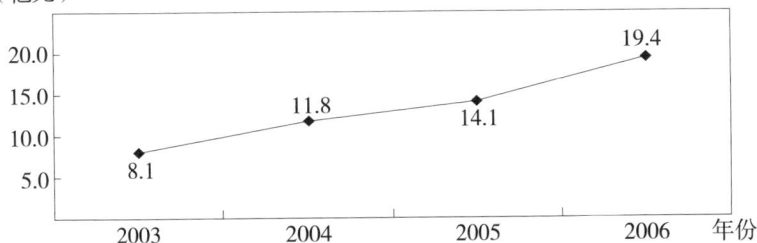

图 13 – 50   曲靖国内旅游收入变动趋势

资料来源：《曲靖市统计年鉴》（2000—2005 年）、《云南统计年鉴》（2000—2005 年）。

从图 13－50 中可以看出旅游业由于 2003 年"非典"等因素的影响，有所下降，自 2004 年起，旅游业快速发展。2004 年接待的国内旅客人数大幅增长，比 2003 年上升 36%。2006 年接待国内旅游 507.5 万人次，比上年增长 16%，旅游业总收入达 19.4 亿元，比上年增长 38%。

除此之外，曲靖市努力拓展以东南亚市场为主的国外客源市场，力争形成国内、国际游客双重并进的市场格局。

表 13－17　　　　曲靖 1999—2004 年国际旅游人数及外汇收入

年　份	1999	2000	2001	2002	2003	2004
国际旅游人数（单位：万人次）	0.12	0.36	3.19	2.5	1.8	1.11
国际旅游外汇收入（单位：万美元）	32	45	120	230	114	104.14

资料来源：《曲靖市统计年鉴》（2000—2005 年）。

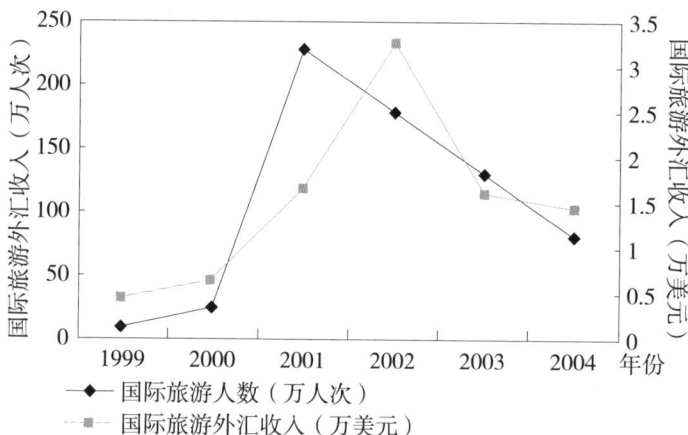

图 13－51　　国际游客人数及旅游外汇收入趋势

资料来源：《曲靖市统计年鉴》（2000—2005 年）。

从表 13－17、图 13－51 中看出，从 2001 年至今国际游客呈现逐年减少的趋势，其对策是：首先，加强曲靖市旅游的整体宣传，扩大其在国际的知名度，利用各种形式开展宣传推介活动，充分利用新闻、报刊、电视、互联网、文学、摄影等媒介，加大旅游宣传和客源市场开发力度，进一步增强曲靖旅游的吸引力，塑造曲靖旅游的强势品牌。其次，加强与省内外的旅游协作，创新方式，切实加大宣传力度，积极引导市内旅游企业与全省及周边省市旅游企业广泛联系，制定有关优惠政策，建立稳固的合作关系，吸引更多的旅行社组团到曲靖市旅游。

综观曲靖的旅游业，已初步形成自然观光旅游、文化体验旅游、工业旅游、休闲度假旅游、会展商务旅游有机互补的局面。近年来曲靖的旅游产业体系初具规模，截至 2005 年年底，全市有国家 4A 级旅游区 3 个：陆良彩色沙林、罗平九龙瀑布群以及珠江源、会泽大海草山，国家工农业旅游示范点 2 个、国家级森林公园 4 个、省级文明风景旅游区 2 个、省级风景名胜区 9 个。旅游业直接从业人员 4 万余人，间接从业人员 21 万人。与旅游业相配套的餐饮、住宿、娱乐、购物、运输等产业体系也日趋完备。一批旅游精品初步建成。

（八）文化产业

曲靖市重点打造和树立珠江源地方特色文化品牌，培育文化产业。曲靖市适时组建由市花灯团、滇剧团参与的珠江源演艺公司，打造地方特色文化品牌，创建民族民间艺术之乡，挖掘、开发、树立和打造具有曲靖历史文化、民族风情和时代特色的珠江源文化品牌，以品牌形象扩大宣传，提高曲靖知名度。采取政府引导、市场运作的方式，大力发展文化龙头企业，引导民间资本兴办文化企业，开发特色文化产品，着力打造和树立珠江源地方特色文化品牌，确保文化产业发展取得明显成效。

（九）国际贸易与外商投资

曲靖市实施互利共赢的开放战略，认真落实扩大开放的政策措施，全方位扩大对外开放，实际利用外资方面增长迅速，从 1999 年实际利用外资 183 万元，到 2004 年实际利用外资已达 1138 万元（见表 13 - 18）。目前，曲靖已累计批准外商投资企业 103 家，总投资额 8.5 亿美元。荷兰艾维贝、泰国协联、美国美亚电力、菲律宾康达、法国罗地亚等企业入驻曲靖后均获得较好的回报。

表 13 – 18   曲靖市实际利用外资情况

年份	1999 年	2000 年	2001 年	2002 年	2003 年	2004 年	2005 年	2006 年
实际利用外资 （单位：万美元）	183	206	406	861	2911	1138	1142	2019

资料来源：《曲靖市统计年鉴》（2000—2006 年），《曲靖市 2006 年国民经济和社会发展统计公报》。

曲靖市依托现代制造业，加速发展现代物流业，重点建设南海子、花山、麒麟、宣威、罗平等五个物流中心，把曲靖建设成为内地与东盟贸易的双向物资集散通道。

最重要的是，曲靖市改善进出口商品结构，转变贸易增长方式，增加先进技术和原材料进口，巩固化工产品出口，扩大机电产品、高新技术产品、农畜产品及劳动密集型产品出口，鼓励有条件的企业"走出去"，开展对外经济合作，开拓国外市场。曲靖市积极参与中国—东盟自由贸易区建设和"泛珠三角""长三角"、西南六省区市等区域的经济、文化合作与交流，在推进区域合作中加快发展。认真落实招商引资的政策措施，为外来投资企业营造良好的发展环境。突出重点地区、重点园区、重点产业，创新招商方式，开展上门招商、网络招商、代理招商、以商招商、专题招商等活动，推出一批高质量、有吸引力的大项目，大力引进市外先进生产要素，促进开放型经济的发展。表 13 – 19 为曲靖市的国际贸易进出口总额，可以看到从 2001 年到 2006 年的 6 年期间，国际贸易的进出口总额增加了 7.1 倍，增速迅猛。

表 13 – 19   曲靖市国际贸易进口、出口统计

单位：万美元

年份	2001	2002	2003	2004	2005	2006
国际贸易进出口总额	1843	3318	8167	11925	13356	14900
出口额	1804	2476	7481	10585	9504	9400
进口额	39	842	686	1340	3852	5500

资料来源：《曲靖市统计年鉴》（2000—2006 年），《曲靖市 2006 年国民经济和社会发展统计公报》。

（十）交通运输业

曲靖市地处滇东门户，素有"入滇锁匙"之称，特殊的地理区位，使之成为云南省"出滇入海"的大枢纽和大通道，目前有320、324、326、213共四条国道和贵昆、南昆两条电气化铁路。"十五"公路建设以来，珠江源大道、宣天一级公路、江石一级公路相继建成通车，曲嵩高速公路实现通车，全市公路总里程达到26195公里，位居全省第二位。一个以曲靖中心城区为枢纽，以国、省道高速（高等级）公路为骨干，以县乡公路为补充的干支相连、布局合理的公路交通网络基本形成。四通八达的交通，为打造珠江源大城市，建设现代化工业强市贯通了"经脉"，为"三村四化"新农村建设铺就了快捷通道。

2007年6月1日，曲靖市和昆明市之间首开城际列车，曲靖和昆明之间的157公里，将在90分钟内到达。昆明是云南省的省会，曲靖是云南省经济第二发达的城市，每天往返于两个城市之间的乘客在3000人左右。曲昆城际列车，不仅仅是满足市场需求，最主要的是形成"交通走廊"，成为滇中区域经济一体化的"助推器"。曲昆城际列车使两个城市的人流、物流、信息流的交融更加通畅，进一步实现两个城市的资源共享。

在"十一五"规划中，曲靖市的交通运输业将形成以公路运输为主、铁路运输为辅、航空和水路运输为补的立体交通，建立起一个以交通信息化、现代化、高科技化及环保生态化的现代化交通网络。全市将投资2.86亿元，新改建客运站点92个及曲靖物流基地，形成布局合理的现代物流运输场站主框架。

四、曲靖市亮点行业发展历史及现状分析

根据曲靖市资源禀赋的特点及优势，经过认真分析发现，在大力发展传统产业优势——有色金属行业，煤化工基地等以外，经过对近几年数据分析后发现，曲靖市在上述优势产业外，还有着许多可供挖掘的新兴产业。这其中主要包括：

（一）陶瓷制造业

曲靖市历年统计年鉴显示，曲靖陶瓷制造业发展势头良好，而且该行

业在曲靖的"十一五"规划中并未提及，但是根据其目前的发展趋势来看，该行业可作为曲靖市今后可以重点扶植的行业来发展。

（万件）

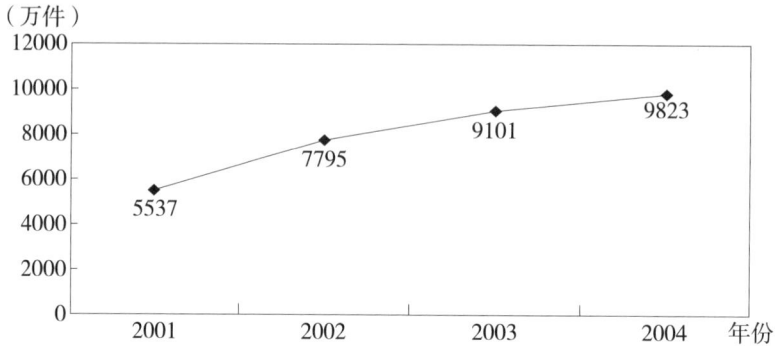

图13－53　曲靖市日用陶瓷产量变动趋势

资料来源：《曲靖市统计年鉴》（2000—2005年）。

从图13－53中可以看到，曲靖市日用陶瓷产量增长迅速，从2001年到2004年的四年时间中，曲靖陶瓷产量从5537万件增长到了9823万件，增长了77%，年均增幅达到了21%。

（%）

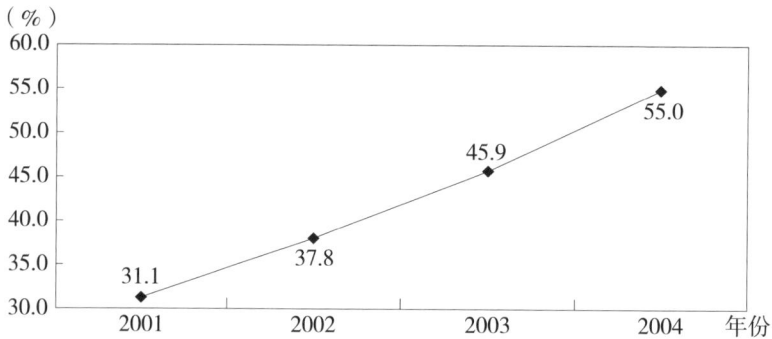

图13－54　曲靖市日用陶瓷产量在全省产量中的比重

资料来源：《曲靖市统计年鉴》（2000—2005年）、《云南统计年鉴》（2000—2005年）。

从图13－54中可以看到，曲靖市日用陶瓷产量在全省总产量中的比重增加较快，从2001年的31.1%用了4年时间就增加到了2004年的55%，产量超过全省总产量的一半，曲靖陶瓷生产中的优势显露无遗。

（二）新材料行业

曲靖市人民政府与云南冶金集团总公司投资30多亿元的曲靖南海子工业园硅材料产业基地。项目建成后年产值将超过百亿，并将结束国内太阳能电池及芯片用硅95%靠进口的历史。该项目选址位于省30个重点工业园之一的曲靖南海子工业园，总用地规模3000亩，项目以硅科技产业、生物创新工业、劳动密集型产业、机电工业及新材料加工工业为重点发展领域，一期工程为建设3000吨/年多晶硅产业化项目，其他项目建设还有半导体硅片、太阳能电池组件等，建设期为3年。届时仅云南的产能就能达到现在全国的水平，位列亚洲第一位。

（三）房地产业

曲靖的城市性质定位为：滇东中心城市，云南省现代工业重要基地，环境优美的珠江源园林生态城市。在市委、市政府科学的决策引导下，曲靖一直在往"工业强市"的方向上努力，曲靖市的房地产行业发展也出现了较为喜人的局面。曲靖市人口众多，购房需求一直非常旺盛，而且需求量实在，是全省除昆明外，房地产开发量最大的地市。2005年，全市就完成房地产开发投资13亿元，占全市固定资产投资的5.7%，商品房销售面积达48万平方米，全市建设廉租房2万平方米。

表13-20　　　　　　　　曲靖市房地产开发投资统计

年份	1999	2000	2001	2002	2003	2004	2005	2006
房地产开发投资（亿元）	2.4	1.7	3.0	3.9	4.8	10.1	13.0	31.4

资料来源：《曲靖市统计年鉴》（2000—2006年），《曲靖市2006年国民经济和社会发展统计公报》。

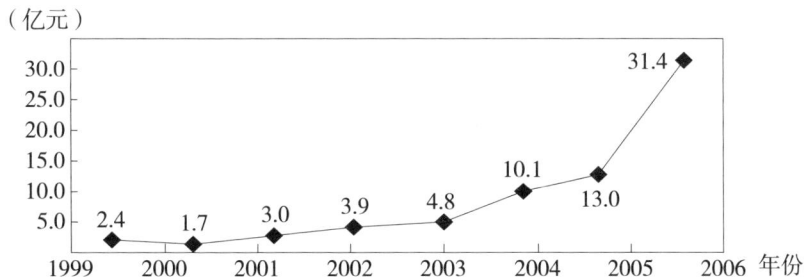

图13-55　曲靖市房地产开发投资额变动趋势

资料来源：《曲靖市统计年鉴》（2000—2005年）、《云南统计年鉴》（2000—2005年）。

从表 13 - 20、图 13 - 55 中看到，曲靖市房地产投资额增长显著，从 1999 年的 2.4 万元仅用了 7 年时间就增加到了 2006 年的 31.4 万元，增长了 120%，年均增长幅度为 17%，房地产投资的快速增长为曲靖的经济注入了新的活力，但是也为曲靖带来了预防房地产投资过热的任务。

随着曲靖经济的增长，住房成为近年来的消费热点和重点，为房地产市场健康发展提供了持久动力。随着建设工业强市和珠江源大城市战略举措的实施，曲靖市工业化和城镇化将迎来一个快速发展的时期，为房地产业的发展提供了广阔的市场空间。曲靖建设主管部门力推住房制度改革，住房市场化、商品化趋势逐渐确立，房地产市场潜力极大，房地产业已成为曲靖市的优势产业之一。

根据对云南省内各城市的消费力调查显示，曲靖的消费能力仅次于昆明，居全省第二位。① 每年 9 月开展的曲靖房交会印证了这个事实。作为省内州市举办最多、最成熟的专业房地产交易会，曲靖已率先迈开了步伐，成功举办 6 届房地产展示交易会。在 2006 年 9 月的第 6 届曲靖市房地产展示交易会上，推出了 40 余个新开发的楼盘，总面积 130 万余平方米，含高层商住楼、临街商铺、别墅各种户型，共有来自昆明、曲靖和各县（市）的 27 家房地产开发企业参展。同时，在曲靖的房地产界也出现了一批优秀的房地产开发企业。2005 年 8 月，云南云电阳光房地产股份有限公司开发的曲靖阳光花园被国家环境保护总局授予"全国绿色小区"称号，而云南地产界能获此殊荣的也仅有四家。

目前曲靖的房地产价格稳定，消费群体主要为本地居民。普通的商品房平均价格在 1400—1500 元/平方米，别墅类的高档住房销售价格在 2000—3000 元/平方米。房地产交易量稳步上升，供需两旺，市场发展健康、有序。随着曲靖市不断向城镇化发展迈进，住房需求还将进一步扩大，政府支持鼓励房地产业稳定健康发展，为房地产业发展注入强劲动力。

---

① 2005 年 1—7 月，昆明、曲靖、红河、大理、文山的社会消费品零售总额依次排在全省前五位。

第十四章 发展曲靖产业的承载能力
和约束调节分析

一、曲靖市 GDP 与人口现状和未来预测

土地承载能力一般是指区域土地所能持续供养的人口数量，也就是一定生产条件下土地资源的生产能力和一定生活水平下所能承载的最大人口限度，即土地人口承载量。因此，土地承载能力就是研究土地和人口之间的平衡关系，如果人口规模增长过快，人口和资源关系紧张的趋势势必加剧。因此，一个地区的 GDP 和人口是直接占用和消费资源的最主要的两个因素。在具体分析和预测某一地区的资源约束之前，对本地区的经济与社会（也就是 GDP 和人口情况）的现状和发展趋势作一前期分析预测就显得尤为重要。

（一）GDP 分析预测

GDP 是一个地区经济的整体衡量，它不但能反映经济运行情况、居民的生活状况，也是分析本地区资源承载能力时的重要指标。因为 GDP 是全社会经济总产出的衡量指标，无限量的 GDP 的增长并不是理想的情况，高产出就意味着高消耗，在投入 – 产出理论模型中，边际产出是随着产量的增长而降低的，GDP 的持续增长势必需要本地区的土地、资源的大量消耗，反过来，GDP 的有效增长又能促进一部分可再生资源的重生。所以，认真分析研究最近几年的 GDP 发展运行状况，结合预测未来时段 GDP 的可能发展趋势，是分析资源承载能力的必要途径。

在这里我们选择曲靖市从 2000 年到 2005 年的 GDP 的数据来分析以往的运行情况，并预测将来的发展趋势。从图 14 – 1 可以看到，曲靖市的经济的发展由稳步增长时期进入加速发展时期。由 2000 年的 217 亿元发展到 2005 年的 441 亿元，5 年时间翻了一番多，平均增长 10.4%，高于"九五"期间 0.6 个百分点，也高于全国水平。2006 年更是达到 536.8 亿元，

按可比价格上升 15.5%。自 2000 年开始，曲靖市整体经济以国内生产总值所体现的数据为指标在近几年中呈加速发展态势，特别是 2004、2005 两年，分别比上年同期增长 21.61% 和 28.77%（计算方式按当年价）。

（亿元）

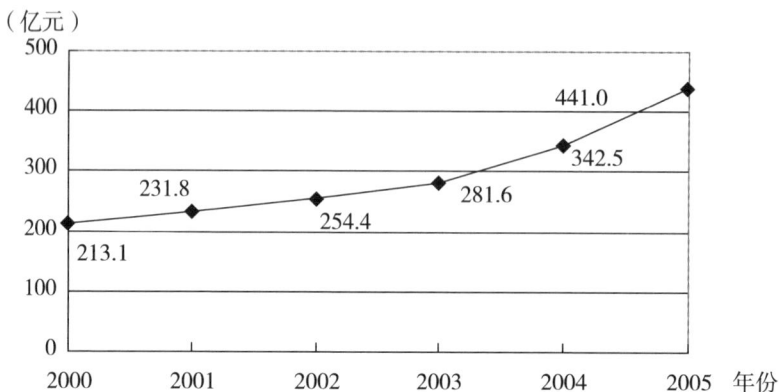

图 14 - 1　曲靖市 GDP 变动趋势

资料来源：《曲靖市统计年鉴》（2000—2005 年）、《云南统计年鉴》（2000—2005 年）。

根据生产理论模型，随着产量的增长，增长速度即边际产量会逐步降低，同时依据政府以紧缩的财政货币政策来限制经济过热，防止通货膨胀的政策引导下，在对曲靖市的 GDP 增长速度的预测上以 8%、9% 和 10% 作为未来几年直至 2025 年的期望值。据此三个不同的经济期望增长值对 2015 年和 2025 年的 GDP 作出预测估值（见表 14 - 1）

表 14 - 1　　　　曲靖市 2015 年和 2025 年 GDP 预测值

单位：亿元

年份	8%	9%	10%
2015	952.1	1044.0	1143.8
2025	2055.5	2471.5	2966.8

资料来源：《曲靖统计年鉴》（2001—2006 年）。

（二）人口分析预测

人口的结构和发展趋势同样也是影响某个地区资源消耗的一个重要因素，因为人是社会消耗的主体，人的经济活动需要资源的投入。人口的结构变化和发展趋势在很大程度上改变了资源的消耗程度。因此，要分析预测资源承载能力，除了 GDP 之外，还要分析预测人口的发展趋势。

所谓人口预测就是根据规划区或单位现有人口状况和可以预计到的未来发展趋势，测算未来某个时点人口的状况。在这里分析预测人口变动时，主要利用历年数据的人口自然增长法进行趋势外推和灰色系统理论预测模型结合使用。

表 14 - 2　　　　2000—2005 年曲靖市人口总数变动趋势

年　　份	2000	2001	2002	2003	2004	2005
人口总数	546.61	545.39	549.93	554.23	550.83	565.76

资料来源：《曲靖市统计年鉴》（2000—2005 年）、《云南统计年鉴》（2000—2005 年）。

根据表 14 - 2 曲靖市近几年常住人口总数量变化趋势来看，全市人口一直在波动中平稳增长，但 2005 年增幅过快，当年比上年同期增长 2.71%。六年来常住总人口由 2000 年的 546.61 万人增长到 2005 年的 565.76 万人，增长幅度达 3.5%，年平均增长率为 0.6%。

1. 人口自然增长法

人口自然增长法是当前土地规划、城市规划中进行人口预测的一种主要方法，比较适用于预测人口增长稳定地区的短时期内的人口数。根据基期年的人口数直接对算未来人口数。前提条件是，规划区域的人口数基本上按照一定的比例增长，并假定该地区人口今后仍按此平均增长率继续增长下去，这样可以利用几何级数求规划年的人口数。其公式为：

$$Pt = Pt_o(1 + K)(t - t_o) + (c - d)$$

其中，Pt 是规划年人口数；Pt_o 是基期年人口数；K 是人口自然增长率。

根据以上数据，自 2000 年到 2005 年六年的变化过程中，人口由 546.61 万增长到 565.76 万，年平均增长率为 0.6911%，根据这一增长率，到 2015 年，曲靖市总人口预计为 606.10 万人；至 2025 年，全市总人口预计为 649.31 万人。

2. 灰色系统理论预测法

灰色系统理论中的灰色预测即 GM（1，1）模型是国民经济中较为常用的趋势和定量的预测方法。在近几年中被逐步应用于人口的预测。灰色系统理论把受众多因素影响，而又无法确定那些复杂关系的量，所以称为灰色量。对灰色量进行预测，不必拼凑一堆数据不准、关系不清、变化不明的参数，而是从自身的时间序列中寻找有用信息，建立和利用模型，发现和认识内在规律，并进行预测。在其特点是所需信息少、运算方便、建模精度较高。其基本模型如下：

GM（1，1）模型

建立 GM（1，1）模型的实质是对原始序列作一次累加生成使生成序列呈一定规律，然后建立一阶线性微分方程模型，求得拟合曲线以对系统进行预测。设原始序列：

$$x^{(0)} = \{x^{(0)}(1), x^{(0)}(2), \cdots x^{(0)}(n)\} \tag{1}$$

作一次累加生成

$$x^{(1)} = \{x^{(1)}(1), x^{(1)}(2), \cdots x^{(1)}(n)\} \tag{2}$$

式中

$$x^{(1)} = \sum_{j=1}^{i} x^{(0)}(j)(i = 1, 2, \cdots, n)$$

对于可建立一阶线性白化微分方程

$$\frac{dx^{(1)}}{d^1} + ax^{(1)} = u \tag{3}$$

利用最小二乘法求解参数 a，u 为

$$\alpha = \binom{a}{u} = (B^1 B)^{-1} B^T y_n \tag{4}$$

式中

$$\begin{pmatrix} -\frac{1}{2}(x^{(1)}(1) + x^{(1)}(2)) & 1 \\ -\frac{1}{2}(x^{(1)}(2) + x^{(1)}(3)) & 1 \\ -\frac{1}{2}(x^{(1)}(n-1) + x^{(1)}(n+1)) & 1 \end{pmatrix}$$

$x^{(1)}$ 的灰色预测 GM（1，1）模型为

$$x^{(1)}(k+1) = \left[x^{(0)}(1) - \frac{u}{a}\right]e^{(-ak)} + \frac{u}{a}(k = 0,1,2\cdots) \qquad (5)$$

由式（5）求出 $x^{(1)}$（k+1）后，其实际预测值可用下式得出：

$$x^{(0)}(k+1) = x^{(1)}(k+1) - x^{(1)}(k) \qquad (6)$$

根据这一模型公式，结合曲靖现有人口数据，可得出预测值（见表14-3）。

表14-3　　　　　　　灰色系统预测计算结果

单位：万人

年份	2000	2001	2002	2003	2004	2005
实际值	546.61	545.39	549.93	554.23	550.83	565.76
年份	2015			2025		
预测值	606.52			655.11		

由于根据应用灰色理论预测的 GM（1，1）模型的实践经验来看，预测值往往略微高于实际值，因此，在这里我们在 GM（1，1）模型的预测值之上乘以 0.99 系数。最终应用此模型的人口预测期望值：2015 年为 600.45 万人；2025 年为 648.56 万人。

以上我们应用了人口自然增长法进行趋势外推和灰色系统理论预测模型两种方法对曲靖市未来的人口总量做了预测。现对此两种方法取平均值来作为今天我们所需要的数据。因此，曲靖市的未来人口预测值：2015 年为 603.28 万人；2025 年为 648.93 万人。

二、曲靖市土地承载能力分析

曲靖市的土地占有量情况与中国其他地区相似，虽然拥有一定量总耕地面积，但是人均土地资源占有量较少。2005 年全市人均耕地面积仅为 1.86 亩/人，略高于当年云南省的人均耕地占有量 1.40 亩/人。在下辖的九个县市中，宣威的耕地总量最大，但人口数量也多，人均指标并不高，陆良的坝区面积全省最大，但耕地总量一般，麒麟区是全市人均耕地和未

利用土地指标最低的区域,其耕地的各项指标已经接近联合国粮农组织提出的 0.795 亩的世界人均耕地警戒值。

在曲靖市范围内,山区面积较大,山地面积已经占到了土地总面积的94%,土地可利用和未开发的余地非常有限。这也和云南全省的山多地少的普遍情况相似。

表 14 – 4　　　　2001—2005 年曲靖市耕地面积变动趋势

单位:公顷

年　　份	2001	2002	2003	2004	2005
耕地面积	291.84	289.02	280.35	247.97	250.97

资料来源:《曲靖市统计年鉴》(2000—2005 年)、《云南统计年鉴》(2000—2005 年)。

表 14 –4 反映的是曲靖市近几年的常用耕地面积变化发展趋势。我们可以看到,全市常用耕地面积的下降速度较快,由 2001 年的 291840 公顷下降到 2005 年的 250968 公顷,4 年间下降了 14%。究其原因,主要是环境的恶化和建设用地的大量占用。

表 14 – 5　　　　2000—2005 年曲靖市耕地占用面积变动趋势

单位:平方公里

年　　份	2000	2001	2002	2003	2004	2005
占用耕地面积	4.45	4.27	3.91	6.43	2.60	2.78

资料来源:《曲靖市统计年鉴》(2000—2005 年)、《云南统计年鉴》(2000—2005 年)。

从表 14 –5 中看到,自 2000—2005 年的六年时间里,曲靖市的城市建设和建筑用地所占用的耕地数量一直是居高不下。在最初三年,每年的耕地占用数量一直是 4 平方公里以上的水平,到 2003 年这一数字达到 6.43平方公里的最高水平,已经严重超过联合国关于全球人均耕地占用量的最高警戒线,也大大超出了我国所规定的地方政府所能够审批耕地占用量的最高水平。到 2004 年和 2005 年,占用耕地的面积虽然有所下降,但全市的耕地面积逐年缩小的问题依然存在,这种状况是不容乐观的。

(一) 土地承载力和曲靖最大人口数量之间的关系

土地资源承载力是土地资源人口承载力的简称,是指在某一特定区域内，在现有或可能达到的技术、资源水平下所有的土地所能提供的资源以维持人口生存的最大人口数量，土地资源承载力研究是定量研究土地和人口协调发展的最根本的有效途径之一。

根据这一原理，结合土地资源生产潜力和居民粮食消费水平指标体系来分析曲靖目前的居民整体生活质量预测未来全市土地承载能力以及和人口增长趋势之间的关系。

土地资源生产潜力是指土地在一定条件下能够持续生产出人类需要的生物产品的潜在能力，由于人类所获得的最基本最重要的消费品首先来源于耕地，所以我们选择耕地来研究其潜在的生产能力，并且将这一生产能力统一用粮食的产量来衡量。

1. 计算方法和理论基础

在这里我们所采用的是逆向限制因子修正法，主要依据作物能量转化逐步订正来估算粮食生产潜力，也就是土地资源生产潜力。土地生产潜力受光、温、水、土等诸多条件的影响，它们之间互相依赖、互相制约，构成土地生产能力的递阶系列。

2. 土地生产潜力

土地生产潜力的估算采用如下公式模型：

$$YQ = 10^8 FEQC^{-1}, Y(Q, T, W, S) = YQf(T)f(W)f(S)$$

在上式中 Y（Q，T，W，S）为土地生产潜力；YQ 为光合生产潜力；F 为光能利用率，根据国际标准和曲靖的日照条件，在本市取值为 3.75%；C 为 1 千克有机物贮存的能量，平均取值为 15750kJ/kg；E 为经济系数，结合各类作物相关值求得 E 为 0.475；Q 为作物生长期的太阳总辐射，结合曲靖市的作物生长特点取 Q 为 87.03kcal/cm^2，折合为 365.91kJ/cm^2；根据曲靖市的客观实际，f（T）为温度有效系数，取值为 0.89；f（W）为水分订正系数，取值为 0.94；f（s）为土地质量订正系数，取值为 0.69。求得曲靖市的土地生产潜力为 12650.91 千克/公顷。

3. 土地承载能力估算

考虑到本地区自然灾害和不可预料因素的影响，将生产潜力乘以衰减系数，按照国际惯例和标准，该系数取值为 0.1。这样总产的计算式可表示为：实际土地生产潜力 = 理论生产潜力 × （1 - 0.1）× 耕地面积。曲靖市耕地总面积为 250968 公顷，求得曲靖市可能总产为 2857476222.792千克。

以下是居民粮食消费水平指标体系，即在不同的富裕程度或消费水平下，居民所需要的相应的平均每人每年粮食的消费量（见表 14 - 6）。

表 14 - 6　　　　　　　　居民粮食消费水平指标体系

项　目	人均粮食（千克 . 人$^{-1}$.a^{-1}）		
消费水平	宽裕	小康	富裕
指　标	420	460	490

根据此标准所测算的曲靖市土地最大承载能力为：

按照宽裕的消费标准，即 420 千克/人年计算的话，曲靖市可承载人口680.35 万人。

按照小康的消费标准，即 460 千克/人年计算的话，曲靖市可承载人口621.19 万人。

按照富裕的消费标准，即 490 千克/人年计算的话，曲靖市可承载人口583.16 万人。

（二）建设用地需求的增长趋势

1. 现有建设用地需求状况

建设用地（land for construction）是指建造建筑物、构筑物的土地，包括城乡住宅和公共设施用地、工矿用地、交通水利设施用地、旅游用地、军事设施用地等。其特点是付出一定投资（土地开发建设费用），通过工程手段，为各项建设提供的土地。是利用土地的承载能力或建筑空间，不以取得生物产品为主要目的的用地。

由于房地产行业的急剧膨胀和全国各地市的基础设施建设的加速，近年来建设用地的不断加大在很大程度上影响了全市基本农田和常用耕地与建筑用地、居住用地的平衡。在党中央关于建设和谐社会，用科学发展观统领经济社会发展的思路下，如何有效地解决这一问题成了当前摆在我们的难题。土地价值取向应以不牺牲社会、环境效益为原则，如何做到既坚持原则又能最大限度地发挥土地经济效益，这是衡量土地开发利用合理与否的重要标准之一，也是土地开发利用目标之一，更是我们应该不断提高认识的新问题。

表14-7　　　　2000—2005 年曲靖市征用土地面积变动趋势

单位：平方公里

年　份	2000	2001	2002	2003	2004	2005
征用土地面积	1.44	4.97	4.84	7.04	3.46	7.54

资料来源：《曲靖市统计年鉴》（2000—2005 年）、《云南统计年鉴》（2000—2005 年）。

曲靖市在近几年的土地征用量方面也非常惊人，从表14-7 中显示的信息来看，自 2000—2005 年间，全市土地征用量正以飞快的速度攀升，由初期的 1.44 平方公里飞速增长到期末的 7.54 平方公里，除 2004 年在行政政策的高压下有明显的下降外，其他年份中建设用地的面积不断攀升，从 2000 年到 2005 年的五年时间里，全市征用土地量增长了四倍多。

"十五"期间全市建设用地大量占用耕地面积，其中光建筑用地占用量就达到 22.43%，而且建筑用地的占用需求还在逐步扩大。据预测"十一五"期间，各类建设用地项目就有 648 个。共需占用现有耕地 20.25 万亩。"十一五"期间的建设用地量将会是"十五"期间的两倍多。

表14-8　　　　　　2000—2005 年曲靖市城市建设用地

单位：平方公里

年　份	2000	2001	2002	2003	2004	2005
建设用地面积	37.89	67.78	69.64	76.16	80.29	89.20

资料来源：《曲靖市统计年鉴》（2000—2005 年）、《云南统计年鉴》（2000—2005 年）。

从表14-8 中可以看到，自 2000—2005 年，曲靖市的建设用地需求量在逐年攀升，进入 2001 年以后，全市建设用地量呈加速增长态势。在从 2000 到 2005 年的五年时间里，全市建设用地需求量从 37.89 平方公里猛增到 89.20 平方公里，增长了一倍多。

建设用地主要分为城市居住用地和城市建筑用地。在曲靖市历年的居住用地和建筑用地的占用量情况来看其比重大体为 5:3。以下是曲靖市近几年的居住用地和建筑用地占用情况。

近几年的曲靖市居住用地面积与其建设用地情况大体相似，在 2000 年到 2005 年的五年时间里，除 2002 年发展增速略有放缓之外，全市居住用地有增无减，从期初的 17.98 平方公里增长到期末的 31.38 平方公里（见表 14 - 9）。五年间增长了 74.53%。

表 14 - 9　　　　　2000—2005 年曲靖市居住用地面积

单位：平方公里

年　　份	2000	2001	2002	2003	2004	2005
居住用地面积	17.98	26.67	26.00	29.23	29.75	31.38

资料来源：《曲靖市统计年鉴》（2000—2005 年）、《云南统计年鉴》（2000—2005 年）。

表 14 - 10　　　　　2000—2005 年曲靖市建筑用地面积

单位：平方公里

年　　份	2000	2001	2002	2003	2004	2005
建筑用地面积	19.91	41.11	43.64	46.33	50.54	57.82

资料来源：《曲靖市统计年鉴》（2000—2005 年）、《云南统计年鉴》（2000—2005 年）。

近几年的曲靖市的建筑用地面积的发展趋势与居住用地和建设用地的变化相比，其增长趋势更为迅速。从 2000 年到 2005 年的五年时间里，几乎保持了直线的增长趋势，由期初的 19.91 平方公里增长到期末的 57.82 平方公里，增长幅度为 190.41%（见表 14 - 10）。

2. 建设用地未来需求趋势

表 14 - 11　　　　　2000—2005 年曲靖市建设用地增长趋势

单位：平方公里

年　　份	2000	2001	2002	2003	2004	2005
建设用地面积	37.89	67.78	69.64	76.16	80.29	89.2

资料来源：《曲靖统计年鉴》（2001—2006 年）。

根据表 14 - 11 所显示的数据来预测未来一段时间曲靖市的建设用地需求趋势，在这里主要使用趋势外推法和线性回归模型法。

（1）趋势外推法：曲靖市的建设用地数基本上按照一定的比例增长，

假定今后仍按此平均增长率继续增长下去，利用几何级数求规划年的人口数。公式为：

$$Pt = Pt_o(1 + K)(t - t_o) + (c - d)$$

其中，Pt 是预测年建设用地面积；Pt_o 是基期年建设用地面积；K 是平均年增长率。根据以上数据，自 2000 年到 2005 年六年的变化过程中，全市建设用地由 37.89 平方公里增长到 89.2 平方公里，年平均增长率为 18.68%，根据这一增长率，到 2015 年，曲靖市总建设用地需求预计为 494.36 平方公里；至 2025 年，全市总建设用地需求预计为 2739.84 平方公里。

（2）线性回归模型法：线性回归模型法是指根据以往的数据建立计量经济模型，以全市 GDP 为解释变量，以建设用地总面积为被解释变量建立一元线性回归模型，来预测未来建设用地的需求趋势。因为整体经济社会发展状况是影响建设用地的主要因素，建设用地的组成部分主要是建筑用地和居住用地，二者随经济总量变化而变化的趋势比较明显。

在此模型中设：建设用地需求为 EART；国内生产总值为：GDP（见图14 - 2）。

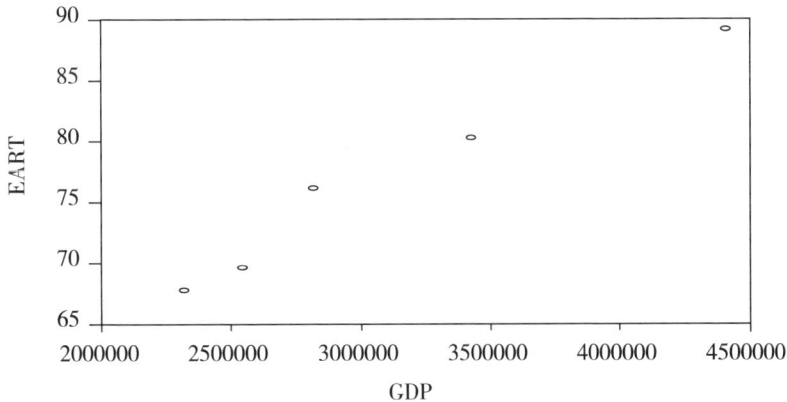

图 14 - 2　建设用地与 GDP 散点图

建立模型：eart = c + c1 × gdp

用 EVIEWS 检验其相关性如表 14 - 12 所示。

表 14 - 12   建设用地面积与 GDP 相关性分析表

	GDP	EART
GDP	1	0.984621906
EART	0.984621906	1

表 14 - 12 说明建设用地和 GDP 之间有比较明显的正相关。

用 EVIEWS 按二元回归建模得到结果（见表 14 - 13）。

表 14 - 13   建设用地面积与 GDP 回归结果

Variable	Coefficient	Std. Error	t - Statistic	Prob.
C	45. 17905	3. 313180	13. 63616	0. 0009
GDP	1. 01E - 05	1. 04E - 06	9. 762027	0. 0023
R - squared	0. 969480	Mean dependent var		76. 61400
Adjusted R - squared	0. 959307	S. D. dependent var		8. 642956
S. E. of regression	1. 743499	Akaike info criterion		4. 238840
Sum squared resid	9. 119370	Schwarz criterion		4. 082615
Log likelihood	- 8. 597100	F - statistic		95. 29716
Durbin - Watson stat	2. 153152	Prob（F - statistic）		0. 002284

得到模型为：

Eart = 45. 17905 + 1. 01E - 05 × gdp

根据此模型，结合 gdp 和人口预测数据，得到建设用地在 2015 年和 2025 年的用地需求（见表 14 - 14）。

表 14 - 14   建设用地需求预测

年份	2015			2025		
	GDP			GDP		
	8%	9%	10%	8%	9%	10%
预测值（平方公里）	141. 34	150. 62	160. 71	252. 78	294. 81	344. 83

（3）土地资源承载力总结。由以上对曲靖市的土地资源状况、需求趋势以及承载能力等各方面的分析，我们可以看到，在未来的经济和社会发

展过程中，曲靖需要特别关注土地资源所能够提供给我们的经济和社会发展支撑的延续，曲靖的土地利用存在着诸多的问题，如何能够使曲靖的土地持久地延续我们经济社会的需要，形成可持续发展的良好环境是给于我们的挑战。曲靖市在土地管理、利用和土地承载能力等问题具体表现在以下方面：

第一，土地面积广阔，可利用的少。

曲靖市虽然拥有 28904 平方公里的总面积，是云南省土地面积较大的几个地州之一，但其中有开发利用价值的并不多。一方面是自然条件所使，曲靖地处云贵高原，平均海拔 2000 米，土地的主要成分是山区、丘陵和坝区，仅山区面积就占到了占总面积的 88%，坝区面积仅占 12%。整体地质构造复杂，不利于农作物生长的碳酸盐岩面积较大，区内优良种植和适于开发的土地面积非常有限。另一方面，曲靖的已有耕地开发不足。全市人均耕地面积仅为 1.86 亩，人均耕地面积最少的村只有 0.39 亩，人多地少的矛盾非常突出。且本地区后备宜耕资源不多，区域内可利用土地开发不足，人口与土地利用的空间组合效率的合理性不高。

第二，建设用地需求与可提供的缺口大。

近几年来，曲靖市的经济发展势头良好，经济的快速增长带动了产业的急剧膨胀和资源的加速利用。表现在城镇建设用地的需求就是大量地扩张。全市建设用地数量从 2000 年的 37.89 平方公里猛增到 2005 年的 89.2 平方公里，增长了一倍多，平均年增幅为 18.68%。

城镇建设用地主要分为建筑用地和居住用地两部分。受经济形势发展的影响，城镇居民收入相比以往有了很大的提高，居住用地的需求也就紧随着收入的提高而增长，再加之近几年曲靖市房地产市场的异常火爆，房地产商在利润的驱使下，急切破土开发的工程比比皆是，致使近几年曲靖市的居住用地数量快速增长，并且形成超过了经济和相应的居民收入的现象。自 2000 年到 2005 年的五年时间里，除 2002 年发展增速略有放缓之外，全市居住用地数量快速增长，从期初的 17.98 平方公里增长到期末的 31.38 平方公里。五年间增长了 74.53%，平均年增长率 11.78%。居住用地的增长同时也在很大程度上受人口快速增长的影响，近几年来，曲靖市的人口一直保持了 6‰ 的高速增长，到 2005 年年底，全市人口达到了

565.76 万人。人口的不断增长必然带动全市对住房需求的增长，根据目前所拥有的人口自然增长率，在未来的 40 到 50 年的时间里，曲靖市将很难再承担居住用地所需要的土地数量。

近几年，曲靖市的产业也随着良好的经济形势而扩张，而产业的扩张需要土地资源的支撑，因而导致的全市建筑用地数量的增长趋势相比居住用地变化，其增长趋势更为迅速。自 2000 年到 2005 年的五年时间里，几乎保持了直线的增长趋势，由期初的 19.91 平方公里增长到期末的 57.82 平方公里，增长幅度为 190.41%，平均年增长率为 23.77%。

与建设用地的快速增长相对应的是土地面积的不可再生性。而且城镇所能提供的建设用地数量还在不断萎缩，部分划归基本农田保护用地，建设用地的数量更少。二者之间的缺口会越来越大，最终导致的结果将是：一方面使城镇居民居住环境受到很大的限制，居民的生活质量受到影响；另一方面，致使第二产业和第三产业在发展规划上受到较大资源约束性的限制，同时又制约着招商引资项目引进和新农村建设步伐。

第三，土地承载能力堪忧。

根据以上对曲靖市的土地承载能力的分析，按照目前全市所拥有的耕地面积和现有的农耕技术以及通用的消费标准来测算，曲靖市土地最大承载能力：按照宽裕的消费标准，即 420 千克/人年计算的话，曲靖市可承载人口 680.35 万人；按照小康的消费标准，即 460 千克/人年计算的话，曲靖市可承载人口 621.19 万人。按照富裕的消费标准，即 490 千克/人年计算的话，曲靖市可承载人口 583.16 万人。根据以上对 2015 年和 2025 年曲靖市总人口的预测，到 2015 年将达到 606.52 万人，到 2025 年将达到 655.11 万人，按照不同阶段的消费水平，全市人民平均的生活水平将在 2015 年维持在小康的水平，到 2025 年将仅仅达到宽裕的水平。更为令人担忧的是，曲靖全市的耕地面积还在不断减少，可提供的粮食生产潜力非常有限。当然，粮食的外来补充会使情况有所缓解，但全市的土地利用、开发情况必须引起高度重视。

因此，土地资源的匮乏将是制约曲靖将来深入发展的主要因素之一。如何正确合理地利用有限的土地资源是摆在曲靖市面前的一个重大难题。

三、曲靖市水资源承载能力分析

水资源是维持人类生存和社会运转的最基本的自然资源之一，在经济发达的现代社会，国民经济各部门的用水量越来越多，尤其是农业生产依赖于水资源的程度更为紧密。人类进入工业文明以来，用水量俱增和浪费用水的问题已大大突出，地球上的水资源总量约为13.8亿立方公里，其中97.5%是海水（13.45亿立方公里），淡水只占2.5%，绝大部分为极地冰雪冰川和地下水，适宜人类享用的仅为0.01%。20世纪，世界人口增加了两倍，而人类用水增加了5倍。世界上许多国家正面临水资源危机：12亿人用水短缺，30亿人缺乏用水卫生设施，每年有300万到400万人死于和水有关的疾病。到2025年，水危机将蔓延到48个国家，35亿人为水所困。因此，水资源利用是我们应当高度重视的，对水资源的合理分析和水资源承载能力的研究也迫切需要。

（一）当前曲靖水资源状况

总体来看，曲靖市水资源相对较为丰富长江和珠江水系纵横盘错，境内总共有干、支5流23条，总长达561公里。2005年全市水资源总量为109.76亿立方米。全市已建成毛家村水库、鲁布革水库和石坝水库三座大型水库，中型水库23座，小型水库上千座，全市各类蓄水工程总蓄水量9.826亿立方米。

表 14－15　　　　近几年曲靖市水库蓄水供水能力表

年份	2000	2001	2002	2003	2004	2005
水库总数（个）	611	617	619	621	627	632
水库库容量（亿立方米）	15.68	20.22	28.53	16.18	16.20	16.32
水利工程供水量（亿立方米）	13.30	14.19	13.83	14.24	14.31	14.45

资料来源：《曲靖统计年鉴》（2001—2006年）。

从表14－15所提供的数据来看，曲靖市水库蓄水、供水能力在五年的时间里虽然有所提高，但增长幅度并不明显。曲靖的水库供水还是全市用水的重要来源之一，水库工程的建设和作用的发挥在很大程度上影响了全市用水供应的保障性。曲靖市各县历年降水量如表 14 - 16 所示。

表 14 - 16　　　　曲靖市各县、区、市历年降水量表

单位：毫米

年份	麒麟区	沾益县	宣威市	会泽县
2000	948	887	1184	859
2001	1098	1141	1073	945
2002	1050	927	892	850
2003	815.9	830.8	765.2	573.7
2004	847.2	767.2	1023.8	669.8
2005	870.1	943.6	844.1	673.1

年份	富源县	罗平县	师宗县	陆良县	马龙县
2000	995	1821	1039	883	856
2001	1098	1664	1297	882	1093
2002	1024	1526	1209	1109	1026
2003	1191.1	1352	943.5	843.9	860.2
2004	1035.9	1303.5	1024.2	773.8	1006
2005	965.6	1811.8	1243	735.2	1077.2

资料来源：《曲靖统计年鉴》（2001—2006 年）。

此外，曲靖的河道外水资源也是全市用水的重要来源，2005 年，全市河道外用水量 14.445 亿立方米。其中地下水供水量 1.176 亿立方米，其他水资源供水量 0.113 亿立方米。因此，从结构上来看，曲靖市的地表水资源占据了大部分，占水资源总量的 77.8%。在消耗方面，生产用水占比最大，用水量 12.64 亿立方米，占 87.5%；生活用水量较少，为 1.704 亿立方米，占 11.8%；生态环境用水量为 0.101 亿立方米，占 0.7%。

但曲靖又是全云南省人口最大的地州，人均水资源水平较低。2005 年，全市人均水资源占有量仅为 1868 立方米，还不到全省人均占有量水平的一半。其中，师宗、罗平两县人均水资源占有量为全市最高，达 3000 立方米，但开发利用率低，仅为 10.0%，麒麟区水资源开发利用率较高，达到 54.5%，但人均占有量却太低，仅为 702 立方米。曲靖市的水资源状况已经在一定程度上制约了全市的经济、社会发展。

水质方面，2005 年曲靖市全年丰水期和枯水期都未被污染，水质为Ⅰ—Ⅲ类的河长为 128 公里，占水质评价河段总长的 25.4%，已被污染的Ⅴ类河长 375 公里，占 74.6%。主要超标的污染项目为磷、砷、氨、氮等。

按照水能源换算理论，曲靖市的水能源总储量为 424 万千瓦，其中可以开发的为 300 万千瓦，目前已经开发利用的仅为 50% 左右。年平均水资源储量为 140.9 亿立方米，占全省的 6.7%。

（二）农业水资源需求

农业用水一直以来占社会总用水量的很大份额，我国在 20 世纪 80 年代末期的统计数据表明，全国农业用水量占社会总用水量的 80%，此份额随着时间的推移逐渐下降，但到目前为止，全国农业用水量仍然高于工业用水和其他生活用水的总量，其在全国用水总量中约占 64%。在世界其他国家中也有类似情况（见表 14 - 17）。

表 14 - 17　　　　　　部分国家工农业用水比较表

单位：立方千米

国家	农业用水		工业用水		农业用水/工业用水
	水量	占总用水量（%）	水量	占总用水量（%）	
美　国	1730	44.0	1841	46.8	0.94
加拿大	31	14.0	187	82.0	0.17
墨西哥	412	88.1	245	5.2	16.80
日　本	500	72.0	127	18.3	4.93
印　度	3090	95.5	27	0.8	114.50
法　国	145	43.0	140	41.0	1.03
前苏联	1304	59.0	783	36.0	1.67
全世界	25000	75.6	4250	12.9	5.88

资料来源：中国宏观数据挖掘分析系统。

在计算农业用水需求时，通常是用基本农田乘以本地区的每亩用水量。基本农田是指根据一定时期人口和国民经济对农产品的需求以及建设用地的预测，从战略高度确定的长期不得占用的和基本农田保护规划期内不得占用的耕地。曲靖的基本农田约为165.5万亩，农业每亩用水量约为550立方米/年。因此，曲靖的农业用水需求约为91025万立方米/年。再根据我国目前农业用水占全社会用水的比重（64%），所以曲靖市的每年全社会用水量约为142226.56万立方米。

（三）曲靖市水资源承载能力

水资源承载能力指的是在一定流域或区域内，其自身的水资源能够持续支撑的经济社会发展的人口数量的能力。

根据人均用水指标0.325立方米/人，结合曲靖市全市人口，所以每人每年的用水量约为118.625立方米。目前曲靖市每年的供水能力约为144450万立方米，所以，曲靖市的水资源可供维持的人口数量约为1217.70万人。

（四）水资源承载能力总结

从以上对曲靖市的水资源状况的分析，曲靖市水资源在未来的发展上既有有利的一面，也有不利的一面。

第一，从总量上来看，曲靖市有一定的水资源储量。由于处于水资源相对较为丰富长江和珠江水系上游，河道水量较为丰富，也有比较大的降水量，各类水库等蓄水工程建设相对完善。但由于人口基数庞大，水资源的人均占有率却并不高。2005年，全市人均水资源占有量仅为1868立方米，还不到全省人均占有量水平的一半，相比省外其他地区的水平更低。

第二，虽然从储量来看，曲靖的水资源供给良好，但所储备的并不等于可以利用的。全市水资源开发利用率相对较低，全市仅为10.0%。同时，工农业用水在逐年扩大，曲靖市的水资源状况已经在一定程度上制约了全市的经济、社会发展。同时，曲靖市的水资源还存在洪涝灾害、水环境恶化、城镇缺水和水土流失等问题。

由于水资源分布不均的原因，致使水利工程建设水平低，干旱和洪涝发生频繁、影响范围大、持续时间长，近年来旱灾频次及危害程度呈上升趋势。水资源时空分布不均，与城市、人口、耕地及光热资源等的分布极不协调，实际可利用的水资源有限。

第三，水污染加剧，水土流失水资源浪费的问题也日益严重。据不完全统计约30%的水量在到达用户之前就损失掉。目前水资源利用方式粗放，用水效率不高、浪费巨大，水环境恶化的趋势仍未得到有效控制，节水的战略地位还不够突出，必须把节水作为主要措施加以明确。水资源开发利用率低。城市缺水现象日益突出，挤占生态环境用水和农业用水。随着经济总量的上升，工业化和城镇化的推进，全市的城镇生活和工业用水增长促使城市水资源供需矛盾日益突出，各个地区不同程度地存在缺水问题，由于城市用水主要靠挤占农业用水和生态环境用水解决，出现了水生态环境恶化和农业灌溉缺水现象。

四、曲靖市产业结构分析

由于曲靖市地处中国西南边陲，改革开放的速度相对较慢，市场观念和意识相对滞后。这是制约本地经济发展的主要因素，同时也是最难以发现的问题，进行有效的整治、改善的地方。

在产业经济发展上，总体上思想不够解放、认识不够到位、创新勇气和思路不足。整体经济社会发展不够快、不够稳、不协调、不平衡，虽然原因是多方面的，但根本上来说是全面贯彻落实科学发展观还存在差距。一些地方和干部在实践和认识上，还不同程度地存在偏差。在总体经济和具体产业发展上，甚至片面地追求产量的增长，忽视在发展中产量、质量、效率、效益、环境等各个方面的协调运行，认为经济增长质量与产业结构、产品结构没有必然联系。有的地方把经济增长的内涵和外延两种类型与"好"、"坏"直接对应，甚至绝对化地认为外延增长是"不好"的经济，而且往往与重复建设相提并论，进而否认新增项目和投资对经济增长的贡献。这种认识上的偏差在于，认为内涵增长可能是低效粗放的，外延增长可以是集约高效的。有的对GDP的认识存在片面性，总想通过超常规的办法尽快赶上发达地区，简单地把发展是硬道理等同于增长是硬道理。有的将发展简单地等同于投资和生产总值等几个指标的增长。以上种种认识上的偏差，造成一批干部群众思想观念转变滞后，解放思想、大胆创新不足，发展理念落后，缺乏开拓创新精神。

在农业经济发展方面，总体发展思路滞后。少数村组干部带领群众增收致富、发展产业的信心不足、办法不多。群众的思想观念有待进一步更新，甚至小农经济意识根深蒂固，小富即安，怕冒风险，投资意识和创业精神不强。发展意识有待进一步增强。农业生产技术落后，耕作粗放，部分落后山区仍停留在刀耕火种的原始农业阶段，农村产业比重中，第二、第三产业很不发达，第一产业高达85%以上。

近年来，虽然曲靖市科技发展取得了一定的成绩，积累了许多经验，但科技投入不足，人才技术缺乏，市域科技创新能力严重不足，劳动力素质较低，文教科研事业相对落后。科技创新体系还称不上完整。企业的创新体系尚未形成，企业中研发资源和经验有限，创新能力弱，企业的创新主体地位还不够突出；农业科技推广不足，农村生产方式落后，推广体系还需要进一步完善；技术转移、成果转化服务体系十分薄弱；创新的基础条件，设施较差，如信息条件平台，科普设施，支柱产业创新条件平台等比较薄弱。科技人才总量不足，人才结构及分布不尽合理。缺少促进产业发展的技术创新团队，高级专业技术人才和经营管理人才匮乏；劳动者整体素质不高，尤其是高技能人才严重不足，适应不了经济社会新一轮发展的需要。还有一方面，科技投入不足，科技发展环境和条件亟待改善，科技投入不足一直是本市科技发展的主要制约因素之一。

尽管曲靖在经济发展中取得了一定的成绩，人均 GDP 达 3000 多元人民币，处于全省前列，但却远远低于沿海发达地区。

从总体上看产业发展上有很大提高，但具体来看全市产业结构主要以烟草工业、机械工业为主，品种单一，抗风险能力较差。经济增长方式粗放，投入产出比较低，国有企业活力不足，市县工业发展缓慢，乡镇企业不发达，非公有制经济起步晚，在国民生产总值中的比重偏小。支柱产业、大企业大集团、名牌产品不多，主导产业占份额较大，对于全市经济增长影响明显。从产业看，烟草加工企业仍是左右全市工业经济运行的主要行业，例如，2004 年由于曲靖卷烟厂完成情况不理想，1—9 月卷烟产量同比减少 4.38 万箱，同比下降 6%，影响全市工业经济增长幅度下降 1.1个百分点，影响规模以上企业经济增长幅度下降 1.4 个百分点。可见，这并不是一种健康的产业集群。

城镇化水平较低，由于曲靖市农村经济规模较大，农业从业人口偏多，全市长期受城乡二元经济影响，城镇化水平相对落后，城镇经济辐射能力较为薄弱；中心城市的经济聚集和扩张功能受到很大的限制，除"两烟"工业外，其他产业经济发展缓慢，难以发挥产业经济的辐射和带动作用；其他县城和小城镇布局分散，规模小，基础设施薄弱。城镇化的滞后，也影响到区域经济发展的有效需求不足，影响到区域各类资源的开发和城镇第三产业的发展，影响到农村社会化服务体系的建设。

投资渠道单一、消费水平尚低、出口拉动乏力。从近几年数据来看，总投资需求对经济增长的平均贡献率达到一半左右，较大地拉动了经济增长，过度依赖投资推动的问题十分突出，而在投资结构、投资规模、投资渠道方面又存在不容忽视的问题。国有经济投资比重高于西部地区平均水平和全国平均水平，民间投资的作用没有有效地集中和充分发挥出来。消费需求明显不足，不能有效拉动经济的增长。从出口拉动情况来看，由于出口商品资源性初级产品出口比重大，高技术、高附加值产品出口比重小，进出口对 GDP 的贡献率几乎成负增长，投资、消费和进出口拉动经济增长互不协调，这些都制约了经济的发展。

基础设施薄弱。曲靖地处云贵高原，交通不便，基础设施薄弱，基础产业总体规模较小，尤其是铁路、水利、能源建设，远远适应不了经济发展的需要，光缆网、数据网发展更是远远落后。交通运输几乎成了限制本地经济发展的首要原因。具体地说，铁路建设滞后，山区铁路运营条件差，路网建设不均衡，区内主要铁路干线已处于超饱和运行状态，无法满足迅速增长的经济对运输需求。交通运输供需矛盾越来越大，近年来，随着经济的不断发展，企业产能大幅提高，产品产量不断增加，货物运输每年需求增长超过30%，但铁路运力通过挖潜提效等措施仅保持了5%左右的增速，远远不能满足日益增长的运输要求。再者，云南地处我国西南边陲，经济发展相对滞后，来料加工工业不发达，资源深加工能力不足，运出物资大于运进物资，进出不平衡，交通运输车辆不能保持进出平衡。还有，经过前几年的大幅度挖潜提效，境内交通挖潜开发的空间已十分有限。

曲靖市经济社会发展整体上仍处在资源耗费型层面，环境、资源、人口形势仍相当严峻。

电力电量供应不足，已成为经济增长的重要制约因素。近几年以来，全市电力资源紧缺，加之经济的增长，用电量自然增长，加剧了电力的供需矛盾，季节性电量供应不足的矛盾依然存在，平衡难度将会更大；受电力影响，黄磷、冶金、建材等行业将继续运行不畅，即使是在雨季，为补足计划用电期间"西电东送"减少的电量，整个电网的电力供应仍显不足，高耗能工业用电仍将受到制约。特别是即将上马的南海子工业园的新型硅产业，将受到巨大的压力。

煤炭市场供应趋紧，供需矛盾较为突出。由于煤炭企业长期以来亏本经营，自身投入严重不足，加之贵州来煤的影响，现已难于满足市场对煤炭的需求，出现了煤炭供需矛盾加剧的状况。

近几年，由于人口的迅速增长，工业化进程的加快，全市经济迅速发展。一大批重化工业纷纷上马，在给国民经济做出巨大贡献的同时，也给社会带来了前所未有的环境压力，突出表现为水资源污染和浪费、不可再生能源的过度开发和大气污染等等。不能很好地解决环境问题就不能保证社会长期和可持续地发展。在发展国民经济的同时，应认真贯彻和执行中央关于科学发展观的精神指示，保证经济又好又快地持续发展。

五、曲靖市资源约束分析

（一）产业优势

依托丰富的天然有色金属矿藏，曲靖市有色金属产业发展迅速，也是本市为数不多的重点投入发展的重工业产业。2005年，全市十种有色金属总产量31.3万吨，涌现出了驰宏锌锗和罗平锌电等全省最大的有色金属生产企业。近年来，云南省提出实施省硅资源整合与深加工发展战略，发展高新技术产业，打造"云南硅谷"，将依靠高新技术进行硅材料精深加工。2006年云南冶金集团和曲靖市政府签订协议，投资30亿元人民币在曲靖市南海子工业园投资建设硅材料产业基地。一期工程将年产3000多吨晶硅产品，建成后年产值预计超过百亿元。该项目的建设，将填补云南省的一项工业空白，而且将结束国内太阳能电池及芯片用硅95%靠进口的历史。

（二）产业发展制约

虽然曲靖拥有全国少有的矿产资源优势，但相关产业发展还存在诸多制约因素。主要是：

1. 黑色金属资源缺乏

曲靖境内虽然有色金属矿藏丰富，但铁矿石等黑色金属却相当贫乏。目前云南省境内已探明的铁矿床矿区有 89 个，地质储量 21.73 亿吨，从分布来看，目前选矿技术尚不能处理的矿石有 14.1 亿吨，占全省地质储量的 64.9%，主要集中在思茅、玉溪、西双版纳、迪庆、宝山、昭通、昆明等七个地区。经过选矿后可用于炼铁的矿石有 4.53 亿吨，占地质储量的 20.8%。铁矿石资源短缺将成为未来曲靖工业发展的瓶颈，云南到年产 800 万吨时，每年需要铁矿石约 1450 万吨，民采矿可以提供 600 万吨左右，其余的 800 多万吨需要靠新建铁矿山，从国外进口等途径解决。

2. 交通运输

众所周知，有色金属产业作为重工业，其相应配套的原材料和成品运输条件也非常重要。每天的进出货物量是巨大的，有色金属需要发达的交通运输来支撑，而云南是内陆省份，又地处云贵高原，交通运输将成为本产业发展的制约因素。就目前来算，曲靖每年的有色金属产量 35 万余吨，再加之矿石等原材料，曲靖本行业每年的交通运输吞吐量巨大，在将来，交通运输对有色金属产业发展的限制也不可忽视。

3. 环保压力

云南省正在积极开发旅游业，把旅游作为支柱产业来发展，对生态环境保护越来越重视，保护环保的措施必将越来越严格，而目前云南的重工业企业排放的废气（如 CO_2、SO_2、N_2O 等）还没有得到较好的控制；水达标排放率也有待于进一步的提高；固体废物也没有得到很好的综合利用。在当前党中央关于建设资源节约型、环境友好型的社会和以科学发展观统领经济社会发展的倡导下，曲靖市不能不正视环保节能给有色金属产业带来的压力。

4. 低水平重复建设

由于曲靖有色金属矿藏的天然优势，全市内一些产业性质不合理的中小型企业相继投入资金进驻有色金属行业，因此，催生了一批小企业。一些厂在建设中，一些厂在规划中，大量的产能相继投入，加剧了本行业的原燃料供应紧张的局面，一方面分散了本产业的资金、技术等力量，损失了规模效应，另一方面造成了资源的浪费和环境的重复破坏。

六、曲靖市交通运输约束分析

交通运输产业是一个地区的基础设施产业之一，也是要发展经济首先要规划和发展好的重点产业。

经过曲靖市人民多年的努力，全市交通运输事业获得了很大的成就。"十五"期间，相继完成了宣天一级公路、江石一级公路、珠江源大道等的建设，在 2008 年曲嵩高速公路建成通车。到目前为止，曲靖市建成二级以上的高等级公路 560.17 公里，建设农村公路 4200 余公里，1600 多个行政村全部通上了公路，全市公路总里程达到 26195 公里，位居全省第二位，公路密度为 88.42 公里/百平方公里，相比"九五"末期增幅为 70%，基本实现了"通县公路高等级化、通乡公路油（弹石）路化、通村公路畅通化和内外联通网络化"的公路建设目标。2006 年，全市完成道路客货运输产值 49.1 亿元，完成道路客运量 5236 万人，客运周转量 37.58 亿人/公里，道路货运量 1.07 亿吨，货运周转量 92.29 亿吨公里。

到目前为止，已基本形成了以曲靖市为中心枢纽，以省、国道的高速公路以及高等级为骨干，以县乡公路为补充的四通八达、干支相连、布局合理的公路交通网络。

曲靖在将来的交通运输事业发展上也做出了明确的规划。计划在"十一五"期间建成结构优化、四通八达的公路主框架。"十一五"期间，曲靖市预计投入公路建设资金 270 亿多元，将建设高等级公路 1698 公里，通乡路 718 公里，建制通村路 1500 公里，通自然村公路 8028 公里，在曲靖形成多层面、立体化、实用性强，能够为经济社会发展提供高质量交通运输服务的交通网络，百分之百地实现通乡镇公路通车率，高等级公路通车率达到 50% 以上，自然村公路通车率 80%。同时大力发展运输业，多层面地开发运输渠道，随着曲靖市公路建设的加快以及全市公路网络的日益完善，必然能使交通运输产业的快速发展发挥促进全市经济社会发展的作用。

从曲靖最近几年的交通运输仓储业的产值增长速度来看，五年的产值增速一直保持在 6% 以上，2002 年达到 10.3% 最高水平（见表 14－18）。从这个发展趋势来看，未来曲靖市的此行业发展前景也较为乐观。

表 14-18　　　　　2000—2005 年曲靖市交通运输产业发展增速

单位:%

年　　份	2000	2001	2002	2003	2004
运输产业增速	10.00	8.10	10.30	6.00	6.60

《曲靖市统计年鉴》(2000—2005 年)、《云南统计年鉴》(2000—2005 年)。

(一) 今后曲靖交通运输产业预测

从表 14-19 显示的数据可以看出,曲靖市在过去的几年中交通运输仓储业有较快的增长,从 2000 年到 2004 年的五年的时间里,行业总产值从 11.08 亿元增长到 17.41 亿元,增长幅度达 57.13%。

表 14-19　　　　　2000—2005 年曲靖市交通运输产业趋势

年份	2000	2001	2002	2003	2004
总产值 (亿元)	11.08	14.14	15.64	16.54	17.41

资料来源:《曲靖统计年鉴》(2001—2006 年)。

在此对曲靖是未来的交通运输产业预测主要采用线性回归模型法,以全市 GDP 为解释变量,以交通运输产值为被解释变量建立线性回归模型,预测未来对交通运输业的需求趋势。在此模型中设交通运输业产值为 prod;生产总值为:gdp。

散点图如图 14-3 所示。

建立模型:$prod = c + c1 \times gdp$

用 EVIEWS 检验其相关性如表 14-20 所示。

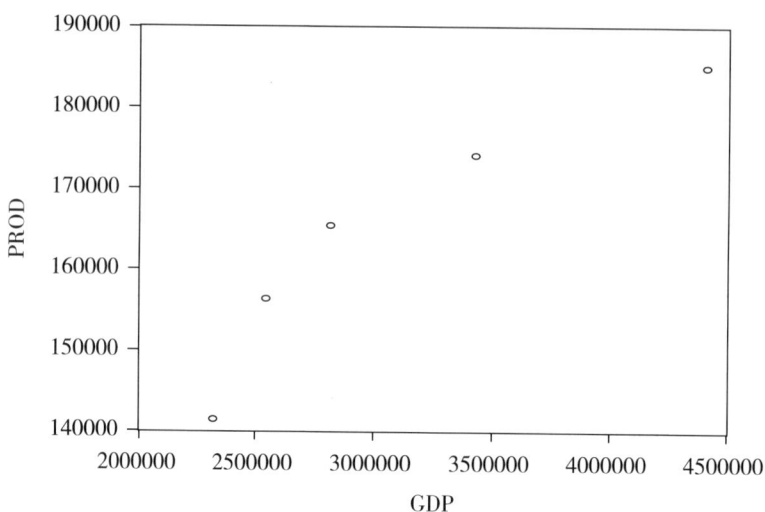

图 14 - 3   交通运输业总产值与 GDP 相关性散点图

表 14 - 20   交通运输业总产值与 GDP 相关性分析表

	PROD	GDP
PROD	1	0.933553379
GDP	0.933553379	1

表 14 - 20 说明交通运输产值、GDP 和总人口之间有比较明显的相关性。

用 EVIEWS 按二元回归建模得到结果如表 14 - 21 所示。

表 14 - 21   交通运输业总产值与 GDP 回归分析表

Variable	Coefficient	Std. Error	t - Statistic	Prob.
C	106829. 1	13152. 08	8. 122597	0. 0039
GDP	0. 018585	0. 004120	4. 511129	0. 0204
R - squared	0. 871522	Mean dependent var		164493. 4
Adjusted R - squared	0. 828696	S. D. dependent var		16721. 96
S. E. of regression	6921. 038	Akaike info criterion		20. 81169
Sum squared resid	1. 44E + 08	Schwarz criterion		20. 65547
Log likelihood	- 50. 02923	F - statistic		20. 35029
Durbin - Watson stat	1. 339258	Prob（F - statistic）		0. 020355

得到模型为：

prod = 106829. 1 + 0. 018585 × gdp

根据此模型，结合 GDP 预测数据，得到交通运输业产值在 2015 年和 2025 年的数据（见表 14 - 14）。

表 14 - 14　　　　　　　交通运输业未来需求预测值

年份	2015			2025		
	GDP			GDP		
预测值（亿元）	8%	9%	10%	8%	9%	10%
	28. 38	30. 09	31. 94	48. 88	56. 62	65. 82

（二）交通运输约束性分析总结

近几年交通运输产业在曲靖市发展速度较快，单从产业产值来看在从 2000 年到 2005 年的五年时间里，行业总产值从 11. 08 亿元增长到 17. 41 亿元，增长幅度达 57. 13%，年平均增速为 11. 43%。根据此发展速度，结合对曲靖的交通运输仓储业未来的预测期望值来看，本行业在未来的发展形势也较为可观。特别是近年来曲靖市在交通运输的基础设施建设方面投入巨大，已经建成了较为完善的公路、铁路等运输网络，这必将对曲靖市未来的产业发展起到有力的促进作用。

第十五章　楚雄州产业规划发展解读

一、楚雄州自然地理条件

云南省楚雄彝族自治州（简称"楚雄州"）位于云南省中北部，东与昆明市禄劝彝族苗族自治县、富民县、安宁市和玉溪市易门县、峨山彝族自治县接壤，西与大理白族自治州宾川、祥云、弥渡 3 县毗邻，南与思茅市景东彝族自治县、镇沅彝族哈尼族拉祜族自治县和玉溪市新平彝族傣族自治县相连，北丽江市永胜、华坪 2 县及四川省攀枝花市、凉山彝族自治州交界。州府楚雄市海拔 1773 米，有 320 国道、广（通）大（理）铁路穿城而过，东距省会昆明市区 138 公里，西距大理白族自治州首府下关 178 公里，南距普洱市城区 709 公里，北距四川省攀枝花市城区 285 公里。

楚雄自古为滇中走廊、川滇通道，境内多山，气候温和，资源丰富，民族特色鲜明，烤烟、卷烟、丝绸等地方产品独具特色，有铜、铁、煤、盐等矿产的采选和冶炼企业，因出土禄丰腊玛古猿和元谋人化石而被誉为人类的发祥地之一。全州总面积 29258 平方公里，辖楚雄市和双柏、牟定、南华、姚安、大姚、永仁、元谋、武定、禄丰 9 县，128 个乡（镇），1094 个村（居）委会（其中：社区 30 个，居委会 15 个，村委会 1049 个），15738 个自然村。居住有彝、苗、傣、白、回、哈尼、傈僳等 26 个少数民族。全州户籍人口 256 万余人，其中，农业人口 220.58 万人，占总人口的 85.94%，少数民族人口 83.76 万人，占总人口的 32.63%，彝族人口 67.99 万人，占全州总人口的 26.49%。人口出生率 12.71‰，死亡率 7.72‰，自然增长率 4.99‰。

楚雄州土地总面积 4388.7 万亩，其中耕地 238.36 万亩，水田 123.95 万亩。土壤共有 19 个类，其中：耕作土壤类 14 个、自然土壤类 5 个，以紫色土分布最广，红壤次之。紫色土上层不厚，蓄水能力差、抗蚀能力弱，但富含磷、钾，适宜于种植各种经济作物，尤其是烤烟。红壤土层一般较厚，结构较好，呈酸性，适合种植茶叶、薯类、豆类等作物。此外，水稻土是最主要的耕作土壤，全州有 128 万亩，主要分布在平坝地区。水稻土保水保肥性能好，栽种粮食产量高。州内地质构造复杂，矿产资源丰富，种类涉及 41 个矿种，产地和矿化地达 431 处。其中，铜、铁、砷、岩盐、芒硝、石膏等可称优势矿种，煤、铁、石油、天然气等储量较丰富，其他还分布有金、银、铅、大理石、石棉、磷、铂等矿藏。历史上，铜、铁、盐、煤等矿产曾对楚雄州乃至云南省经济发展起过举足轻重的作用。楚雄州还是云南省寻找石油和天然气最有希望的一个盆地，生油岩层厚达 1000～2000 米，预测天然气的资源量十分可观。

境内气候宜人，属亚热带季风气候，但由于山高谷深，气候垂直变化明显。全州总的气候特征是冬夏季短、春秋季长；日温差大、年温差小；冬无严寒、夏无酷暑；干湿分明、雨热同季；日照充足，霜期较短；降水偏少，春夏旱重。同时因各地地形和海拔的差异，形成气象要素时空分布复杂、立体气候和小气候特征明显的特点。年均气温为 14.8℃～21.9℃。绝大多数地区最冷月（1 月）平均气温在 7.4℃；最热月（6 月）平均气温 21.4℃。极端最高气温 42℃（1963 年 5 月 31 日），极端最低气温 –8.4℃（1974 年 1 月 1 日）。

楚雄州地处金沙江和元江的分水岭上，境内无天然湖泊，也无入境暗河，水资源多由大气降水形成。全州多年水资源量为 68.67 亿立方米。州内的地面河流分属金沙江和元江两大水系，蕴藏量达 117.7 万千瓦（不含金沙江干流），宜开发量为 25.21 万千瓦。20 世纪 70 年代末以来，相继建起了武定大响水（1200 千瓦）、禄丰花桥（2400 千瓦）、双柏鱼庄河（3200 千瓦）、大姚天生桥（3700 千瓦）、永仁他皮里（2000 千瓦）、元谋虎跳滩（2700 千瓦）等一批电站。1998 年建成投产的双柏县老虎山电站，装机 3.7 万千瓦，年发电量 1.74 亿千瓦/小时，是楚雄州目前最大的水电站。

楚雄州的植物种类有 6000 多种，主要是森林、中草药、野生食用菌等。全州有林地面积 1731.3 万亩，森林面积 1633.6 万亩，森林综合覆盖率 60.69%，森林覆盖率达 39.5%。党的十一届三中全会以来，全州造林面积大幅度增长，已初步建成规模较大的用材、板栗、核桃、兰桉、黑荆、水果等林业基地多处。州内常见的树种有云南松、华山松、滇油杉、金丝桃、滇橄榄、杜鹃、冬瓜树等。草本植物以香茅、龙须草、野古草、金球花为最多。药用植物以薄荷、大黄、黄连、茯苓最为有名。州境有野生哺乳动物110多种、鸟类有390多种、爬行类66种、两栖类34种、鱼类85种，其中长臂猿、懒猴、云豹、绿孔雀、黑颈鹤等为国家重点保护的珍稀动物。为保护珍贵的动、植物资源，先后设有哀牢山、雕林山、化佛山、紫溪山、狮子山、方山、昙华山、白竹山、老黑山等16个自然保护区。进入21世纪，以"三区八大基地"（即医药工业园区、绿色食品工业园区、特色蔬菜种植园区和优质烟、优质米、中药材、畜牧、林果、茶桑、魔芋、水产养殖基地）建设为标志的楚雄州生物资源开发创新产业初步形成。

在对楚雄州进行优势产业遴选与布局之前，我们将首先回顾楚雄州"九五""十五"产业规划并解读"十一五"产业规划。通过对产业规划的回顾和解读，我们可以看到楚雄州政府对地区产业发展认识的不断深化，以及产业发展的预期方向。这将为我们分析楚雄产业历史发展状况提供了政策依据，并且为我们进一步为楚雄进行优势产业遴选打好基础。

二、楚雄州"九五""十五"产业规划回顾

"九五"时期是楚雄州经济结构进一步优化、规模进一步扩大、购买力进一步增强的时期，也是经济社会发展最快最好的时期之一。而在"十五"期间楚雄州国民经济持续快速健康发展，不断深化对国际国内经济形势和州情的认识，确立了"集中力量建设烟草产业、冶金矿产业、天然药业、绿色食品业和特色旅游业五大重点产业，努力把楚雄州建设成为经济特色显著、彝族文化荟萃、人与自然和谐、群众生活富裕的绿色经济和民族文化强州"的发展思路，促进了经济增长方式的转变。全州国民经济运行的质量和效益有了显著提高，城乡居民生活水平不断改善，各项社会事业全面协调发展，经济社会发展处在近10年来最好的阶段。

（一）楚雄"九五"产业规划回顾

在楚雄州"九五"规划中明确指出，经济建设过程中，要通过市场机制和宏观调控措施的有效结合，重点加强农业、水利、能源、交通、通

信、科技、教育。在巩固发展"两烟"支柱的同时，重点开发生物化工产业、冶金矿产业、发展林及林产业、发展林业及林产工业、畜牧业及畜产工业，促进和带动全州经济的全面发展。

1. 农业

强化农业基础，繁荣农村经济。树立大农业的思想，按照现代化农业的要求，以市场为导向，以科技为动力，深化改革，调整结构务实基础。重点任务是保证农产量的稳定增长，实现粮、油、肉基本供求平衡，烟、林（果）、桑、茶、蔗、菜和乡镇企业全面发展，保证农民收入有较大增长，生活达到小康水平，并逐步创造一个与工业化成长阶段相适应的现代化农业基础。"九五"末期实现农业总产值25.58亿元、粮食总产量10亿公斤、烤烟产量187.9万担、油料1786.8万公斤、肉类总产量13.4万吨。2010年，农业综合生产能力、农村经济和农民收入水平要再上一个新台阶。

2. 能源、交通、邮电通信业

继续加强能源、交通、邮电通信等基础设施建设。加强国营煤矿的改造扩建，巩固和扩大生产能力。同时，重点建成一批乡镇骨干煤炭企业。增加投入，加快无烟煤的开发，到2000年达到年煤炭生产总量120万吨。

在保证重点的前提下，继续支持有条件的县兴办条件好、效益佳的水电站；为增强枯水季节的电力调节能力，应视条件发展劣质煤和煤矸石发电项目；要加强对供电设施的技术改造，降低损耗，提高效益，争取到2000年实现全州村（办）通电，自发电量3.16亿千瓦。

配合完成省的重点公路工程建设，抓好州内交通量大、经济效益高而路况差、等级低的主干道公路和路网建设，改造完善10县市程控电话及农村通信实施。

3. 烟草及配套工业

提升、巩固烟草的支柱产业地位。"两烟"是楚雄州主要财源，是广大农民增收致富的重要产业，要巩固、开拓国内外市场，不断延长产业链，带动其他产业的发展。烤烟生产要走稳定面积、稳定政策、择优布局、建好基地、主攻质量、提高单产、增加效益的路子，烤烟种植面积稳定在65万亩左右，单产达到150公斤，2000年产量达到187.9万担，保证卷烟工业原料的需要；卷烟生产要以提高单箱税利率为目标，走质量效益型路子，要加强管理，调整结构，优化产品，创名牌，上档次，增加效益。要积极发展烟草配套工业，支持其他新兴产业的发展，进一步提高烟草产业的辐射功能和整体效益。2000年卷烟产量达到120万箱，卷烟及配套相关产业产值达到46亿元以上。

4. 后续支柱产业

要以市场为导向，以资源深度开发为重点，以效益高、关联度广、科技含量大、市场前景好为原则，着力培植若干个本世纪末产值数亿、数十亿元的新支柱产业。

——生物、食品、化工产业。主要是以现代农业为基础，利用现代生物技术，以衣康酸、剑麻皂素提取柯基宁及其深加工等高科技、高附加值、高创汇产品开发为重点，认真实施"18生物资源开发工程"，大力发展其他生物、食品、化工产业。力争使2000年生物、食品、化工业产值达到10亿元以上。现有化工企业充分发挥生产能力，确保化肥产量，满足支农需要，同时要开发高效复合肥和其他化工产品。食品工业要重点抓好制糖和地方名特食品加工，增加方便食品和风味食品生产。

——冶金矿产业。发挥丰富的黑色、有色金属矿产资源优势，黑色金属以铁和钛砂矿生产为主，有色金属以铜为主。"九五"末期年产生铁达25万吨、钢20万吨、钢材18万吨、铁合金3.3万吨、金属铜1.4万吨，锌粉0.6万吨，冶金工业年产值达到10亿元以上。

——林业及林产工业。楚雄州发展林业后备资源丰富，潜力大，可望形成又一支柱产业。在合理开发利用现有森林资源的同时，大力栽树种果，形成规模化中种植基地，相应发展林产工业。林产工业要在巩固提高企业和产品知名度、开拓市场、提高效益的同时，重点发展林纸、林纤结合的加工业和果品、饮料加工，力争使林业及林产工业产值达到10亿元以上。

——畜牧业和畜产工业。要继续发挥畜牧业优势，在坚持千家万户一齐上，努力扩大家庭饲养规模的同时，充分利用草山建立人工草场，促进草食家畜商品基地建设，把武定、大姚、双柏、楚雄、南华建成山羊、黄牛商品基地；推广科学养猪，提高饲料转化率和经济效益，促进楚雄、禄丰、姚安、牟定、元谋商品猪基地建设；大力发展专业户、重点户，发挥示范作用，适当发展现代化养殖场。在畜牧业发展基础上，积极开拓市场，扩大活畜出口，大力发展畜产品加工业，如肉类食品加工，皮制品加工等，提高畜产品附加值，使畜牧业及畜产工业产值达到 10 亿元以上。

5. 其他产业

要加强对支柱产业的领导，建立领导目标责任制。在着力抓好支柱产业的同时，抓好其他产业的发展。

——建筑建材业。这是乡镇企业的起步产业和龙头产业，市场竞争激烈，但市场容量较大。要深化改革，改善管理，提高技术和装备水平，提高市场竞争能力，逐步从州内打出州外，参与国内国际建筑市场竞争。建材业要抓住机遇，提高质量，扩大市场，同时积极开发其他建材资源和新型材料，全面振兴建材工业，使建筑建材业产值达到 10 亿元以上。

——以旅游业为龙头的第三产业。楚雄州旅游资源十分丰富，但开发程度低，基础薄弱，与整个经济发展很不协调。要在理顺、作好规划的基础上，建设开发楚雄紫溪山、武定狮子山、永仁方山、牟定化佛山等旅游区，结合楚雄万家坝铜鼓、禄丰恐龙化石、元谋土林及元谋人等遗址，大姚唐代白塔、石羊孔庙、姚安德丰寺、龙华寺等丰富多彩的自然、人文景观旅游资源的开发，建立全州旅游圈，通过旅游资源的开发，促进楚雄州对外开发，促进第三产业的发展。

发展第三产业，要以第一、第二产业发展为基础，形成合理的规模和结构。继续发展商业和生活服务等传统产业，积极发展旅游、信息、咨询、技术服务、法律服务和会计服务等新兴产业；规范和发展金融、保险业；引导房地产业健康发展；健全中介服务。第三产业的发展，要加强政策引导，充分发挥社会各方面的积极性。尤其是要继续鼓励和支持个体私营经济的发展。"九五"期间要力争使楚雄州包括旅游业在内的第三产业产值以 14.1% 的速度增长，到 2000 年实现第三产业增加值 26.69 亿元，占国内生产总值的 30.52%，第三产业就业人数占全社会劳动者人数的 25%。

（二）楚雄州"十五"产业规划回顾

《楚雄彝族自治州国民经济和社会发展第十个五年计划》表明，要集中力量建设烟草产业、天然药业、绿色食品业、冶金矿产业和特色旅游业等五大产业。实现产业结构优化升级，到 2005 年，三个产业增加值比例调整为 29∶39∶32。传统优势产业竞争力增强，群体支柱产业初步形成，五大特色产业增加值在国内生产总值中的比重达 50% 左右。

1. 农业

加强适用农机具开发和推广应用，提高农业机械化水平。建设高产稳产农田 50 万亩、治理坡耕地 65 万亩、发展设施农业 2 万亩、旱作节水农业 30 万亩。

农业产业结构调整的重点是加快生物资源产业开发，围绕生物资源开发搞好基础设施配套建设。在确保粮食安全的前提下，以发展烟草产业、天然药业、绿色食品业为主的生物资源开发创新产业为重点，大力发展特色优质农产品，推进农业结构调整。

"十五"期间，要着力推进楚雄医药工业园区、绿色食品加工园区、特色蔬菜种植园区和优质烟、优质米、中药材、畜禽、林果、茶桑、魔芋、水产养殖等"三区八大基地"建设。搞好森林分类经营，重点发展特色经济林果、速生丰产用材林、生物化工原料林，引导人造板制造业有序发展。

2. 工业

提高工业化水平是振兴楚雄州经济的关键所在。提高电力、农机、食品、建材等工业的技术装备水平，加快产品升级换代，逐步实现传统产业高新化。振兴烟草加工业，加快培育天然药业、绿色食品业、冶金矿产业，使它们发展成为新的支柱产业。

创造优良环境，聚集生产要素，加快楚雄医药工业园区和绿色食品加工园区建设。以楚雄卷烟厂、盘龙云海药业公司等一批骨干企业为依托，开展多种形式的联合，形成规模化生产经营的优势，不断增强开发新产品、新技术的力度，把具有市场竞争力的名、特、优、新产品做大做强，提高楚雄工业产品在国内外市场的占有率。以特色产品开发为突破口，有重点、有选择地积极促进生物工程、信息产业、新能源等高新技术发展，形成高新技术产品和企业。

3. 服务业

以建立适应社会主义市场经济的市场体系、城乡社会化综合服务体系和社会保障体系为目标，以扩大人流、物流、资金流、信息流为重点，加快发展特色旅游、商贸、文化、教育、房地产业等传统服务业，大力发展信息、金融、咨询、法律、社区服务等现代服务业。加快服务业市场化、社会化步伐，实现中介机构与行政部门脱钩，推进企事业、机关单位服务社会化。

4. 五大重点产业

《楚雄彝族自治州国民经济和社会发展第十个五年计划纲要》提出："在调整优化经济结构的基础上，以信息技术和生物技术为先导，集中力量发展烟草产业、天然药业、绿色食品业、冶金矿产业、特色旅游业等五大产业，加强楚雄州特色产业建设。到 2005 年，使五大产业增加值在国内生产总值中的比重达到 50% 左右。"

（1）烟草产业。烟草产业是楚雄州一直以来的支柱产业，为经济社会发展作出了重要贡献，今后一段时期，仍然是彝州的经济支柱和主要财源，是增加收入的重要途径，要坚持巩固提高，培强烟草产业。烤烟生产要以控制总量、提高质量、调整结构、提高效益为重点，巩固完善 30 万亩优质烟基地，择优布局在最适宜区和适宜区。争取将楚雄、南华、牟定、禄丰、大姚、姚安列入云南省烟叶出口基地县建设。卷烟生产要以提高市场占有率、单箱利税率为目标，依靠科技，努力调结构、创名牌，重点开发生态型、保健型产品，强化营销，巩固老销区，开拓新销区，提高竞争力。卷烟产量力争稳定在每年 51 万箱左右。到 2005 年，"两烟"增加值在国内生产总值中的比重达 12% 左右。

（2）天然药业。楚雄州彝药、天然药有传统优势和基础，中药材资源丰富，天然药业是最具发展前景的新兴产业。应该抓好楚雄医药工业园区建设，吸引有实力、有准字号药品的制药企业进入园区开发，形成高科技、高投入、高效益开发天然药的制药企业群。根据国内外中药材市场需求，以盘龙云海药业、老拨云堂药业、雁塔药业、金碧制药等龙头企业为依托，争取立项并实施 15 万亩无公害中药材种植基地建设项目。应用现代生物技术，加强彝药理论整理发掘和彝药资源的研究开发，不断开发民族新药，使天然药业尽快发展壮大成新的支柱产业。到 2005 年，天然药业增加值在国内生产总值中的比重达 10% 左右。

（3）绿色食品业。结合农业产业结构调整，以市场为导向、创新为动力、资源为依托、项目为支撑，大力发展无污染的安全、优质、营养类为标志的绿色食品，加快新支柱产业的培植。到 2005 年，绿色食品业增加值在国内生产总值的比重达 17% 左右。

（4）冶金矿产业。坚持"在保护中开发，在开发中保护"的原则，发挥楚雄州铁、铜、钛、稀土等矿产资源的比较优势，立足资源状况和市场需求，调整冶金矿产开发利用结构，切实转变增长方式，加大技术改造力度，依法强化管理，提高整体经济效益，抓住时机发展壮大冶金矿产业。到 2005 年，冶金矿产业增加值在国内生产总值中的比重达 6% 以上。

（5）特色旅游业。把特色旅游业作为后续支柱产业加以培植。"十五"期间，一是以旅游企业为主体，动员各方面力量支持办好旅游，打好发展基础，构建大旅游框架；二是以自然风光为基础、民族文化为依托、短线旅游为重点，挖掘利用楚雄州古生物、古人类、古文化和民族风情等"三古一彝"的人文旅游资源优势，实施精品旅游工程。到 2005 年，特色旅游业增加值在国内生产总值中的比重达 5% 以上。

三、楚雄州"十一五"产业规划解读

在"九五""十五"规划的基础上，"十一五"规划延续了楚雄州五大重点产业发展的思路，并且按照云南省"一极、三向、五群"空间开发战略布局的要求，更进一步细化了楚雄产业发展目标以及优势产业的发展定位。

"十一五"规划明确指出楚雄州区域经济布局的思路：充分发挥楚雄州位于滇中发展核心区和特色产业发展的优势，以昆明、攀枝花以及周边州市的产业发展和市场为依托，以楚雄中心城市为龙头，以现有和将建设的交通主干道并辅以交通支线网络为纽带，沿综合交通运输网络，构建昆楚、南永、永武、元双等四条经济带，以经济带为区域经济单元，使优势资源、优势产业、优势生产要素、优势企业向经济带集聚，整合经济要素、提升经济发展实力，使楚雄州经济在空间布局上形成点状组团，带状布局，相互渗透，优势互补，互相推进的发展格局。主动参与区域经济循环，努力创造条件，积极参与构建云南省提出的楚（雄）大（理）经济带，充分发挥楚雄在全省区域经济发展中承东启西的重要作用。同时，将楚雄州的经济要素有效融入贯穿州境的滇缅、川滇两条经济大通道，发挥经济大通道的辐射效应，促进全州经济社会快速发展。

1. 农业

要紧紧围绕提高农业综合生产能力，继续着力调整优化农业结构和经济布局，促进生产要素向特色优势产业聚集，突出重点建设特色农产品商品基地，加快形成具有市场竞争力的特色农产品产业群和产业带，提高农业规模经济效益。大力发展农产品加工业，加快培育重点龙头企业，促进农产品加工转化增值，提升农业发展水平。

2. 工业

工业化是现代化不可逾越的阶段，是转变增长方式、提升发展水平、扩张经济总量的重点和关键。楚雄州"十一五"时期经济社会要有一个大的发展，关键在于工业经济要有一个大的突破。必须坚定不移地落实"工业强州"的决策部署，坚持立足产业基础和资源优势，打造工业重镇，坚持走新型工业化道路，继续集中力量培强做大烟草加工业、天然制药业、冶金化工业、能源工业和绿色食品加工业。各具特色的工业园区，以及各类工业经济带和工业集聚点，是推动工业集聚升级的重要基础和平台。必须继续集中力量建设省级工业园区，吸引更多的企业进入园区集聚创业，推进工业集约化经营、集群化发展，壮大楚雄州整体经济实力。

3. 服务业

以改革开放为动力，项目为支撑，市场为导向，发挥优势、突出特色，整合优势资源，优化服务结构，着力发展商贸流通、旅游、文化、现代物流、信息技术、金融保险、房地产、居民生活、中介服务等9大产业，合理布局，健全服务体系，加快市场体系建设，拓宽服务领域，提升服务质量，到2010年基本形成以现代服务业和商贸流通业为主体，新兴服务业、居民生活服务业互相补充、功能完善的服务业体系。

4. 重点产业

集中力量培植重点产业。产业的成长壮大是一个地区加快发展的有力支撑。"十一五"时期是楚雄州做大产业规模、扩张经济总量应该而且必须大有作为的关键时期。必须坚定不移地继续集中力量培植五大重点产业，着力巩固提高烟草产业，实施烟水配套工程，建好优质烟叶生产基地，全力支持楚烟企业技改扩建，搞好行业整合，拓展销售市场，做大优势品牌，巩固提升烟草产业的支柱地位。切实支持天然药业，全力支持完成 GMP 认证改造的重点制药企业，加大新药研发、引进和市场营销力度，加快 GAP 和 GCP 认证建设和管理，培强做大天然药业"旗舰"。加快做大冶金化工业，加大资源勘查和整合力度，坚持以促进集约化经营和提高精深加工能力为重点，全力支持优势骨干企业搞好技改、科学发展、做大规模，支持相关县（市）搞好与知名品牌和大集团、大企业的联合合作，推动冶金化工业上规模、上台阶。抓住关键提升绿色食品业，切实以培强做大重点龙头企业为核心，以打造知名品牌、做大商品基地为重点，培育壮大农业主导产业，促进农产品加工转化增值，加快提升绿色食品业的发展水平。突出重点推进文化旅游业，立足"一彝三古"的优势和特点，坚持以建设禄丰侏罗纪世界公园和楚雄彝族风情园为重点，加快推进世界历法公园、元谋土林、武定狮子山、楚雄紫溪山、永仁方山和各类旅游小镇的提升改造和开发建设步伐，赋予特色旅游业新的文化内涵，打造亮点、推出精品，努力把楚雄州建设成为"滇中大昆明国际旅游区"和"滇西、滇西北黄金旅游线上的精品旅游区"。

四、楚雄州"九五""十五""十一五"产业规划对比研究

通过对楚雄州"九五""十五"，以及"十一五"产业规划的研究，我们可以清晰地看到楚雄州对自己的产业发展的认识和定位思路。根据"九五""十五""十一五"产业规划中对各个产业要求的异同，我们可以总结出以下几个楚雄产业规划的特点：

（一）支柱产业定位明确

在"九五"规划中，楚雄州提出了巩固和提升烟草及配套工业支柱产业地位，并同时培植生物、食品、化工产业、冶金矿产业、林业及林产工业、畜牧业和畜产工业作为其新兴后续产业的发展规划。在"十五"规划中就明确提出了楚雄的五大支柱产业，即：烟草产业、天然药业、绿色食

品业、冶金矿产业、特色旅游业。而在"十一五"规划中楚雄延续了把该五个产业作为支柱产业的布局。

在这一发展过程中，我们可以看到楚雄州对自己的相对优势产业有明确的认识。烟草、绿色食品和冶金矿产业在"九五"期间就已经成为楚雄的重点发展产业。而特色旅游和天然药业成为后起之秀。在"十五""十一五"规划中五大产业成为楚雄经济发展最为重要的支柱，五大产业增加值在国内生产总值中的比重将达到50%。

明确支柱产业的定位是有利于地区经济规划的延续性的，使地区可以集中力量发展重点行业，减少人力、物力的分散和浪费。在后面的研究中，我们可以看到楚雄五大支柱产业对地区经济发展作出了巨大的贡献。

(二) 产业发展空间布局的提出

对比楚雄州"九五""十五"规划，"十一五"规划中最大的特色就是对经济发展布局的思考和研究。根据云南省的"一极、三向、五群"空间开发战略布局楚雄州制定了构建四条经济带和融合两条经济大通道的经济布局。这一经济空间布局战略是在"九五"和"十五"规划中从未出现过的。

"十一五"规划明确提出了构建昆楚、南永、永武、元双等四条经济带，以经济带为区域经济单元，使优势资源、优势产业、优势生产要素、优势企业向经济带集聚，整合经济要素、提升经济发展实力。在规划中，根据各个经济带的资源、地域优势的不同制定了每一经济带重点发展的产业。

同时，"十一五"规划也为楚雄在云南省中的区域经济发展的地位做了明确的定位。将楚雄州的经济要素有效融入贯穿州境的滇缅、川滇两条经济大通道，发挥经济大通道的辐射效应，促进全州经济社会快速发展。

(三) 烟草及配套加工业是楚雄州的经济支柱

在"九五""十五"和"十一五"规划中都明确地提出烟草及配套加工业是楚雄州的经济支柱，必须巩固和提升其基础地位。烟草作为楚雄的第一支柱产业是毋庸置疑的。自2001年之后，烟草产业的增加值占GDP的比重就超过了20%并且持续攀升。它对地区经济的贡献是巨大的，所以在历年规划中都把烟草作为支柱产业并不奇怪。

（四）生物资源开发创新产业优势日益突显

"十五"规划提出为突出以结构调整为主线及生物资源开发创新为重点；合理布局生物资源优势主导产业和骨干产品；加速生物资源开发创新产业的发展，逐步形成满足市场需求，与资源特点相适应的区域经济格局，努力把楚雄州建设成为以生物资源开发创新产业为主体的绿色经济强州。在"十五"规划中第一次把生物资源开发创新产业作为一个整体来讨论，它包括了天然药业、绿色食品业及绿色产业。在 2006 年实现增加值 33 亿元，生物资源开发创新产业成为仅次于烟草产业，在五大行业中排名第二的产业。

（五）天然药业成为新兴重点产业

在楚雄州"九五"规划中并未提及天然药业，而到了"十五""十一五"规划中，天然药业已成为重点产业。在"十五"期间，医药工业园区拔地而起，新建企业在发展壮大，中药材基地建设、彝族医药体系建设和新药研发工作统筹发展，天然药业产业体系已经基本建立。虽然天然药业占楚雄 GDP 比重远不及烟草、冶金和绿色产业，但它为楚雄经济的发展注入了新兴的活力。

（六）发展民族文化产业提上议程

楚雄州"十一五"规划提出要抓住国家加快文化产业发展的契机，以突出"打造彝族文化精品、建设彝族文化名州"为重点，以深化文化体制改革为动力，立足楚雄州"一彝三古"资源和良好的交通区位优势，加快建设楚雄民族文化产业，到"十一五"期末，力争文化产业成为楚雄州的新兴重点产业。

楚雄州顺应云南省发展文化产业的大流，以本州文化特色为出发点，提出建设彝族文化产业是符合社会发展需求的。但文化产业对经济的拉动作用尚不明显。

第十六章 楚雄州"九五""十五"期间
产业历史、现状及趋势分析

在楚雄州产业发展过程中有许多成功经验值得总结，但也存在着很多的不足之处，为了能够提出符合楚雄实际情况的规划建议，必须对楚雄产业发展的现状进行分析和总结，认清楚雄产业发展基础，加深对省情、州情的认识，才能发挥楚雄资源优势，突出规模效应，努力规避不利于产业结构调整的限制条件，使产业布局规划取得明显成效。

一、楚雄州三次产业整体发展趋势研究

回顾历史发展过程的目的，在于认清以后楚雄州产业结构调整的方向，下面将按照传统的一、二、三次产业分类方法，对楚雄州产业发展历史进行回顾与总结。

（一）历史上楚雄州 GDP 总量变化分析

自 2006 年国内生产总值首次突破 200 亿元之后，楚雄州经济发展迅速，到 2009 年楚雄州生产总值实现 342.35 亿元。比上年同期增加 36.34 亿元，按可比价计算增长 12.2%，分别高于全国、全省 3.5 和 0.1 个百分点。楚雄州多年国内生产总值高速增长，远远超过"十五"规划中制定的年均 8% 的目标，实现了"保 10%、争 11%"的计划。固定资产投资有望突破 200 亿元，增长 40% 左右；地方财政总收入和地方财政一般预算收入分别达 73.3 亿元、25.6 亿元，分别增长 11.8% 和 12.7%；城镇居民人均可支配收入和农民人均纯收入可望分别增长 8% 和 12.5%；居民消费价格总水平涨幅为 0.5%。全州国内生产总值实现了快速增长，每年的增长率都高于全省平均水平。

从 GDP 绝对总量的角度看，改革开放以来，楚雄州 GDP 总量呈明显的增长态势。图 16-1 是 1980 年以来，楚雄州国内生产总值的变化情况。从图中可以明显地看到这一持续、稳步增长的趋势，这也说明在地方政府

的领导下，楚雄州经济所取得卓越的成就。但这只是从绝对量增长的角度得到的结果，并不能说明楚雄州经济发展速度是否达到或超过了云南全省的经济增长的水平。为了体现这一特征，就要从经济增长率的角度来考察这一变化。

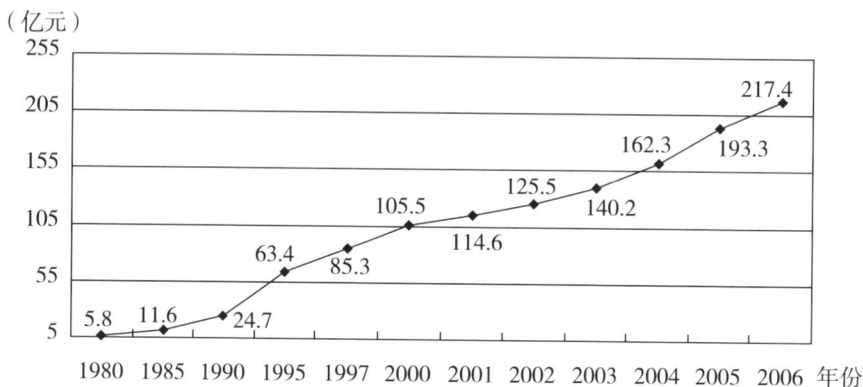

图 16－1　1980 年以来楚雄州 GDP 变化情况

数据来源：《楚雄州统计年鉴》（1995—2006 年）。

（二）楚雄州历史上 GDP 增长率比较分析

从相对量的变化来看，也能看到楚雄州经济发展所取得的成就。

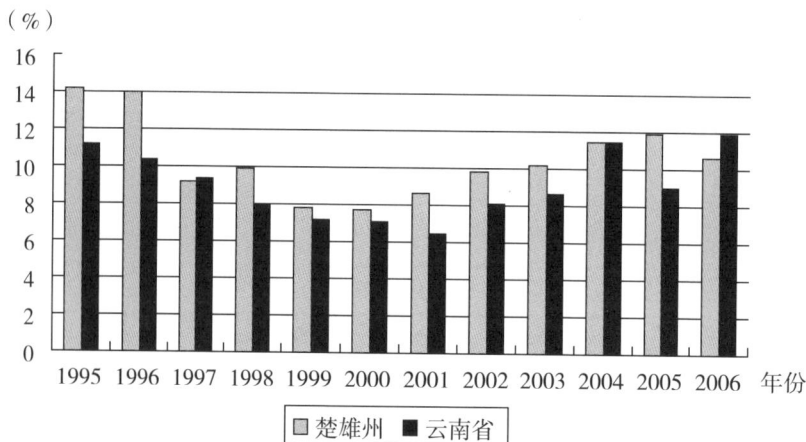

图 16－2　楚雄州及云南省 GDP 增长率

图 16－2 是 1995—2006 年间楚雄州和云南省 GDP 增长率的比较，可以看出，"九五"期间，虽然增长速度减缓，但仍高于全省平均水平，

进入"十五"之后，均以高于全省平均水平的增长率在增长，发展势头强劲。这充分说明，"九五"以来，楚雄州经济发展不但总量上有明显提高，而且从增长速度上来看，也超出全省平均水平，实现了经济的快速发展。

（三）历史上楚雄州三次产业结构调整的动态分析

产业结构调整是城市经济可持续发展的必由之路，选择适合本地区、本阶段经济发展的正确路径，是产业结构调整的关键所在，而根据本地区的地理环境和资源禀赋来优化产业结构，使之更好地适应本地区经济的发展，是调整产业结构的长期目标。

从产业结构的变化来看，2006年三次产业生产总值分别比上年增长7.1%、10.6%和13.3%。其中，非公经济增加值比上年增长26.3%。第一、第二、第三产业对GDP增长的贡献率分别为24.5%、32.0%和43.5%。从楚雄州三次产业与全国平均水平的比较中看出，楚雄第一产业比重较高，而产值所占GDP比重逐步下降，说明产业重点已经转移到第二、第三产业。同全国平均水平比较，可以明显看出问题的关键所在，即第一产业比重还明显偏高，明显超出全国平均水平的两倍还多，而作为"工业强州"基础的第二产业比重则明显偏低，高附加值的第三产业的整体水平也明显低于全国平均水平（见表16-1）。所以，这也为楚雄州政府指明了"十一五"期间的努力方向。州政府"十一五"规划中"工业强州"的决策部署的提出，以及"在加强第三产业的同时强化第二产业这个根本"等一系列规划的提出，都与加快推进新型工业化进程紧密相连，在继续加强第二产业的同时，高度重视发展以物流业和信息通信业为主导产业的第三产业。

表16-1　　　　全国和楚雄州三次产业比重对比

年份	楚雄三次产业比	全国三次产业比
2001	29.3:40.2:30.5	15.2:51.1:33.6
2002	28.4:42.3:29.3	15.4:51.1:33.5
2003	27.9:43.9:28.2	14.6:52.2:33.2

年份	楚雄三次产业比	全国三次产业比
2004	27.2：45.0：27.8	13.1：46.2：40.7
2005	26.3：40.6：33.1	12.6：47.5：39.9
2006	26.0：39.7：34.3	11.8：48.7：39.5

数据来源：《楚雄统计年鉴》（2001—2006 年）。

楚雄州政府曾在"九五"规划中提出，"九五"期间，经济发展的主要任务是："优化产业结构，着力加强第一产业，完善提高第二产业，大力发展第三产业，合理布局三次产业。广泛采用先进技术装备社会生产各部门，重点改造国有企业，加快国民经济信息化进程，努力实行整个经济由粗放经营向集约经营转变"。在十五规划中也写到，"十五"期间"经济结构调整的主要预期目标是：产业结构优化升级，到 2005 年，三次产业增加值比例调整为 29：39：32"。在"十一五"规划中，州政府明确提出了"工业强州"的战略部署，加快推进新型工业化进程。而从 2001—2006 年间三次产业增加值比例变化来看，农业增加值比例呈逐年递减的趋势，2006 年三次产业增加值比例为 26：39.7：34.3，基本完成了"十五"规划中制定的目标。与此同时，第二、第三产业增加值比例的波动较大，特别是第二产业，反而从 2001 年 40.2 下降到 2006 年的 39.7，而第三产业比重较 2001 年有显著提高。说明在今后的产业结构调整中，要继续加大对重点产业的扶持力度，逐步加大第二产业的比重，使"工业强州"的战略部署真正落到实处。

图 16-3 是 1995—2006 年间三次产业增加值比例的变化情况，可以看出，第二、第三产业对 GDP 的拉动起到重要作用。从"十五"期间各产业发展来看，第二、第三产业 GDP 的增长率明显高于第一产业（见图16-4）。从这里也可以看出州政府在"十五""十一五"规划中提出的"工业强州"的决策部署。但是从增长率来看，第二、第三产业虽然增长率明显高于第一产业，但增长波动较大，2006 年第二产业的增长率较上年有大幅下滑，今后还要加大产业结构调整的力度。

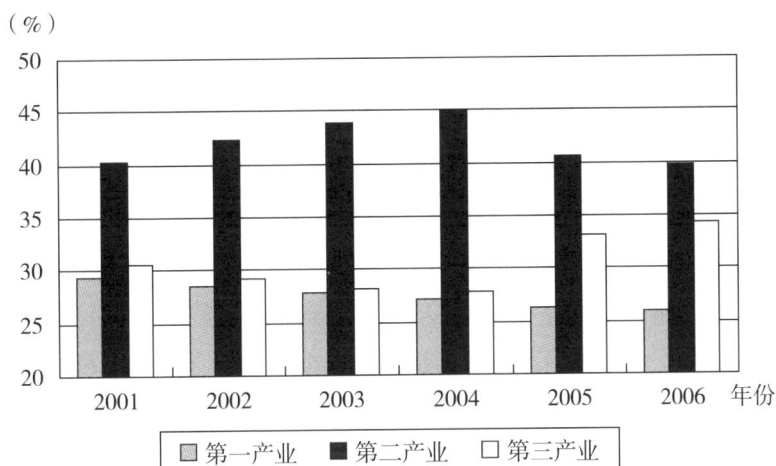

图 16-3 楚雄州三次产业增加值比例变化情况

数据来源:《楚雄州统计年鉴》(2001—2006 年)。

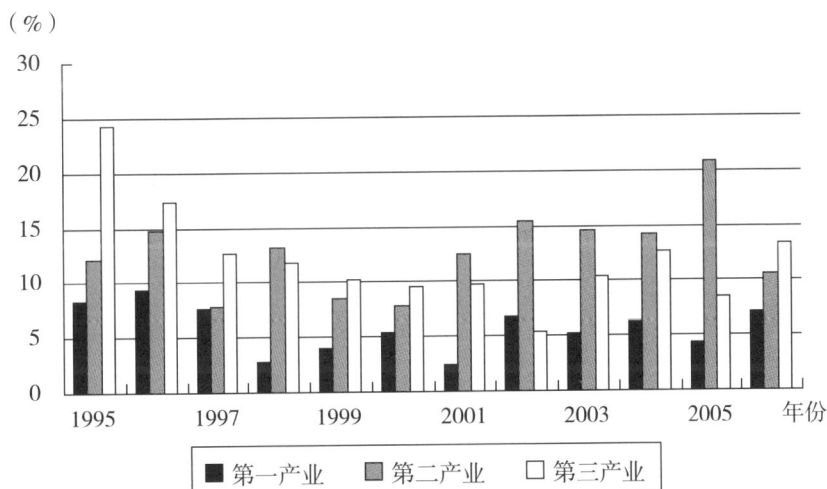

图 16-4 楚雄州三次产业 GDP 增长率比较

数据来源:《楚雄州统计年鉴》(1995—2006 年)。

从三次产业增长率与云南省平均增长水平的对比来看,也能看出这一变化趋势。总的来看,三次产业 GDP 的增长率与云南省整体水平保持同步,而且多数年份增长率都高于全省平均水平。

（四）第一产业总体历史发展研究

在州政府"九五"规划中，农业部分强调"要树立大农业的思想，按照现代化农业的要求，以市场为导向，以科技为动力，深化改革，调整结构，务实基础。重点任务是保证农产量的稳定增长，实现粮、油、肉基本自求平衡，烟、林（果）、桑、茶、蔗、菜和乡镇企业全面发展，保证农民收入有较大增长，生活达到小康水平，并逐步创造一个与工业化成长阶段相适应的现代化农业基础。"十五"规划中，除了继续强调科技兴农，保证农民收入较快增长之外，重点强调了"在确保粮食安全的前提下，以发展烟草产业、天然药业、绿色食品业为主的生物资源开发创新产业为重点，大力发展特色优质农产品，推进农业结构调整。"可以看出，发展生物资源和特色农产品等经济作物是"十五"规划中所突出强调的。在"十一五"规划中，更是把农业产业化经营提到重要位置，强调"要紧紧围绕提高农业综合生产能力，继续着力调整优化农业结构和经济布局，促进生产要素向特色优势产业聚集，突出重点建设特色农产品商品基地，加快形成具有市场竞争力的特色农产品产业群和产业带，提高农业规模经济效益"。

（%）

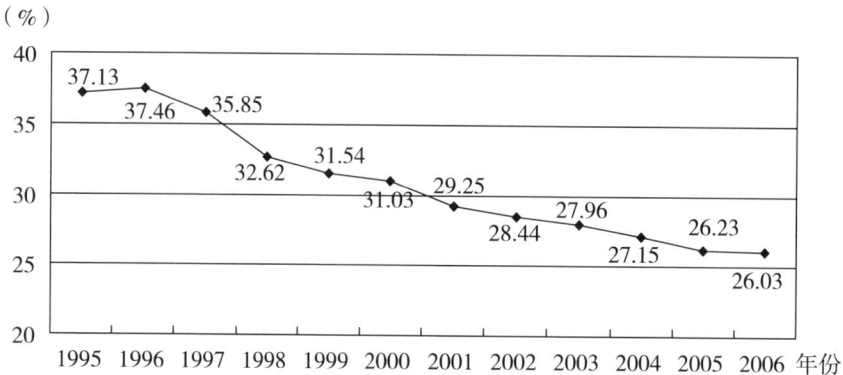

图 16-5　楚雄州第一产业在 GDP 中的比重

数据来源：《楚雄州统计年鉴》（1995—2006 年）。

图 16-5 是楚雄州 1995 年以来，第一产业增加值占 GDP 的比重，从图中可以明显看出，第一产业比重明显下降的趋势，这也是工业化和城镇化进程中一个很正常的现象，体现了楚雄州农业向非农产业转移的总趋势，同时也是农业发展水平的提高和农业产业升级的一个重要标志。

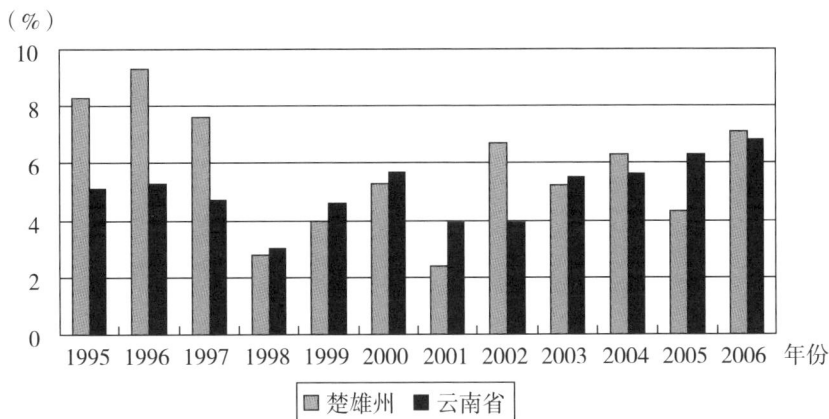

图 16 - 6　楚雄州和云南省第一产业 GDP 增长率比较

数据来源：《楚雄州统计年鉴》（1995—2006 年）、《云南省统计年鉴》（2006 年）。

图 16 - 6 是楚雄州和云南省第一产业 GDP 增长率的整体比较。从图中可以看到，楚雄州第一产业 GDP 的增长率与全省平均水平相比，增长并不十分突出，有些年份明显低于全省平均增速，如 2001 年、2005 年等。而有些年份又明显快于全省平均水平，如 2003 年、2004 年等。这说明在第一产业中，楚雄州 GDP 的增长并不十分稳定，当然这里包含很多不确定因素。众所周知，烟草种植业受烟草加工和销售的影响，而烟草销售在我国实行的是国家管制，并不完全放开。所以产生这一原因是多方面的，后面还会进一步分析。

（五）第二产业总体历史发展研究

2001—2006 年，楚雄州工业总产值逐年增长，2006 年达到 206.5 亿元，同比增长 16.4%。2003 年州政府制定了《楚雄州重点产业发展布局规划》，提出要集中力量做强做大烟草产业、天然药业、绿色食品业、冶金矿产业和特色旅游业。2006 年五大重点产业共实现增加值 114.0 亿元，占 GDP 的 52.4%，有力地促进了全州工业经济的发展，对其他行业也起到了带动作用。2001—2006 年，楚雄州工业总产值年均增长 13.1%，高出全省 11.4% 的平均增幅水平。

（%）

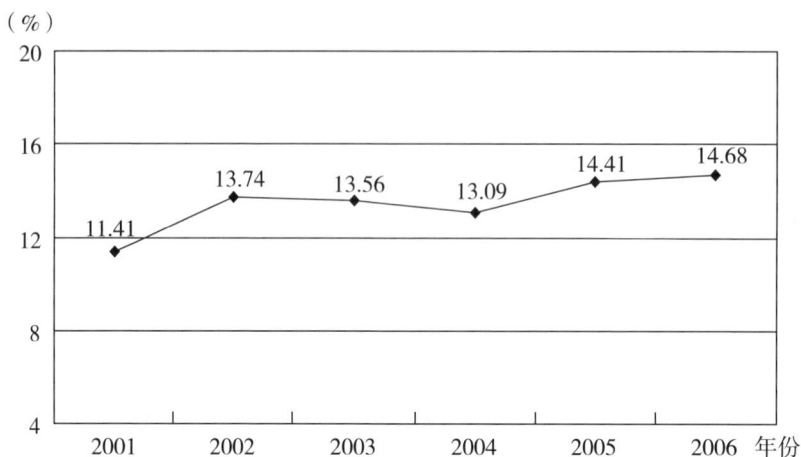

图 16 - 7　楚雄州 2001—2006 年工业总产值占云南省的比重变化

数据来源:《楚雄州统计年鉴》(2001—2006 年)、《云南省统计年鉴》(2006 年)。

图 16 - 7 是 2001—2006 年楚雄州工业总产值在全省的比重的变化情况,可以看出,该比重整体上呈现逐年递增的态势,从 2001 的占全省比重的 11.41%上升到 2006 年的 14.68%,说明楚雄工业有一定基础,具有增长的潜力,在州政府的领导下,在五大重点产业的带动下,要充分发挥楚雄的资源优势和区位优势,真正做大做强五大产业,带动产业链上的其他行业共同发展。

（%）

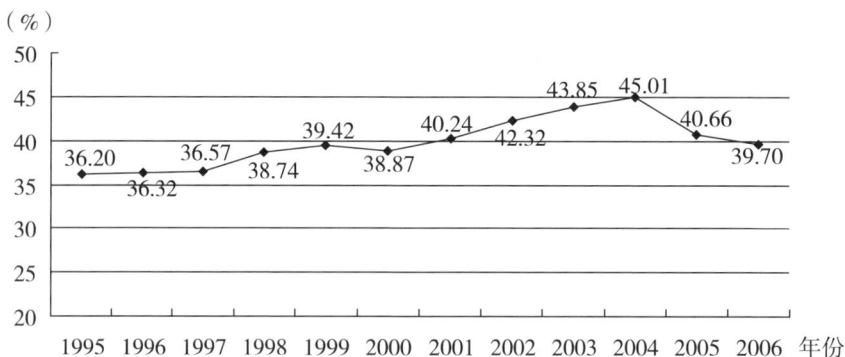

图 16 - 8　楚雄州第二产业在 GDP 中的比重

数据来源:《楚雄州统计年鉴》(1995—2006 年)。

从第二产业整体来看,楚雄州的发展近十年来取得了一定的成绩,但发展速度仍还不够快,图 16 - 8 是 1995 年以来楚雄州第二产业在 GDP 中的比重，可以看出已经是三次产业中最重要的，但发展趋势还不稳定，特别是 2005 年的出现了比重下滑，而从 1995 年到 2006 年的 12 年整体来看，发展趋势明显滞后，仅从 1995 年的 36.2 亿元增加到 2006 年的 39.7 亿元，可以说增长趋势与整体 GDP 的增长率明显不同步。所以，在第二产业的发展要引起政府的高度重视和支持，在州政府"工业强州"政策的引导下，第二产业必须有一个突飞猛进的快速发展。

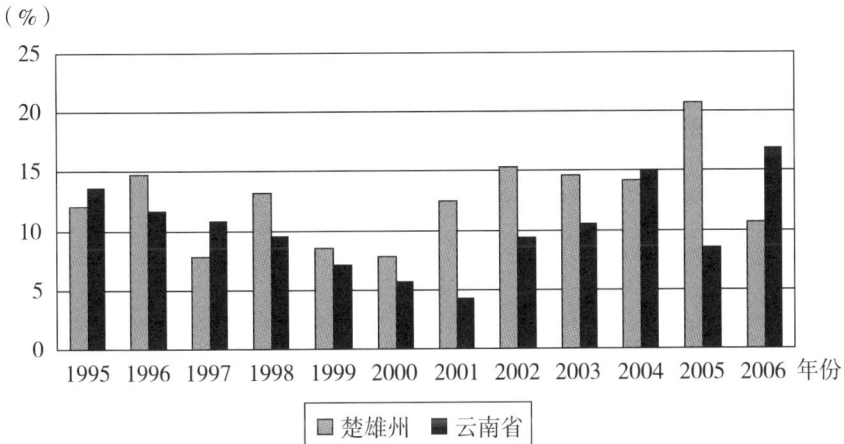

图 16 – 9　楚雄州和云南省第二产业 GDP 中的增长率比较

数据来源：《楚雄州统计年鉴》（1995—2006 年）、《云南省统计年鉴》（2006 年）。

图 16 – 9 是楚雄州第二产业产值和全省平均水平的比较，不稳定的情况依然存在，仅从 2001 年以来这六年间来看，变化幅度明显，高于全省平均水平的情况居多，但也存在明显低于全省平均水平的情况，如 2003 年和 2005 年，而且相差还很大，这里的原因也是多方面的，如前所述，烟草业一直是楚雄州的支柱产业，烟草的种植属于第一产业范畴，而烟草的加工则属于第二产业范畴，当然由于管制原因和国家政策的影响，会产生阶段性波动，而支柱产业的波动势必影响到全州第二产业的总产值。这也说明，楚雄州下一步的重点是要在烟草业以外的其他工业行业方面加大扶持力度，实现多元化产业经营链条，争取改变烟草在楚雄一统天下的格局，使其他产业也能得到发展。当然，后面也会对第二产业的发展作详细说明。

在第二产业内部楚雄州也进行了工业结构进一步优化。重工业、非烟工业比重进一步提高（见图 16 - 10）。2005 年，在楚雄工业增加值中烟草制品业占 41%，而非烟经济占到了 59%。烟草工业一直是楚雄的支柱产业，随着近年来楚雄州工业结构的不断调整，非烟工业发展迅速，烟草工业一枝独秀的局面有所缓解。

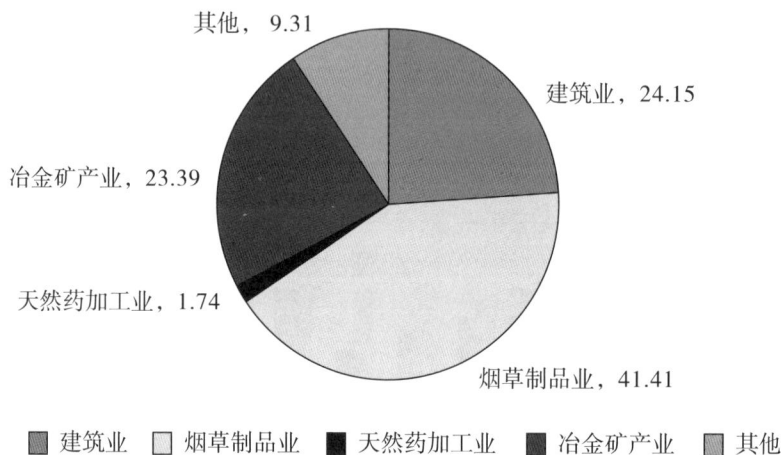

其他，9.31

建筑业，24.15

冶金矿产业，23.39

天然药加工业，1.74

烟草制品业，41.41

■ 建筑业　□ 烟草制品业　■ 天然药加工业　■ 冶金矿产业　■ 其他

图 16 - 10　2005 年工业增加值构成（%）

数据来源:《楚雄州统计年鉴》（2006 年）。

（六）第三产业总体历史发展研究

第三产业是楚雄州政府大力扶持的重点行业，云南是全国著名的旅游目的地，2006 年全省实现旅游业总收入接近 500 亿元。现在第三产业已经超过第一产业，仅次于第二产业的发展规模，而且这一趋势日益明显。第三产业的比重逐年扩大，从全国来看，这一趋势会长期保持下去。所以通过产业结构调整，挖掘第三产业中新的经济增长点是楚雄州政府在"十一五"期间的重要工作，如房地产业、金融业以及文化产业等，都是极具发展潜力的行业，经过精心的策划和支持，都会为地方经济的发展做出贡献。楚雄州政府也把特色旅游业作为楚雄州政府扶持的五大重点产业之一。2001 年楚雄州第三产业增加值首次超过第一产业上升到第二位，标志着楚雄的产业结构发生重大变化，实现了质的飞跃。在旅游业的带动下，第三产业中其他行业也快速发展。

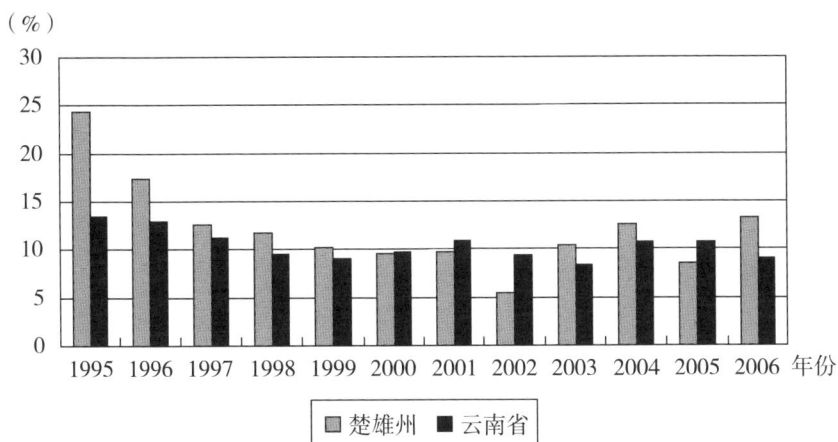

图 16 – 11　楚雄州和云南省第三产业 GDP 增长率比较

图 16 – 11 给出了楚雄州 2001—2006 年第三产业的增长率及其对 GDP 的贡献率。

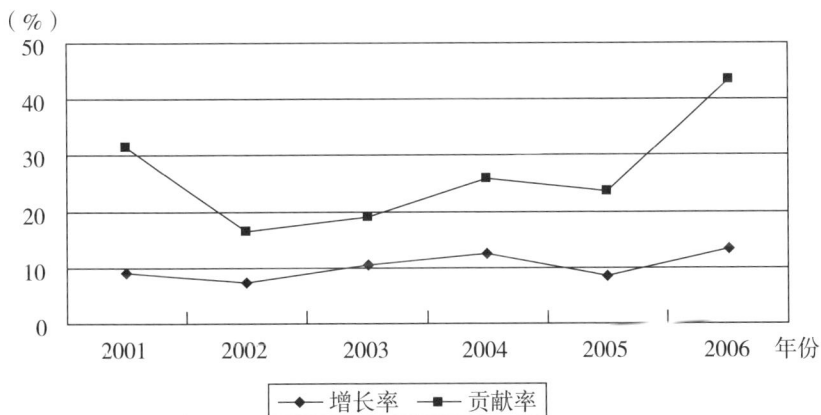

图 16 – 12　第三产业增长率及其对 GDP 的贡献率

数据来源：《楚雄州统计年鉴》（2001—2006 年）。

从图 16 – 12 中可以看出，第三产业年均保持 10% 以上的增长势头，2006 年第三产业对 GDP 的贡献率达到 43.5%，在三次产业中位居第一。足以看出第三产业的重要作用。但从图中也不难看出，第三产业对 GDP 的贡献波动较大，且不均衡，需要加大以旅游、餐饮、交通运输及房地产等为主要发展因素的投入，特别是地处昆明、大理两大热点旅游目的地的中间地带的区位优势，充分利用这些优势和特有的彝族文化产业，大力发展短途旅游，进一步提高客房、餐饮等为主的第三产业发展水平。

楚雄州第三产业的发展对地方经济的促进作用已经上升到第二位，仅次于第二产业。而旅游资源和文化资源的民族特色，又使得楚雄州在发展第三产业，特别是文化旅游和特色旅游方面拥有自己的独特魅力。图16－13是楚雄州1995年以来第三产业在 GDP 中比重的变化，可以看出呈现显著的上升趋势，而且这一趋势随着州政府对文化旅游产业的重视必将得到进一步的提升。

（％）

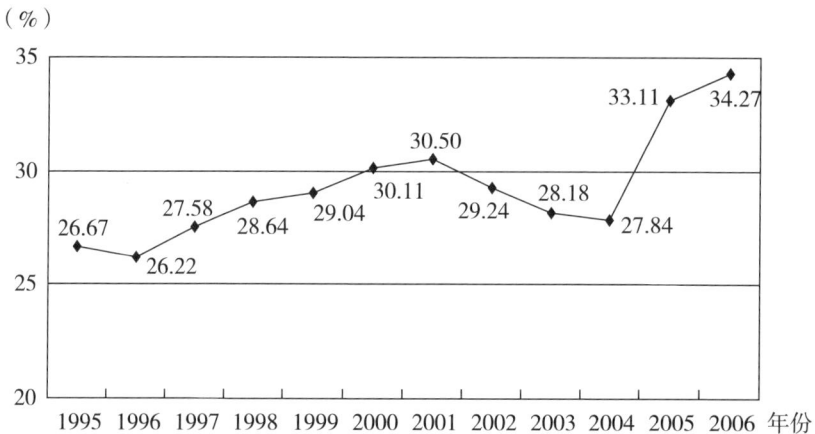

图16－13　楚雄州第三产业在 GDP 中的比重

数据来源：《楚雄州统计年鉴》（1995—2006 年）。

综上所述可以看出，楚雄州整体经济发展势头良好，多项经济指标高于全省平均水平，州政府在规划中制定的各项产业结构调整政策基本上都得到了具体实施，下面我们将从产业结构和楚雄州五大重点产业入手，对楚雄各个产业发展情况进行动态分析。

二、楚雄州重点产业历史发展研究

根据楚雄州政府"十一五"规划中制定的"工业强州"的决策部署，坚持利用立足产业基础和资源优势，围绕打造滇西工业重镇，坚持走新型工业化道路的精神，以带动全州工业的进一步发展。2000 年确立了烟草产业、冶金矿产业、天然药业、绿色食品业和特色旅游业为楚雄经济重点发展的五大产业。

数据显示，到 2000 年全州五大产业产值达 54.91 亿元，对 GDP 的贡献值 39.64 亿元，占全州国内生产总值的 37.56%。其中烟草业总产值 19.16 亿元，增加值 14.87 亿元；冶金矿产业总产值 6 亿元，增加值 4 亿元；天然药业总产值 4.28 亿元，增加值 2.42 亿元；绿色食品业总产值 25.47 亿元，增加值 14.03 亿元；特色旅游业总收入 6.34 亿元，增加值 4.34 亿元。

2005 年，五大重点产业均得到一定程度的发展：一是烟草产业在巩固中提高，2005 年全州烟草产业实现增加值达 42.3 亿元，比 2000 年增加 1.3 倍。二是冶金矿产业迅猛发展，2005 年规模以上冶金矿产业完成工业总产值 42.4 亿，比 2000 年增长 6.8 倍，实现增加值 14.8 亿元，比 2000 年增长 6.4 倍。三是天然药业经过近几年的调整，逐步步入第二个高增长阶段，2005 年全州天然药业实现增加值 1.4 亿元（比上年增长 63.5%），但比 2000 年下降 41.7%。四是绿色食品业开发取得实效，2005 年全州绿色食品业实现增加值 29.8 亿元，比 2000 年增长 1.1 倍。五是特色旅游业发展基础进一步落实，2005 年实现旅游业增加值 4.2 亿元，比 2000 年增长 74.5%。五大重点产业 2005 年实现增加值 92.5 亿元，占全州 GDP 的比重已达 52.4%，比 2000 年 37.1% 提高 15.3 个百分点。在这五大产业的带动下，形成了一批骨干企业（见图 16 - 14）。

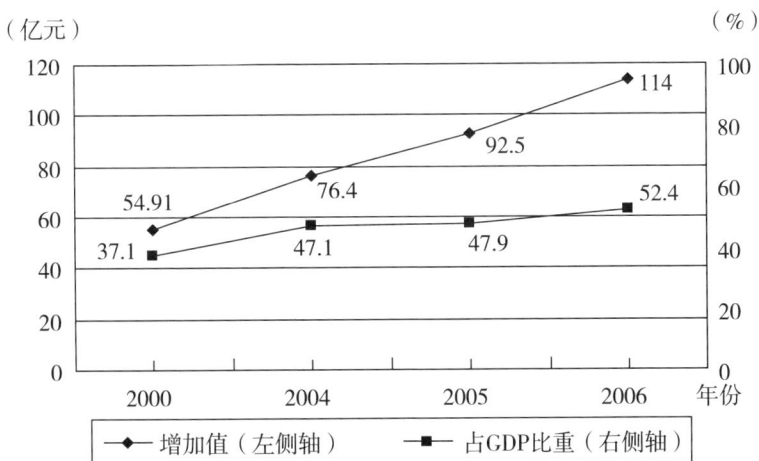

图 16 - 14　五大重点产业增加值及占 GDP 比重

数据来源：《楚雄州统计年鉴》（2001—2006 年）。

(一) 烟草产业

云烟一直是全国著名品牌,同时也带动了全省烟草业的快速发展。在"十一五"规划中,州政府明确指出,"十一五"期间,楚雄州应着力巩固提高烟草产业的龙头地位,实施烟水配套工程,建好优质烟叶生产基地,全力支持楚烟企业技改扩建,搞好行业整合,拓展销售市场,做大优势品牌,巩固提升烟草产业的支柱地位。目前,楚雄州最大的卷烟生产基地,就是属于红塔集团的楚雄卷烟厂。

红塔集团楚雄卷烟厂始建于 1974 年,1990 年起跻身全国 500 强企业,是国务院确定的 520 户重点企业之一,1998 年 7 月加入云南红塔集团。现在的红塔集团楚雄卷烟厂属大型企业,年卷烟生产能力 100 余万箱,2002 年实现销售收入 30.91 亿元,利税 19.72 亿元,是楚雄州烟草行业的龙头企业。2005 年,烟草业增加值占全州 GDP 的 21.86%,全州烟草产业实现税收 24.14 元,占全州财政总收入的 72.78%,其中烤烟农特税完成 15761 万元,占地方财政收入的 12.25%;支付给农民的烤烟收购金额 8.56 亿元,户均种烟收入 3925 元,农民人均种烟收入达 388 元。"十五"期间,全州农民群众种烟收入达 32.23 亿元,烟草业是农民增收、财政增长的主要行业,是楚雄州的第一支柱产业。

"十五"期间,烟草产业增加值逐年不断提高,由 2000 年的 181 亿元增加到 2006 年的 449 亿元,增加了 2.5 倍。但同时我们可以看到烟草增加值占 GDP 的比重却上升的缓慢,甚至在 2004 年有下降的趋势,由 2003 年的最高位 23% 降低为 2006 年的 21% (见图 16 - 15)。楚雄州烟草的绝对支柱地位受到了挑战。这种情况的出现,原因在于 2004 年楚雄州烤烟产量大规模下降。

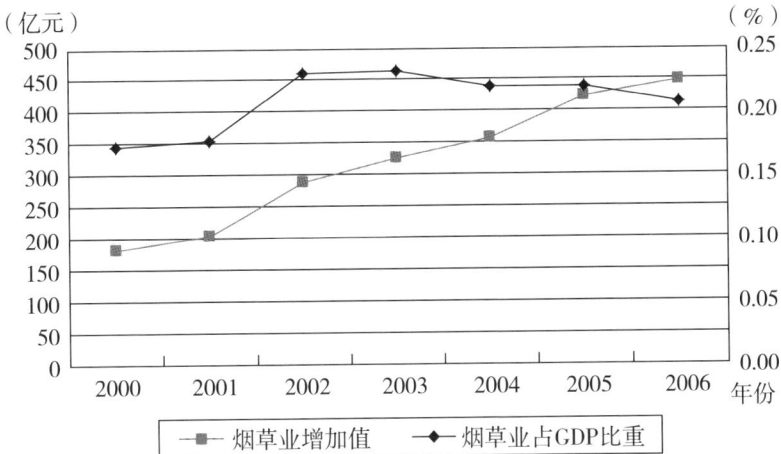

图 16 – 15 楚雄州烟草产业增加值及其占 GDP 的比重

数据来源:《楚雄州统计年鉴》(2001—2006 年)。

众所周知,国家对烟草行业执行的是专卖制度,其生产规模受国家专控和市场份额的限制,楚雄州的烟草种植和产量近几年出现了较大波动。图 16 – 16 是 1996—2005 年十年间楚雄州烤烟总产量和十年烤烟产量增长率的比较,可以看出烤烟产量总是处于不断的波动之中。1998 年、2001 年和 2003 年都出现了增长率为负的情况(见表 16 – 2)。烤烟产量的波动自然就会影响烟草行业的整体产值。

表 16 – 2　　　　　　　1996—2005 年烤烟总产量

单位:吨

年份	1996	1997	1998	1999	2000	2001	2002	2003	2004	2005
烤烟产量	87629	110233	51448	52333	61936	55724	63471	62199	64955	80086

数据来源:《楚雄州统计年鉴》(1995—2006 年)。

（％）

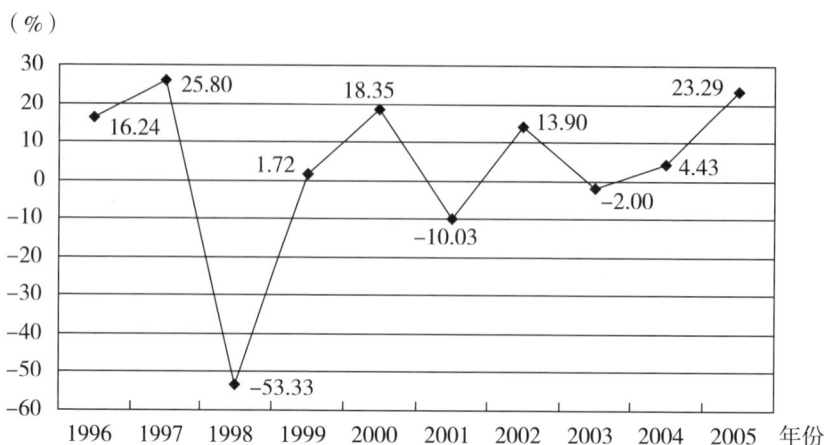

图 16 - 16　1996—2005 年楚雄州烤烟产量增长率

数据来源：《楚雄州统计年鉴》（1995—2006 年）。

在这种情况下，要想保持住烟草产业在楚雄州的重要地位，就要求楚雄州的烟草行业只能在调整产品的种植结构，提高单位产量和产品质量上下功夫，因为作为农业种植的一部分，烟草产业不仅关系着楚雄"工业强州"的战略部署，还承担着楚雄州农民增收，农村致富的重要使命。所以必须以科研为基础，在提高产品质量和拓展销售市场等方面下功夫，进一步寻求烟草行业的发展潜力，为地方经济做出更大贡献。

（二）冶金矿产业

楚雄具有较丰富的矿产资源，全州已开发利用 10 大类 35 种矿产，矿山总数达 825 个，年产矿石总量 865.6 万吨。冶金工业初步形成了以有色和黑色两大类为主的工业体系。

总体上看，楚雄州冶金矿产业的发展进展良好，速度与效益同步快速增长。2005 年全州冶金矿产业主营业务收入，从 2000 年的 5.13 亿元增加到 40.43 亿元（见图 16 - 17）；工业增加值从 2000 年的 1.71 亿元增加到 14.8 亿元，五年平均增长 34.6%；利税总额从 2000 年的 0.46 亿元增加到 9.68 亿元，五年平均增长 83.9%，其中：实现利润从 2000 年的 0.14 亿元增加到 6.57 亿元，五年平均增长 115.9%；税金从 2000 年的 0.32 亿元增加到 3.11 亿元，五年平均增长 57.6%。

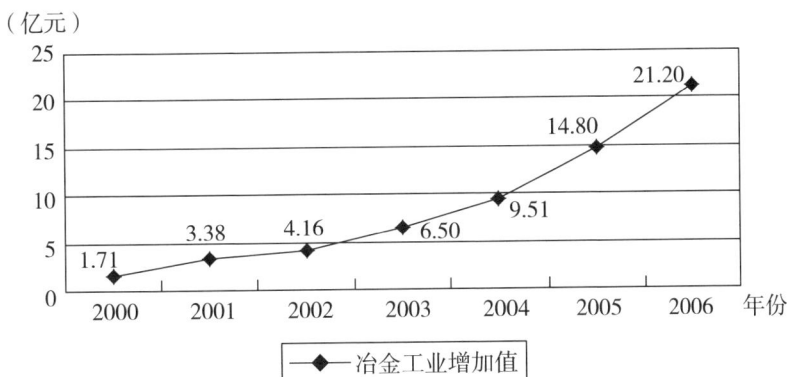

图 16 – 17　楚雄州冶金工业增加值

数据来源：《楚雄州统计年鉴》（2001—2006 年）。

此外，矿产品的产量也出现迅速增长的态势。自 2000 年以来累计生产铜 6.54 万吨、铝 2.57 万吨、锌 3.15 万吨、生铁 244.99 万吨、钢材 128.47 万吨和黄金 1432.6 千克，五年平均增长 65.2%、2.2%、5.4%、95.6%、91.6% 和 34.4%。"十五"期间累计生产铜、铝、锌、生铁、钢材和黄金产量分别比"九五"期间增长 4.7 倍、1.2 倍、42.7%、9.7 倍、14 倍和 3.3 倍。

"十五"时期，全州冶金矿产业得到快速发展，其产值占 GDP 的比重不断增长，到 2005 年已经由 2001 年的 8% 达到 21%。五年累计实现工业总产值 108.79 亿元，迈上新台阶，在全州工业中的地位日益突出，2005 年，全州冶金矿产业工业总产值从 2000 年的 5.43 亿元增加到 42.4 亿元，按价格缩减法计算，比上年增长 49.3%，五年平均增长 42.3%。

冶金矿产业已成为楚雄五大重点产业中增长最快的产业。2005 年，云南德胜钢铁有限公司、楚雄矿冶股份有限公司、鑫辉有色金属冶炼厂和一平浪煤矿实现工业产值分别是 25.4 亿元、6.2 亿元、4.7 亿元和 2.2 亿元，占全州冶金矿产业产值的比重为 59.9%、14.6%、11.1% 和 5.2%，四户企业实现工业产值 38.5 亿元，增长 56.5%，占全州冶金矿产业产值的比重达 90.8%，占全州工业产值的比重 22.3%，由于骨干企业快速增长，支柱产业明显显现。

冶金矿产业在楚雄州经济发展起到了较大的拉动作用，但矿产资源属于不可再生资源，对其开采利用要详细规划，使有限资源发挥最大价值，同时在发展冶金业时也不可避免地对环境造成一定程度的污染，正确地面对冶金业的发展以及它的发展瓶颈，将是楚雄州产业发展规划的一个难题。这一问题，我们在后面的篇幅也将再次论证。

（三）天然药业

楚雄州彝药、天然药有传统优势和基础，中药材资源丰富，天然药业可以说是楚雄州最具发展前景的新兴产业。2006 年，天然药加工业实现增加值 1.3 亿元，占规模以上工业增加值的 2.3%，

经过多年的发展，楚雄州天然药业已初具规模，形成了以中成药为主，彝族医药文化为内涵，由中药材种植生产、医药工业、销售和科研组成的产业体系，集工、商、科于一体，科技攻关与民族药研制，中成药与西药制剂、医疗器械与药用包装材料的生产，含一、二、三产业的生态经济型产业。到 2005 年，全州有药品生产许可证的企业 11 户，其中重点制药企业 9 户，即：盘龙云海药业、龙发制药、金碧制药、老拨云堂药业、万裕药业，万鹤鸣药业、三圣药业、太阳药业。9 户企业拥有资产总额 6.8 亿元，员工近 2000 人，药品生产线 51 条，14 种剂型及原料药，有药品批准文号的品种 268 个，年生产药品能力 8000 吨（其中：中成药品 7800 吨化学药品 200 吨），中药提取能力 5500 吨，有医疗器械生产企业 1 户，能生产医疗器械品种 3 个。药用包装材料生产企业 2 户，生产药用包装材料 1 个品种，药用包装容器一个品种。全州从事中药材种植、流通和种植技术研究的企业 9 户，从事中药材种植的组织（含协会）10 个，个体户 85 户，中药材种植面积 51962 亩。全州药品流通批发企业 17 户，药品零售企业 799 户。通过自主研发，全州拥有自主知识产权的新药 22 个，获国家中药保护品种 6 个，获省名牌产品称号 2 个。

天然药业产业体系已经初步建立，产业框架、产业格局已经形成。经过多年的发展，全州天然药业形成由中药材种植、医药工业、销售和科研等组成的比较完整的产业链，从单纯的药品生产发展到药用包装材料、医疗器械等多个行业，生产的药品从普通药品发展到通过自主研发而拥有自主知识产权的药品。天然药业发展的特点更为鲜明，打造"彝药"品牌为楚雄州天然药业注入了丰富的文化内涵。

　　医药工业园区建设形成规模，产业集聚效应开始显现。楚雄州对医药产业的投资逐年增加，远远大于楚雄州其他四大产业。图 16 - 18 为楚雄2000—2005 年对烟草和天然药业的投资，我们可以看到楚雄对药业的支持力度大于烟草行业。

　　楚雄州彝药创建了知名品牌和特色品种。"十五"期间，培育壮大了盘龙云海药业，引进发展了老拨云堂药业、云中制药和太阳药业。创建的排毒养颜胶囊、灵丹草颗粒、复方仙鹤草肠炎胶囊、咽舒系列产品、陈香露白露片、普乐安片、紫灯胶囊等成为楚雄州的知名品牌和特色产品。2000 年全州销售收入上千万元的药品品种只有 1 种，500 万 ~ 1000 万元的品种只有 2 个；2005 年收入上千万的品种有 5 个，销售收入在 500 万元至1000 万元的品种有 8 个，特色品种正在向创品牌的方向发展。

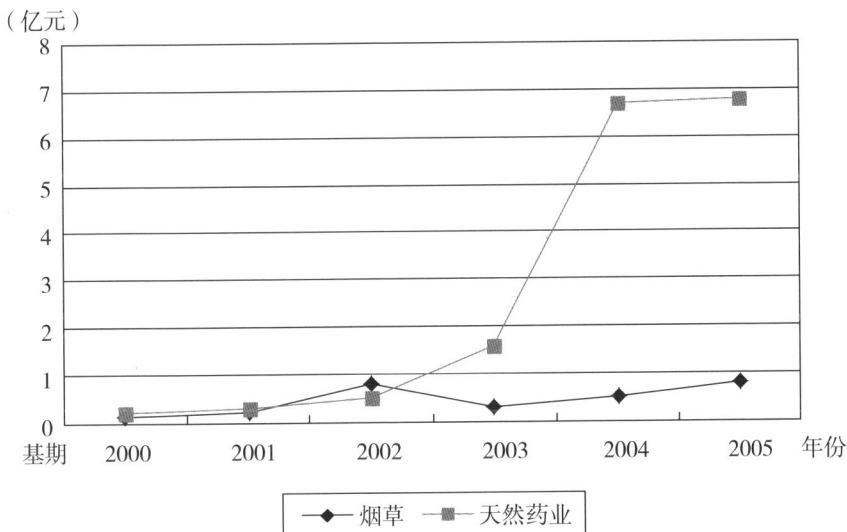

图 16 - 18　楚雄州天然药业投资与烟草投资

数据来源：《楚雄州统计年鉴》(2001—2006 年)。

　　但天然药业基础薄弱、规模小、效益差，产业结构调整任务重。医药工业总产值占全州工业总产值的 10.86%，仅占全州 GDP 的 4.3%，对全州经济发展影响不大，在五大产业的比重中仅占 1.51%，而烟草行业占到了 45.73%（见图 16 - 19）。

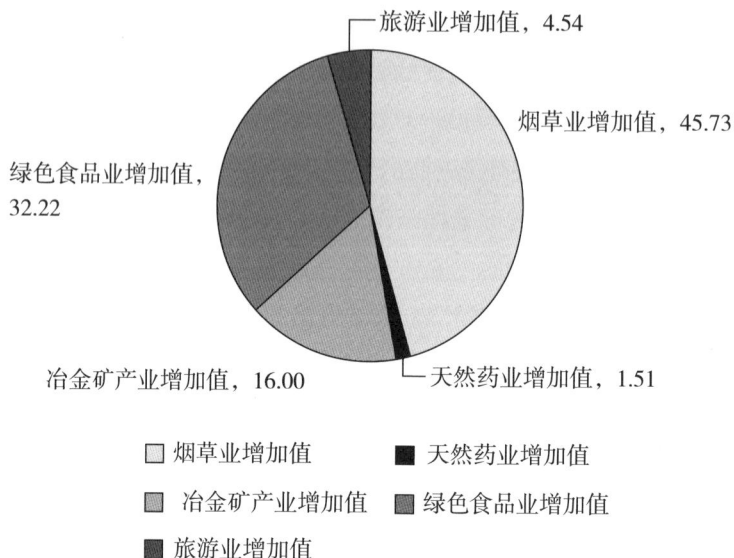

旅游业增加值，4.54

烟草业增加值，45.73

绿色食品业增加值，32.22

冶金矿产业增加值，16.00

天然药业增加值，1.51

☐ 烟草业增加值   ■ 天然药业增加值

☐ 冶金矿产业增加值   ▨ 绿色食品业增加值

■ 旅游业增加值

图 16 – 19 2005 年五大产业比重（%）

天然药业的产业整体实力不强，发展的基础仍显薄弱。虽然医药工业企业近几年普遍进行技术改造，但总量和规模仍然偏小，整体实力较弱，目前产值上亿元的企业仅有盘龙云海 1 户，整个产业发展对盘龙云海的依赖很大。科技含量高、市场覆盖率大的产品少，医药产业在全州国民经济中所占的比重小，产业发展基础仍然薄弱。

此外，楚雄州中药材种植规模较小，产量变动幅度较大，2001 年到 2006 年期间，楚雄州药材产量一直呈现波动状态，2002 年达到产量顶峰，而仅隔一年就出现了产量大幅度下降，之后小幅上涨至 2005 年，又开始有所下滑（见图 16 – 20）。药材产量受气候因素限制，出现波动，非人为可控，必然会影响到天然药行业的最终产值。

（吨）

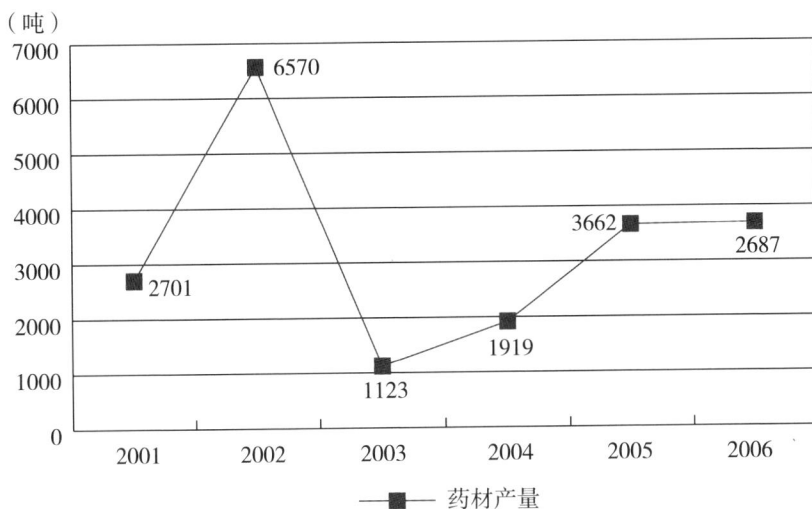

图 16 - 20　2001—2006 年楚雄州历年药材产量（吨）

数据来源：《楚雄州统计年鉴》（2001—2006 年）。

天然药业是楚雄州的新兴、绿色、经济产业，但产值较低，对整体经济的拉动作用不大，且受外部条件制约，产业化程度不深。如何抓住发展的契机，引导天然药业规模化发展，是楚雄州未来一段时间面临的问题。

（四）绿色食品业

随着人们生活水平的逐步提高，绿色食品的概念已经深入人心。如何吃的既安全又放心已成为普通消费者所关注的热点之一。楚雄州政府充分认识到这一社会需求，结合实际，将绿色食品加工作为重点发展行业。绿色食品加工业具有很长的产业链，整个产业链既包括农业又包括工业和第三产业，既涉及农民如何种植满足绿色食品要求的农作物，又涉及工业上的绿色食品加工设备和机械的制造，还涉及增加劳动力就业等重要方面。

目前，全州食品产品涉及 45 个小食品行业，有从事粮油加工、蔬菜加工、软硬饮品加工和运销骨干企业等大小各异的食品生产企业 90 余户。2005 年全州绿色食品业实现增加值 29.8 亿元，比 2000 年的 14.0 亿元增长 1.1 倍。2006 年实现增加值 33 亿元，仅次于烟草产业，在五大行业中位居第二。所以大力扶持绿色食品加工业的发展，是一举多得的措施。从表 16 - 3 中可以看出，进入新世纪，绿色食品行业保持了较快的增长势头，年均增长率达到了11.9%。而且随着人们消费观念的变化,绿色食品行业发展将会越来越好。

表16-3　　2001—2006年绿色食品行业增加值完成情况及增长率比较

单位:亿元

年份	2001	2002	2003	2004	2005	2006
增加值	17.4	22.5	23.9	27.7	29.8	33.0
增长率(%)	—	29.3	6.2	11	6	7.1

数据来源:《楚雄州统计年鉴》(2001—2006年)。

楚雄州具有农业生产的天然优势,加大力度发展绿色食品加工业符合比较优势原理。这也有利于改善农民收入水平,增加就业。但楚雄面临着龙头企业少、小、弱,人才缺乏,经营管理粗放,产品科技含量低,市场竞争力弱,带动力不强等问题,农业产业化发展的水平还较低。

(五)特色旅游业

旅游业是云南省最重要的行业之一,也是楚雄州近几年一直重点支持的行业。旅游业总收入呈快速增长势头。从表16-4中可以看出,2006年旅游业总收入10.7亿元,比上年的13.6亿元下降了21.3%。作为州政府确定的五大重点产业之一,旅游业总收入的大幅度下降应引起相关部门的高度重视,加大对旅游环境的整治力度。

表16-4　　　　　2001—2006年楚雄州旅游总收入情况

单位:万元

年份	2001	2002	2003	2004	2005	2006
旅游业总收入	3.33	3.55	3.96	8.55	13.60	10.70

数据来源:《楚雄州统计年鉴》(2001—2006年)。

以文化旅游为特色的旅游产业的发展已经写进"十一五"规划,可以说,文化旅游业的产业化发展将是楚雄州旅游业"十一五"期间重点扶持的旅游品牌。因为楚雄州有着独具特色的文化基础。从图16-21中也能看出,虽然旅游业总收入占GDP的比重总的来说是逐年增长的,但2006年的比重却出现严重的下降。这与支柱产业的地位是不相称的。

（%）

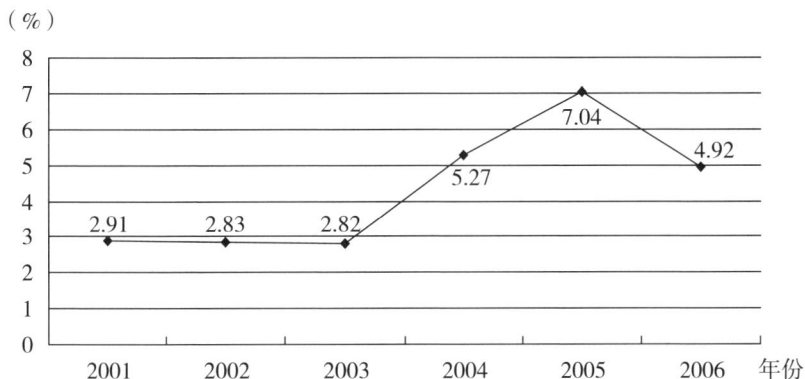

图 16 - 21 旅游业总收入占 GDP 的比重

数据来源：《楚雄州统计年鉴》（2001—2006 年）。

在"十一五"规划中，州政府提出要突出重点，推进文化旅游业，立足"一彝三古"的优势和特点，坚持以建设禄丰侏罗纪世界公园和楚雄彝族风情园为重点，加快推进世界历法公园、元谋土林、武定狮子山、楚雄紫溪山、永仁方山和各类旅游小镇的提升改造和开发建设步伐，承办好第21 届国际茶花大会，赋予特色旅游业新的文化内涵，打造亮点、推出精品，努力把楚雄州建设成为"滇中大昆明国际旅游区"和"滇西、滇西北黄金旅游线上的精品旅游区"。

丰富的旅游资源是宝贵的物质财富，如何充分利用好这些旅游资源，使生态保护与旅游业和谐发展，特别是在城镇化进程中，如何保护好这些历史文化遗产是州政府所面临的发展任务。目前，楚雄州特色旅游产业发展的成就主要集中在以下几个方面：

第一，旅游基础设施日益改善。楚雄州加快了以交通、水、电、通信为主的旅游基础设施建设。公路的通车里程逐年增加（见图 16 - 22）。随着南勇公路一期工程、禄武二级公路、白花山公路、大石公路、紫溪山旅游公路、土林旅游公路的竣工和牟元路、禄武路、钱牟路、楚双路通县油路的铺筑，提升了重要交通干线、重点旅游区的通达条件。

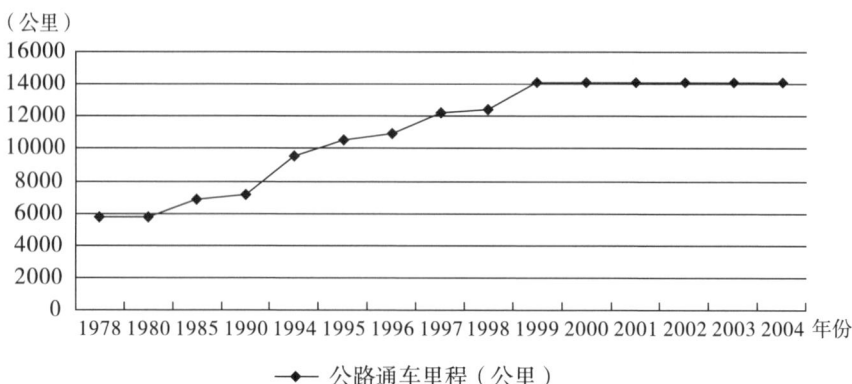

（公里）

图 16 - 22　公路通车里程（公里）

数据来源：《楚雄州统计年鉴》（1995—2006 年）。

第二，旅游市场开拓初见成效。据统计，楚雄州接待国际游客人数由
2001 年的 931 人增加到 2003 年的 7985 人，但在 2006 年国际旅客人数降低
到 1196 人，而国内游客人数稳步上升，由 2001 年的 197.32 万人次到 2006
年的 335 万人次（见图 16 - 23）。

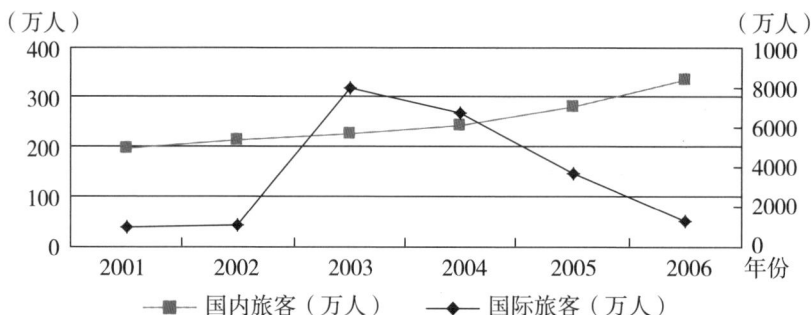

（万人）　　　　　　　　　　　　　　　　　　　　（万人）

图 16 - 23　楚雄州接待国际、国内旅客人次

数据来源：《楚雄州统计年鉴》（2001—2006 年）。

第三，旅游产业体系基本健全。通过多年的建设，楚雄旅游业食、
住、行、游、购、娱等六大要素配套发展。目前，全州拥有 7 个国家 A 级
以上旅游区，3 个省级历史文化名镇，34 家星级饭店、标准床位 5000 余
个，有 11 家国内旅游社，26 家旅游商品生产销售企业，1 个旅游培训中
心，全州特色旅游业直接、间接从业人员近 1.3 万人。

第四，旅游项目建设投资力度加大。自 2000 年以来，全州旅游项目开

工建设 33 个，截至 2005 年年底已经完成 25 个。累计投资的达 5433.4 万元，其中中央财政投入 500 万元，省财政投入 1661.2 万元，州财政投入 484 万元，县级以下财政投入 802.98 万元，项目业主自筹 1984.82 万元。

但是，作为地方经济的支柱产业，楚雄州特色旅游业的发展仍存在着许多的不足。

第一，产业意识不强，旅游产业发展缓慢，经济效益不高。"十五"期间，旅游业虽然列为全州五大重点产业之一，但在经济发展中，并未真正把旅游业作为一个产业来对待和培植发展，旅游产业发展缓慢，进展不快。旅游收入由 2001 年的 3.33 亿元增加到 2005 年的 13.65 亿元，而后又再次下降到 2006 年的 10.9 亿元。而旅游总收入占 GDP 的比重 2001—2003 年都维持在 3% 以下，2004 年首次超过 5%，2005 年增长到 7% 左右，而 2006 年又恢复到 5%（见图 16 - 24）。可见旅游发展不稳定且对 GDP 的拉动作用不如其他重点产业。

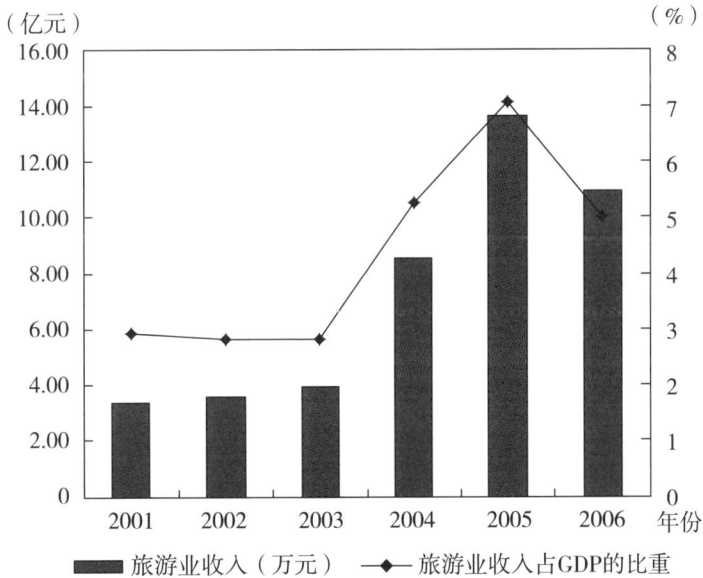

图 16 - 24　楚雄州旅游业收入及其占 GDP 的比重

数据来源：《楚雄州统计年鉴》（2001—2006 年）。

第二，文化资源和旅游资源缺乏有机的结合，旅游资源开发利用不深、不够。楚雄州旅游资源丰富，民间传说众多，但未进行深入的挖掘，开发利用和创新程度都不够，特别是旅游产品文化内涵深度挖掘不够，特色不鲜明，重点不突出，民族特点不明显。

第三，旅游产业结构急需调整，奇缺旅游精品和旅游品牌。旅游资源开发中，大多是低水平重复建设，景点老化，新型景区、项目没有发展，精品旅游景区缺少，缺乏吸引力。度假型旅游产品缺少，旅游消费结构中，楚雄州旅游业收入主要来源滇西、滇西北游客过路住宿的过夜游收入，增强旅游产业多元化的供给能力的任务仍十分艰巨。

第四，投入不足，楚雄五大产业中旅游为投资比例最低的产业（见图16-25）。缺少有效的投融资机制，旅游设施建设薄弱，文化含量低。同时旅游服务质量、景点环境和旅游企业的管理水平有待提高，旅游产业信息化程度不高。

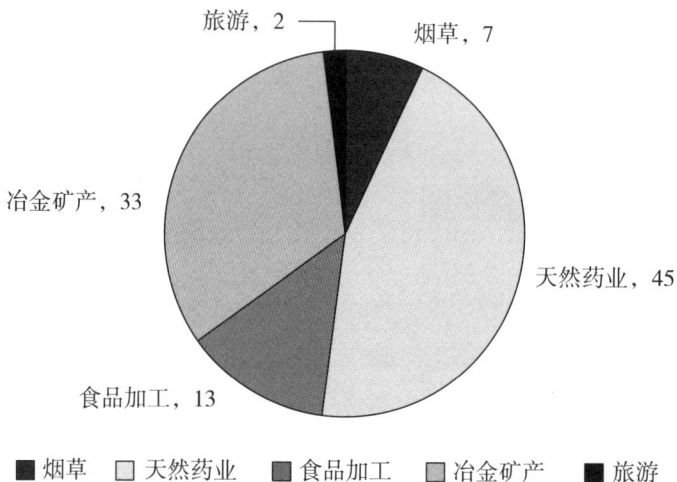

图16-25　"十五"期间五大产业投资情况（%）

数据来源：《楚雄州统计年鉴》（2001—2006年）。

三、楚雄州一般产业历史发展研究

除楚雄州规划的重点产业外，我们对楚雄的几个其他相对重要的产业进行了分析。以求更为全面地分析楚雄整体经济运行态势，并且为后面的楚雄优势产业遴选打好基础。

（一）粮食产业

全州粮食产量逐年增加（见图 16 - 26）。以楚雄市、姚安县精米加工企业和粮食加工企业为龙头，大力推进无公害优质米的产业化经营，企业生产的"岁福香""姚州"等优质米畅销省内外市场。在龙头企业的带动下，2004 年全州种植优质稻 57.7 万亩，其中，无公害优质稻 18 万亩，无公害优质稻谷产量 9 万吨。全州人均有粮 367.3 千克，位居全省第二位。

（万吨）

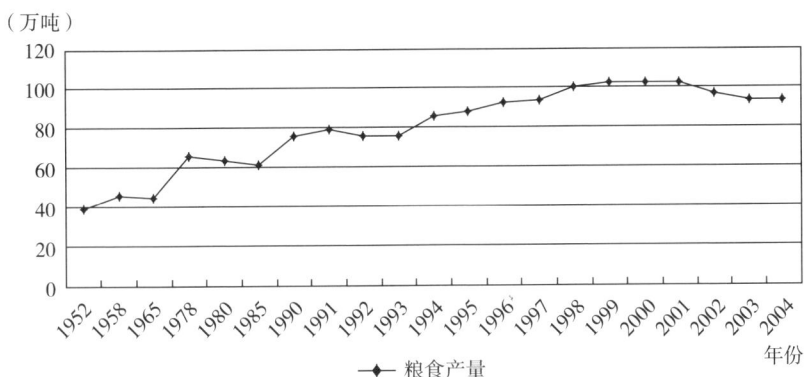

图 16 - 26　历年粮食产量（吨）

数据来源：《楚雄州统计年鉴》（1995—2006 年）。

（二）畜牧业

全州以牟定宏羚集团、大姚蜂产品加工厂、武定壮元红禽业公司、禄丰新阳光生态农业科技公司和楚雄汇东实业公司等企业为龙头，大力推进肉猪、蜂产品、武定壮鸡、乳制品等特色养殖的产业化经营，推动畜牧业快速发展。目前，10 个黑山羊基地、8 个仔猪基地、2 个壮鸡养殖示范乡和 6 个养蜂示范乡初步形成规模。2004 年畜牧业产值已达 23.6 亿元，增加值 13.3 亿元，分别占农林牧渔业总产值和增加值的 33.3% 和 30.4%；农民出售畜产品的现金收入达到人均 688.4 元，占农民人均纯收入的 34%。

（三）蔬菜产业

蔬菜总产量稳步提高。全州以元谋、罗川特色蔬菜种植园区为重点，以元谋县蔬菜公司、武定兴发公司、禄丰康源公司、鑫旺公司、南华高原公司和牟定兴华公司等蔬菜保鲜加工企业为龙头，大力推进蔬菜产业化经营。

2004 年，全州冬早和夏秋蔬菜种植面积达到53.4 万亩，蔬菜产量85.9 万吨，实现产值8.2 亿元（见图16－27）。其中，无公害蔬菜7.7 万亩，产量11 万吨，产值1.4 亿元。特别是夏秋高山反季蔬菜的发展为蔬菜产业的持续发展闯出了一条新路，2004 年全州夏秋高山反季蔬菜种植面积已达4.4 万亩，完成产值3876 万元，带动2.85 万农户实现收入3486 万元。

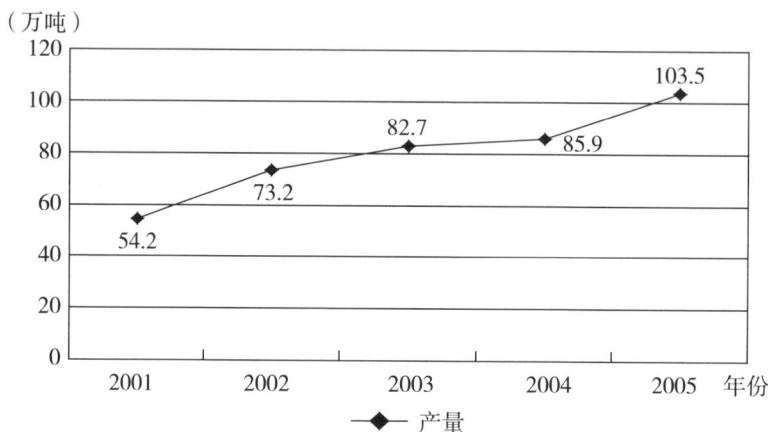

图 16－27　楚雄蔬菜总产量产量

数据来源：《楚雄州统计年鉴》（2001—2006 年）。

（四）电力产业

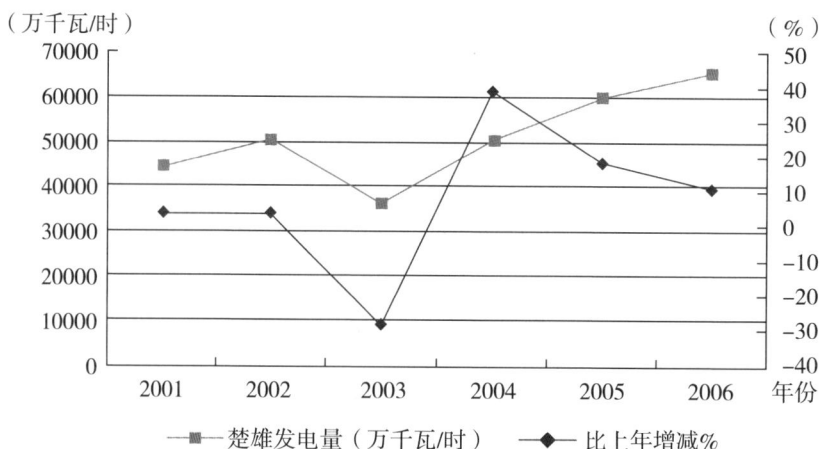

图 16－28　楚雄州发电量

数据来源：《楚雄州统计年鉴》（2001—2006 年）。

从图 16 - 28 中可以看出楚雄州发电很不稳定，但总体呈上升趋势。在2003 年楚雄州经历了一个发电量的低谷时期，其发电量仅达到了 2002 年的 70%，出现了一个倒退。但在 2004 年发电量有了一个明显的增长，比2003 年增加了 39%。但总体来说，楚雄发电绝对量的增长是缓慢的。在楚雄发电量占云南省发电量的比重图中（见图 16 - 29），我们看到自 2001 年以来，楚雄发电量占云南省发电量的比重是不断滑落的。这是由于云南省电力事业发展迅猛，而楚雄电力却发展缓慢而造成的。云南省发电量由2001 年到 2005 年增加了 70%，而楚雄却只增加了 30%。电力事业是楚雄工业强州战略的基础。楚雄电力的缓慢发展，将会对楚雄工业发展有一定的影响。

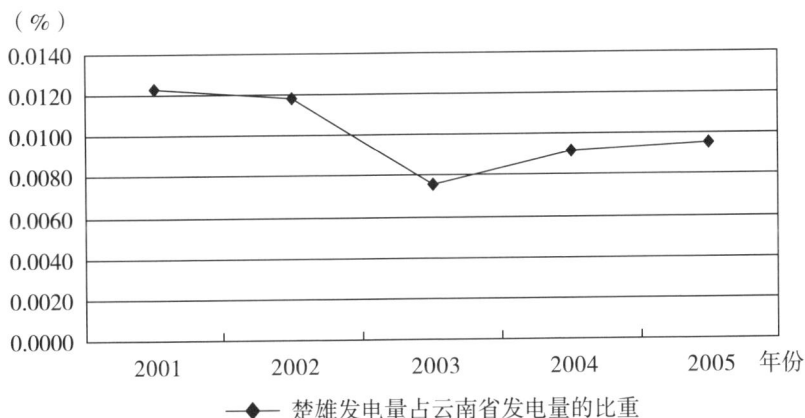

图 16 - 29　楚雄州发电量占云南省发电量的比重

资料来源：《楚雄州统计年鉴》（2001—2006 年）。

（五）房地产业

楚雄州房地产业发展迅速，但县市间发展极不平衡。房地产投资额快速增加，由 2001 年的 1.4 亿元增加到 2006 年的 10.3 亿元，仅仅 5 年的时间其绝对投资额将近增加了 10 倍（见图 16 - 30）。

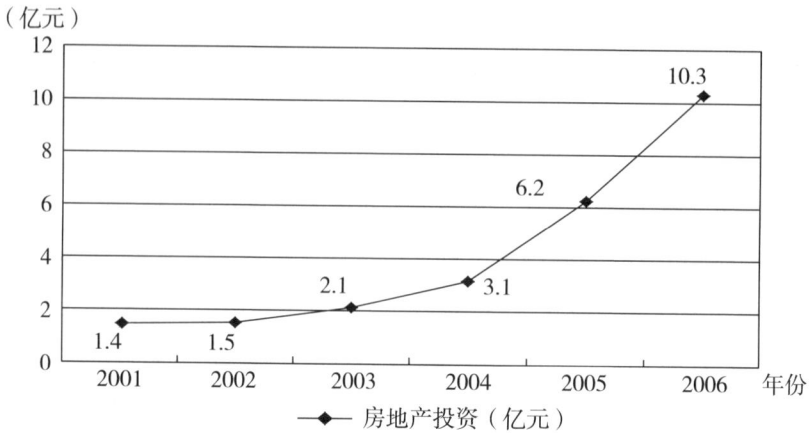

图 16 - 30　楚雄州房地产投资

数据来源：《楚雄州统计年鉴》（2001—2006 年）。

　　2005 年年底楚雄州共有 33 户房地产企业，职工 768 名。从房地产业发展空间布局来看，楚雄市有 20 个企业，644 人，分别占全州的 61% 和 84%，其余 9 个县共有 13 个、124 人，只占全州的 39% 和 12%（见图 16 - 31）。各县市间发展很不平衡，全州房地产开发投资呈现向楚雄市高度聚集的现象。"十五"期间楚雄市房地产开发投资累计达 11 亿元，形成了占全州房地产开发总量 73.3% 的"核心市场"。禄丰、元谋、大姚 3 个经济相对较发达的县房地产投资占全州 17.3% 的份额，其余 6 个县只占 9.4%。大多数县房地产业发育程度低。

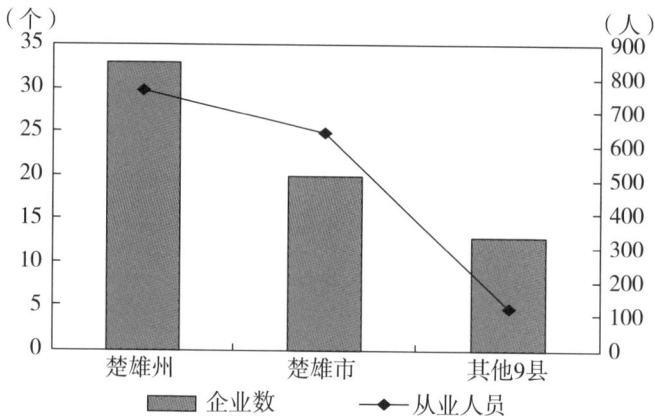

图 16 - 31　楚雄州房地产分布情况

数据来源：《楚雄州统计年鉴》（2001—2006 年）。

房地产业市场供求机制逐步形成。房地产业处于高速成长阶段。因为可投资领域狭小，股市、存款收益又非常低，房地产业吸引了大量的其他行业资金。从市场供给方面来看，"十五"期间楚雄州房地产业开发完成投资累计15.1亿元，年均递增46%，明显高于全国以及全省的增长率（见图16－32）；土地开发面积累计达59万平方米，其中有3年增2年减；商品房屋竣工面积累计完成80.8万平方米，年均递增41.1%，房地产业成为近年来全州投资增长最迅速的行业之一。

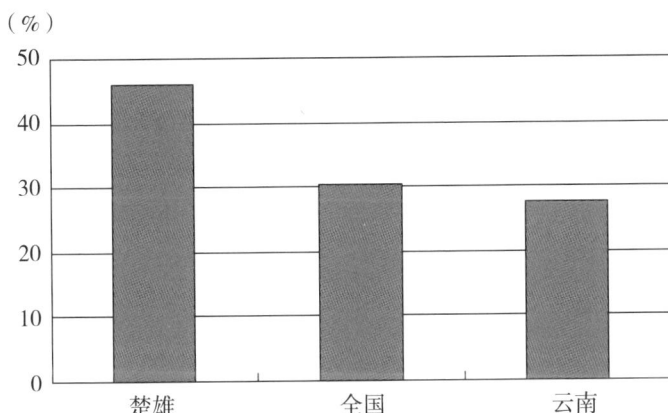

图16－32　房地产开发完成累计投资年均增长率（％）

数据来源：《楚雄州统计年鉴》（1995—2006年）、《云南省统计年鉴》（2006年）。

房地产企业开发资本来源呈现多样化。"十五"时期楚雄房地产业开发资本累计18亿元。其中：国内银行贷款3.3亿元，自筹资金4.9亿元，国家预算内资金0.6亿元，其他资金（包括定金、接转资金）9.2亿元。从资金来源结构看，国内贷款占18.4%，自筹资金占27.2%，国家预算内资金占3.3%，其他资金占51.1%。由此可见，楚雄房地产业的发展有一个最突出的优势就是依靠市场化运作，基本上不用政府的钱。借助政府产业政策和金融机构的支持，居民降低了住房消费的门槛，使居民储蓄转化为投资，促进了民间投资。

市场需求稳步扩大。从商品房市场需求来看，"十五"时期全州销售商品房92.3万平方米，年均增长达到61.5%；商品房累计销售额达14.2亿元，年均增长达到43.3%。2005年楚雄州商品房空置率（开发商没有卖出去的商品房数量与前三年商品房竣工数量之比）不足10%（国际通行惯例，空置率在 5%～10% 之间为合理区；10%～20% 为危险区；20% 以上为严重积压区）。这说明楚雄的房地产市场比较正常。

城镇居民收入增长缓慢，住房购买力不足。据统计，2005 年楚雄城镇居民可支配收入 9195 元，比全国平均水平 10493 元低 1298 元，比省平均水平 9266 元，低 71 元。从城市居民购建房屋占可支配收入的比重分析，2005 年楚雄人均购建房支出仅有 370 元，占可支配收入比重 4%，大大低于全国人均 713 元比重 6.8% 的水平，说明楚雄城镇居民收入结构中住房消费比重过低。

住房二级市场不活跃，市场运作不够规范。住房作为居民的消费品，也是一种投资品。房地产市场的活跃不仅体现在增量房交易上，也反映在存量房交易上，这就要求形成一个开放的住房二级市场，通过这个市场使消费者实现"小房换大房，旧房换新房"的需求，推动整个房地产业的健康发展。但楚雄州住房二级市场还处在起步阶段，二手房交易市场尚不完善，市场不够活跃，一时还难以形成顺畅的住房梯次消费格局。

近年来随着房地产业的较快发展，企业间的竞争在加剧，房地产开发市场运作不规范的问题较为突出。一是前些年众多的房地产公司集中在楚雄见缝插针搞开发，一些小公司跟在大公司周围搞开发，造成过度或无序竞争；二是楼盘开发项目定位多为高收入者，针对大多数中低收入家庭开发的楼盘则较少；三是商品房市场的监管有待规范。

2005 年楚雄州生产总值达到 193.3 亿元，人均已达 7531 元（按一美元折合 8.3 元人民币计算，合 907 美元）。现在国际上普遍认为人均 GDP 达到 600～800 美元是房地产业特别是住宅业开始步入高速发展的时期，人均达到 1300 美元时房地产进入快速增长的阶段，这是反映市场经济发展程度的重要标志，也是衡量人民生活小康实现程度的重要尺度。

（六）商贸流通业

消费品市场发展较快。全州实现社会消费品零售总额 2003 年 36.7 亿元、比上年（下同）增长 9.4%，2004 年 42.9 亿元，增长 16.9%，2005 年 55.3 亿元，增长 13.3%。其中 2004 年增幅高达 16.9%，是 3 年中的最高增幅。一年上一个台阶，三年增加了 18.6 亿元，增长了 50.7%（见图 16－33）。

（亿元）

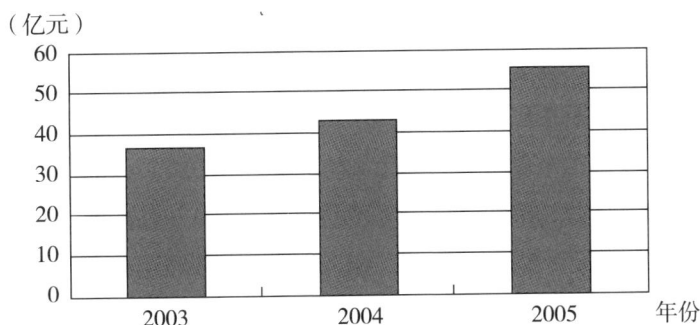

图 16 - 33　楚雄州社会消费品零售总额（亿元）

数据来源：《楚雄州统计年鉴》（2004—2006 年）。

城乡消费市场同步发展。随着城乡居民收入的持续增加以及消费观念的更新转变，促进了城乡消费品市场的较快发展。3 年来城市和农村分别实现的零售额如下：2003 年为 23.4 亿元和 13.3 亿元；2004 年为 28 亿元和 14.9 亿元；2005 年为 36.4 亿元和 18.9 亿元。说明农村商品流通产业正在逐渐发展壮大。

但是，楚雄州流通商贸业存在着许多问题和困难。商贸企业弱、小、散，规模化、组织化程度不高，网点布局不尽合理，城乡市场建设发展失衡。全州目前还没有全省知名的商贸企业，上规模上档次的大型商场更少，大部分市场还处在摊位经营的流通形态，组织化程度非常低，在现代流通方式和新型流通业面前，其功能和作用呈现逐步丧失趋势，无力与开放条件下现代商贸企业抗争。商贸行业是国家放开的竞争性行业，准入条件低，加之没有相应的网点布局规划管理，盲目建设、重复建设的问题在各县市普遍存在。如近年来所建的有些门店无人租用，有些则处于不停的转租或停业状态，浪费了大量的商业资源。与县市中心城区相比乡镇一级存在网点偏少、设施简陋、档次偏低、服务功能差、假冒伪劣产品多等问题，不能够满足逐步富裕了的农民生活水平、消费水平提高的迫切需求。

居民消费倾向不高制约消费规模的扩大。长期形成的城乡发展不均衡、不协调等多种因素制约着农民增收，同时由于收入分配制度改革滞后和社会保障制度改革进展缓慢，使人们的收入差距不断扩大。全州城镇居民人均可支配收入与农民人均纯收入的差距由 2002 年的 5369 元扩大到

2005 年的 6972 元，年均增幅相差 0.2 个百分点，而城镇居民人均消费支出与农民人均生活消费支出的差距 2002 年为 3989 元，到 2005 年已扩大到 4394 元。收入差距的扩大，严重影响了城乡居民消费信心的增强。储蓄率高折射出居民消费信心不足。随着经济持续快速发展，人们的收入也日渐增多，但是增多的收入并没有相应地转换为消费，很大部分被存入了银行。原因是教育、养老、医疗、购房、失业等预期支出增大，人们消费信心不足、消费意愿下降，对扩大消费产生不利影响。从三年的居民储蓄存款余额情况看，储蓄存款大幅增加，2005 年为 107.1 亿元，比 2002 年增加 40.6 亿元，年均增长 17.2%，比消费年均增长 13.2% 高出 4 个百分点。

全州消费率偏低。三年来全州社会消费品市场呈现持续增长态势，但是 2003 年到 2005 年全州消费率分别为 26.2%、26.5% 和 28.6%。消费率持续偏低，一方面反映出楚雄州消费需求对经济发展的影响作用不够突出，对经济增长的带动能力不强；另一方面说明楚雄州城乡居民收入增长仍然缓慢，消费增长不快，特别是农村居民消费水平较低（2005 年消费率仅为 8.7%），成为影响全州消费率水平偏低的一个重要因素。

四、楚雄州特色产业发展趋势研究

在对楚雄五大重点产业和一般产业分析的基础上，我们看到一些新兴的或具有潜力的产业，我们把它们归纳为楚雄的特色产业。这些特色产业也对楚雄的经济发展起到了不可或缺的推动作用。

（一）林业

"九五"规划中把林业作为楚雄经济发展的后续支柱产业。楚雄州发展林业后备资源丰富，潜力大，可望形成又一支柱产业。在合理开发利用现有森林资源的同时，大力栽树种果，形成规模化中种植基地，相应发展林产工业。林产工业要在巩固提高现有企业和产品、开拓市场、提高效益的同时，重点发展林纸、林纤结合的加工业和果品、饮料加工，力争使林业及林产工业产值达到 10 亿元以上。

"十一五"规划中，计划到 2010 年，全州森林覆盖率达到 64%，生态状况明显改善，林业总产值达到 30 亿元；到 2020 年，全州森林覆盖率达到和稳定在 67% 左右，使生态恶化地区得到有效治理，生态状况显著改善,林业总产值达到 50 亿元,产业结构得到合理优化,林业产业成为楚雄州国民经济重要产业。

在规划的指导和全州的努力之下,楚雄州林业经济取得了一定的成果,同时也存在许多不足。

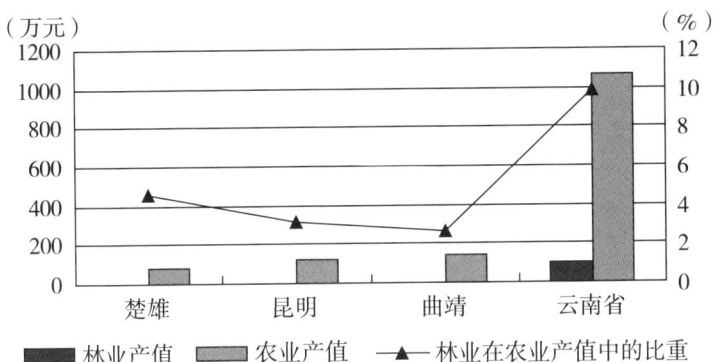

图 16-34 云南省及主要地区林业占农业的比重

数据来源:《楚雄统计年鉴》(2001—2006 年)、《云南省统计年鉴》(2006 年)。

如图 16-34 所示,楚雄州 2005 年林业产值占农业的比重达到了 5%,高于同期的昆明和曲靖,说明楚雄林业对当地农业的拉动作用是大于其他两个地区的。

到 2005 年,全州已种植经济林果 283.39 万亩,其中:干果 150.97 万亩,占 53.3%,水果 63.47 万亩,占 22.4%,干鲜果产量预计达 75429 吨,产值 3.3 亿多元。累计核桃种植面积达 105 万亩,2005 年产量达 11446 吨,板栗种植面积达 56.92 万亩,2005 年产量达 4727 吨,以核桃、板栗为主的干果产业年产值已达 1.45 亿元。"十五"期间完成桉黑混交林 12.61 万亩,累计桉黑混交林达到 53.68 万亩;以松茸、牛肝菌为主的林下资源开发产业建设力度加大,推广封山育茸和承包采茸 27 万多亩。据统计,全州 2005 年采集野生菌 5437 吨,采集食用野生果(杨梅、橄榄等)2012 吨,采集食用野生蔬菜 765 吨,还有大量的野生药材等,年均林下资源开发产值达 1.82 亿元以上。

由图 16-35、16-36、16-37 中可以看到,楚雄州在自 2001—2006 年期间主要的林业产品如水果、板栗、核桃的产量是在逐年增加的。但同时反映出来它们的增长率都存在大幅度的波动，并没有反映出平稳快速的增长。这是楚雄州林业发展面临的难题。

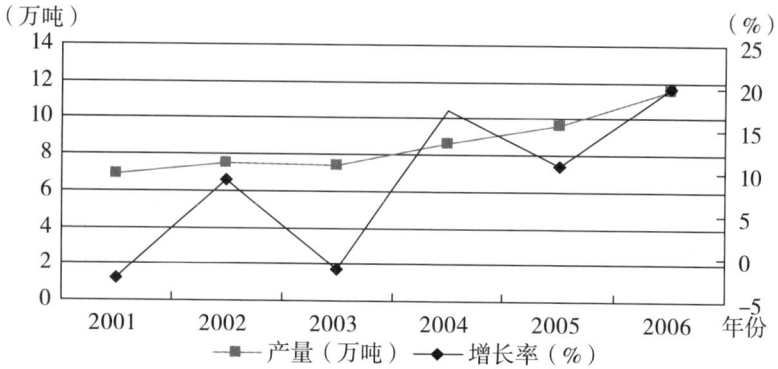

图 16 - 35　楚雄州水果产量及增长率

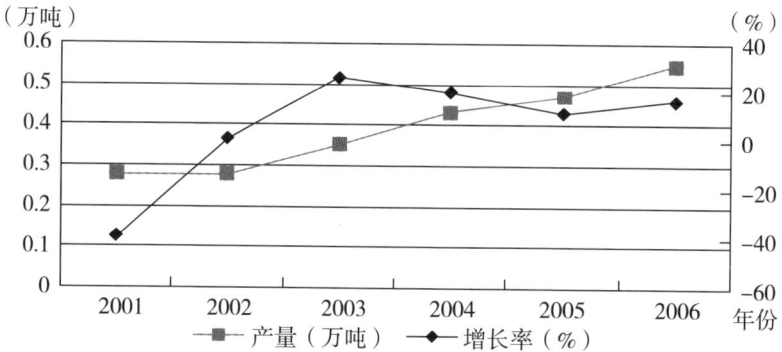

图 16 - 36　楚雄州板栗产量及增长率

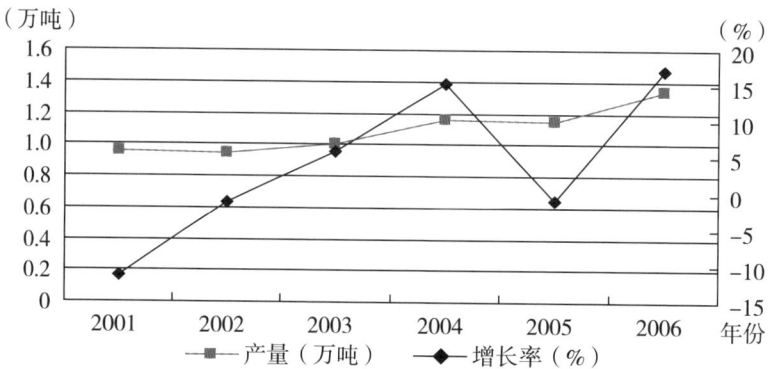

图 16 - 37　楚雄州核桃产量及增长率

数据来源：《楚雄州统计年鉴》（2001—2006 年）。

（二）能源产业

在楚雄州 2007 年工业产业化结构调整中，将能源产业列为五大重点工业产业之一，足见能源产业在楚雄州工业产业化结构中的地位，但作为能源产业来讲，楚雄地区是否具有发展能源产业的资源禀赋是产业化发展的关键条件之一。在《楚雄州 2007 年工业产业化结构调整》一文中，楚雄州政府指出，2007 年，楚雄州在能源产业方面的目标是：优化能源消费结构，提高能源利用效率。加快发展具有调节能力的水电资源，推进实施小水电并网工程，加大对风能、太阳能、生物质源能等再生能源的开发利用，积极推进垃圾发电、煤层气化发电、高炉煤气发电等资源综合利用改造项目建设。引导煤矿在确保安全的前提下达到生产能力，煤炭产量达到年产 160 万吨以上。严格审批新建煤矿项目，淘汰落后生产能力，调整优化矿井规模结构，加快培育和发展中型煤炭企业，提高规模化水平，在提高煤炭能源保障能力的同时，加快煤化工产业发展，支持禄丰德雄化工年产 5000 吨二甲醚项目的实施，促进资源的深度开发利用。生物质能源要重点抓好元谋龙川江化工有限公司 10 万吨燃料乙醇项目实施，大力扶持农业龙头企业，推进薯类种植基地建设，确保薯类原料的供给，满足燃料乙醇产业发展的需要。

从州政府的角度来看，我们可以发现政府的目标是明确的，即在稳定原煤生产能力的前提下，大力推进风能，太阳能，生物质能等可再生能源的开发利用。可以说，这一目标的制定是十分明智的，在保护环境，减少污染，提高人民生活质量等方面都是具有长远发展眼光的一大举措。而且，我们从楚雄州近几年的能源产量上也能看出，煤炭开采量和水力发电仍然是楚雄州能源产业的最主要的部分。新能源的开发利用已是当务之急。

表 16 - 5 是楚雄州 2001—2006 年原煤产量，可以看出，原煤产量呈现出先增后减的态势，而 2007 年的目标是 160 万吨以上，说明作为楚雄州重要能源的煤炭工业对楚雄的经济发展起到了重要作用。但作为不可再生资源，煤炭的开采是有限度的，所以加大可再生能源的建设，特别是太阳能和生物质能源的开发就显得格外重要。对生物质能源的建设要给予特别重视，因为生物质能源的开发不仅关系到工业的发展，由于将薯类等农产品

作为原料,对农业的发展和农民的增收会起到正外部效应,所以在新农村建设过程中,要加大对生物质能源的投入,使可再生能源建设作为煤炭的替代能源,逐步加大其在能源产业中的比重,既要发展经济,又不污染环境,实现经济社会的和谐发展。

表 16 - 5 楚雄州 2001—2006 年原煤产量

年份	2001	2002	2003	2004	2005	2006
原煤产量（万吨）	99.79	102.3	138.7	167.1	163.2	144.3
增长率（%）	4.55	2.8	38.5	18.5	-2.3	-15.3

数据来源:《楚雄州统计年鉴》(2001—2006年)。

作为能源产业的水电行业,在楚雄州经济发展占有重要地位。表 16 - 6 是 2001—2006 年楚雄州总发电量和水力发电总量及其增长率。可以明显看出,水电在楚雄州电力行业所占的重要地位。但水力发电受水的影响,导致其波动很大,但由于其属于清洁、无污染的可再生能源,在今后楚雄州能源建设方面,仍属于重点产业。

表 16 - 6 2001—2006 年楚雄州总发电量和水力发电总量及其增长率

年份	2001	2002	2003	2004	2005	2006
发电量（万千瓦时）	44292	50374	36023	50058	59909	65514
发电量增长率（%）	3.75	3.7	-28.6	39.0	18.4	10.6
其中：水电（万千瓦时）	36314	41727	28352	39684	42838	47966
水电增长率（%）	—3.58	2.8	-33.1	40.0	7.0	13.7

数据来源:《楚雄州统计年鉴》(2001—2006年)。

（三）文化产业

面对楚雄州被省委、省政府列为全省文化体制改革和文化产业发展试点州市的契机,楚雄州制定了把楚雄建设成为彝族文化名州的目标。在"十一五"规划中对于文化产业明确地指出:必须立足楚雄州"一彝三古"文化资源和良好的交通区位优势,围绕建设彝族文化名州的战略目标,建设昆楚、昆攀两大文化旅游经济带,突出中国禄丰侏罗纪世界公园、中国彝族文化大观园（楚雄彝族文化旅游园区）、中国元谋东方人类祭祖坛文化工程三大重点项目,打造彝族文化、恐龙文化、元谋人文化、古镇文化四大品牌，建设文化旅游业、出版印刷业、休闲娱乐业、影视演艺、乡村文化业五大产业，实施点燃一把火（火把节）、舞起一条龙（禄丰恐龙）、培植一枝花（楚雄山茶花）、打造一批镇（黑井、光禄、石羊、炼象关、琅井）、唱响一首歌（楚雄好地方）、做大一片林（元谋土林）"六个一"工程，把楚雄州建设成为集观光、休闲、康体、娱乐、美食于一体的旅游胜地、黄金走廊、彝族文化名州。通过努力，到2010年实现文化旅游产业增加值占GDP总量8%的目标。

2005年，文化发展取得新成绩。建成"两馆一站"等文化基础设施19个，完成50户以上已通电广播电视盲点自然村"村村通"广播电视工程190座，广播、电视人口综合覆盖率分别达到95.5%和95.6%。精心打造的中国彝族风情歌舞《太阳女》在中国第五届舞蹈"荷花奖"评选中，荣获剧目银奖、最佳服装奖、编导奖、表演银奖，这是楚雄州舞台艺术在全国赛事中荣获的最高奖项，实现了大型舞台艺术作品获国家级大奖零的突破。彝族文化精品《彝族毕摩经典译注》已经完成《彝族历算书》等13卷稿件的编译整理。

通过全州上下的共同努力，2005年，全州文化产业实现增加值96634万元，占全州GDP的5%，其中：文化服务实现增加值63432万元，占文化产业增加值的65.64%；相关文化服务实现增加值33202万元，占文化产业增加值的34.36%，禄丰县列为全省文化产业特色县，达到了省委对楚雄州提出的要求。

五、楚雄州产业历史发展评述

（一）三次产业结构比例趋于合理

楚雄州三次产业对GDP增长的贡献率比例由2001年的29.3∶40.2∶30.5发展到2006年的24.5∶32.0∶43.5。第二、第三产业对GDP的拉动起到了重要的作用，在国民经济中比重不断加大。从十五期间各产业发展来看，第二、第三产业的增长率明显高于第一产业。

（二）工业产值稳步增长但总体规模小，抗风险能力弱

2001—2006年，楚雄州工业总产值年均增长13.1%，高出全省11.4%的平均增幅水平。工业总产值在全省的比重整体上呈现逐年递增的

态势，从 2001 的占全省比重的 11.4% 上升到 2006 年的 14.7%，说明楚雄工业有一定基础，具有增长的潜力。

但是，楚雄州工业企业规模偏小的现象仍比较突出，经济效益主要靠少数大中型企业支撑，一旦大企业生产出现变化，就会影响到全州的工业经济的发展。

（三）绿色食品产业发展迅速

楚雄州近年来突出特色，发展优势产业。以市场为导向，充分发挥冬季资源优势，按照"因地制宜、突出特色、合理布局、分类指导"的原则，依托州内外农业企业和营销组织，建立了各类优势农产品生产基地。绿色食品加工园区建设顺利推进。按照一园多区的方式，楚雄开发区，楚雄市元谋、大姚、牟定和姚安先后完成了绿色食品加工园区规划。2006 年绿色产业实现增加值 33 亿元，仅次于烟草产业，在五大行业中位居第二。

（四）天然药业已成为楚雄特色产业

楚雄天然药产业产业体系已经初步建立，产业框架、产业格局已经形成。经过多年的发展，楚雄州天然药业形成了以中成药为主，彝族医药文化为内涵，由中药材种植生产、医药工业、销售和科研组成的产业体系，集工、商、科于一体，科技攻关与民族药研制，中成药与西药制剂、医疗器械与药用包装材料的生产，含一、二、三产业的生态经济型产业。创建了知名品牌和特色品种。"十五"期间，培育壮大了盘龙云海药业，引进发展了老拨云堂药业、云中制药和太阳药业。创建的排毒养颜胶囊、灵丹草颗粒、复方仙鹤草肠炎胶囊、咽舒系列产品、陈香露白露片、普乐安片、紫灯胶囊等成为楚雄州的知名品牌和特色产品。

（五）文化旅游产业已初具规模但急需调整

旅游产业体系基本形成。2005 年年底，楚雄州拥有 7 个国家 A 级以上旅游景区，1 个国家级、3 个省级历史文化名镇（村），1 个国家地质公园，38 家星级宾馆（饭店），标准床位 6000 余个，有 12 家国内旅行社，26 家旅游商品生产销售企业，1 个旅游培训中心，全州旅游业直接、间接从业人员 1.3 万余人。但奇缺旅游精品和旅游品牌，缺乏吸引力。度假型旅游产品缺少，旅游消费结构中，楚雄州旅游业收入主要来源滇西、滇西北游客过路住宿的过夜游收入，增强旅游产业多元化的供给能力的任务仍十分艰巨。

（六）烟草产业仍是第一支柱产业

烟草产业支柱地位进一步巩固提高。2005 年，烟草业增加值占全州GDP 的 21.86%，全州烟草产业实现税收 24.14 元，占全州财政总收入的72.78%。"十五"期间，全州农民群众种烟收入达 32.23 亿元，烟草业仍然是农民增收、财政增长的主要行业。烟草产业是楚雄的第一支柱产业。

（七）冶金产业发展进展良好

楚雄冶金矿产业产品产量迅速增长，总量迈上新台阶。"十五"时期，全州冶金矿产业得到快速发展。其产值占 GDP 的比重不断增长，到 2005年已经由 2001 年的 8% 达到 21%，在全州工业中的地位日益突出。冶金矿产业已成为楚雄五大重点产业中增长最快的产业。

2005 年，云南德胜钢铁有限公司、楚雄矿冶股份有限公司、鑫辉有色金属冶炼厂和一平浪煤矿实现工业产值分别是 25.4 亿元、6.2 亿元、4.7亿元和 2.2 亿元，占全州冶金矿产业产值的比重为 59.9%、14.6%、11.1% 和 5.2%，四家企业实现工业产值 38.5 亿元，增长 56.5%，占全州冶金矿产业产值的比重达 90.8%，占全州工业产值的比重 22.3%，由于骨干企业快速增长，支柱产业作用明显显现。

第十七章 楚雄州产业发展限制分析

一、楚雄州人口及 GDP 预测

我们认为人口规模与 GDP 总量是影响地区经济运行及发展最为重要的经济变量。在进行地区产业规划的过程中，人口与 GDP 的合理预测将为我们得出可靠结论，提出行之有效的建议打下坚实的基础。本章将根据地区统计年鉴中历年的相关数据，通过计量分析方法对人口及 GDP 总量进行预测。

（一）人口预测

人口规模是城市规划和土地利用总体规划中一项重要的控制性指标，人口规模是否合理，不仅影响到未来地区经济和社会发展，而且会影响到地区生态环境可持续发展，因此准确地预测未来人口的发展趋势，制定合理的人口规划和人口布局方案具有重大的理论意义和现实意义。适度的人口规模是经济、社会、资源和环境保护协调发展的强有力保证（段学军、陈雯，2003）。

到 2005 年年底，楚雄州有总人口 256.66 万人，人口出生率由 2000 年的 14.4‰下降到 2005 年的 12.71‰，下降了 1.69 个千分点，人口自然增长率由 2000 年的 6.90‰下降到 2005 年的 4.99‰，下降了 1.91 个千分点。人口出生率和人口自然增长率分别比"十五"人口计划目标低 0.64 和 0.87 个千分点。"十五"期间，年平均出生人口 3.11 万人，比"十五"计划目标少 0.60 万人；年平均出生率 12.23‰，比"十五"计划目标低 1.82 个千分点；年平均增长 1.35 万人，比"十五"计划目标少 0.42 万人，年平均增长率为 0.53%。本章将在掌握前期数据的基础上，通过不同的统计预测方法来估算未来 20 年楚雄人口数量。

人口总量数值预测的方法有很多，如：人口年增长法、马尔萨斯人口模型、Logistic 增长模型、灰色模型法、时间序列法、回归分析预测法、劳动平衡法、带眷系数法等等。我们运用马尔萨斯人口模型和 Logistic 增长模型的分析方法，对楚雄州人口规模在未来 20 年的发展做出预测。

1. 马尔萨斯人口模型

英国人口学家马尔萨斯根据百余年的人口统计资料，于 1798 年提出了基于指数增长的人口模型。这个模型的基本假设是：人口的增长率是常数，即随着时间的增加，人口将会按指数规律无限增长。

$Y = x_0(1 + r)^k$，其中 x_0 为初始年人口数，r 为年增长率，k 为规划年限。

楚雄地区 1990—2005 年的年平均人口增长率为 6.4‰，设定 2006—2025 年人口的自然增长率作高、中、低 3 个方案预测，三个方案的自然增长率取值方法分别为：高方案为 1990—2005 年楚雄人口自然增长率前五位的平均值 8.2‰；低方案为 1990—2005 年人口自然增长率后五位的平均值 4.5‰；中方案取高低方案的平均值 6.35‰。

对应上述 3 组年平均人口自然增长率的方案，以 2001 年为基期年，根据上述马尔萨斯人口模型，我们可以得到楚雄三种不同方案的预测值（见表 17 - 1、图 17 - 1）。

表 17 - 1　　　　　　　　楚雄三种不同方案的预测值

年份	低方案（万人）	中方案（万人）	高方案（万人）
2002	253.50	253.96	254.43
2003	254.64	255.58	256.52
2004	255.78	257.20	258.62
2005	256.93	258.83	260.74
2006	258.09	260.47	262.88
2007	259.25	262.13	265.03
2008	260.42	263.79	267.21
2009	261.59	265.47	269.40
2010	262.77	267.15	271.61
2011	263.95	268.85	273.83
2012	265.14	270.56	276.08
2013	266.33	272.28	278.34
2014	267.53	274.00	280.63
2015	268.73	275.74	282.93
2016	269.94	277.50	285.25
2017	271.16	279.26	287.59

年份	低方案（万人）	中方案（万人）	高方案（万人）
2018	272. 38	281. 03	289. 94
2019	273. 60	282. 82	292. 32
2020	274. 83	284. 61	294. 72
2021	276. 07	286. 42	297. 14
2022	277. 31	288. 24	299. 57
2023	278. 56	290. 07	302. 03
2024	279. 81	291. 91	304. 51
2025	281. 07	293. 76	307. 00

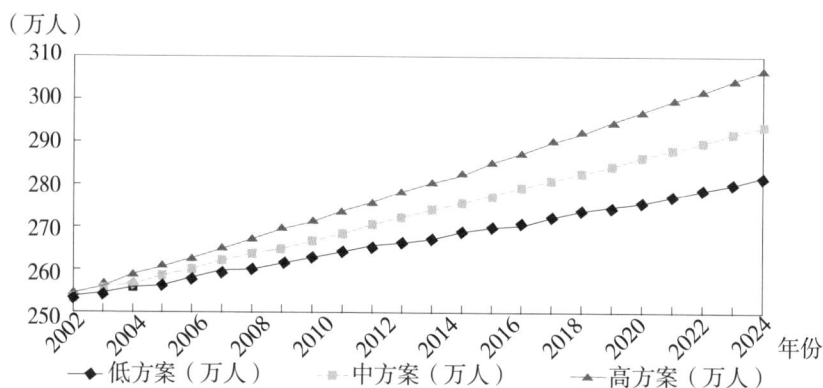

图 17 - 1　高、中、低三方案预测值

根据我们已知的 2002—2006 年的实际人口增长数据，我们可将实际值分别与高、中、低方案的预测值用图 17 - 2 进行比较：

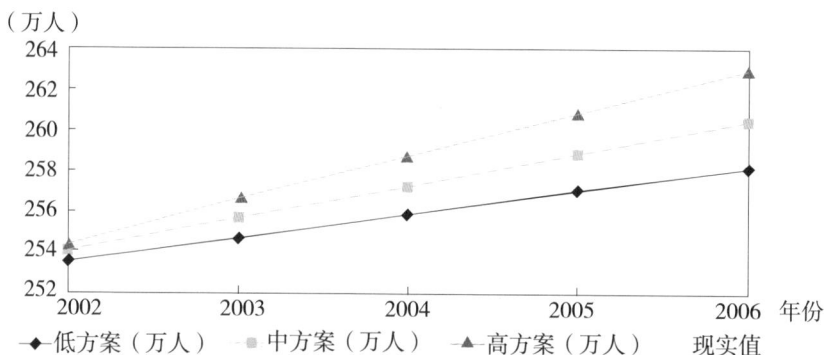

图 17 - 2　高、中、低三方案与现实值比较图预测值

比较上述三种预测值与实际值，我们可以看到与现实相比较，高、中、低三种方案中，低方案虽然保守，但更为符合 2002—2006 年的人口实际增长量，所以根据马尔萨斯人口模型低方案，我们预测到 2010 年，楚雄的总人口规模为 262.77 万人，到 2025 年，将会达到 281.07 万人。

（二）Logistic 增长模型

Logistic 曲线是由比利时数学家维哈尔斯特在研究人口增长规律时提出来的，又称生长理论曲线。为了增加人口预测的准确性，我们选取 Logistic 增长模型来再次预测未来人口总量：

$$Y_t = \frac{1}{k + ab^t}$$

这一曲线被称为 Logistic 曲线，Y_t 为第 t 年的人口规模；a、b 为计算系数。其含义为：在人口发展的早期人口总量的增长速度虽快，但人数增加不多，以后人口增长速度不断放慢，每单位时间增加的人数也逐渐减少，最后人口规模接近最高值。

从楚雄 1949 年以来的 50 多年人口总量数据来看（见图 17-3），其增长速度呈明显的减缓趋势，1949 年到 1990 年人口总量增长了 1.05 倍，1990 年到 2006 年楚雄人口总量却仅只增长了 10% 左右。这表明，楚雄人口变动适合用修正的马尔萨斯模型进行模拟分析。

（万人）

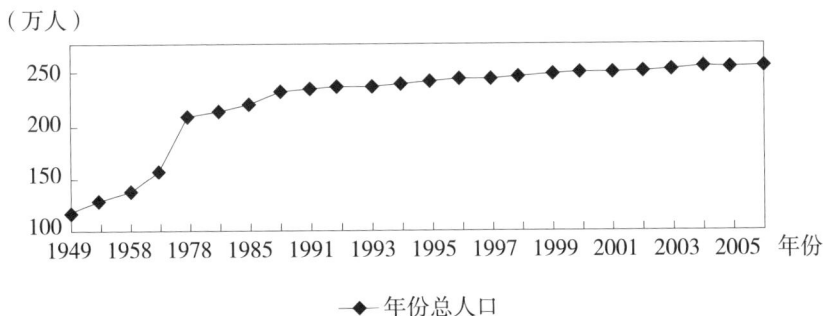

17-3　楚雄历年总人口情况（万人）

以 1949—2006 年楚雄人口统计数据为基础，计算 Logistic 方程的 a、b 两参数，计算结果如表 17-2 所示。

表 17 - 2　　楚雄人口数的 Logistic 曲线预测模型计算表

年份	年次	人口总数（y）	1/y * 10^5	一阶差分	环比	小组和
1992	0	236. 91	422. 10	—	—	
1993	1	238. 4	419. 46	−2. 64		
1994	2	240. 09	416. 51	−2. 95	1. 12	2081. 2
1995	3	241. 99	413. 24	−3. 27	1. 11	
1996	4	243. 97	409. 89	−3. 35	1. 03	
1997	5	245. 66	407. 07	−2. 82	0. 84	
1998	6	247. 37	404. 25	−2. 81	1. 00	
1999	7	249	401. 61	−2. 65	0. 94	2007. 77
2000	8	250. 89	398. 58	−3. 03	1. 14	
2001	9	252. 36	396. 26	−2. 32	0. 77	
2002	10	253. 65	394. 24	−2. 02	0. 87	
2003	11	255. 03	392. 11	−2. 13	1. 06	
2004	12	256. 18	390. 35	−1. 76	0. 83	1953. 2
2005	13	256. 66	389. 62	−0. 73	0. 41	
2006	14	258. 48	386. 88	−2. 74	3. 76	

我们可以得出：

$$b = \sqrt[n]{\frac{\sum_3 \frac{1}{y_t} - \sum_2 \frac{1}{y_t}}{\sum_2 \frac{1}{y_t} - \sum_1 \frac{1}{y_t}}} = 0.94236$$

$$a = \left(\sum_2 \frac{1}{y_t} - \sum_1 \frac{1}{y_t} \right) \frac{b-1}{\left(b^n-1\right)^2} = 64.16$$

$$k = \frac{1}{n}\left[\sum_1 \frac{1}{y_t} - a\left(\frac{b^n-1}{b-1}\right) \right] = 359.062$$

所以，回归后模型如下：

$$Y_t = \frac{10^5}{359.062 + 64.16(0.94236)^t}$$，其中 y 表示人口数量（单位：万

人），t 表示年份。预测结果如表 17 - 3 所示。

表 17 −3 预测结果

单位：万人

年份（t）	序号	预测值
2007	15	259.47
2008	16	260.50
2009	17	261.47
2010	18	262.40
2011	19	263.28
2012	20	264.11
2013	21	264.90
2014	22	265.65
2015	23	266.35
2016	24	267.03
2017	25	267.66
2018	26	268.26
2019	27	268.83
2020	28	269.37
2021	29	269.88
2022	30	270.36
2023	31	270.82
2024	32	271.25
2025	33	271.66

指标名	数值
复相关系数	0.9959
样本决定系数	0.9918
修正的决定系数	0.9913
标准误	0.0031

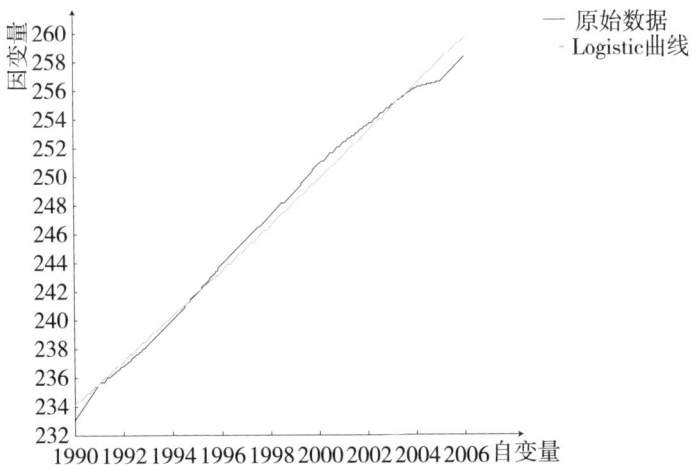

图 17 −4　自变量年份——因变量人口拟合图

运用统计软件我们得到上面图 17 – 4 和表 17 – 3，通过 Logistic 模型求得复相关系数为 0.9959，接近 1，说明模型拟合程度较好，可以认为样本数据因变量和自变量之间有 Logistic 关系。通过拟合图也可以看出原始数据与我们构造的 Logistic 曲线拟合程度好。

所以，根据 Logistic 模型，我们预测到 2010 年，楚雄的总人口规模为 262.40 万人，到 2025 年，将会达到 271.66 万人。

（三）楚雄未来人口预测结果

我们分别运用马尔萨斯人口模型和 Logistic 曲线模型预测了未来 20 年楚雄的人口增长情况，在本研究中体现了较高的精确性和两者相近的预测结果。但人口增长受多种因素的影响，任何一种模型都不能完整地预测其发展情况，具体采用何种模型，应该按照实际情况加以选择，如能将各种定性和定量模型有机地结合将是比较理想的预测方法。在使用模型时，我们没有考虑经济发展可能带来人口容量相应扩大这一因素，因此模型预测有一定的局限性（短时段内经济因素对人口容量的影响不大）。

本书采用马尔萨斯人口模型和 Logistic 模型预测值的平均值作为预测结果，预测到 2010 年达到 262.58 万人，2007—2010 年平均年增长 1.07 万人，到 2025 年达到 276.37 万人，2010—2025 年平均年增长 0.92 万人，说明人口增长呈现较稳定的状况（见表 17 – 4）。

表 17 – 4　　　　　　　　　楚雄州人口预测结果表

单位：万人

年份	马尔萨斯人口模型	Logistic 增长模型	平均值
2007	259.25	259.47	259.36
2008	260.42	260.5	260.46
2009	261.59	261.47	261.53
2010	262.77	262.40	262.58
2011	263.95	263.28	263.61
2012	265.14	264.11	264.62
2013	266.33	264.90	265.61
2014	267.53	265.65	266.59

续表

年份	马尔萨斯人口模型	Logistic 增长模型	平均值
2015	268.73	266.35	267.54
2016	269.94	267.03	268.49
2017	271.16	267.66	269.41
2018	272.38	268.26	270.32
2019	273.60	268.83	271.22
2020	274.83	269.37	272.10
2021	276.07	269.88	272.98
2022	277.31	270.36	273.84
2023	278.56	270.82	274.69
2024	279.81	271.25	275.53
2025	281.07	271.66	276.37

在楚雄州人口发展"十一五"规划中，楚雄州为其人口发展做了如下规划：

——到 2010 年年底，全州人口总数控制在 270.7 万人以内，人口出生率控制在 12.57‰以内，人口自然增长率控制在 6.00‰以内。"十一五"期间，平均每年出生 3.4 万人，5 年出生 17.1 万人；平均每年自然增长 1.7 万人，5 年增长 8.3 万人。

——到 2020 年，全州总人口控制在 279.5 万人，人口出生率控制在 10.35‰以内，人口自然增长率控制在 4.86‰以内；出生人口性别比趋于正常；初步实现人口再生产的良性循环。

可见，我们对楚雄人口增长的预测也是满足其人口发展"十一五"规划的。

（四）GDP 预测

与人口相比，GDP 总量是一个更加直接的反映地区经济发展的指标，它是经济体各个部分经济发展的汇总，是在规划中一项重要的控制性指标。对于我们进行产业布局与规划来说，对 GDP 进行一个较为准确的预测是具有重大的理论意义和现实意义的。

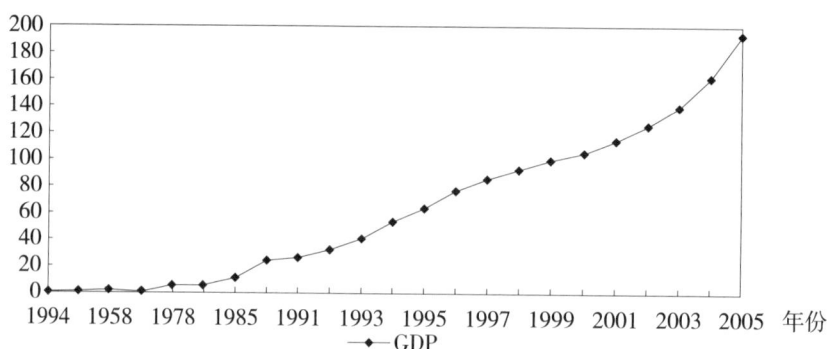

图 17 - 5　楚雄历年 GDP

自新中国成立以来，楚雄州的国民生产总值有了长足的增长，特别是20 世纪 90 年代以来，平均增长率超过了 14%（见图 17 - 5）。我们根据自1994 年以来，楚雄历年 GDP 总量，运用平稳型趋势外推法来预测楚雄未来 20 年的 GDP 总量：

$y_{t+1} = y_t(1 + r)$，其中 y_t 为初始年 GDP 总量，r 为年增长率，y_{t+1} 为后一年 GDP 总量。

根据楚雄地区 1994—2006 年的 GDP 发展情况、其历年规划，以及中国近些年的实际发展水平，我们设定 2006—2025 年 GDP 增长率 r 为高、中、低 3 个方案预测，三个方案的增长率取值方法分别为：高方案为11%、中方案为 10%、低方案 9%。以 2006 年的 GDP 实际总量为基数，计算结果如表 17 - 5 所示。

表 17 - 5　　　　　2007—2025 年楚雄州 GDP 预测表

单位：亿元

年份	9% 方案	10% 方案	11% 方案
2007	236. 97	239. 14	241. 31
2008	258. 29	263. 05	267. 86
2009	281. 54	289. 36	297. 32
2010	306. 88	318. 30	330. 03
2011	334. 50	350. 12	366. 33
2012	364. 60	385. 14	406. 63
2013	397. 42	423. 65	451. 36

年份	9%方案	10%方案	11%方案
2014	433.18	466.02	501.01
2015	472.17	512.62	556.12
2016	514.66	563.88	617.29
2017	560.98	620.27	685.19
2018	611.47	682.29	760.56
2019	666.51	750.52	844.23
2020	726.49	825.58	937.09
2021	791.88	908.13	1040.17
2022	863.14	998.95	1154.59
2023	940.83	1098.84	1281.59
2024	1025.50	1208.73	1422.57
2025	1117.80	1329.60	1579.05

可见，根据平稳型趋势外推法到 2015 年楚雄 GDP 总量在 9% 的增长率预期下可达到 472.17 亿元，在 10% 预期下为 512.62 亿元，而 11% 预期下达到 556.12 亿元。到 2025 年，楚雄 GDP 总量在 9% 的增长率预期下可达到 1117.80 亿元，在 10% 预期下为 1329.60 亿元，而 11% 预期下达到 1579.05 亿元。

在《楚雄彝族自治州国民经济和社会发展第"十一个五年"规划纲要》中，经济增长的目标是：综合经济实力进一步增强，在优化结构、提高效益和降低消耗的基础上，全州生产总值年均增长 10% 以上，到 2010 年达到 310 亿元，人均生产总值比 2000 年翻一番。地方财政收入年均增长 8% 以上，2010 年突破 18 亿元。粮食产量每年保持 94 万吨。价格总水平基本稳定，居民消费价格总水平年均涨幅为 3%，社会消费品零售总额年均增长 12% 左右。

我们对 GDP 增长率的预测基本上符合楚雄州"十一五"规划，高、中、低三种方案，到 2010 年平均预测值达到 318 亿元，略高于"十一五"规划中 2010 年全州生产总值目标。

二、楚雄州土地承载力分析

土地资源系统直接承载着人类各种社会、经济活动。它是一个以土地利用为基础的自然、经济、社会复合的土地利用系统。随着全球化、城市化发展的不断深入，各种问题日渐暴露，如：人地关系日趋紧张，人均耕地越来越少；土组合匹配程度较差，土地生产潜力不足；高强度的土地开发利用，人地交互用愈加强烈；土地利用结构急剧变化，土地后备资源不断减少等等（王书华和汉英，2001）。在经济发展的过程中，土地资源不仅存在不足，而且某些矛盾越来越尖锐，使得土地资源的可持续开发与利用承受着非常大的压力。

我们的土地承载力研究主要分为两个部分进行：其一，围绕耕地—食物—人口而展开的，它以耕地为基础，以粮食为中介，以人口容量的最终计算为目标，研究特定历史阶段和特定区域中的粮食自给、粮食安全、挖掘耕地潜力等问题。其二，从产业生产和发展的角度来研究土地的使用，我们运用建设用地的增长趋势与需求来反映楚雄土地对于经济、产业发展的承载能力。

所以，本章将首先回顾目前楚雄土地的利用状况，并利用土地生产潜力模型以及预期可承载人口来分析楚雄现有土地的承载力，其次，运用楚雄州统计年鉴中的建设用地数据和第一部分的人口预期规模和 GDP 总量预期，通过趋势外推和线性回归的计算方式，估算楚雄土地承载力。

（一）楚雄土地使用现状分析

楚雄州土地总面积 4388.7 万亩，其中耕地 238.36 万亩、水田 123.95 万亩。土壤共有 19 个类，其中耕作土壤类 14 个、自然土壤类 5 个，以紫色土分布最广，红壤次之。紫色土上层不厚，蓄水能力差、抗蚀能力弱，但富含磷、钾，适宜于种植各种经济作物，尤其是烤烟。红壤土层一般较厚，结构较好，呈酸性，适合种植茶叶、薯类、豆类等作物。此外，水稻土是最主要的耕作土壤，全州有 128 万亩，主要分布在平坝地区。水稻土保水保肥性能好，栽种粮食产量高。

对楚雄土地现状的分析本文将从土地利用现状和土地开发潜力来论述：

1. 楚雄土地利用现状

土地总利用面积可分为农用地、建设用地和未利用地。农用地又由耕地、园地、林地、牧草地和水面组成。而建设用地由城镇村庄及工矿用地、交通用地和水利设施用地构成。云南省总面积为3832.10万公顷，农用地占全省总面积的78.67%，楚雄土地总面积为284.48万公顷，农用地占全州总面积的79%，基本达到全省水平。而未利用地和建设用地分别占总面积的19%和2%（见图17－6）。

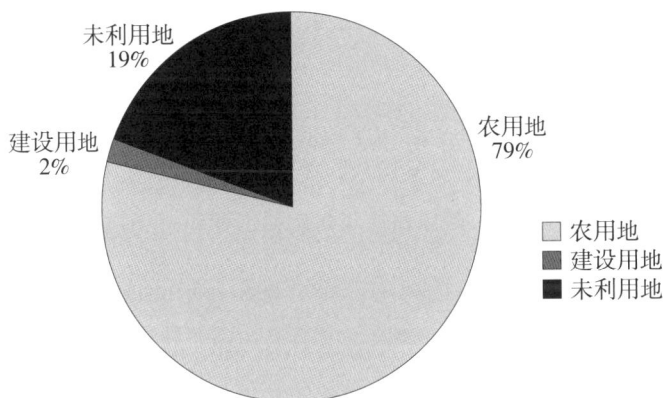

图 17－6　楚雄土地利用现状（万公顷）

楚雄州耕地面积占农用地总面积的比重仅为10.97%，低于全省的平均水平16.54%，与滇中其他地区相比，也相对低，其耕地面积比重，甚至低于昆明（见图17－7）

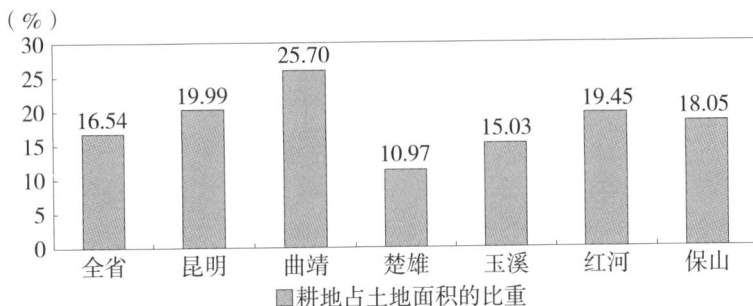

图 17－7　耕地占土地面积的比重（%）

我们运用楚雄统计年鉴中的历年耕地面积（见图 17－8）），可以看出，楚雄耕地面积从新中国建立初期到 20 世纪 80 年代处于一个不稳定的状态，但 80 年代以后耕地面积少量增加后，就一直处于一个递减的趋势，特别是 2000 年以后，耕地面积不断减少。由 2000 年的 240 万亩减低到 2006 年的 230 万亩，减少了 10 万亩，接近 2000 年耕地的 5%。

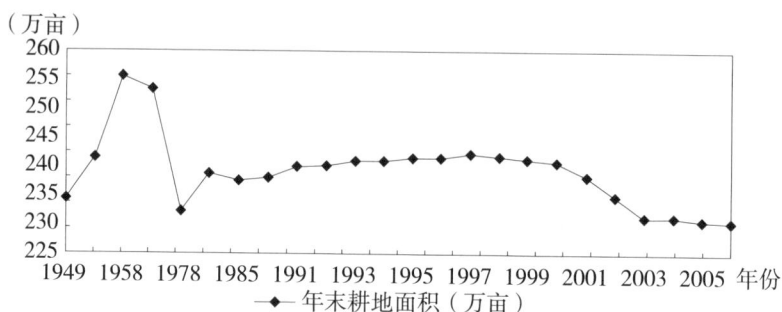

（万亩）

图 17－8 楚雄州历年年底耕地面积（万亩）

虽然，楚雄州耕地的比例较少且处于不断减少的情况，它的林地占全州比重却在云南省中处于前列。全省有林地 2183.13 万公顷，占全省面积的 56.97%，而楚雄州有 187.08 万公顷的林地，占全州总面积的 65.76%。在滇中地区，楚雄的林地比例列为第一（见图 17－9）。

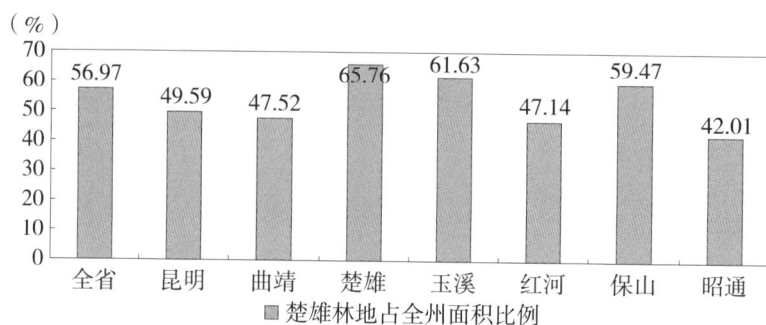

（%）

图 17－9 楚雄州林地占全州面积的比例（%）

2. 楚雄土地开发潜力

土地开发潜力是指在一定的经济、技术和社会条件下，未利用地适宜开发为耕地及其他农用地能力。云南省待开发的土地面积达 453.75 万公顷，占全省土地总面积的 11.84%。楚雄州待开发土地达 40.543 万公顷，占全州面积的 14.25%，大于云南省平均水平。楚雄州土地后备资源面积在云南省仅次于红河州，列为云南省第二位（见图 17 – 10），可见楚雄具有相对丰富的后备土地资源，有利于楚雄对其土地进行更合理的开发和利用。

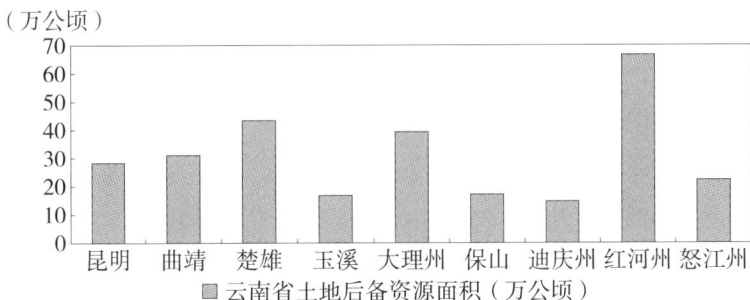

图 17 – 10　云南省土地后备资源面积对比表

数据来源：《云南省土地开发整理规划》（2006 年）。

土地开发是指在保护和改善生态环境、防治水土流失和土地荒漠化的前提下，采取工程、生物等措施，将未利用土地资源进行开发利用与经营活动。上述的后备土地资源就是这些未利用的土地，它包括：荒草地、滩涂、沼泽、沙地和裸土地。在楚雄的后备土地中，荒草地、滩涂、沼泽、沙地和裸土地各占总后备土地的 88%、1.33%、0%、0.012%、11%（见图 17 – 11）。

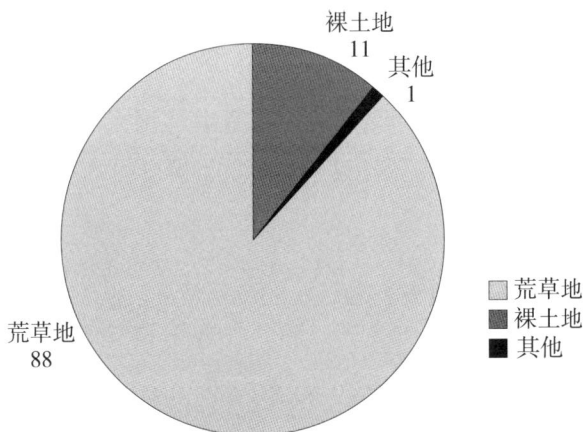

图 17 – 11　楚雄州后备比例各类比例（%）

可见，楚雄的后备土地中荒草地和裸土地占了绝大部分，根据云南省国土资源厅研究成果：土地开发潜力分析，楚雄地区待开发的土地面积为40.54万公顷，其中可增加为农用地的面积为37.92万公顷，占了总未开发土地面积的93.54%。我们可以看出在楚雄待开发的土地中，优质地占了绝大多数，大部分土地都可转换为农用地。

（二）楚雄土地承载力研究

我们采用逆向限制因子修正法，来计算楚雄的土地承载力。该法依据作物能量转化逐步订正来估算粮食生产潜力。土地生产潜力受光、温、水、土等条件影响，它们之间互相制约，构成土地生产力的递阶系列：光合生产潜力—光温生产潜力—气候生产潜力—土地生产潜力。

土地生产潜力的估算采用如下模型：

$$Y_Q = 10^8 FEQC^{-1}$$
$$Y（Q，T，W，S）= Y_Q f（t）f（w）f（s）$$

式中：Y（Q，T，W，S）为土地生产潜力；Y_Q 为光合生产潜力；F 为光能利用率，在楚雄取 2%；C 为 1kg 有机物贮存的能量，平均取 17850kJ/kg；E 为经济系数，结合各类作物相关值求得 E 为 0.45；Q 为作物生长期的太阳总辐射，综合楚雄作物特点和熟制取 Q 为 89.03kcal/cm^2，折合为 415.93kJ/cm^2；设定温度有效系数 f（T）；水分订正系数 f（W）；土地质量订正系数 f（s）分别为 0.79，0.84，0.70。求得楚雄土地生产潜力为 3977.2kg/hm^2。

考虑到楚雄一定自然灾害的影响，应考虑这些灾害因素对生产潜力的衰减系数，该系数设定取 0.05。这样总产的计算式可表示为：

可能总产 = 生产潜力 ×（1 - 0.05）× 耕地面积；

楚雄 2006 年耕地面积为 31.21 万公顷，带入上述公式，则得到楚雄可能总产为 1179219914kg。

居民粮食消费水平的发展是一个不断升级的过程。我们以全国城镇水平衡量（《中国食物与营养发展纲要（2001—2010 年）》（李植斌等，2005）中的粮食消费水平指标表，并按照西部地区的具体情况适当调整，得到本文中的粮食消费水平及指标标准，并用其衡量楚雄地区土地可能生产的粮食总量是够能够满足楚雄地区人口的粮食需求量（见表 17 – 6）。

表 17 – 6   粮食消费水平及指标

Food consumption levels and its index

项目	人均粮食（Kg. 人 . a）		
消费水平	宽裕	小康	富裕
指标	420	450	480

$$土地承载能力 = \frac{可能总产}{消费指标}$$

我们根据第一部分的人口预测以及部分实际人口数据可计算出在宽裕、小康和富裕条件下，土地的人口承载力，见上公式，并且将进一步计算其中小康人口的比重，在建设小康社会的过程中，我们可以通过该指标清晰地看出，土地的开发、利用的比例与人口发展程度之间的关系。

表 17 – 7   楚雄土地承载力

Limit of land carrying capacity in Chuxiong

单位：万人

年份	人口	土地承载力			小康人口比重（%）
		宽裕	小康	富裕	
2000	250. 89	280. 77	262. 05	245. 67	104. 45
2001	252. 36	280. 77	262. 05	245. 67	103. 84
2002	253. 65	280. 77	262. 05	245. 67	103. 31
2003	255. 03	280. 77	262. 05	245. 67	102. 75
2004	256. 18	280. 77	262. 05	245. 67	102. 29
2005	256. 66	280. 77	262. 05	245. 67	102. 10
2006	258. 48	280. 77	262. 05	245. 67	101. 38
2007	259. 36	280. 77	262. 05	245. 67	101. 04
2008	260. 46	280. 77	262. 05	245. 67	100. 61
2009	261. 53	280. 77	262. 05	245. 67	100. 20
2010	262. 58	280. 77	262. 05	245. 67	99. 80
2011	263. 61	280. 77	262. 05	245. 67	99. 41
2012	264. 62	280. 77	262. 05	245. 67	99. 03
2013	265. 61	280. 77	262. 05	245. 67	98. 66

年份	人口	土地承载力			小康人口比重（％）
		宽裕	小康	富裕	
2014	266.59	280.77	262.05	245.67	98.30
2015	267.54	280.77	262.05	245.67	97.95
2016	268.49	280.77	262.05	245.67	97.60
2017	269.41	280.77	262.05	245.67	97.27
2018	270.32	280.77	262.05	245.67	96.94
2019	271.22	280.77	262.05	245.67	96.62
2020	272.10	280.77	262.05	245.67	96.31
2021	272.98	280.77	262.05	245.67	96.00
2022	273.84	280.77	262.05	245.67	95.70
2023	274.69	280.77	262.05	245.67	95.40
2024	275.53	280.77	262.05	245.67	95.11
2025	276.37	280.77	262.05	245.67	94.82

由表 17 – 7 可见，在我们预测的人口总量不断递增的条件下，若楚雄土地生产潜力不变，为 $3977.2kg/hm^2$，则在宽裕程度的土地承载力为 280.77 万人；小康程度的土地承载力为 262.05 万人；富裕程度的土地承载力为 245.67 万人。而小康人口比重在 2000 年为 104.45%；到 2010 年为 99.80%；到 2025 年则降低到 94.82%。而富裕人口比例在 2000 年为 97.9%；2010 年为 93.56%；到 2025 年则为 88.89%。这说明在现有生产力条件下，以小康水平衡量，到 2010 年及以后，楚雄的土地承载人口将都处于超载状态。若以富裕水平衡量，则人口数量在 2007 年达到人口承载的 95%，到 2022 年将低于 90%。

我们可以看出，土地承载力大小与粮食产量和耕地面积成正比，而与生活水平指标值成反比。若要提高土地承载能力，养活更多的人口，有三个办法即提高农业生产力从而提高粮食产量、增加耕地面积比重、降低生活水平。首先从人民不断增长的物质需求来看，通过降低人民的生活水平来提高土地承载力是不顺应社会发展脚步的，也会极大挫伤人民的劳动积极性、影响人民生活质量，不可能达到土地承载力的提高。因此，人民群众具有优良的生活水平是提高土地承载力的根本目的。

增加耕地面积比重固然是简单可行的方法，但由于土地资源是有限的，如果要达到高效迅速的经济发展势头，建设现代化，就必须拿出足够多的土地来发展第二、第三产业。因此，单纯的增加耕地面积是不现实的，只有通过优化土地利用结构来达到土地综合效益的最大化。这就要求采取保留一定数量的耕地，提高土地肥力，调整不合理的土地利用结构，减少、消除土地丢荒现象，优化土地产权结构，解决土地混乱和失控现象等方法，达到耕地和其他用地资源最优的配置，使有限的土地资源在合理的配置下具有最大的承载能力。

从上面的分析可知，楚雄州耕地总量并不丰富，人均耕地少；耕地中中低产田比重大，耕地总体质量不高，且质量较低。随着楚雄州人口的增长、社会经济的发展及人民生活水平的提高，各项建设对土地的需求会有所增加，而人口对食物的需求量也会大幅度提高，所以，楚雄州要实现耕地总量动态平衡的最终目标并不是一件容易的事。

（三）楚雄州建设用地需求增长趋势研究

建设用地包括城镇、村庄及工矿用地；交通用地和水利设施用地。根据国家批准实施的《云南省土地利用总规划》计划，云南省 1997—2010 年各类非农建设用地净增加 14.05 万公顷，其中楚雄州 4000 公顷，图17 - 12 是楚雄建设用地中城镇村镇、独立工矿、交通、水利水电和其他一些建设用地的比例。

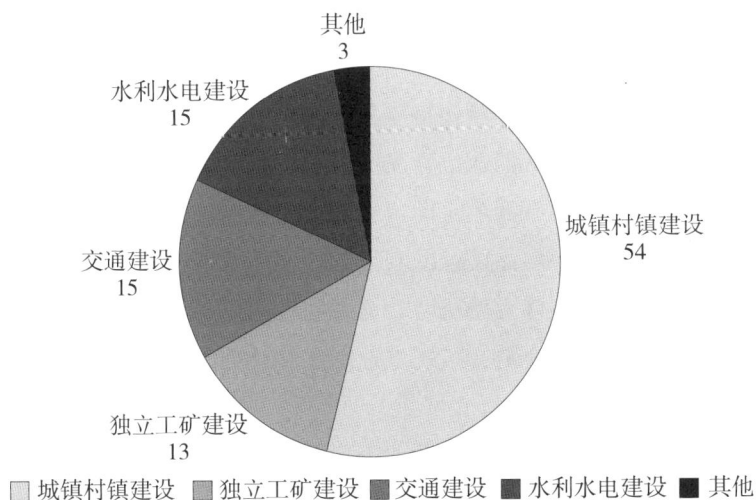

图 17 - 12　楚雄州 2001—2010 年建设用地面积预测（%）

随着楚雄城镇化建设进程和交通、水利水电、工矿、旅游等各项建设不断加快，上述的规划指标早已无法满足地区经济社会发展的要求，迫切需要适当增加各类非农用建设用地。

（四）楚雄州土地资源对产业发展的影响

楚雄州土地总面积为 284.48 万公顷，农用地占全州总面积的 79%，而未利用地和建设用地分别占总面积的 19% 和 2%。但楚雄州耕地面积占农用地总面积的比重仅为 10.97%，低于全省的平均水平，与滇中其他地区相比，也相对低，其耕地面积比重，甚至低于昆明。

从楚雄州土地利用的现实情况来说，农用地占地比例大，但耕地比例却较小，可见，楚雄州单一的粮食生产规模小，大量耕地外的土地被利用来生产烤烟、油料、甘蔗、水果、蔬菜以及药材和茶叶等其他经济作物。表 17 - 8 是 2001—2006 年粮食产量与主要经济作物总产量的变化情况：

表 17 - 8　　　　2001—2006 年粮食与主要经济作物产量比较

单位：吨

年份	2000	2001	2002	2003	2004	2005	2006
粮食产量	1030267	1020844	972821	936065	938896	942951	963644
主要经济作物产量	611108	719574	941864	1020044	1060778	1262841	1279375

主要经济作物无论总产量还是增长率都高于粮食，这是符合于楚雄州制定的五大重点产业之一的绿色食品产业的发展要求的。绿色食品加工业具有很长的产业链，整个产业链即包括农业又包括工业和第三产业，涉及农民如何种植满足绿色食品要求的农作物，又涉及工业上的绿色食品加工设备和机械的制造，还涉及增加劳动力就业等重要方面。通过兴办农产品加工企业，延长农业产业链，实现农业加工转化升值，对农业增收、农民致富起到了非常关键的作用。

虽然，楚雄州耕地的比例较少且处于不断减少的阶段，但它的林地占全州比重却在云南省中处于前列。全省有林地 2183.13 万公顷，占全省面积的 56.97%，而楚雄州有 187.08 万公顷的林地，占全州总面积的 65.76%。在滇中地区，楚雄的林地比例列为第一。从 2005 开始，州政府加强了对农民向林业经济的引导，与此同时，全州森林覆盖率也从 2001 年的 39.5% 增加到 2006 年的 60.7%。在保护生态环境，维护经济发展的同时，也把农民增收，农村致富放在重要地位，使林业的保护与经济的发展更好地协调起来，实现全州林业经济的可持续发展。这一思路也将是楚雄州在"十一五"期间农民增收、农村致富的有效途径。

此外，根据我们在本章第二部分所进行的土地承载力研究，可知楚雄州在滇中几个地区中，面积较大、土地承载力高，全州人均有粮 367.3 千克，位居全省第二位。并且楚雄具有相对丰富的后备土地资源，且在这些待开发的土地中，大部分土地都可转换为农用地。所以，在制定土地开发规划时，可以充分考虑楚雄的土地现状，调整产业用地的比例，实现土地的社会、经济价值最大化。

楚雄的城市化水平不高，交通建设多年来停滞不前，这些都将影响到楚雄州未来经济的建设和发展。所以可以考虑加快待开发土地的开发利用，提高基础设施的投资，发展第二产业，使楚雄在滇中城市群中发挥自己的作用。

三、楚雄州水资源承载力分析

目前，水资源已成为制约国家国民经济发展的瓶颈，研究和采取有效措施解决日益短缺的水资源问题是水资源可持续利用乃至社会可持续发展的重大方略。在经济和科技高度发展、人类逐步走上可持续发展道路的今天，人类生活、工农业生产和生态环境保护对水的依赖程度越来越高，一个地区、一个流域的水资源到底能够支撑多大社会规模，就成了制定区域发展规划和目标的基础性尺度和指标，衡量水资源承载力的大小对一个国家或地区综合发展以及发展规模有至关重要的影响。

在水资源可持续发展研究领域，水资源承载力是水资源合理配置的基本度量，也是水资源可持续利用的度量，任何一个关于水与经济社会、水与可持续发展的研究问题都必将涉及实质上是水资源承载力的问题，因此研究水资源承载力是解决度量水资源可持续利用等诸多水问题的需要。

可供使用的水资源量是指可以直接提取用于工业、农业及生活的水资源量。从水资源可持续发展的角度来说，可供使用的水资源量是指在一定的用水结构和开发利用深度下可被开发利用的最大水资源阈值，是水资源承载力计算的基线。可供使用的水资源量在数值上不易给定，因为该量一方面要保证不挤占生态环境用水，要从水资源总量中扣除地下水总量、地表水对地下水的补给量及蒸发量；另一方面该量与水资源的需求关系及相应得水资源配置、地区生产力水平、生活力发展水平、节水潜水、节水技术、社会消费水平及消费结构等因素相关，因为这些因素的变化影响了回水量及回水水质，从而对流域河道内水体产生了不同的影响，使可供使用的水资源量发生变化。

（一）楚雄水资源状况

楚雄州地处金沙江、红河两大水系的分水岭上，属云南省主要地形分界线——哀牢山、无量山、点苍山一线的东侧，为西南暖湿气流的大背风坡和东南暖湿气流的水汽衰减地带，因此年降雨量少，年平均降雨量为850毫米，低于全省多年平均1200毫米的水平。全州水资源总量68.67亿立方米，人均2680立方米，仅为全省人均水资源占有量的一半，属典型的滇中干旱地区。降雨时空分布不均，径流年际变化大，年内分配极不均匀，5—10月径流量占全年径流量的75.7%～87%。枯水季11月至次年4月径流量占全年径流量的24.3%至13%，因此洪旱交错频繁。由于境内无天然湖泊，过境水难以利用，农业、工业及人民生活用水主要靠修建蓄水工程，拦蓄雨水调节利用。

1. 供水

尽管楚雄州属于典型的滇中干旱地区，人均水资源占有量较小，但其供水量却在滇中四城市中列在第二。从图17-13中可以看出，昆明供水量为464518.1万立方米，从总量上看远远大于其他地区，但其人口众多，在下一部分我们将着重讨论其承载力问题。在其余的滇中三个城市中，楚雄的供水量为86766.6万立方米，为曲靖的近5倍。

（亿立方米）

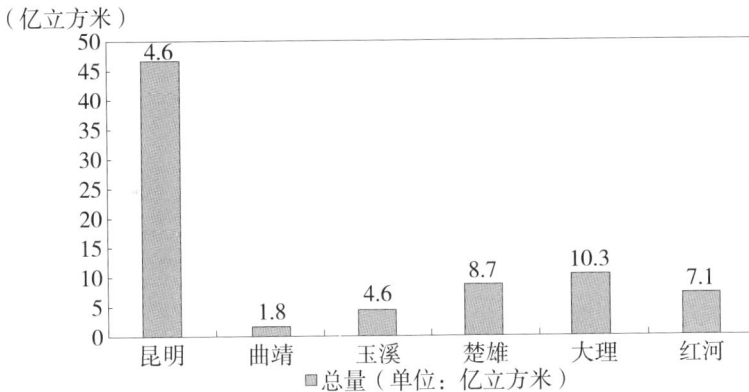

图 17 - 13　滇中各州市供水情况

而在楚雄州供水总量中，大部分为农业用水，占总供水的 83%，而居民生活用水和工业用水仅只占全州总供水量的 17%（见图 17 - 14）。

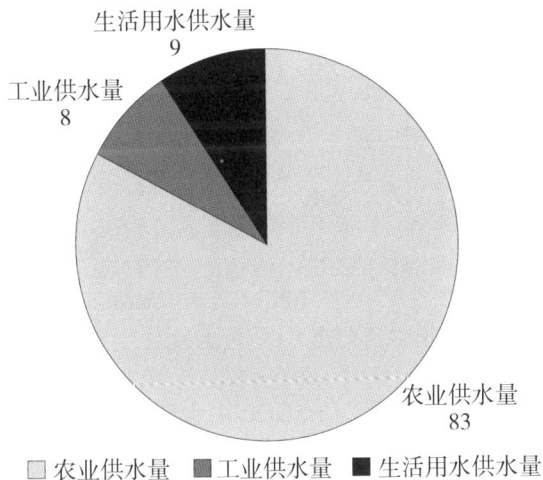

图 17 - 14　楚雄州供水比例（%）

2. 耗水

从农业用水的角度来说，楚雄州为 578 立方米/亩（见图 17 - 15），处于滇中各州市之首，甚至高于云南省平均水平 549 立方米/亩，农田灌溉是用水大户，灌溉历史悠久，但灌区多为老灌区，工程年久失修，灌区灌溉管理粗放，没有公正合理的灌溉用水定额指标，用水计量、收费计划和用水制度残缺不全，农户节水意识薄弱，灌溉技术与国内先进水平仍有很大的差距。

（立方米/亩）

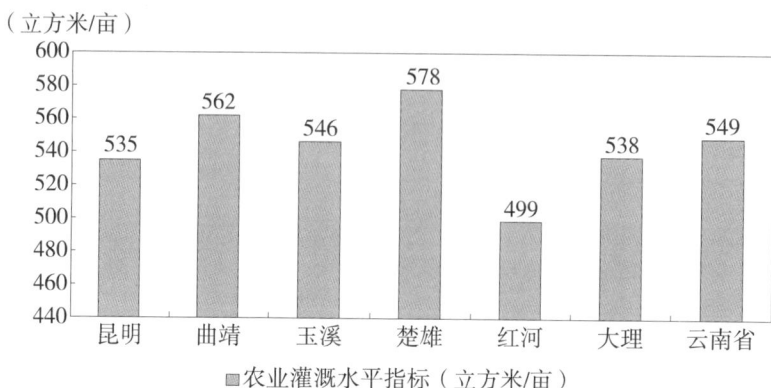

图 17 - 15　农业灌溉水平指标（立方米／亩）

（立方米/万元）

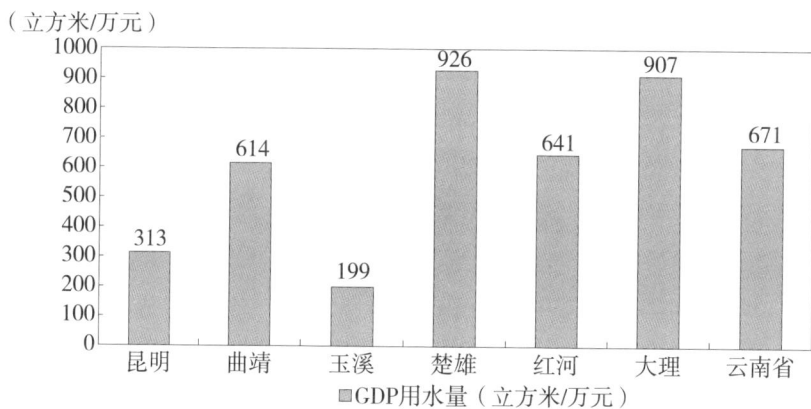

图 17 - 16　滇中各州市 GDP 用水量（立方米／万元）

从工业用水来说，楚雄每万元 GDP 用水量为 926 立方米/万元，为昆明的 3 倍、玉溪近 5 倍（见图 17 - 16）。这反映了楚雄的单位产值自然资源消耗能力高，楚雄州每生产 1 万元的 GDP 就要消耗 926 立方米的水资源。而云南省的平均 GDP 用水量为 671 立方米/万元，仅为楚雄的 70% 左右。

从上面的数据可以看出，楚雄在进行农业、工业生产时都相对的消耗较多的水资源。反映出其技术、制度及人们的节水意识都落后于平均水平。

3. 水资源利用利用与开发程度

水资源的开发利用程度是反映人口数量、人类活动对水资源情况的影响的最终结果，它包括一个区域或流域内的人口规模，以及这些人口为生存和发展对区域内自然环境的改造活动。

我们根据伍立群的《滇中水资源研究》的成果，水资源开发程度与人均水资源量具有幂函数关系：

$Y = ax^b$ 　　　　（y 为水资源开发程度，x 为人均水资源量）

用滇中各州市水资源情况的数据进行分析，回归可得到：

$a = 387.133$

$b = 1.017$

$R^2 = 0.898756$，则关系式如下：

$y = 387.133 \, x^{-1.017}$

可以得到滇中各州市水资源开发程度表（见表 17 - 9）。

表 17 - 9　　　　　　　滇中各州市水资源开发程度表

	水资源总量（万立方米）	供水量（万立方米）	开发程度（%）
昆明	579612	188601	32.50
曲靖	285957	68988	24.10
玉溪	118293	52557	44.40
楚雄	491720	89315	18.20

注：各准则给出的最优滞后阶数用 * 标出

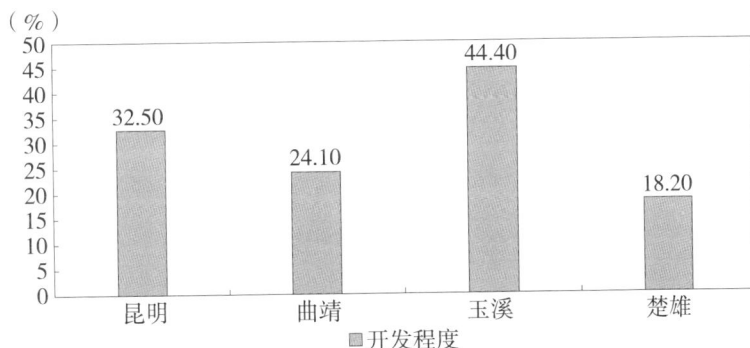

图 17 - 17　滇中各州市水资源开发程度（%）

在滇中四区中楚雄的水资源开发程度最低，仅为 18.2%，而玉溪已达到 44.4%（见图 17 - 17）。可见楚雄仍有较大的水资源开发空间，可以通过制定规划，科学合理地建立水源保护区，加大投资力度，提高楚雄水资源利用程度，逐步减少楚雄缺水的情况。

（二）楚雄农业用水需求变化趋势

我们通过已有数据：年底耕地面积和楚雄多年平均灌溉用水量，计算楚雄州每年农业需水量（见表 17 - 10）。

表 17 - 10　　　　　　　　楚雄州每年农业需水量

年份	年底耕地面积（亩）	平均灌溉用水（立方米/亩）	灌溉用水量（万立方米）	人口（万人）
1949	2345200	548	128516.96	113.72
1952	2413400	548	132254.32	126.43
1958	2555900	548	140063.32	136.24
1965	2533500	548	138835.8	155.32
1978	2323300	548	127316.84	208.6
1980	2384900	548	130692.52	211.91
1985	2374400	548	130117.12	221.13
1990	2380200	548	130434.96	233.24
1991	2398100	548	131415.88	235.61
1992	2401900	548	131624.12	236.91
1993	2408600	548	131991.28	238.4
1994	2408200	548	131969.36	240.09
1995	2414500	548	132314.6	241.99
1996	2415100	548	132347.48	243.97
1997	2422200	548	132736.56	245.66
1998	2418400	548	132528.32	247.37
1999	2410700	548	132106.36	249
2000	2405800	548	131837.84	250.89
2001	2383700	548	130626.76	252.36
2002	2349300	548	128741.64	253.65
2003	2313100	548	126757.88	255.03
2004	2313700	548	126790.76	256.18
2005	2308200	548	126489.36	256.66
2006	2305600	548	126346.88	258.48

根据已知的楚雄州年底总人口和上面计算的灌溉用水量，我们采用线性回归分析模型预测楚雄农业用水量的变化趋势。

设 y = a + bx，其中 y 表示楚雄农业用水量；x 表示楚雄州年底总人口；a 和 b 为待定系数。将 1949—2006 年的楚雄灌溉用水数据和楚雄年底总人口数带入，进行线性拟合，求得：

a = 181051.48

b = −205.1763，则：

Y = 181051.48 − 205.1763x

将第一部分预测的 2007—2025 年楚雄人口增长预期数据带入方程，可以预测出 2007—2025 年各年份的农业用水量（见表 17 − 11）。

表 17 − 11　　　　　　　　　楚雄农业用水量预测表

年份	人口（万人）	农业用水量预测（立方米）
2007	259.36	127836.95
2008	260.46	127611.26
2009	261.53	127391.72
2010	262.58	127176.29
2011	263.61	126964.96
2012	264.62	126757.73
2013	265.61	126554.60
2014	266.59	126353.53
2015	267.54	126158.61
2016	268.49	125963.70
2017	269.41	125774.93
2018	270.32	125588.22
2019	271.22	125403.56
2020	272.1	125223.01
2021	272.98	125042.45
2022	273.84	124866.00
2023	274.69	124691.60
2024	275.53	124519.25
2025	276.37	124346.91

（三）楚雄水资源承载力研究

目前，国内学术界对水资源承载力的定义已有多种表述。施雅风等认为：水资源承载力是指某一地区的水资源，在一定社会历史和科学技术发展阶段，在不破坏社会和生态系统时，最大可承载（容纳）的农业、工业、城市规模和人口的能力，是一个随着社会、经济、科学技术发展而变化的综合目标。王浩、何希吾将水资源承载力定义为一个流域、一个地区、一个国家在不同阶段的社会经济和技术条件下，在水资源合理开发利用的前提下，当地水资源能够维系和支撑的人口、经济和环境规模总量。

尽管已有的水资源承载力定义在表述上各有不同，但其思路并无本质上的差异，都强调了支撑能力的概念。水资源承载力是一个度量区域社会经济发展受水资源制约的阈值，它通常指满足生态需水与社会经济可持续发展有限目标需水的约束下，当供需平衡退化到临界状态时，单位水资源可承载的人口规模、经济发展规模等。

居民水资源消费水平的发展是一个不断升级的过程。我们基于全国人均用水量指标，将其分为三组：大于 280 升/日；180 升/日至 280 升/日；小于 200 升/日，分别计算为三组平均人均用水量，记为高、中、低档，并按照西部地区的具体情况适当调整，得到本文中的水资源水平及指标标准，并用其衡量楚雄地区水资源总量可承载的人口（见表 17-12）。

表 17-12　　　　　　　　全国各省区人均用水量

省市区	人均生活用水量（升/日）	省市区	人均生活用水量（升/日）
广西	308	浙江	179
广东	304	辽宁	177
湖南	303	四川	174
上海	287	河北	163
江苏	285	新疆	158
海南	285	西藏	157
北京	268	云南	157
湖北	261	贵州	152
福建	230	内蒙古	151
江西	224	甘肃	149
安徽	214	吉林	143
陕西	209	山东	139
宁夏	206	黑龙江	134
青海	193	山西	132
河南	187	天津	128

$$水资源承载能力 = \frac{水资源总量}{消费指标}$$

我们根据第一部分的人口预测以及部分实际人口数据可计算出在高、中、低三档条件下，水资源的人口承载力，见上公式，并且将进一步计算其中中等消费水平人口的比重，在建设小康社会的过程中，我们可以通过该指标清晰地看出，水资源的开发、利用的程度与人口发展程度之间的关系（见表17 – 13）。

表 17 – 13　　　　　　水资源消费水平及指标

项目	人均用水量（升/日）		
消费水平	高	中	低
指标	295	221	152

表 17 – 14　　　　　　楚雄水资源承载力

单位：万人

年份	人口	水资源承载力			中等消费承载人口比重（%）
		高	中	低	
2000	250.89	146.66	195.77	284.63	78.03
2001	252.36	146.66	195.77	284.63	77.57
2002	253.65	146.66	195.77	284.63	77.18
2003	255.03	146.66	195.77	284.63	76.76
2004	256.18	146.66	195.77	284.63	76.42
2005	256.66	146.66	195.77	284.63	76.27
2006	258.48	146.66	195.77	284.63	75.74
2007	259.36	146.66	195.77	284.63	75.48
2008	260.46	146.66	195.77	284.63	75.16
2009	261.53	146.66	195.77	284.63	74.85
2010	262.58	146.66	195.77	284.63	74.55
2011	263.61	146.66	195.77	284.63	74.26
2012	264.62	146.66	195.77	284.63	73.98
2013	265.61	146.66	195.77	284.63	73.70

续表

年份	人口	水资源承载力			中等消费承载人口比重（％）
		高	中	低	
2014	266.59	146.66	195.77	284.63	73.43
2015	267.54	146.66	195.77	284.63	73.17
2016	268.49	146.66	195.77	284.63	72.92
2017	269.41	146.66	195.77	284.63	72.67
2018	270.32	146.66	195.77	284.63	72.42
2019	271.22	146.66	195.77	284.63	72.18
2020	272.10	146.66	195.77	284.63	71.95
2021	272.98	146.66	195.77	284.63	71.72
2022	273.84	146.66	195.77	284.63	71.49
2023	274.69	146.66	195.77	284.63	71.27
2024	275.53	146.66	195.77	284.63	71.05
2025	276.37	146.66	195.77	284.63	70.84

由表 17 - 14 可见，在我们预测的人口总量不断递增的条件下，若楚雄水资源供应量不变，则在高级的水资源消费水平为 146.66 万人，中级的水资源消费水平为 195.77 万人，低级的水资源消费水平为 284.63 万人。而中级的水资源消费水平承载人数比重在 2000 年为 78.03%，到 2010 年为 74.55%，到 2025 年则降低到 70.84%。而高级的水资源消费水平承载人数比重 2000—2025 年一直维持在 50% ～60% 之间。这说明在现有水资源条件下，以中级的水资源消费水平来衡量，楚雄的水资源承载人口将都处于超载状态，水资源短缺情况严重，人均水资源占有量严重不足。随着人口的增长和社会经济的迅速发展，水的供需矛盾将日趋突出，工农业生产、居民生活以及农村人畜用水等将普遍面临缺水的压力。

四、楚雄州资源约束分析

资源是可持续发展的物质基础，随着我国社会经济的不断发展，资源约束已上升为影响我国经济社会可持续发展的首要因素。在建立资源节约型社会的大前提下，要做到资源的可持续开发利用，保证社会经济的可持续发展。

随着我国经济的快速增长，经济社会发展面临的资源约束矛盾日益明显。这既是一个现实问题，也是一个事关全面建设小康社会宏伟目标能否顺利实现的长远发展问题，必须高度重视，缜密谋划，早做预案，妥善解决。随着楚雄工业化进程的不断加快，经济社会发展面临着土地、自然资源、生态和环境承载能力约束矛盾加剧的问题。从当前的发展趋势看，资源供给不足将成为今后经济社会发展的长期制约因素。

楚雄州属亚热带季风气候，年平均气温 14.8~21.9℃，年平均降雨量 800~1000mm，霜期较短。海拔大多在 1500~2500m，气候温暖，日照充足，热量丰富，雨量适中，雨热同季，适合大部分亚热带水果、干果、药材及经济作物的生长和繁殖。

土地资源：楚雄州山地面积广阔，土地资源十分丰富。全州人均耕地虽只有 0.07 公顷，但人均土地面积达 1.26 公顷，在部分山区人口密度小，人均占有土地面积多。根据楚雄州林业区划调查结果表明，全州适宜种植经济林果的荒山面积可达 13.53 万公顷，土地资源显然成为发展绿色产业及生物能源的优势。同时楚雄州的土壤类型大多为紫色土和红壤，土壤养分含量中等，土层深厚，生产潜力很大。适合的温度及大量的种植土地，可以为楚雄的烟叶种植、天然药草、经济作物的生长提供很好的环境，产业链的上游产品得到了保障。楚雄州拥有植物药材 580 多种，动物药材 47 种，矿物药材 8 种，资源种量达 510 万公担。

矿产资源：州内地质构造复杂，矿产资源丰富，种类涉及 41 个矿种，产地和矿化地达 431 处。其中，铜、铁、砷、岩盐、芒硝、石膏等可称优势矿种，煤、铁、石油、天然气等储量较丰富，其他还分布有金、银、铅、大理石、石棉、磷、铂等矿藏。历史上铜、铁、盐、煤等矿产曾对楚雄州乃至云南省经济发展起过举足轻重的作用；楚雄州还是云南省寻找石油和天然气最有希望的一个盆地，生油岩层厚达 1000~2000 米，预测天然气的资源量十分可观。到 2000 年，全州已开发利用 10 大类 35 种矿产，矿山总数达 825 个，年产矿石总量 865.6 万吨。

水电资源：楚雄州地处金沙江和元江的分水岭上，境内无天然湖泊，也无入境暗河，水资源多由大气降水形成。全州多年水资源量为 68.67 亿立方米。州内的地面河流分属金沙江和元江两大水系，蕴藏量达117.7万千瓦（不含金沙江干流），宜开发量为25.21万千瓦。20世纪70年代末以来，相继建起了武定大响水（1200千瓦）、禄丰花桥（2400千瓦）、双柏鱼庄河（3200千瓦）、大姚天生桥（3700千瓦）、永仁他皮里（2000千瓦）、元谋虎跳滩（2700千瓦）等一批水电站。1998年建成投产的双柏县老虎山水电站，装机3.7万千瓦，年发电量1.74亿千瓦，是楚雄州目前最大的水电站。

生物资源：楚雄州的植物种类有6000多种，主要是森林、中草药、野生食用菌等。全州有林地面积1731.3万亩，森林面积1633.6万亩，森林覆盖率达39.5%。党的十一届三中全会以来，全州造林面积大幅度增长，已初步建成规模较大的用材、板栗、核桃、兰桉、黑荆、水果等林业基地多处。州内常见的树种有云南松、华山松、滇油杉、金丝桃、滇橄榄、杜鹃、冬瓜树等。草本植物以香茅、龙须草、野古草、金球花为最多。药用植物以薄荷、大黄、黄连、茯苓最为有名。州境有野生哺乳动物110多种、鸟类390多种、爬行类66种、两栖类34种、鱼类85种，其中长臂猿、懒猴、云豹、绿孔雀、黑颈鹤等为国家重点保护的珍稀动物。为保护珍贵的动植物资源，先后设有哀牢山、雕林山、化佛山、紫溪山、狮子山、方山、昙华山、白竹山、老黑山等16个自然保护区。目前以"三区八大基地"（即医药工业园区、绿色食品工业园区、特色蔬菜种植园区和优质烟、优质米、中药材、畜牧、林果、茶桑、魔芋、水产养殖基地）建设为标志的楚雄州生物资源开发创新产业初步形成。

楚雄州具有丰富的自然资源，在整个滇中城市群中，具有明显的资源优势。在现有资源的基础上，如何培育高附加值、绿色环保产业是楚雄州在进行产业布局和规划时，需要着重考虑的方面。

五、楚雄州交通运输约束分析

交通运输是国民经济中一个重要的物质生产部门，它把社会生产、分配、交换与消费各个环节有机地联系起来，是保证社会经济活动得以正常进行和发展的前提条件。交通运输系统是区域社会基础产业中最重要的组成部分之一，是各项产业发展的基础条件，是区域投资环境的构成之一。

交通运输的发展能强化其对区域经济发展的支持作用，推进区域经济的发展；而区域经济的发展又增加了对交通的需求，因此，经济系统和交通运输系统是相互影响的，应该相互匹配，协调发展。

目前，关于交通运输与经济协调发展的研究已取得了一些研究成果。汪传旭对交通运输与经济的协调发展作了较多的研究，建立了部分量化分析的模型。他将灰色系统协调模型用于判断交通运输与经济之间的协调关系，计算协调发展系数，将交通运输系统变量作为系统作用变量，经济系统变量作为系统的行为变量，用 GM 进行拟合，计算交通运输与经济之间的协调度。运用了大系统的理论与方法，提出了一套反映交通运输与经济协调发展程度的综合指标——协调发展指数，并建立了定量分析模型，提出了相应的定量评价计算方法。王孝坤也研究了综合运输复合系统协调发展。但现有的评价模型计算出来的协调度只是运输系统对经济系统的状态协调度，并没有体现经济是否有力地支持和推动交通运输的发展，所以是片面的；建立协调发展指数模型时，首先需要专家确定交通运输系统与经济系统各指标之间的相互影响程度，这样计算出来的协调发展指数主观性较强。首先描述楚雄交通运输业的发展状况，并进一步运用第一部分预测的人口和 GDP 值来分析未来楚雄客运量和货运量。

（一）楚雄交通运输业发展状况

1. 交通基础设施现状

（1）铁路。成（都）昆（明）铁路贯穿楚雄境内，通过禄丰、广通、黑井、元谋、永仁等县市，现为楚雄州境内主要铁路之一。

广（通）大（理）铁路东起成昆铁路广通站，向西经楚雄市至大理市下关，全长 213 公里，其中楚雄境内 104 公里。

（2）公路。到 2005 年年底，楚雄境内主要有 2 条国道和 4 条省道。它们分别是：

GZ065（G320）国道——昆明至楚雄至大理高速公路；

G108 国道——永仁至武定高速公路（在建）；

S217 省道——南华至永仁二级公路；

S103 省道——安宁至大理；

S218 省道——楚雄市至玉溪元江；

S219 吕和镇至牟定。

1）路网形态。"十五"期间楚雄州围绕大理、楚雄、昆明、四川攀枝花的"大三角"关系，由东西向 GZ065（G320）国道——安宁至楚雄高速公路；南北向 S217 省道——南华至永仁二级公路已经建成通车；南北向 G108 国道——永仁至武定高速公路，初步形成楚雄州的高等级公路主骨架网络形态。东至昆明，西至大理、丽江，北至攀枝花、成都，此三角网不仅构成区域内部交通网络的骨架，连接着禄丰、南华、姚安、大姚、永仁、元谋、武定，而且也成为外部交通必经路线。为进一步有效密切此区域道路网络系统提供了基础。

从路网形态上看，州域中 GZ065 国道、G108 国道、S217 省道围合成的"大三角"交通路网内部密度较大，外部密度相对较小；整体路网覆盖于楚雄州中部偏北位置联系昆明、大理、攀枝花的能力较强；GZ065 国道以南路网较稀疏，等级较低，联系玉溪、思茅等地的能力较弱。

2）路网结构。

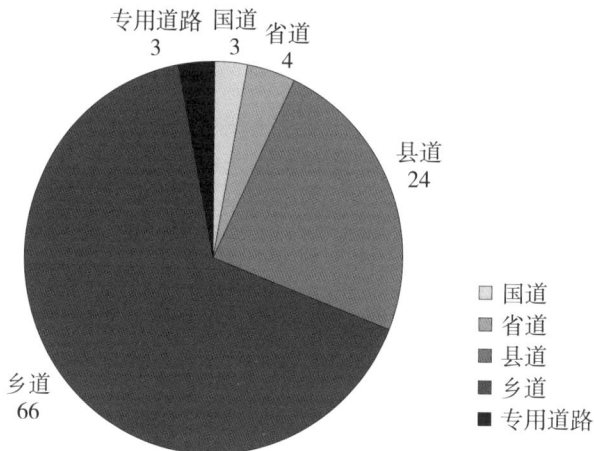

图 17-18 楚雄州公路技术等级划分比重（%）

至 2005 年年底，楚雄州公路 14130.68 公里（不含村道），公路密度为每百平方公里拥有公路 48.1 公里，每万人拥有公路 566 公里。

——公路行政等级状况：

国道 350.50 公里，省道 604.70 公里，县道 3430.45 公里，乡道

9255.8 公里，专用公路 489.23 公里。

图 17 - 18 中楚雄州公路乡道、县道占有较大比例，其承担着楚雄州内部大部分的交通流量。

——公路路面状况：

楚雄州国道、省道路面等级为高级、次高级路面型式。县道公路路面铺装路面 468.723 公里，铺装率为 13.7%；硬化路面为 1409.232 公里，硬化率为 41.1%（见表 17 - 15）。

表 17 - 15　　　　　"十五"期楚雄州县道路面情况

	单位	"十五"期规模	
		2005 年达到水平（公里）	占总里程比重（%）
县道公路	公里	3430	100.0
铺装路面	公里	469	13.7
硬化路面	公里	1409	41.1

全州 103 个乡镇中，有 88 个乡镇通等级公路，通乡镇公路等级率为 85.4%，有 76 个乡镇通沥青路、弹石路，通乡镇公路硬化率为 73.8%。

楚雄州县道、乡道次高级以下路面形式占仍然占有较大比重，路面等级有待提高。

表 17 - 16　　　　　"十五"期楚雄州县道技术等级状况

	"十五"期规模	
	2005 年达到水平（公里）	占总里程比重（%）
乡镇公路	3430	100.0
四级以上公路	2642	77.0
四级以下公路	788	23.0

表 17 - 16 中楚雄州公路总体上四级及以下公路比重过大，一、二级公路比重过小。四级及以下公路主要集中于县道、乡道中，其技术等级提升有较大空间，今后将成为楚雄州公路交通建设的重点。

1. 交通设备现状

（1）公路运输设备（见表 17-17）。

表 17-17　　　　　　　2005 年年底楚雄州车辆拥有情况

単位：辆

项目		全州	营运	非营运
机动车		142080	31539	110541
其中	汽车	37737	—	—
	摩托车	87958	—	—
	挂车	24	—	—
	拖拉机	16357	—	—

注：根据《楚雄州统计年鉴》（2006 年）整理。

拥有机动车驾驶机动车驾驶执照的人 173561 人。

2. 交通运输现状

（1）铁路运输。昆明铁路局广通车务段在楚雄境内设有 36 个车站和一个列车队，营运里程 324.83 公里。2005 年共装车 82886 车，货物发送 495.2 万吨，旅客发送人数 289.68 万人次，货物发送周转量 13.73 亿吨公里。

（2）公路运输。

1）运输量。楚雄州 2.9 万平方公里的国土面积，山区、半山区占 90%以上。楚雄州的运输以公路运输为主，公路运输占全州综合运输的比重在 96%以上。2005 年，全州公路运输完成的客运量 1021 万人、旅客周转量 7590871 人/公里、货运量 1384 万吨、货物周转量达 90138 万吨公里，分别比 2000 年增长 142%、143%、119% 和 120%，公路大动脉作用进一步增强（见表 17-18）。

表 17-18　　　　　　　"十五"楚雄州公路运输水平

项　目	单位	2005 年达到水平	与 2000 年相比增长百分比（%）
客运量	万人	1021	142
旅客周转量	人/公里	7590871	143
货运量	万吨	1384	119
货物周转量达	万吨公里	90138	120

客运企业和物流企业的管理水平和服务质量不断提高。具有集约化、规模化、网络化经营特征的运输企业在市场中所占比例有较大提高。旅游客运、汽车租赁、快速货运、物流服务、信息服务、货运代理等新的运输服务方式发展迅速。农村客运站场设施有明显改善，农村客运通达深度有了提高。到 2005 年，乡镇和建制村班车通达率将分别达到 100% 和 59% 左右。

2）公路客、货运站点。2005 年底楚雄州全州等级客运站达到 16 个，农村客运站点 11 个，拥有客运企业 1179 户，客运汽车 3088 辆，全州客运线路达 308 条、32500 公里。

2005 年年底楚雄州货运企业 9 个，参与营运的载货汽车 8636 辆、25726 吨。

（二）交通需求量预测

回归分析预测是经济预测中常用的方法之一，是将已知的统计数据作为变量抽样的观察结果，通过考察这些数据之间存在的数量关系，设想出表达这种关系的方程式，然后通过最小二乘法来估计方程中的参数，由此确定变量之间数学模式。本章将采用线性回归分析模型预测楚雄州交通需求量的变化趋势，运用我们前期预测的楚雄人口增长预测值来回归楚雄州客运量，而用 GDP 预测值来回归货运量。

1. 货运量预测

我们假设回归模型为：

$y = a + bx$，其中 y 表示楚雄州的货运量；x 表示 GDP 增长量；a 和 b 为待定系数。将我们获得的 2001—2006 年的楚雄 GDP 总量和实际货运量带入该模型，进行线性拟合，求得：

$a = 987.1165$

$b = 1.4523$

$R = 0.7834$（说明上述两个统计量属于高度相关）

则回归模型为：

$Y = 987.1165 + 1.4523x$

将我们预测的 2007—2025 年 GDP 总量分别带入方程，可以预测出 2007—2025 年各年份的货运量（见表 17 - 19）。

表 17 – 19   2007—2025 年各年份的货运量

单位：万吨

年份	9% 方案货运量	10% 方案货运量	11% 方案货运量
2007	1331.27	1334.42	1337.57
2008	1362.23	1369.14	1376.13
2009	1396.00	1407.35	1418.91
2010	1432.80	1449.38	1466.42
2011	1472.91	1495.60	1519.14
2012	1516.63	1546.46	1577.67
2013	1564.29	1602.38	1642.63
2014	1616.22	1663.92	1714.73
2015	1672.85	1731.59	1794.77
2016	1734.56	1806.04	1883.61
2017	1801.83	1887.93	1982.22
2018	1875.15	1978.01	2091.68
2019	1955.09	2077.10	2213.19
2020	2042.20	2186.11	2348.05
2021	2137.16	2305.99	2497.76
2022	2240.65	2437.89	2663.93
2023	2353.48	2582.96	2848.37
2024	2476.45	2742.56	3053.11
2025	2610.50	2918.09	3280.37

由于我们在预测 GDP 总量时，分为 9%、10%、11% 三种不同的增长率来预测，则在进行货运量预测时，也就分为三种不同情况来做。在 GDP 增长率为 9% 时，货运量在 2010 年为 1432.80 万吨，到 2025 年将增长到 2610.5 万吨。在 GDP 增长率为 10% 时，货运量在 2010 年为 1449.38 万吨，到 2025 年将增长到 2918.09 万吨。在 GDP 增长率为 11% 时，货运量在 2010 年为 1432.80 万吨；到 2025 年将增长到 3280.37 万吨。无论 GDP 以哪种增长率发展，在 2025 年楚雄的货运量都将在 2007 年的基础上增长一倍。

2. 客运量预测

自 2001 年以来，楚雄州人口呈逐步递增的趋势，由 2001 年的 252.36 万人增加至 2006 年的 258.48 万人，而楚雄州的客运量却在 2003 年、2004 年出现了一次低谷，由 2001 年的 1551 万人次，降低到 2003 年的 643 万人次，2004 年的 802 万人次，一直到 2006 年才又一次恢复到 1313 万人次，但仍然未达到 2001 年的水平（见图 17-19）。所以根据我们所掌握的数据，楚雄州的人口的变化与客运量的变化相关关系不大。

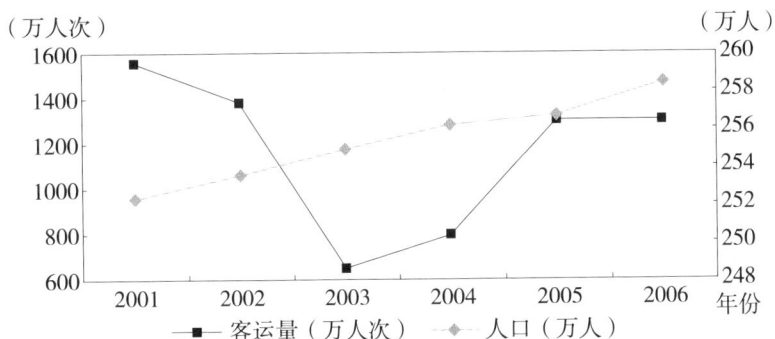

图 17-19　2001—2006 年人口及客运量变化

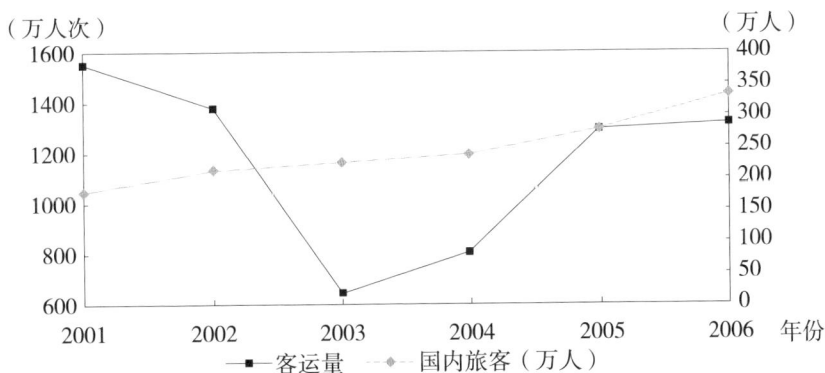

图 17-20　楚雄州 2001—2006 年国内旅客和客运量变化

自 2001 年以来，随着楚雄州对旅游产业的重视和加大开发管理力度，国内游客的数量有着突破性的增长。由 2001 年的 197.32 万人增加至 2006 年的 335 万人，增加了 1.7 倍多（见图 17-20），而楚雄州的客运量却没有跟随着旅客量的增加而增加。所以根据我们所能掌握的数据，我们很难预测楚雄州未来的客运量的变化。我们猜测在 2003 年及 2004 两年中有特例的情况出现，而影响了楚雄州的客运量的变化。不过随着本地人口的增长，外来旅客的增加，是应当会增加当地客运压力的。所以我们以楚雄州2001—2006年人口的增长率以及国内旅客的增长率来预测楚雄州的客运量的变化情况。

根据我们前面已有的数据，可得楚雄州2001—2006年人口的增长率为0.48%，而2001—2006年国内旅客的增长率为11.3%。我们假设楚雄州客运量增长率为其二者的平均值：5.89%，以2006年的客运量为基数，则我们可以得到，到2010年楚雄州的客运量将为1344万人次，而到2025年楚雄州的客运量将达到1468万人次。

3. 现有公路承载力

楚雄州2.9万平方公里的国土面积，山区、半山区占90%以上。楚雄州的运输以公路运输为主，公路运输占全州综合运输的比重在96%以上。所以我们在这里就只分析公路的运输能力。

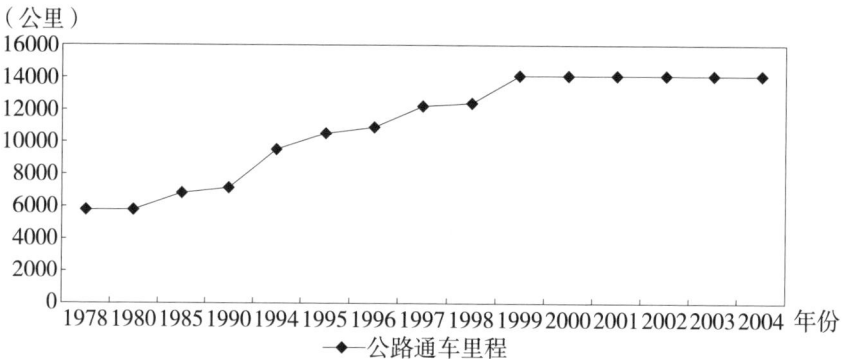

图17-21 公路通车里程（公里）

楚雄州在公路通车里程建设这一方面的进步严重滞后于经济速度的发展，图17-21是楚雄州1978—2004年间楚雄州公路通车里程的数据，从其中可以明显看出这一滞后情况，2001—2003年期间甚至是没有变化，这种情况对于招商引资和城市化、工业化进程都是一大障碍。

按照11%的GDP增长率，到2025年楚雄货运量将在2007年的基础上增加2.5倍，以楚雄州近五年的公路里程增加情况，是不可能满足其需求的。除了货运以外，楚雄把旅游业列为其重点发展的产业之一，公路交通建设停滞不前也将对其会产生很大的负面影响。

第三篇
滇中城市群经济发展研究

第十八章　滇中城市群产业布局指导原则

　　昆明、楚雄、玉溪、曲靖等四个城市间通过昆玉高速公路、昆楚高速公路、昆曲高速公路相互连接，昆明还开通了到曲靖的城际高速列车，方便快捷的交通让滇中四城市链接更为紧密。在滇中城市群产业布局中要重视四个城市间的功能性互补，通过四个城市合理的产业分工避免出现同质性竞争，实现滇中城市产业和经济互助，最终达到经济共同发展。

　　日本是亚洲城市群最为发达的国家，有东京圈、名古屋圈、阪神圈三大城市群。2001 年，这三大城市群虽然仅占日本国土面积的 10.4%，但人口却占全国的 48.6%，国民生产总值占全国的 66.2%，工业生产占全国的 68.9%，成为日本国民经济的主要聚集区域。通过研究日本城市群的发展经验，可以为滇中四城市的产业布局提供指导。

　　我们通过总结日本的城市群发展经验和国外新近出现的网络城市理论，在滇中城市群产业布局规划中提出以下原则：

一、产业空间分布逆序圈层化

相对于一、二、三次产业的结构次序，日本城市群产业在城市群中呈现出圈层化的逆序分布形态。即城市群中心努力发展第三产业，最外层努力发展第一产业，次外层着力发展第二产业。

以东京城市群为例，城市群核心主要是第三产业，中间环状地带主要是第二产业，外圈层则主要是第一产业。中心城市东京的第三产业比重达到73.8%，中间三个县的第三产业比重不超过70%，外围四个县的第三产业比重均在60%以下。东京制造业从业人员57.8万人，占都市圈总数四个县的22.2%，紧邻东京的三个县从业人员127.4万人，占48.9%，外围四个县75.2万人，占28.9%。城市群外围的栃木县、茨城县、山梨县等地区农业比重较高，主要面向东京市场。

对于滇中城市群来说，昆明第三产业的发展领先于其余三个城市，昆明又处于滇中城市群的中心，所以昆明应以发展第三产业和第二产业中高附加值的行业为主。具体说就是昆明应发挥气候优势，着力发展光电子行业；发展教育和金融行业，为滇中其余城市提供智力和资金支持；充分发挥昆明"最适合人居"的自然地理和气候优势，发展房地产业，将昆明建设成为区域性的国际贸易中心和国际金融中心。

处于第二层的玉溪应充分发挥第二产业的优势，努力发展烟草、建材、和矿电行业。

曲靖与昆明的交通较为便捷，处于滇中城市第二层和第三层的中间，曲靖应带头发挥好煤化工业、能源和装备制造业，发挥好第二产业原有优势；同时曲靖还应发挥好第一产业中采掘业的优势，成为滇中城市原材料供应地。

楚雄处于滇中城市的最外层，虽然与昆明有昆楚高速公路相连，但是该公路的连接条件要落后于昆明与玉溪和曲靖间的联系。楚雄应努力发挥好第一产业的优势，发展好绿色农业、绿色药业和采掘业，成为滇中城市原材料供应基地。

二、城市群内部产业联系高度一体化

这要求各个城市群内部形成紧密联系、高度一体化的经济区域。以日本的经验为例，日本三大城市群之间的物资流量较低，仅占全部物资流量的1.5%，而区域内的货物流量达到85.3%。这说明日本的城市群当中产业链条完备，产品的加工生产在城市群中就可以完成，无须外部资源的补充。

对于一个城市来说，布置完备的产业链不容易，但是在一个城市群当中布置完备的产业链就要简单得多。在现代复杂的工业生产体系当中，企图把所有工业附加值括入一个城市的囊中是异想天开，但是通过合理的产业布局，我们却可以把大部分的工业附加值保存在城市群当中，为城市群积累资本，确保将来的发展。

由此出发，滇中城市群的产业布局规划要能够实现城市群的产业互补和产业链的延伸，所以滇中城市群要根据工业发展的相对优势，进行资源优化组合。

以滇中城市群的装备制造业为例。玉溪、楚雄有铁矿石；昆明有发达的钢铁企业；昆明还有昆明机床厂等一批机床加工企业；玉溪有橡胶生产企业，可以说汽车生产当中的绝大部分材料和加工工具可以在滇中城市中找到，可以为曲靖的汽车制造业服务，滇中城市群中可以形成完备的汽车产业链。

另一个例子就是滇中城市的强项——烟草。云南有较为完善的烟草产业链，在滇中城市中可以依靠现有的产业链顺利地完成卷烟生产。正是依靠这条产业链，多少年来为滇中城市积累了雄厚的卷烟生产基础。所以，在其他产业的发展当中，我们要借鉴卷烟生产的经验，在城市群中建立完善的产业链条，积累产业发展所需的资本。

三、互补性的城市功能整合

网络城市理论中认为，功能互补性是城市群的重要特征之一，功能互补性是指节点城市在发展中出现了职能专业化分工，功能有着一定的异质性和互补性，避免同质竞争。

这就要求在滇中城市群产业布局时要有所分工，避免同质竞争。具体说就是要求曲靖成为云南省的能源和煤化工中心，楚雄成为滇中城市群的原材料供应基地。昆明利用现有优势努力发展高附加值的产业，发挥智力和金融优势，为其他三个城市提供智力和资金支持；玉溪应继续发挥卷烟产业的优势，同时发展好建材装修行业。

对于难以分工的烟草行业应当实现资源共享，形成产业集群。在发展烟草业时应实现玉溪和楚雄优良烤烟的合理调配，扩大上述两个城市烤烟种植面积和烤烟品质，不仅满足本市需求，同时满足其他城市的需要。

在卷烟生产环节，促进技术交流，实现智力资源外溢，总体提高滇中城市卷烟生产工艺和水平，避免内部竞争，提高总体竞争力。

四、产业空间调控政府主导化

这要求城市群的产业布局中强调政府调控，确保产业规划的实施。以日本为例：由于日本特殊的自然地理条件，促使日本政府较早地重视国土开发和整治，城市群产业结构、产业布局与空间组织是在日本政府有计划、分步骤推动下逐渐形成的。早在1940年，日本政府就制定了国土开发纲要，1950年制定国土综合开发法，1962年通过《第一次全国综合开发计划》，强调构筑城市群解决大都市问题，1969年"二全综"着重解决东京—大阪城市经济带过度聚集问题，1977年"三全综"要求克服城市群人口、产业的地方分散倾向，1987年"四全综"强调促进城市群产业空间的多极分散布局，1998年"五全综"则强调形成多个产业轴型结构。由于日本政府的强势干预和执行，日本城市群取得了良好的发展成绩。

五、资源优势的发挥

各个地区有不同的资源禀赋，产业布局规划中要求我们根据不同的资源禀赋选择合理的产业来发展，以此推动地区经济发展。当地资源的合理利用可以降低产品生产成本，增加市场竞争筹码，为产业的健康持续发展打下良好基础。

资源有广义和狭义之分，狭义的资源指的是自然资源，是自然界中对人类有用的部分；广义的资源除了自然资源以外还包括人力资源、文化资源、智力资源等非自然的部分。

对于资源优势的评价主要从以下几个部分入手：

（1）资源的丰度。一个地区的自然资源储备有多大；人力资源后备又是如何，这是对这个地区资源状况最直接的评价。

（2）资源获取难易程度。拥有丰富的资源只是一个部分而已，是否易于开采，开采成本有多大，都直接决定了此地资源的利用程度。

（3）利用资源的实力。资源开采出来以后必定是要用来创造价值的，但是如何利用资源、能够在多大程度上开发资源，都决定了资源优势的发挥程度。

以上三个方面共同决定了一个城市的资源优势水平。

昆明应发挥第三产业的优势，积极发展教育和金融行业，成为滇中四个城市的服务中心；曲靖和玉溪要发挥第二产业优势，成为烟草、制造业和能源中心；楚雄要发挥当地的自然资源，发展第一产业，成为滇中城市的原材料供应基地。

六、规模效应的发挥

规模效应的发挥可以降低产品生产成本，提高市场竞争力，利于产业长期持续发展。根据国际经验，一个产业要在当地的 GDP 中占到 5% 以上才能够被称作是当地的主导产业，依此标准，一个产业只有在一地的 GDP 中占到 5%，该产业才能够在生产中发挥资源优势，降低生产成本。

从滇中城市群现阶段的发展来看，除了烟草、冶金等传统支柱产业以外，其他能够算得上是支柱产业的行业很少。以昆明、楚雄等城市目前激励培育的医药行业来说，这一产业在 GDP 中的份额过小，难以担当支柱产业的重任。

医药行业应当发挥政府主导作用，加大支持力度，提高医药行业在 GDP 中所占比重，通过生产规模降低成本，增强云南药材在国内、国际市场当中的竞争力。

七、制约因素的规避

作为国内少有的高原城市，滇中城市的发展面临一些共同的限制，如：

土地限制、环境限制、水资源承载力限制。产业发展中必须绕开了这些因素才能获得持续的发展。产业规划布局中，限制因素的规避是很重要的一环，即使一个产业在目前的发展中获得了成功，但是该产业处于盲目扩张状态，没有合理的规避制约因素，那么这个产业的发展也是不健康的。

八、可持续发展

可持续发展（Sustainable Development）是 20 世纪 80 年代提出的一个新概念。1987 年世界环境与发展委员会在《我们共同的未来》报告中第一次阐述了可持续发展的概念，得到了国际社会的广泛共识。

可持续发展是指既满足现代人的需求又不损害后代人满足需求的能力。换句话说，就是指经济、社会、资源和环境保护协调发展，它们是一个密不可分的系统，既要达到发展经济的目的，又要保护好人类赖以生存的大气、淡水、海洋、土地和森林等自然资源和环境，使子孙后代能够永续发展和安居乐业。也就是江泽民同志指出的："决不能吃祖宗饭，断子孙路。"可持续发展与环境保护既有联系，又不等同。环境保护是可持续发展的重要方面。可持续发展的核心是发展，但要求在严格控制人口、提高人口素质和保护环境、资源永续利用的前提下进行经济和社会的发展。

九、和谐发展

《中共中央关于构建社会主义和谐社会若干重大问题的决定》中提出：以解决危害群众健康和影响可持续发展的环境问题为重点，加快建设资源节约型、环境友好型社会。优化产业结构，发展循环经济，推广清洁生产，节约能源资源，依法淘汰落后工艺技术和生产能力，从源头上控制环境污染。实施重大生态建设和环境整治工程，有效遏制生态环境恶化趋势。统筹城乡环境建设，加强城市环境综合治理，改善农村生活环境和村容村貌。加快环境科技创新，加强污染专项整治，强化污染物排放总量控制，重点搞好水、大气、土壤等污染防治。完善有利于环境保护的产业政策、财税政策、价格政策，建立生态环境评价体系和补偿机制，强化企业和全社会节约资源、保护环境的责任。完善环境保护法律法规和管理体系，严格环境执法，加强环境监测，定期公布环境状况信息，严肃处罚违法行为。

第十九章　滇中城市群经济发展模式探索

在目前我国的城市群建设中，较为成功的是长三角城市群和珠三角城市群。

长三角城市群可称作"众星捧月"型的城市群，其以上海的工业为中心，把众多的零部件、局部机械的生产放到浙江、江苏的众多中小城市，以现代工业中心、信息中心、教育中心、研发中心、贸易金融中心……的上海，辐射四周，按产业链联系各城市，形成了众星捧月之势，一荣俱荣。

珠三角城市群则被称为"群星灿烂"型的城市群，珠三角地区的各城市在开展来料加工或是生产出口商品的机遇和挑战中，形成了各县各市各自的特色经济，按市场细分的原则，同类商品在一地形成了规模经济，同时统领了高中低档市场，在甲县生产皮毛，乙县生产鞋子，丙县生产成衣等等这样貌似无序的分工中，无论是生产工艺、管理模式、销售渠道甚至是对工人的技术素质要求都有惊人的相似之处，营造了一个相得益彰的生产氛围和生产环境。

那么，滇中城市群将以什么为自己城市群的特点，以什么特点和特色来彰显自己的生命力呢？

一、滇中城市群的自然情况概述

在《云南省城镇体系规划（2002—2020）》中提出以昆明、曲靖、玉溪、楚雄滇中城市群为中心，内中外三个圈层分工协作，主要交通大动脉为骨架，即五条铁路、公路为发展轴，形成滇西、滇西南、滇南三个区域中心城市群，组成放射状主要交通大动脉为骨架的树枝状等级节点城镇布局。

滇中城市群的外延范围确定为：昆明、曲靖、玉溪、楚雄四个地州市的行政区划范围之和。

昆明、曲靖、玉溪、楚雄四个地州市组成的滇中地区，是全省政治、经济、文化中心地带，是全省的核心部分。滇中地区以占云南24.4%的土地和34.8%的人口，创造了云南61.8%的生产总值、72.2%的工业总产值和51.6%的地方财政总收入（见表19-1）。

表19-1 滇中城市群概况

指标	滇中城市群	云南	比例（%）
土地面积（万平方公里）	9.6	39.4	24.4
总人口（万人）	1523.9	4375.6	34.8
生产总值（亿元）	1519.5	2458.8	61.8

昆明市是云南省的省会城市和政治、经济、文化中心，东与东川市和曲靖市的寻甸县、陆良县接壤，南与玉溪市的华宁县、澄江县、江川县、红塔区、峨山县以及红河彝族哈尼族自治州的沪西县、弥勒县为邻，西与楚雄彝族自治州的禄丰县、武定县毗邻，北部隔金沙江与四川省交界。辖有盘龙区、五华区、官渡区、西山区4个区，安宁市1个市和呈贡、晋宁、宜良、篙明、路南、富民、禄劝等7个县，总面积1.59万平方公里。

曲靖市距离昆明130公里。西与昆明市的路南、宜良、篙明、禄劝以及东川市接文山壮族苗族自治州的丘北县毗邻，东与贵州省相接。辖有麒麟区1个区、宣威市1个市和沾益、马龙、陆良、会泽、寻甸、师宗、罗平、富源等8个县，总面积3.25万平方公里。

玉溪市距离昆明88公里。北与昆明市的安宁市、晋宁县、呈贡县、宜良县、路南县接壤，西与楚雄州的双柏县、禄丰县毗邻，南与思茅地区的墨江县、镇沅县相接，西和红河州的弥勒县、建水县、石屏县、红河县为邻。辖红塔区1区和峨山、新平、元江、江川、通海、华宁、澄江、易门等8个县，总面积1.52万平方公里。

楚雄彝族自治州距离昆明167公里。东与昆明市的安宁市、富民县、禄劝县接壤，西与大理白族自治州的祥云县、弥渡县、宾川县相接，南与玉溪市的易门县、峨山县、新平县和思茅地区的景东县毗邻，北与丽江市的永胜县、华坪县及四川省的攀枝花市相邻。辖楚雄市1个市和双柏、牟定、南华、姚安、大姚、永仁、元谋、武定、禄丰等9个县，总面积2.92

万平方公里。

二、滇中城市群的规划

为充分发挥云南的地缘优势，自"十五"期间，云南省委省政府就提出将云南建设成通往东南亚、南亚的"国际大通道，再显南方丝绸之路的辉煌"。经过云南人民近十年的努力，云南已在公路、铁路、机场的建设方面取得了举世瞩目的成绩。

今天，在中国经济经过多年增长之后，经济总量已经位居世界第二；较 21 世纪初，我国的经济总量为美国的 1/10，至 2007 年，我国的经济总量已为美国的 1/5，6—7 年内，我国经济总量增长了整整一倍。人民币与美元的比值从 2005 年的 8.2 上升到了 6.99。简言之，中国经济发展取得了举世瞩目的成绩，中国在国际经济、政治中扮演的角色发生了变化，中国面临着新的对外开放格局。

面对中国对外开放的新格局，作为穷乡僻壤的云南，应该在新的对外开放格局中以准确的市场定位，进一步突显自己的地缘优势，提升自己在对外开放中的战略地位。2008 年 3 月 31 日，温家宝总理出席大湄公河次区域经济合作第三次领导人会议，和柬埔寨首相，老挝、缅甸、泰国、越南四国总理以及亚洲银行行长共同为昆曼公路老挝段通车仪式剪彩，加上河口连接越南老街高速公路的贯通，腾冲到密支那公路的通车，标志着云南国际大通道建设，中国通向东南亚、南亚的西南陆路大通道建设进入了一个新的阶段。随着国际大通道的建设，云南将成为中国对外开放的前沿。

滇中城市群，以省会城市昆明为中心，以放射连接曲靖、玉溪、楚雄。曲靖是昆明连接滇东北、四川、贵州的枢纽，玉溪是昆明连接滇南文山、红河、思茅、版纳、广西、广东及越南、老挝、缅甸的枢纽；而楚雄则是昆明连接滇西、滇西北、四川、西藏及缅甸的枢纽。滇中城市群的四城市在云南国际大通道的布局、建设均具枢纽地位。滇中城市群的产业布局和经济发展必可促进和加速云南国际大通道的建设，使昆明成为区域性的国际交通枢纽，促进国内国际物流业的发展。国际大通道的建设，将昆明建设为区域性的国际交通枢纽，即为进一步实现将昆明建成区域性的国际贸易、金融中心、会展中心奠定了物质基础或说提供了便利往来的平台。

若设想，由于昆明良好的气候条件和水资源，滇池环境的制约，昆明的产业以物流、商贸、金融、会展、教科文卫等第三产业为主，成为区域性的国际交通枢纽，国际都市，而作为大通道重要组成部分的昆曲、昆玉、昆楚经济带，将为布局滇中城市群产业提供交通便捷，地域广阔的空间。按照城市空间模式的"扇形模型"、"多核心模式"，可以在这三个经济带中规划设计多个卫星城镇和工业开发区，以规避由于各种资源制约对我们城市发展的约束。

三、高起点、高水平提升滇中城市群

"产业是第一性的，城市发展是第二性的"，没有产业的城市就是没有灵魂的躯壳。一座城市没有产业的合理规划和布局，就没有城市的快速发展。

然而，一城市一地区怎样才能实现产业的合理规划和布局呢？按照科学发展观的要求，我们要实现经济的又好又快发展，关键在转变经济发展方式。"转变经济发展方式，是在探索和把握我国经济发展规律的基础上提出的重要方针，也是从当前我国经济发展的实际出发提出的重大战略。"（胡总书记"6·25"讲话）在工业化进程中，总是遵循一个由产业低极化向产业高级化演进的规律或说顺序，无论是产业进步或是转变发展方式，都必须深刻地认识和了解滇中城市群各城市现处的工业化发展阶段，在此基础上，即在前人已取得的历史成就基础上，去谈产业发展和转变发展方式。

进一步说，在对外开放的条件下，产业的发展、升级和转变发展方式要充分利用两个市场和两种资源，招商引资是一项十分重要的工作。而招商引资的工作中，招什么商、引什么资，产业发展、升级从什么地方做起，无疑仍旧与个城市的工业化发展阶段密切联系。

滇中城市群各城市均处于工业化初期或工业化初期向工业化中期过渡的阶段，按照产业经济学的原理，工业结构的重工业化趋向是一个重要的、不能逾越的阶段，发达国家的重工业化走了很大的弯路，即先发展、后治理，浪费了巨大的资源，破坏了人类赖以生存的环境。今天在我们规划布局滇中城市群的重工业发展阶段时，不发展重工业不能完成工业化的历史使命，发展资源约束型的重工业又会形成一定的污染，所以，滇中城市群必须利用国际的先进科技和设备，在大幅降低污染达到国家环保标准的前提下，努力发展重工业，从转变发展方式的高度强调资源节约、环境友好是规划发展现代重工业的出发点和落脚点。

四、努力实现滇中城市群间产业布局的协调化

城市经济学认为，城市群的出现可以克服单个城市在发展过程中产业选择和支柱产业培育方面的局限，实现区域内的资源优化配置，产业结构的合理布局。由于自然地理条件的相似，一省内的若干城市在以城市为单位的产业选择和支柱产业培育中，难免造成产业结构的雷同，产品相似，这样不仅不利于地区的经济发展，还会因产品的同构而形成内部的恶性竞争，抵消由聚集效应而带来的经济利益。

城市群的规划建设，在一个更大的区域内，在若干个城市中实现了资源的最佳配置和产业布局。运用比较优势的原则，按产业链的要求，实现产业在不同功能城市间的合理分工。在微观上，表现为区域内的主要产业，特别是第二、第三产业在一些生产条件优越的点上聚集，从客观上，由于城市聚集效应而形成的一个区域内，一个规模适当、产业结构合理、紧密联系、相得益彰的经济统一体。

城市群内部的各城市，由于分工协作，产业链的连接，在产业和经济上形成一个有机的整体，从而使资源在一个更大的范围有效的实现配置，从而带来更大的经济效益，使城市群成为推动区域经济快速发展的发动机。

因此，在滇中城市群的规划建设中，一定要从滇中城市群的战略高度，在滇中城市群各城市间突出各自产业的特色，实现产业布局的协调化，以产业布局的协调化促进整个滇中地区经济的协调发展。

五、突出 2008 年 1 月 1 日生效《城乡规划法》的新特点

《中华人民共和国城乡规划法》（2008 年 1 月 1 日施行）第四条中明确

规定："制定和实施城乡规划，应当遵循城乡统筹，合理布局，节约土地，集约发展和先规划后建设的原则，改善生态环境，促进资源、能源节约和综合利用，保护耕地等自然资源和历史文化遗产，保持地方特色，民族特色和传统风貌，防止污染和其他公害，并符合区域内人口发展、国防建设、防灾减灾和公共卫生、公共安全的需要。"

在规划区内进行建设活动，应当遵守土地管理、自然资源和环境保护等法律、法规和规定。

第五条则强调："城市总体规划，镇总体规划以及乡规划和村庄规划的编制，应当依据国民经济和社会发展规划，并与土地利用总体规划相衔接。"

在我国新颁布的《城乡规划法》中，不仅突出了资源节约、环境保护、减少污染、保护耕地、保护文化遗产、自然遗产等诸多新的内容，而且突出了城市规划还必须与社会经济的发展，土地的综合科学利用密切联系。

第二十章　滇中城市群产业布局规划建议

第四届泛珠三角区域合作与发展论坛中，省长秦光荣提出：云南将以更加务实的精神、更加开放的姿态，从四个方面进一步加强与区域各方的合作：一是加强以烟草、矿产、电力、生物资源开发、旅游为主的重点产业合作；二是加强以石油、天然气及炼化、茶叶橡胶等为主的优势产业合作；三是加强以新能源、现代物流、信息、体育、文化创意、房地产、环保为主的新兴产业合作；四是加强以日化、五金家电、服装等为主的劳动密集型产业合作。

遵照产业经济学中产业演进的规律，遵照城市群理论中按产业链进行分工的原则，遵照产业协调和升级必须依托和发挥资源优势的原理，课题组依照分课题系统诊断的成果，对滇中城市群的产业布局规划提出如下建议：

一、努力发展特色农业，推动滇中地区农业的产业化

云南是一个农业大省，我们特别指出：遵照主导产业演进的规律，农业生产率的提高，农业的产业化发展是云南工业化、城市化加速发展的前提和基础。而就滇中地区而言，努力发展特色农业，是提高农业劳动生产率，推动农业产业化发展的重要途径。

（一）曲靖的特色农业

近年来，曲靖市在煤化工业快速发展的同时，在特色农业方面，也做出了显著的成绩。曲靖是云南，乃至全国重要的"烤烟种植基地"，1998年"两烟双控"之后，曲靖烤烟生产仍然兴旺。2005年曲靖烤烟产量为180092吨，同年全省烤烟产量为772200吨，占到了全省产量的23.32%，全国产量的7.4%。

曲靖罗平的万亩油菜，每年二月油菜花怒放时节，连绵数十公里，不仅成为中外驰名的旅游胜景，而且是云南省重要的植物油生产基地，成为

了罗平县的支柱产业，农民增收，财政增收。近三年来，曲靖沾益又为发展药业，培植了万亩"万寿"；曲靖各县的"白果"种植也有几百年历史；同时曲靖还有驰名中外的"宣威火腿"。这些特色农业的进一步发展，无疑将推动曲靖地区农业的产业化发展和整体进步。

（二）玉溪的特色农业

玉溪作为滇中地区的鱼米之乡，农业耕作水平历来高于云南其他地区，烤烟的种植和生产历来是玉溪农业的一大亮点，为玉溪卷烟厂提供优质的烤烟；玉溪烟厂凭借这一得天独厚的"原材料基地"生产出了国内绝无仅有，售价两千元一条的"景境烟"。

近年来，玉溪的花卉种植业也取得了骄人的成果，仅以"明珠花卉公司"生产的"香水百合"为例，其每亩年收益可达15万元人民币，已经实现花卉种植生产产业化。在目前粮食作物价格偏低的情况下，其花卉的生产收益是水稻收益的20倍以上。

早在几年前，玉溪就拥有了元江的万亩茉莉花、树杨梅；徽江的抚仙湖、江川星云湖、通海杞麓湖的鲜鱼等著名产业；还拥有驰名京沪的通海大棚蔬菜，这些都是玉溪享誉国内外，历史悠久，独具品牌的特色农业。

（三）昆明的特色农业

由于昆明市行政区划的不断扩大，东川、寻甸、安宁的加盟，昆明地区的特色农业更是不胜枚举。从小哨的养殖基地到斗南的花卉种植；从寻甸清水海的"红鳟鱼"到安宁螳螂川的千亩油菜花；从嵩明的"雪莲果"种植加工到呈贡的万亩粮田……直到今天隶属于五华区的"桃园"特色旅游小镇，这些都说明昆明蕴藏了大量的资源。上面罗列的，还有未罗列的特色农业项目都具有广阔的发展空间。

特色农业项目的提升和发展，对加速昆明地区农业生产率发展，保障昆明地区"菜篮子"供应，提高昆明人民的生活质量密切相关。

（四）楚雄的特色农业

楚雄地区也有众多的特色农业项目，如元谋的热区农作物栽培、武定的壮鸡养殖、中药材的种植，彝药烤烟的栽培等等。

在滇中城市群产业规划中，首先应该考虑的是将各地现有的特色农业项目产业化、规模化，改变满天星斗的局面，通过发展特色农业和加速特色农业的产业化，为滇中城市群的工业化和城市化加速发展奠定坚实基础。

二、积极拓展滇中城市的物流业

滇中四城市的经济总量占云南省 GDP 的一半以上，已成为推动云南经济发展的"生长极"，充分利用滇中城市群在云南经济发展中的区位优势，积极拓展滇中四城市的物流业，无疑是滇中城市群产业布局中极具战略意义的重要内容。

昆明，作为云南省的政治、经济、文化中心，是公路、铁路、航空枢纽。昆明在带动全省经济发展，走出国门，联系东南亚、南亚的战略部署中占有最重要的位置。随着昆明至曼谷的昆曼公路；昆明至仰光的陆水大通道的建设，以及泛亚铁路的修筑，加之昆明至孟加拉达卡、昆明至缅甸仰光、昆明至印度航班的开通，昆明作为中国改革开放南大门的地位正在不断突显，为昆明成为通往东盟、西亚、欧洲乃至全世界物流中心打牢了基础并且创造了优越条件。

曲靖，作为云南联系内地和沿海地区铁路线（内昆铁路和南昆铁路）的枢纽和扩建后的昆曲高速的终端，在联系内地，辐射滇东北的任务中地位十分突出。曲靖物流业的拓展，不仅可以让曲靖称为内地通往东南亚、南亚、西亚的商品集散地，还可以带动滇东北地区的经济发展。

玉溪，自古是通往滇南的门户。玉溪是泛亚铁路，昆曼公路的枢纽，是昆明联系滇南各地，通往老挝、缅甸、泰国的咽喉，其物流业的开拓和发展决定了云南作为中国南大门的地位。

楚雄，是昆明以及内地通往滇西、滇西北的公路和铁路枢纽，为云南联系内地做了不可磨灭的贡献。在通往川藏，辐射滇西、滇西北，通达中缅 4060 公里各口岸县的任务中，楚雄都具有突出的地缘优势。楚雄的物流业更是具备了内联国内各省市场，外通缅甸，东南亚，印度洋的地域特征。

积极培育和开拓滇中四城市的物流业，对带动云南的经济发展，突显云南作为改革开放南大门的地位具有突出的战略意义，云南应当借物流、公路、铁路、航空、水运互动发展的春风，推动制约云南经济进步的交通业发展，让古老的"南方丝绸之路"再放异彩。

三、从滇中城市群发展的战略规划云南的支柱产业、优势产业和重化工业

产业结构的同质、趋同是滇中城市群产业发展中最突出的矛盾。在滇中城市群产业布局规划中首要的任务，就是按照依据产业链打造城市群的原则，从滇中城市群发展的战略高度统一规划云南的支柱产业、优势产业和重化工业。

经过"九五""十五"的规划建设，至今，遵照云南省和滇中四城市"十一五"规划的原则，滇中四城市的产业均有了长足的发展，在深入实施新工业化战略的过程中，不仅要从滇中城市群的战略高度规划产业布局，而且要从全国产业布局的高度统筹规划滇中城市群的产业发展。

无论是从云南省的"十一五"规划出发还是从云南工业发展的现状出发，重工业趋势已经成为云南省工业发展过程中难以逾越的阶段。从云南省近几年的 100 强企业评选中可以清晰地看到这一趋势：2004 年排名前 20 的企业中，重化工业企业有 11 个，占到了 55%，这些企业的营业额占到了前 20 名企业的 47%。2006 年排名前 20 的企业中，重化工业企业有 12 家，占到了 60%，这些企业的营业额占到了前 20 名企业的 60.4%，同 2004 年相比有了质的飞跃。从目前的情况来看，云南省面临的问题不是是否发展重工业，而是如何发展重工业。

云南地处边疆，工业落后，但我们具有自然资源方面的优势，无论是冶金、磷化工或是近年迅速崛起的煤化工、电力、生物制药等无一不是依托云南得天独厚的资源禀赋而迅速发展。云南自称为原材料和能源的大省，由于新中国成立以来国家产业布局和分工的影响，云南省的产业结构比较粗放，产品多为初级产品，云南处于全国产业链的上游，与内地工业发达省区有很好的互补性。特别应该想到的是：在全国，乃至于全世界资源（特别是能源）日趋紧张的大背景下，哪个地区拥有资源、能源的优势，哪个地区就有一定的发展主动权和竞争优势。

遵照前述的"产业结构调整的评价原则"，在滇中城市群的产业布局调整中，其一，要强调产业结构调整应与区域的资源结构相适应，充分发

挥区域的资源优势；其二，培育的主导产业要有一定的规模，在全国占有一定的市场份额；其三，我们还要关注所培育的主导产业是否与国际同行建立了固定的合作关系。

云南正处在工业化进程中重化工业加速发展的特殊时期。鉴于此，在滇中城市群产业规划中，滇中的四个城市应当根据各自的自然禀赋，按照中央节能减排的要求，积极、稳妥地发展资源约束型重化工业，以此提升、带动云南经济的发展，演好产业布局的"重头戏"。

同时，还必须强调，无论在有色金属冶金、钢铁、煤化工、磷化工，还是水电行业，云南都处于产业链的上游，滇中城市群产业布局规划的战略目标在于：延伸原有产业的产业链，深化产业结构调整。在这个意义上，将云南省目前的以基础工业为重心的重工业化趋势，导入以精加工为重心的重工业化阶段。为了实现这一战略目标，在产业培育和促进发达地区产业转移的过程中，云南省应当提供尽可能多的政策优惠。

目前曲靖经济发展中，重工业化趋势最为明显，以煤化工业为主体的工业体系正在形成。昆明的冶金、磷化工等行业发展健康；电力装备科技园和呈贡新区，广电工业园区，空港经济区等园区发展迅速，昆明正在形成以重工业和园区经济为主的，以高新科技为特征的工业体系。

玉溪地区，由于其独特的历史原因，重工业比重较低，但近年来，大红山铁矿和玉钢的迅猛发展，为玉溪经济发展指明了前进方向，矿电业将成为一个重要的支柱产业，重工业将成为玉溪工业发展方向。但是，美中不足的是玉溪至今仍未争取重化工的重大项目，玉溪的重工业还有待进一步的遴选、培育和壮大。

楚雄地区轻重工业产值已各占一半，其煤炭开采，钢铁冶炼，以及金属矿采选和电力都有一定优势，但是这些产业中除了德钢、栾标水泥等企业外没有其他知名企业，即"星星多，月亮少"。以制药行业为例，楚雄聚集了"盘龙云海""万裕药业""太阳药业"等有一定知名度的企业，却没能在全国药业占突出的份额，楚雄亟待改变这种主攻方向不明确的状况。

四、滇中四城市产业布局规划建议

昆明、曲靖、玉溪、楚雄四个地州市组成的滇中地区，是全省政治、经济、文化中心地带，是全省的核心部分。滇中地区以占云南24.4%的土地和34.8%的人口创造了云南61.8%的生产总值、72.2%的工业总产值和51.6%的地方财政总收入，滇中地区经济的健康、持续发展对全省的社会、经济稳定有着决定性的影响。

在上文的分析中，我们得到了一些有用的结论，依托上文的分析结果，对于滇中地区产业布局以及产业发展，我们有如下建议：

（一）重视培育城市的经济功能

对城市化的研究，已有众多学科上百年的学术积累，规划学、社会学、人口学等学科均做出了自己突出的贡献。经济学主要是结合经济发展中的工业化和产业结构演进等方面来研究城市化问题。一般认为，城市是人类经济和社会发展的结果，城市化是经济发展的空间聚集与分化的过程。特别是工业革命以来，人们普遍认为工业化是城市化的原动力。因之，在现阶段，一国一地区城市化的水平，归根到底取决一个国家或地区的工业化水平和经济结构程度。

工业化发展的直接结果是带来产业结构的演进，表现为产业结构的多元化和高级化，其中产业结构高级化的一个重要标志就是第二、第三产业的比重大大超过第一产业的比重。由于二、三产业的发展有一个共同的特点：它们都需要人口的集中，以形成劳动力人口的集聚和消费市场的扩展，因此，农业过剩人口向城市的集聚，就得到了一个以经济发展的内在需求、内在机制为基础的推动力。随着城市化进程的发展，城市规模不断扩大，城市的产业结构和服务设施的不断完善，又会对工业化的集约发展和产业结构的演进产生促进作用。

各类城市在推进工业化的过程中，要合理地确定城市的产业定位，以突出城市的个性特征。在此基础上调整产业结构，延伸产业链条，在产业发展中培育城市的要素聚集功能。

同时，在城市化迅速发展的过程中，城市发展应从重视"规模扩张"，特别是以房地产项目为主体的"规模扩张"，而忽视城市功能的建设，以致许多城市规模扩大了，城市的区域中心功能并没有增强。一些城市"城"大"市"小，缺乏人气，缺乏活力，"缺乏城市气息"。城市作为区域中心，其首要功能就是一个商品的交易中心，农特产品收购后外运，外来日用百货、生产资料的批发零售。如果只停留在收购、批发零售的水平上，只能称为"集市"或"市场"。必须有自己的地方工业，有人口的一定规模的集聚才会形成一定的"消费市场"，才会形成为这一"消费市场"服务的农业生产，日常生活所需的百货，家电的供应链产生向外的幅射作用。如前所述，当聚集的人口达到 25000 人时，出现女子理发，修皮货的商店……在人口超过 50000 人时，出现婴儿服务……大型商业，银行金融业一定是在人口达到相当数量时才会应运而生。而我们可以设想，若是没有产业的聚集，怎么会有几万人，几十万人，甚至更多的人集聚在一个被称为城市的拥挤的狭小的区域内。没有产业的聚集、没有产业的支撑，就难以形成较大的城市，这不正是云南边疆的县城始终不大的根本原因吗？理论和实践均证明，在发展中国家，城市增强经济中心功能的基础是工业化的水平。因此，作为任何一个规划中将快速发展的城市，必须积极地推进城市工业化和区域工业化，由产业发展来培育城市的经济功能，由此推动城市经济的发展。不言而喻城市经济的发展，才会带动城市服务业的发展，即城市的第二产业发展至一定规模，才会催生第三产业的发展；如工业化与城市化，二者必须发展至一定规模和水平，才会进入互相促进发展的阶段。

回顾云南城市的进程，未能强调和十分着重城市经济功能的培育，应该说是云南城市化落后于东中部地区的重要原因。

（二）将昆明培育成为区域性的国际交通枢纽

进入 21 世纪后，中国经济迅速发展，至 2007 年，中国的 GDP 为 24 万亿元人民币，折合 3.2 万亿美元（按照目前美元与人民币 7.5 的汇率计算），就经济总量而言，已成为世界第二经济大国。就经济增长速度而言，2001—2002 年我国 GDP 仅为美国 GDP 的 1/10；而 2007 年，我国 GDP 已超过美国 GDP 的 1/5。随着我国经济的迅速发展和国际政治经济的巨大变化，遵照科学发展观的理论，按照与时俱进的原则，我国沿海、沿边地区均面临进一步科学调整自己在中国新的对外开放格局中功能定位的严肃课题。无疑，无论是沿海或沿边地区，新对外开放格局中的正确的战略功能定位，将突显自己的优势、特点，进一步推动经济社会的发展，提升自己在中国新的对外开放格局中的地位。

1. 近年来，广西经济快速发展的经验

近年来，广西经济的快速发展已成为西部大开发中人们称赞的成功案例。"港口经济"以及"码头经济"的发展让广西的经济发展迈上了快车道。2007 年，广西壮族自治区国民生产总值为 5865 亿元，和 2000 年的2080 亿元相比增长了 1.82 倍，年均增幅为 13.8%，超过了全国的平均增长速度；其中第一产业产值由 547 亿元增加到了 1267 亿元，年均增幅为11%；第二产业产值由 732 亿元增加到了 2328.4 亿元，年均增幅为15.6%；第三产业产值由 800 亿元增加到了 2270 亿元，年均增幅为 14%，从中可以看到，广西经济的腾飞得益于广西壮族自治区第二产业以及第三产业的快速发展，特别是广西"港口经济"以及"通道经济"的发展，为广西的经济腾飞注入了活力。

特别是自广西加速"港口经济"、"码头经济"的构建以来，基础设施和重点工程建设成效显著。广西壮族自治区的全社会固定资产投资由 2002年的 835 亿元增加到 2007 年的 2956 亿元，年均增长 28.8%。五年累计完成投资 9223 亿元，是新中国成立到 2002 年投资总和的 1.47 倍；高速公路总里程由 822 公里增加到 1879 公里，沿海和内河港口总吞吐能力由 5320万吨增加到 10613 万吨，与 68 个国内外城市开通了航线航班。如此骄人的成绩，让广西省的经济发展成为西部大开发中的成功案例。

人们惊喜地看到南宁城市规划建设取得的成就，人们惊喜地看到北海建设的又一轮高潮……人们不禁要问，广西及南宁、北海取得如此成就的原因。

应该说取得成就的原因很多，其中一个重要的原因就是广西在新的对外开放格局中正确的市场定位：广西首创了"北部湾经济区"，营造了一个极好的对外开放环境，更重要的是通过"北部湾经济区"恰如其分地突显了广西在我国对外开放中的地缘优势。接着广西又依托北海和房城港，打造了联系沟通北部湾的途径和平台：码头经济、港口经济。这一准确又富有活力的定位，突显了广西重要的战略地位，得到中央和邻省的认同，得到了中央的资助，引来了国内外的投资，在北海掀起一轮建设的高潮。

2. 从"通边达海"到"国际大通道"

云南有 4060 公里的边境，与缅甸、越南、老挝接壤，与泰国近邻，自古以来是南方丝绸之路通向东南亚、南亚的门户和陆路口岸。在闭关锁国的时代，我们被称作边境、边陲，由于改革开放，我们成为面临东南亚、南亚的前站门户和窗口。

20 世纪 80 年代，改革开放的初期，云南人民曾创造性地运用和拓展了自古以来就有的"边贸"（注：边境互市，边境小额贸易等），给予古老的概念注入了时代的全新内容，让这个古老的交易形式焕发了青春活力，一度把"边贸"做得远离了边界。正是改革开放带来的全新"边贸"震撼了云南边境几千年来自给自足的自然经济，这一全国人民都积极参加的"边贸"给云南封闭的民族经济吹进了一缕春风。云南人民在中国改革开放的第一次洗礼中，扩大了与周边邻国的经济、文化交流，增强了与内地经济发达地区的商贸往来，推动了云南，特别是边境民族地区的社会经济进步。其中，取得较好成绩的是德宏人民创造的"德宏模式"。

1988 年 11 月，云南澜沧、沧源、耿马发生强烈地震，为了帮助云南震区恢复建设，中央特别批准了云南提出的"名优烟翻番计划"。可以说是因祸得福，在当时的财政税务体制下，名优烟翻番工程给云南财政带来了巨大收益，在有了一定的经济能力之后，云南省委、省政府不失时机地提出了"通边达海"的战略，在云南掀起了改革开放以来第一次修建公路、铁路、水路港口的高潮，希望通过修筑公路，铁路和水道来突显云南在中国对外开放中门户、窗口的地缘优势。

随着改革开放的深入和中国经济的迅速发展，为适应新的对外开放形势，特别是 1998 年实施的积极的财政政策，全国把基础设施当作了建设的重点，云南省委、省政府将云南正在大力建设公路、铁路、水道的分散行为整体提升到建设国际大通道的战略高度，这一提升不仅进一步突显了云南面对东南亚、南亚的战略地位，更重要的是：在执行国家积极财政政策，扩大内需的战略中，找到了一个带动、推动云南经济发展突破口。正是这一突破，再次突显了云南在全国对外开放中的地缘优势，极大地改善了云南的交通状况，带动了公路、铁路沿线经济的迅速发展，为进入 21 世纪，实施新型工业化战略，奠定了坚实的物质基础。

在云南经济发展的过程中，山高路遥、水急堑深，交通是最大的瓶颈。无论是向内地，或是向周边邻国，推开沉重的山门去到北京，走向世界，是云南人民祖祖辈辈的宿愿。共和国建立伊始，一首电影歌曲《山间铃响马帮来》唱出了云南人民的千年期盼和无尽感激："毛主席的马帮为谁来，为咱们边疆人民有吃又有穿唉！"为了改善云南的交通，多少年来，几代垦荒战士付出了自己的青春。直至改革开放，交通瓶颈的制约更加突显出来，云南自然地理条件得天独厚，物产丰富，要将云南的特产运往内地，路途遥遥，运费高昂；要将内地的日用百货，车船农机运到云南，甚至再"边贸"出去，其路漫漫兮。云南人民有多少美好的理想，均一一梦断路遥。

始于"通边达海"的公路、铁路建设让云南人民看到了希望的曙光，然后，国际大通道的提出和实施才使云南人民在理想的大道上迅跑。一个省一个地区的经济快速发展，优越的基础设施是必不可少的前提条件。特别是社会化大生产的今天，要充分利用两个市场，两种资源，没有便捷高效的交通再美好的理想也无法实现。改革开放初始，山高路遥的云南人民就悟出了"要想富，先修路"的道理，是国际大通道的战略设想，把这一朴素的真理提升到了对外开放的战略高度。自上世纪末开始的云南国际大通道建设，迄今已经取得了举世瞩目的成绩。

特别要指出的是，2003年、2004年中央判断中国经济出现了局部过热，将积极的财政政策改为稳健的财政政策，实行冷热兼治的方针，在全国实行相对紧缩的财政政策和货币政策。但是，在云南省委政府和云南交通部门的努力下，云南的公路建设，2004年完成180亿元的投资，2005年完成成了260亿元投资，2006年完成了300亿元的投资，2007年完成了360亿元的投资，取得了云南人民自豪，全国关注的成绩。

2008年3月31日，温总理出席大湄公河次区域经济合作第三次领导的会议，与柬埔寨首相，老挝、缅甸、越南、泰国四国总理和亚行行长为"昆曼公路"老挝段通车仪式剪彩，标志云南省的国际大通道建设又进入了一个新的阶段。温总理在会议上倡议，成立"大湄公河次区域经济走廊论坛"，形成以交通走廊为核心的经济增长带，将交通走廊真正转化为经济走廊。在未来的 10 年，云南为交通基础设施建设规划了总计 2600 亿元的巨额资金，进一步完善云南通向内地，通往国外的公路、铁路、航运网络。

回顾云南国际大通道的规划与建设，赢得云南人民的共识，得到了中央首肯，目标明确，措施得当，取得了突出的成就，目前，由昆明向外的大通道，东线的高速公路已经通达河口，与越南老街的高速公路贯通；铁路，由昆明至玉溪早已建成，"玉蒙铁路"正在建设之中。西线，待保山到芒市的高速路贯通，昆明至瑞丽的高速公路即可全线通车；昆明至大理的铁路早已通车，现中央从西部国债中安排了十个亿的专项奖金，支持大理至瑞丽的铁路建设。中线，"昆曼公路"中国、老挝境内均已通车，只待老挝与泰国间的会晒大桥建成，历时 16 年努力建设的昆明至曼谷的高速公路即可全线贯通。昆明机场已开通了到孟加拉、印度、柬埔寨的航班，昆明新机场将成为全国第四大的空港……

3. 把昆明建设成为区域性的国际交通枢纽

随着云南国际大通道的建设进入一个新阶段，新的矛盾也在不断地出现，例如在国际大通道的运输走廊上如何实现通关的便利化。"昆曼公路"要经过三个国家，如何在国家的层面上协调三个国家的法规、政策和利益，已是刻不容缓的工作。

"解决问题的办法，总是和问题本身一道出现的。"有如广西成功的经验，先提出了"北部湾经济区"，如何建设和联络北部湾经济区呢？广西人打造了一个建设和联系北部湾经济区的平台——北海和房城港的港口经济。同理，云南的国际大通道已取得阶段性的胜利，自然，通往哪里，怎么通？继之，通过国际大通道的畅通要达到什么的战略目的？

云南希望在推动"9 + 2"各方与东盟 10 国，乃至东南亚，南亚国家的更广泛的联系、合作中，由于国际大通道的建设，发挥更积极的作用。秦光荣省长指出：面向东南亚、西亚的国际大通道，不仅是交通通道，同时也是经济、文化通道。打通这条通道，将使中国在更大范围内参与国际经济大循环，促进东亚、东南亚和南亚之间物流、人流信息流的沟通。换言之，如秦省长尖锐指出的，我们耗费巨资建设的国际大通道，在新的改革开放格局中，它的历史使命是什么？

犹如城市经济学中指出的,城市最基础的功能是什么?是经济功能,其他功能均是在经济功能的基础上演绎出来的。国际大通道的功能和历史使命,首先自然是经济功能,作为交通通道,首先就是物流、人流的通道,就是经济的通道。信息流必须依附于人流、物流;文化交流则永远是在商贸交流之后。因此,在云南国际大通道建设进入新的阶段的今天,要为云南国际大通道建设提出新的战略规划目标,即在深化云南国际大通道建设的同时,将昆明建设为区域性的国际交通枢纽。这可以称为在新的对外开放格局中,昆明市城市功能的为实现以往战略目标的新定位。

(1)国际大通道首要的功能是经济通道的功能。众所周知,城市是人类经济和社会发展的结果,城市化实际上是人类因经济发展的空间聚集。从城市化的生成机制和发展演变的过程看,城市与经济发展密不可分。因此,在讲到城市的功能时,无疑,城市的首要功能是经济功能。

交通功能是城市功能的延伸,要更好地发挥中心城市的功能,用便捷的交通通道将城市之间、城与乡镇之间联通,实现人流、商品的互通,资源的最优配置和各种优势的互补。不言而喻,人们修筑公路,乃至高速公路的目的,首要是将交通的通道成为人流、物流的经济通道。无论对于城市或是交通通道,其经济功能是首要的。

换言之,我们已经耗费巨额资金修建的国际大通道,作为新的对外开放格局下,近期的工作目标就应该将其经济功能、经济效益最大限度地发挥出来。只有畅通的物流、人流才能推动国际大通道两端的经济往来,随着经贸往来的频繁,文化交往自然就可以赋予其中。随着经贸往来的深化,优势互补格局的形成,才会有工业唇齿相依的关系,有了这种经济利益的依存关系,才会出现双方携手共进的可持续发展。

有了国际大通道两端生产极的发展,在"生长极"之间才会逐步地形成"经济带"。

(2)国际大通道的中心点就是国际交通枢纽。纵观云南国际大通道的规划建设图,就是以昆明为中心地呈放射状向各地州辐射,由各地州延伸通向国内发达地区,通过东、中、西三个方向的口岸通向周边邻国。处于"蛛网"中心的昆明,要能够有效地调度、集散国内南来北往的物流、人流,调度、集散来自周边邻国的人流、物流就必须将昆明提升、建设成为强有力的交通枢纽。作为云南国际大通道的交通枢纽的昆明，自然就应该是区域性的国际交通枢纽。

将昆明建设成区域性的国际交通枢纽，是新的对外开放格局下，国际大通道建设的新战略目标，阶段性成果。昆明建成了区域性的特别是陆路交通的国际交通枢纽，无疑是第三欧亚大陆桥设想迈出的坚定的一步。昆明成为祖国陆路南大门的重要口岸，必定可以推动第三欧亚大陆桥早日变成现实。可以说，将昆明建成区域性的国际交通枢纽是云南国际大通道建设和第三欧亚大陆桥设想之间承前启后的阶段性战略构想，它的规划建设将起到承上启下的积极作用。

（3）昆明作为区域性国际交通枢纽的功能定位。目前云南国际大通道建设的主体工程是公路、铁路和航空。纵观云南在中国版图的位置，云南的对外开放，主要是为中国经济从陆路融入全球化提供新的方向。云南自古以来就是南方丝绸之路的陆路通道。现云南国际大通道的东、中、西三个方面均是通过陆路的公路、铁路连接周边邻国。

由于喜马拉雅山的缘故，从我国飞往南亚、中亚，除新疆以外，就只有云南具得天独厚的地理优势，从中国的版图看，飞往孟加拉、印度、柬埔寨，老挝的万象、印光等地方飞行距离最短的是昆明机场。所以昆明作为区域性的国际交通枢纽应定位为公路、铁路和航空的国际交通枢纽。

（4）国际交通枢纽的地位和作用。我们要通过国际大通道联系东南亚、南亚，首先是各种各样的商贸往来、人员交往，每天少不了数量巨大的通关、商检、植检、动物检疫，甚至是禁毒的检查等等海关、武警的职责。昆明若不能取得国家门户口岸的地位，即国际交通枢纽的地位，仅以一个省的职权去处理时可能出现的国际交往中的矛盾，必然力不从心，云南的国际大通道难以实现云南人民的重托和愿望。只有昆明成为国家认可的区域性国际交通枢纽，并在昆明设置相应的代表国家行使职权的机构，才会加速云南国际大通道的软件建设，使云南的国际大通道真正发挥作用。

4. 把昆明建设为区域性国际交通枢纽的深远意义

云南省委省政府，昆明市委市政府曾经把昆明市定为区域性的国际商贸和国际旅游城市。按照城市经济学中"产业是第一性的，城市发展是第二性的"原理，产业的性质决定了城市的性质，没有产业支撑的城市就是没有灵魂的躯壳。昆明要成为区域性的国际商贸城市，国际旅游城市，以什么产业为依托呢？

如果将昆明市定位为区域性的国际交通枢纽，我们就找到了昆明成为国际商贸和旅游城市依托的产业——交通产业，也就是说，我们就为实现昆明成为国际商贸和旅游城市这一战略目标，打造了实现这一战略目标的工作平台，找到了一条可以实现这一理想的可行之路。

交通产业属于第二产业，为成为区域性的国际交通枢纽，昆明应建设东西南北的公路客运站、货运站，现代化的国际联运的客车站、货运站，集装箱车站，货场等等；一流的空港；为适应国际的客商，应有大批的酒店、宾馆、会展中心、大超市、精品商店和全世界风格的餐饮……为了区域性国际交通枢纽这一目标，昆明一定要成为区域性的国际的物流中心和人流的中心以及集散地。

不言而喻，区域性的国际物流中心、人流中心，就是区域性的国际贸易中心。按照经济发展的秩序，只有成为贸易中心，交易量达到一定的程度，金融业才会来捧场，所以只有成为区域性的国际贸易中心，才可能成为区域性的国际金融中心，也才会引来天下的客商和旅客，成为国际旅游观光、购物中心。

所以，将昆明定位于区域性国际交通枢纽，是在云南国际大通道建设过程中新时期、新阶段提出的新建设目标。这一新的定位，是从滇中城市群的战略高度，从产业布局、城市分工的角度提出的新的构想。从滇中城市群科学规划的角度，让昆明主要发展第三产业，既发挥了昆明省会城市的长处，又减少了昆明发展工业对滇池的污染。

同时，把昆明建成区域性的国际交通枢纽，争得国家的首肯，将极大地提升云南在我国新的对外开放格局中的地位和作用，可以获得中央财政更多的支持和照顾。

再者，把昆明建成区域性国际交通枢纽这一构想是对云南国际大通道战略的新补充、完善，其承前启后，既可以推动云南国际大通道的建设，又可为昆明做第三欧亚大陆桥上的结点、枢纽，为第三欧亚大陆桥构建做出积极的贡献。

更重要的是,把昆明建成区域性的国际交通枢纽这一构想,将改变昆明的城市功能定位,从理论和实践上均为昆明成为区域性的国际商贸和旅游城市这一战略目标,提供了产业支撑,找到了实现理想的成功之路。

昆明城市功能的定位,自然会影响昆明的整体规划,产业布局和招商引资、投资办学等一系列大政方针。

(三) 依托自然资源优势,努力建设曲靖煤化工产业

曲靖市拥有较为丰富的煤炭资源和煤化工产业的发展基础和条件,在未来全省相关产业的发展定位中,应充分发挥曲靖的自然资源优势,努力打造成为一个省级规模的,能够辐射带动西南地区相关产业发展的区域性煤化工产业基地。通过资源整合和产业规划,重点发展煤化工、煤电、煤焦基地三大领域。

1. 合理发挥曲靖相对丰富的煤炭资源优势

曲靖市有较为丰富的煤炭资源,在发展煤化工产业的过程中存在天然的优势,但就目前来看,煤化工产业化进程还有很多限制性、不合理的因素。全市在煤化工产业中存在非常广阔的发展空间。

(1) 曲靖市的煤炭资源非常丰富。就目前探明储量来看,煤炭保有储量约 87 亿吨,这其中烟煤约为 41.76 亿吨,占总储量的 48%;无烟煤约为 42.63 亿吨,占总储的 49%;褐煤约为 2.61 亿吨,占总储量的 3%。而按照全国第二次煤田预测资料显示,全市煤炭远景储量达 272 亿吨,占全省的比例高达 51%。全市煤炭开发利用的潜力非常巨大。同时曲靖又是全国主要的煤层甲烷富集区。

(2) 原煤产量增长迅速。在依托丰富的煤炭储量的基础上,曲靖原煤产量在近几年中有着快速的增长,年产量从 1998 年的 1236 万吨猛增到 2006 年的 3572 万吨,增长率达 189% (见表 20 - 1)。

表 20 - 1　　　　　　曲靖近年来原煤产量发展趋势

年份	1998	1999	2002	2003	2004	2005	2006
年产量 (万吨)	1236	1016	1063.5	1505.29	1887.6	2714	3572
增长率 (%)	8.64	-17.8	11.64	41.5	25.4	43.8	31.6

数据来源:中国宏观数据挖掘分析系统。

全市在近几年的原煤产量中，除 1999 年外，一直都保持了高速的增长。其中，在 2002 年由于自然灾害的影响，被洪水冲走 2460 吨。预计 2007 年全市煤炭产量可达 5000 万吨。

（3）不断改善产业发展的不合理因素，发展前景广阔。以往全市在煤炭资源开采和加工转化过程中存在的主要问题是规模化、集约化程度不高，开采和加工转化工艺技术水平有限，资源回收率低，并且存在资源浪费和环境污染加剧的问题。这其中主要原因是由于绝大部分的煤矿是由地方小规模化、分散开采经营所造成的。截至 2007 年，全市拥有煤矿 567 个，矿井 639 个，其中 90% 以上的是中小型煤矿。一些小煤炭企业规模较小，生产能力低，矿井原煤单井年均产量不足 2 万吨。此外加工增值、综合利用程度较低，产品结构单一都是目前突出的问题。在进一步的产业发展过程中，着重解决此类问题将会引导全市煤炭产业的飞速发展。

从 2007 年起，规定全市通过资源整合形成的矿井年生产能力不能低于 15 万吨。在"改造提高一批，整合集中一批，关闭淘汰一批"的指导思想下，一些小煤矿加速被洗牌出局淘汰，整个行业的发展也将渐渐走入正规。

（2）以政策为导向，加快产业基地建设。

1）以体现规模效应为目标，促进产业基地的发展。2006 年，在政策的引导下，云南煤化工（曲靖）基地管理委员会加快了产业基地建设的进程。使煤化工园区逐步呈现项目启动快、投资力度大、发展后劲足、社会和经济效益双赢的良好局面，为产业的发展注入了活力。

曲靖煤化工基地位于沾益县花山镇，距沾益县 30 公里，基地规划面积 12.1 平方公里。基地交通运输便利，靠近 326 国道，基地内的铁路专用线与贵昆铁路贯通，沾益火车站货物吞吐量达 150 万～200 万吨；有丰富的水资源可向基地内供水 2.4 亿立方米，水资源充裕；有充足的电力供应。

仅 2006 年一年的时间，基地入驻企业 6 家：有云维股份有限公司、沾化有限公司、大为焦化有限公司、大为制氨有限公司、大为制焦有限公司和大为装备有限公司。主要产品年生产规模为：合成氨 24 万吨、尿素 30 万吨，纯碱和氯化铵各 18 万吨，复合肥 15 万吨、电石 8 万吨、聚乙烯醇 2.8 万吨、水泥 40 万吨、焦炭 105 万吨及甲醇、聚丙烯涂膜编织袋、煤焦油、食品级 CO_2 和硫黄等多种产品。园区企业共有在岗员工 5600 余人。至年底，完成工业总产值 33 亿元，比上年增 51.09%；工业增加值 7.74 亿元，增 51.17%；销售收入 28.3 亿元，增 39.23%；利润 1.66 亿元，增 28.68%；上缴税金 1.27 亿元，增 7.64%；固定资产投资完成 27 亿元。

2）加快产业链建设。在目前的基础上，通过适当引入战略合作者，进行产业整合和资源优化配置，采用国际先进技术和高新技术，以焦化、气化为基础，大力发展焦化及煤焦油加工，化肥与无机化工、碳化工、高新合成材料、甲醇制烯烃等五大产业链。使产品面向东南亚、南亚和东盟自由贸易区市场，不断强化竞争力。

在未来的发展过程中，必须强化对煤化工资源配置的宏观调控，对资源实施整合，以贯彻落实科学发展观为具体指导思想。通过整合，合理配置资源、市场、人才、资金、技术等要素，充分调动各方面的积极性，加大对煤化工产业的投入，有利于不断提高煤炭产业的集中度和整体效益，延长产业链，提高产品附加值，实现资源的综合开发和合理利用，促进安全生产，使煤化工产业成为曲靖市的又一支柱型产业，带动全市的经济增长。

（四）楚雄州和玉溪具有充足的发展空间

玉溪是云南省经济较为发达的地区之一，是云南省传统的经济强市。但是，进入 1998 年之后，受制于国家"两烟双控"的政策，玉溪经济大幅度滑坡，面对当前的困境，玉溪的工业布局建议如下：

1. 努力发展玉溪建材行业

作为玉溪传统支柱产业的建材业在玉溪市"十一五"规划中退出了支柱产业的地位，让人惋惜。玉溪建材行业在滇中四个城市中专业化指数最高，是玉溪较有特色的产业之一，与其他城市相比具有优势。

以往玉溪市建材行业发展迅速，其水泥产量一直占到云南省全省产量的 20% 左右。近几年，玉溪建材行业在国内外其他先进企业的积极竞争中有所落败，玉溪的建材行业应当抓住国内建材行业高速发展的机遇，提高产品品质，努力发展地板、太阳能、水泥、装饰石材等行业，重振玉溪市建材行业。

2. 提升矿电业

经过近十年的发展，玉溪市的矿电业已经成为玉溪市经济构成中的重要一极，并且在玉溪市的"十一五"规划中以支柱产业的形式得以确认。矿电业在发展中也以自身优异的成绩救玉溪市的经济于水火之中，其在玉溪市的经济地位不言而喻。

重工业化在玉溪的经济发展中是不可逾越的一个重要历程，但是玉溪市在发展矿电业的同时要注重环境生态保护，避免在"三湖一海一库"的周围及如水口布置重化工业，新开工的项目应移到元江、易门、新平、华宁等县市开发，避免对"三湖一海一库"的污染。

发展矿电业时，玉溪市还应关注国家政策对矿电行业特别是矿业的限制。国家发改委曾下发文件，取消了100多种"两高一资"产品的出口退税，针对部分产品还征收了出口税。玉溪市应当提高资源性产品的深加工能力，避免出口和销售工业基础产品，提高玉溪市矿电行业的可持续发展能力，应对产业发展中的政策风险。

同时，玉溪市矿电行业发展中还应注重"扶大淘小"的原则，发挥企业的规模优势，利用规模降低产品成本，提高市场竞争力。

楚雄位于云南省的中部，交通条件便利，丰富的物产资源也为楚雄经济发展奠定了良好的基础。近几年，楚雄的经济发展困难重重，没有找到合适的经济增长点是楚雄面临的最大困难。从楚雄的实际情况出发，我们认为楚雄在经济发展中应当处理好下列问题：

3. 积极发展楚雄绿色产业，扩展医药行业的发展空间

楚雄的医药行业专业化指数较高，仅仅落后于昆明市，楚雄具有发展医药产业的潜力。楚雄具有优越的气候条件及地理环境，又有种药的传统，发展药材种植业具有得天独厚的优势，楚雄州道地药材品种有两类，一是彝药，二是云南的道地药材中适合楚雄种植的品种，对于草药的种植要优育优种，在提高产量的同时提升质量，提高天然药材在市场上占的占有率。

楚雄还应大办绿色产业，为发展山区民族经济注入了新的生机和活力。鉴于当前农村经济还比较薄弱，而绿色食品产业的发展不仅是给山区农民带来经济效益，也有益于社会。

在城镇附近，交通方便地区，可选择发展水果型树种；边远交通不便地区，则宜选择耐贮运的干果型树种。建设绿色食品产业加工园，提高农作物的加工能力，提高楚雄特色农产品（如核桃等产品）的深加工能力，减少初级农作物的销售，提高产业集成度，延长产业链，以求获取更多产业附加值。

4. 努力拓展楚雄采掘业

冶金矿产是楚雄继烟草之后的又一支柱产业，尤其是近一年多来有色金属价格暴涨，更是给此行业带来机遇。

楚雄要充分发挥矿产资源方面的优势，着力抓好矿山开拓建设工作，有色冶金以铜业为主，着力向多层次拓展，向开发高附加值的深加工产品发展，加大铝、锌产品的深加工发展力度、强化行业指导和协调。

楚雄州在水电、生物能源方面有着优势，尤其是生物能源，楚雄是乙醇、生物柴油等能源原料的主产区，拥有大面积的荒山、荒地可以用来种植生物质能源的植物。新能源的发展是未来的趋势，可以为其他产业提供有力支持。

5. 注重环境保护，走可持续发展的道路

从上文的分析中我们知道：和滇中其他地区相比，玉溪和楚雄的资源环境制约相对较小，工业和产业的发展空间较大。因此，玉溪和楚雄可以考虑承接昆明地区所转移的产业，比如钢铁冶炼等。让昆明一心一意的发展第三产业，争取早日成为区域性的国际交通枢纽。"玉钢"就是昆明钢铁集团在玉溪合资建立的企业之一，玉钢的发展为玉溪经济注入了无穷的活力，让玉溪初步摆脱了对烟草行业的依赖。

但是，在工业发展过程中我们要避免走发达国家走过的弯路——先发展后治理的路径，而是要在发展初期就认清资源环境承载能力，把握好工业化发展的速度和节奏，运用发达国家和发达地区的技术改造现有产业的生产能力和工艺，规避产业发展对资源和环境造成压力。

以玉溪地区为例，抚仙湖已经呈现出了污染的态势，玉溪的工业产业布局要远离玉溪的各类水体，将工业布局到昆玉高速公路沿线，发展昆玉经济带，这样既可以满足玉溪的经济发展，依托高速公路的便利承接昆明地区的工业产业转移，同时也可以避免造成水体污染，保护玉溪的资源环境，为玉溪的旅游业的发展留出了必需的空间。